ACCESO GRATIS *a la Lectura en la Nube*

Para visualizar el libro electrónico en la nube de lectura envíe junto a su nombre y apellidos una fotografía del código de barras situado en la contraportada del libro y otra del ticket de compra a la dirección:

ebooktirant@tirant.com

En un máximo de 72 horas laborables le enviaremos el código de acceso con sus instrucciones.

LA ORDEN EUROPEA DE INVESTIGACIÓN DESDE UNA PERSPECTIVA COMPARADA Y FORENSE

LA ORDEN EUROPEA DE INVESTIGACIÓN DESDE UNA PERSPECTIVA COMPARADA Y FORENSE

Serena Cacciatore

tirant lo blanch
Valencia, 2025

Colección Derecho Procesal de la Unión Europea

Directora:

MAR JIMENO BULNES

Catedrática de Derecho Procesal

EDITA: TIRANT LO BLANCH
C/ Artes Gráficas, 14 - 46010 - Valencia
TELFS.: 96/361 00 48 - 50
FAX: 96/369 41 51
Email: tlb@tirant.com
www.tirant.com
Librería virtual: www.tirant.es
DEPÓSITO LEGAL: V-4493-2025
ISBN: 979-13-7010-015-5
MAQUETA: Innovatext

Si tiene alguna queja o sugerencia, envíenos un mail a: *atencioncliente@tirant.com*. En caso de no ser atendida su sugerencia, por favor, lea en *www.tirant.net/index.php/empresa/politicas-de-empresa* nuestro procedimiento de quejas.

Responsabilidad Social Corporativa: http://www.tirant.net/Docs/RSCTirant.pdf

“Alla Professoressa Mar Jimeno Bulnes che mi ha trasmesso
la sua passione per la ricerca e ha creduto in me.

A coloro che mi hanno dato il coraggio di continuare a perseverare. Grazie.”

“Se si insegnasse la bellezza alla gente, la si fornirebbe di un’arma contro la rassegnazione, la paura e l’omertà”.

Peppino Impastato

SIRONI Mario, La Giustizia, 1936-38, Mosaico, (Milano-Palazzo di Giustizia).

La figura alegórica de la Justicia está flanqueada por la ley que lleva las tablas escritas, y por una figura juvenil, quizás la fuerza, llevando el haz con la “verdad”. La túnica llevada por parte de la Justicia representa ideales de pureza y espiritualidad. En efecto, junto a la imagen se coloca una balanza que es símbolo de la imparcialidad del juicio.

Más detalles disponibles en https://www.analisidellopera.it/la-giustizia-di-mario-sironi/ (fecha de última consulta: 3 de enero de 2025).

Índice

Abreviaturas

Apdo.	apartado
Art., arts.	Artículo, artículos
AUE	Acta Única Europea
AA.VV.	varios autores
BOE	Boletín Oficial del Estado
Cass.	Corte suprema di cassazione
CAAS	Convenio de aplicación del Acuerdo de Schengen
cap.	Capítulo
CDFUE	Carta de Derechos Fundamentales de la Unión Europea
CECA	Comunidad Europea del Carbón y del Acero
CE	Constitución Española
CEE	Comunidad Económica Europea
CEEA	Tratado constitutivo de la Comunidad Europea de la Energía Atómica
CGPJ	Consejo General del Poder Judicial
cit.	citado, citada
coord./s.	Coordinador, coordinadores
dr., dra., dres.	director/a, directores/as
D.legs.	Decreto Legislativo
DM.	Decisión Marco
DOCE	Diario Oficial de la Comunidad Europea
DOEI	Directiva 2014/41/UE del Parlamento Europeo y del Consejo de 3 de abril de 2014 relativa a la Orden Europea de Investigación en materia penal
DOUE	Diario Oficial de la Unión Europea
ed., eds.	Edición, editor, editorial (según contexto)
EIO	European investigation order
ELSJ	Espacio de Libertad, Seguridad y Justicia
EOMF	Estatuto Orgánico del Ministerio Fiscal
ENISA	European Union Agency for Cybersecurity
EOMF	Estatuto Orgánico del Ministerio Fiscal.
EPPO	European Public Prosecutor's Office, Procura Europea
esp.	especialmente
EU	European Union

FGE	Fiscalía General del Estado
G.U.	Gazzetta Ufficiale
G.U.U.E.	Gazzetta ufficiale dell'Unione Europea
GIP	Giudice per le indagini preliminari
JCU	Joint Cyber Unit
L.	ley
LECrim	Ley de Enjuiciamiento Criminal
LRM	Ley de reconocimiento mutuo de resoluciones penales en la Unión Europea
n./no.	Número/s
OEI	Orden Europea de investigación
ODE	Orden de Detención Europea
op. cit.	Opinión citada
par.	párrafo
p., pp.	página, páginas
Ref.	referencia
RJE	Red Judicial Europea
sent.	sentenza
Sez.	Sezione
SOCTA	Serious and Organised Crime Threat Assessment
ss.	siguientes
STJUE	Sentencia/s del Tribunal de Justicia de la Unión Europea
TC	Tribunal Constitucional
TFUE	Tratado de Funcionamiento de la Unión Europea
TEDH	Tribunal Europeo de Derechos Humanos
TJUE	Tribunal de Justicia de la Unión Europea
TOL	Base de datos de Jurisprudencia Tirant online
TUE	Tratado de la Unión Europea
UCIF	Unidad de Cooperación Internacional de la Fiscalía General del Estado
UE	Unión Europea
Vid.	Véase
vol.	Volumen

Prólogo

"Bisogna rendersi conto che la mafia è un fenomeno terribilmente serio e grave, e che va combattuto non pretendendo l'eroismo di inermi cittadini, ma coinvolgendo nella lotta le forze migliori delle istituzioni"

GIOVANNI FALCONE

(Palermo, 18 de mayo de 1939 — Capaci, 23 de mayo de 1992)

In memoriam

Inicio estas líneas con el recuerdo al que podría considerarse a mi juicio primer fiscal europeo en su lucha desde una perspectiva internacional y/o europea contra la mafia que asola la bella isla de Sicilia. Frase que encuentro aquí ajustada, tanto por lo que respecta a la temática que aborda la presente monografía como a su autoría dada la procedencia de la dott.ssa Serena Sabrina Immacolata Cacciatore. Es por ello este uno de los casos en los que autoría y temática se engarzan inevitablemente, fruto del origen y del entorno en el que la formación académica es realizada. No en vano es elección general de los estudiantes de la *Università degli Studi di Palermo* el estudio del fenómeno de la criminalidad organizada en sus diferentes formas de *tesi di laurea, tesi dottorale* o cualesquiera otros trabajos de investigación, universidad también de procedencia de la aquí autora de la obra.

De este modo la orden europea de investigación u OEI bajo el acrónimo en que es de ordinario conocida se presenta como instrumento idóneo para llevar a cabo esta lucha contra la criminalidad organizada. Tal fue además el título de la tesis doctoral que da lugar a la obra que ahora se prologa y así "La orden europea de investigación como instrumento para la lucha contra la criminalidad organizada: significado, sujetos y herramientas en la obtención transnacional de pruebas"[1], defendida brillantemente por la ya doctora Cacciatore a fecha de 14 de diciembre de 2022 en la Universidad de Burgos. Obtenida además mención internacional fue realizada en régimen de cotutela entre las dos universidades y así bajo la dirección del pro-

---

1 Mayor información en ULR https://investigacion.ubu.es/documentos/64e645f-9d25355345570628c

fesor Giuseppe Di Chiara además de quien suscribe estas líneas. A mayor abundamiento, recibió igualmente premio extraordinario de doctorado por parte de la Universidad de Burgos (2023) junto al prestigioso premio otorgado en su país por parte de la *Associazione Civile Giorgio Ambrosoli*[2], en honor al abogado del mismo nombre comprometido en la lucha contra la mafia y asesinado por ella.

Sin duda el instrumento de reconocimiento mutuo en materia penal del que se ocupa la tesis y ahora monografía, cual es la orden europea de investigación, fue el último de la serie en incorporarse a nuestra Ley 23/2014, de 20 de noviembre de reconocimiento mutuo de resoluciones penales en la Unión Europea[3] en sustitución del fracasado exhorto de obtención de pruebas pues este último nunca llegó a utilizarse (Título X, arts. 186-223). Fruto de la obligada transposición de la Directiva 2014/41/CE del Parlamento Europeo y del Consejo de 3 de abril de 2014, relativa a la orden europea de investigación en materia penal[4], es también el primer instrumento de reconocimiento mutuo que da entrada propiamente dicha al ministerio fiscal español como autoridad de emisión y ejecución siempre y cuando la medida a adoptar "no sea limitativa de derechos fundamentales" conforme reza el artículo 187.1.II de la norma española. Es este también un tercer argumento en justificación de la frase y figura que introducen estas líneas, por cuanto aquí y ahora el ministerio fiscal se erige en verdadero artífice de la orden europea de investigación pues, no en vano, la misma de ordinario tiene lugar (y así lo muestra la práctica) en la fase de instrucción penal a solicitud de esta autoridad judicial.

Ciertamente y así ha de reconocerse, no es esta la primera obra que se ocupa del estudio de dicho instrumento jurídico procesal existiendo otras incluso esta misma colección editorial. Pero me gustaría destacar que la que ahora tiene entre manos el lector o lectora posee dos valiosos *inputs* que la diferencian de las anteriores, siquiera entre las publicadas en nuestro país. Así, en primer lugar, la realización de un estudio comparado re-

---

2 Información disponible en ULRs https://www.associazionecivilegiorgioambrosoli.it/universita-degli-studi-di-palermo/, https://www.unipa.it/Giornata-della-virt-civile-premio-di-studio-alla-dott.ssa-di-ricerca-Serena-Cacciatore-del-Dipartimento-di-Giurisprudenza/ y https://www.steppo-eulaw.com/2025/01/23/serena-cacciatore-premio-ambrosoli-e-impegno-europeo-con-steppo/

3 BOE de 21 de noviembre de 2014, nº 282, versión consolidada em ELI: https://www.boe.es/eli/es/l/2014/11/20/23/con

4 DOUE de 1 de mayo de 2014, nº L 130, pp. 1-36, ELI: http://data.europa.eu/eli/dir/2014/41/oj

lativo a la implementación y aplicación práctica de la orden europea de investigación en cuestión en dos Estados miembros, a la postre *primi fratelli,* como son España e Italia, que sólo la autora ha podido acometer desde su posición privilegiada como nacional del segundo país y residente en el primero además de completar su formación académica en universidades de ambos; tanto más valiosa la aportación cuanto que la cooperación judicial entre ambos países es abundante y apreciada según se aprecia a la luz de estadísticas e informes de instituciones europeas y nacionales. Cifras además que delatan a la orden europea de investigación como uno de los instrumentos más utilizados junto a la orden europea de detención y entrega u OEDE[5], por encima sin duda de los restantes instrumentos de reconocimiento mutuo en materia penal; sólo por dar algún ejemplo, en el año 2022, fecha de defensa de la tesis doctoral que da lugar a la presente monografía, fueron 1.588 las OEI emitidas y 469 las recibidas en nuestro país[6].

Pero aún más valiosa pudiera resultar la segunda gran aportación de la obra y es el examen del objeto de estudio, cual es la tantas veces referida orden europea de investigación, desde una perspectiva, no sólo comparada en el sentido expuesto sino también y además forense. En efecto, una particularidad de la tesis doctoral en su día y ahora la presente monografía es el empleo de una doble metodología deductiva e inductiva en el campo de estudio. De este modo, junto a la obligada consulta de legislación, jurisprudencia y bibliografía en su triple modalidad europea/española/italiana para las tres fuentes y/o recursos, como es propio de las Ciencias Jurídicas (*desk study*), la autora incorpora una perspectiva empírica en su análisis consistente en un trabajo de campo (*field work)* a partir de la multitud de entrevistas realizadas *in situ* o en su caso online a los profesionales jurídicos ocupados en la tarea de aplicar y desarrollar la orden europea de investigación; también aquí, por si fuera poco, se acomete la triple perspectiva europea/española/italiana antes descrita, por cuanto se accede, tanto a representantes de instituciones europeas (Eurojust y Fiscalía Europea especialmente) como a los aplicadores de la orden europea de investigación en los respectivos países y así jueces, magistrados/as y fiscales españoles e

---

5 Decisión Marco 2002/584/JAI del Consejo de 13 de junio de 2002, relativa a la orden de detención europea y a los procedimientos de entrega entre Estados miembros, DOUE de 18 de julio de 2002, nº L 190, pp. 1-20, versión consolidada en ELI: http://data.europa.eu/eli/dec_framw/2002/584/2009-03-28

6 Consejo General del Poder Judicial, *Datos de justicia — Boletín de Información Estadística,* nº 103, junio 2023, p. 9. Para la orden europea de detención y entrega u OEDE se citan en el mismo año 392 emitidas y 1.592 recibidas (p. 2).

italianos. Ello fue sin duda posible a partir de las estancias investigadoras realizadas por la autora a la fecha en sendas universidades de Utrecht (septiembre-diciembre 2019) a fin de completar su doctorado con mención internacional y Palermo (julio-diciembre 2020) a efectos del régimen de cotutela observado en el desarrollo de su tesis doctoral.

De este modo la obra se estructura en cinco capítulos relativos al examen y estudio de la orden europea de investigación en su doble contexto europeo y nacional español/italiano. El capítulo primero se ocupa precisamente de situar a la orden europea de investigación en el marco del espacio judicial europeo con referencia, tanto a sus principios como antecedentes y normativa a este tenor aplicable; en esencia la OEI se ampara como la OEDE bajo el manto del principio de reconocimiento mutuo, erigido a modo de "piedra angular" en el famoso Consejo Europeo de Tampere (1999)[7]. A continuación, el capítulo segundo aborda precisamente los aspectos subjetivos de la OEI, en suma, el contenido y ámbito de aplicación de la OEI con particular examen de los motivos de denegación legalmente contemplados y en su caso alegados a la hora de llevar a cabo la ejecución de la misma; es dicho capítulo el que también incorpora como *case study* el fenómeno concreto de la criminalidad organizada y la utilidad de la OEI a este respecto así como la puesta en relación de la OEI con otros instrumentos concretos de reconocimiento mutuo como es el caso concreto de aquellos habilitados en el seno de la prueba electrónica (*e-evidence*)[8].

Por su parte, el capítulo tercero realiza en primer lugar referencia a los aspectos subjetivos, cuales son aquí las autoridades competentes para acometer tanto la emisión como la ejecución de la OEI; es aquí fundamental el análisis del propio concepto de autoridad judicial debiendo delimitar

---

7 Conclusiones de la Presidencia, Consejo Europeo de Tampere, 15 y 16 de octubre de 1999, conclusión nº 33, disponibles en ULR https://www.consilium.europa.eu/uedocs/cms_data/docs/pressdata/es/ec/00200-r1.es9.htm

8 Básicamente Reglamento (UE) 2023/1543 del Parlamento Europeo y del Consejo, de 12 de julio de 2023, sobre las órdenes europeas de producción y las órdenes europeas de conservación a efectos de prueba electrónica en procesos penales y de ejecución de penas privativas de libertad a raíz de procesos penales, DOUE de 28 de julio de 2023, nº L 191, pp. 118-180, ELI: http://data.europa.eu/eli/reg/2023/1543/oj y Directiva (UE) 2023/1544 del Parlamento Europeo y del Consejo, de 12 de julio de 2023, por la que se establecen normas armonizadas para la designación de establecimientos designados y de representantes legales a efectos de recabar pruebas electrónicas en procesos penales, DOUE de 28 de julio de 2023, nº L 191, pp. 181-190, ELI: http://data.europa.eu/eli/dir/2023/1544/oj

la naturaleza propiamente judicial y no administrativa de las mismas, resultando esencial como punto de partida la jurisprudencia a este respecto dictada por el Tribunal de Justicia de la Unión Europea (TJUE) de la que también se ocupa la autora. En segundo lugar, es objeto de análisis de una vez por todas las diligencias de investigación enumeradas en la normativa europea y nacional al amparo de la OEI con carácter de *numerus apertus* y no *numerus clausus* según aclara la doctora Cacciatore *ad limine*; ello, sin embargo, dedica apartado y consideración especial a la que pudiera considerarse, sin duda, diligencia "estrella" en el ámbito de la OEI y antaño Convenio relativo a la asistencia judicial en materia penal entre los Estados miembros de la Unión Europea (CAJ 2000)[9], cuál es la denominada intervención de telecomunicaciones.

Es el capítulo cuarto donde tiene lugar en puridad el examen comparado de la transposición de la Directiva europea en sendas legislaciones italiana y española analizando las confluencias y diferencias entre ambos ordenamientos jurídicos; en ambos casos se vuelve a utilizar como *case study* el fenómeno delictivo de la criminalidad organizada y su relación con la OEI, tanto en Italia como en España. Por su parte y finalmente, el capítulo cinco de la obra aborda los que podrían llamarse aspectos institucionales del objeto de estudio en cuestión y así el papel que desarrollan los órganos y agencias europeas en la aplicación práctica de la OEI; entre ellas y fundamentalmente Eurojust[10] y la Red Judicial Europea[11], sin olvidar por último al órgano hoy también "estrella" en el marco de la cooperación judicial penal europea, cual es hoy la reciente y flamante Fiscalía Europea[12]. Finaliza la obra con un apartado de conclusiones donde la doctora Cacciatore resume y valora el contenido global anteriores capítulos exponiendo de forma

---

9 Aprobado por Acto del Consejo de 29 de mayo de 2000, de conformidad con el artículo 34 del Tratado de la Unión Europea, DOCE de 12 de julio de 2000, nº C 197, pp. 1-23.

10 Hoy regulada bajo el Reglamento (UE) 2018/1727 del Parlamento Europeo y del Consejo, de 14 de noviembre de 2018, sobre la Agencia de la Unión Europea para la Cooperación Judicial Penal (Eurojust), DOUE de 21 de noviembre de 2018, nº L 295, pp. 138-183, ELI: http://data.europa.eu/eli/reg/2018/1727/oj

11 Igualmente se contempla hoy en Decisión 2008/976/JAI del Consejo, de 16 de diciembre de 2008, sobre la Red Judicial Europea, DOUE de 24 de diciembre de 2008, nº L 348, pp. 130-134, ELI: http://data.europa.eu/eli/dec/2008/976/oj

12 Instaurada a partir del Reglamento (UE) 2017/1939 del Consejo, de 12 de octubre de 2017, por el que se establece una cooperación reforzada para la creación de la Fiscalía Europea, DOUE de 31 de octubre de 2017, nº L 283, pp. 1-71, ELI: http://data.europa.eu/eli/reg/2017/1939/oj

clara y precisa los principales hitos de su investigación y, en suma, de la OEI en el seno del espacio judicial europeo.

Ciertamente no es este el primer trabajo que la autora publica en la materia sino que desde el inicio de su formación académica a la fecha predoctoral se ha interesado por el desarrollo del denominado Espacio de Libertad, Seguridad y Justicia o ELSJ, contemplado en el Título V de la Tercera Parte del Tratado de Funcionamiento de la Unión Europea en su vertiente penal (artículos 82-86). Por ello que a pesar de su todavía juventud son ya variadas y abundantes las publicaciones que posee en este ámbito en revistas y obras colectivas, tanto en nuestro país[13] como en el suyo. En todas sus publicaciones la doctora Cacciatore tiene el mérito de reunir junto a contenido, diseño y además estética, todo cual se manifiesta de modo especial precisamente en la presente monografía pues la misma suma texto con una muy cuidada selección de cuadros, gráficos e incluso fotografías; por supuesto este añadido visual para nada oscurece el carácter científico de la obra sino todo lo contrario, lo embellece con exquisita pulcritud. Por ello que los destinatarios de la obra disfrutarán en mayor grado de su lectura pues como refería el famoso científico alemán Albert Eistein, "la belleza no mira, sólo es mirada"; y aquí, en esta obra, el lector o lectora podrá sin duda encontrarla.

Finalmente, sólo me resta felicitar a la autora y agradecer tanto a ella como a la editorial la confianza depositada para redactar estas breves líneas. Aquí ahora especialmente a la autora en particular por permitirme guiarle en su trayectoria académica iniciada bajo la defensa de tesis doctoral que da lugar a la presente monografía. Mi gratitud se extiende también a su deseo de conservar la vinculación con la institución académica donde dicha memoria de tesis doctoral fue defendida, cual es la Universidad de Burgos en la línea anticipada. Sirva recordar que la autora es a la fecha Investigadora postdoctoral en la Universidad de Palermo pero dicha distancia geográfica y sus obligaciones ahora para con aquella universidad no

---

[13] A modo simplemente de ejemplo, en materia de OEI, "La adaptación de la orden de investigación en Italia: aspectos generales del decreto legislativo del 21 de junio de 2017, núm. 108", en M.I. González Cano (dra.), Orden europea de investigación y prueba transfronteriza en la Unión Europea, Tirant lo Blanch, Valencia, 2019, pp. 423-433 e "Intervención de telecomunicaciones en la OEI: adaptación en el contexto europeo y adaptación en España e Italia", en I. Villar Fuentes (dra.) y J. Caro Catalán (coord.), *Investigación y prueba en los procesos penales de España e Italia*, Thomson Reuters Aranzadi, Cizur Menor (Navarra), 2019, pp. 311-319.

obstan para que la doctora Cacciatore participe de todas las iniciativas y proyectos presentados desde la Universidad de Burgos formando parte del equipo investigador de todos ellos y así, de forma singular, del Grupo de Investigación Reconocido por la Universidad de Burgos bajo el acrónimo CAJI[14]. *Congratulazioni Serena e grazie.*

En Soriguerola (Girona), a treinta y uno de enero de dos mil veinticinco

MAR JIMENO BULNES
Catedrática de Derecho Procesal
Universidad de Burgos

[14] *La cooperación judicial civil y penal en el ámbito de la Unión Europea: instrumentos procesales,* con información disponible en páginas web https://investigacion.ubu.es/grupos/1791/detalle y https://www.ubu.es/la-cooperacion-judicial-civil-y-penal-en-el-ambito-de-la-union-europea-instrumentos-procesales-caji. En cuanto al perfil de la autora puede encontrarse en https://investigacion.ubu.es/investigadores/35027/detalle

Introducción

Esta obra es fruto de la revisión y actualización de la tesis doctoral titulada "*LA ORDEN EUROPEA DE INVESTIGACIÓN COMO INSTRUMENTO PARA LA LUCHA CONTRA LA CRIMINALIDAD ORGANIZADA. Significado, sujetos y herramientas en la obtención transnacional de pruebas*", defendida en la Universidad de Burgos el día 14 de diciembre de 2022 bajo la dirección de la catedrática de derecho procesal Dña. Mar Jimeno Bulnes y el catedrático de derecho procesal penal Giuseppe Di Chiara obteniendo la calificación máxima de sobresaliente por unanimidad y la mención *Cum Laude* y doctora internacional. El proyecto de tesis doctoral se desarrolló entre la Universidad de Burgos y la *Università degli Studi di Palermo*[1], inicialmente, como contratada predoctoral en el marco del Proyecto "Best practices for European coordination on investigative measures and evidence gathering (EUROCOORD JUST-2015-JCOO-AG/JUST-2015-JCOO-AG-1)[2], financiado por la Comisión Europea dentro del programa Justicia y evaluado positivamente, del que fue Investigadora Principal y coordinadora la profesora dra. Dña. Mar Jimeno Bulnes. Posteriormente como contrada predoctoral a cargo de la Fundación Privada Manuel Serra Domínguez "*única de esta envergadura en España, centrada en el Derecho procesal*"[3]. En efecto, los objetivos de la mencionada Fundación son la promoción y el fomento del estudio, la investigación y la docencia del Derecho procesal; dentro de la misma tiene lugar la solicitud de forma competitiva de las distintas opciones. En cuanto a temática muestran preferencia los estudios en materia probatoria, campo principal del profesor Serra Domínguez, por ello aquí la propuesta

---

1 Más ampliamente en la página oficial de la Facultad, disponible en https://www.unipa.it/ (fecha de última consulta: el 23 de abril de 2025).

2 Iniciado en el año 2016 y finalizado en febrero de 2019 y liderado por la Universidad de Burgos. Los socios de este Proyecto EUROCOORD han sido la Universidad Complutense de Madrid (UCM), la Universidad de Palermo (UNIPA) en Italia y la Uniwersytet Jaglonielski (UJ) en Polonia. En el transcurso del mismo se realizaron una serie de informes (*deliverables*) sobre la transposición de la Directiva sobre la Orden Europea de Investigación en España, Italia y Polonia, todas ellas disponibles en abierto en la página web disponible en https://www3.ubu.es/eurocoord/ (fecha de última consulta: el 23 de abril de 2025).

3 De conformidad con la página web oficial disponible en http://www.manuelserradominguez.org/ (fecha de última consulta: el 23 de abril de 2025).

centrada en el ámbito de la prueba transnacional. Para su actualización y modificación se han tenido en cuenta las valoraciones y observaciones presentadas por el tribunal evaluador, el profesor John A. E. Vervaele, la profesora Lorena Bachmaier Winter, el profesor Julio Pérez Gil, la profesora Montserrat de Hoyos Sancho y la profesora Annalisa Mangiaracina.

El título para esta monografía es "*La Orden Europea de Investigación desde una perspectiva comparada y forense*". En consecuencia, el estudio se ha centrado en el análisis e investigación del instrumento europeo llamado Orden Europea de Investigación, conocida con el acrónimo OEI y sus aportaciones en el campo forense.

Este instrumento fue adoptado por el legislador europeo por medio de la Directiva 2014/41/UE del Parlamento Europeo y del Consejo del 3 de abril de 2014[4] (en adelante DOEI), con el objetivo de lograr una cooperación judicial transfronteriza, eficaz y ágil en materia penal. Lo que se ha pretendido es la creación de un instrumento que regule la obtención de prueba transfronteriza y el intercambio de información, que sustituya a las herramientas hasta la fecha existentes, y mecanismos de obtención de prueba transnacional poniendo así fin al fragmentario sistema que regía hasta el momento.

El tema abordado en la presente obra resulta innovador y relevante, habiendo sido objeto de estudio en un amplio número de notables obras monográficas, entre las cuales destacamos las siguientes:

— BENE, Teresa, LUPARIA, Luca, (eds.), *L'ordine europeo di indagine. Criticità e prospettive*, Giappichelli, Torino, 2016.

— DANIELE, Marcello, KOSTORIS Roberto, E., (eds.), *L'ordine europeo di indagine penale. Il nuovo volto della raccolta transnazionale delle prove nel d.gls. n. 198 del 2017*, Giappichelli, Torino, 2018.

— DOMÍNGUEZ RUIZ, Lidia, *La Orden Europea de Investigación, análisis legal y aplicaciones prácticas*, Tirant Lo Blanch, Valencia, 2019.

— GONZÁLEZ CANO, M. Isabel (dir.), *Orden Europea de Investigación y Prueba Transfronteriza en la Unión Europea,* Tirant lo Blanch, Valencia, 2019.

— SÁNCHEZ GÓMEZ, Raúl, *Emisión, reconocimiento y ejecución de la orden europea de investigación,* La Ley, Madrid, 2019.

---

4 DOUE de 1 de mayo de 2014, n. 130, pp. 1-36.

También ha sido abordado en brillantes tesis doctorales defendidas en distintas Universidades europeas, a modo de ejemplo tales como:

- BORGIA, Gianluca, *L'Ordine Europeo di Indagine Penale tra mutuo riconoscimento e coordinamento con la proposta istitutiva della Procura Europea,* dirigida por Daniele Negri, Università degli Studi di Ferrara, 2020.
- LARO GONZÁLEZ, Elena, *La Orden Europea de Investigación,* dirigida por Víctor Manuel Moreno Catena, Universidad de Sevilla, 2021[5].

En el trabajo que se presenta, destacamos las siguientes aportaciones y novedades:

Figura n. 1. Proyección temas de la presente obra. Fuente: elaboración propia.

- Su perspectiva comparada: en efecto ha sido examinado el instrumento de la OEI desde la perspectiva europea, en el contexto de las relaciones de cooperación judicial entre los Estados miembros de la Unión Europea (en adelante UE).
- Su perspectiva nacional: no solo española sino también italiana, profundizando el papel de los órganos competentes en uno y otro Estado.

---

5 Publicada bajo el título *La Orden Europea de investigación en el espacio europeo de justicia,* Tirant lo Blanch, Valencia, 2021.

Ello obedece a varios motivos fundamentales. Primero, mi propio origen; ciertamente soy graduada por la *Università degli Studi di Palermo* en la Facultad de *Giurisprudenza* y licenciada por la misma. Fruto de mi interés, participé en el Programa Erasmus + 2014-2020[6], en Burgos, formando asimismo parte del Proyecto destinado a realizar una estancia de investigación y a la redacción del Trabajo Fin de Grado con el título "*Nuovi strumenti europei in tema di criminalità transnazionale: un confronto tra Italia e Spagna*" en el Instituto de Estudios Europeos de Valladolid, centro de excelencia Jean Monnet que cuenta con una larga experiencia de estudio e investigación en Europa[7]. Segundo, por la propia modalidad de tesis en cotutela con la *Università degli Studi di Palermo* donde, en atención al Convenio suscrito entre ambas universidades a fecha de 20 de diciembre de 2018, realizando una estancia de un año a lo largo del curso académico 2018-2019 bajo la tutela del Profesor Giuseppe Di Chiara[8]. Por último, cabe destacar también el extenso conocimiento y bagaje internacional de mi directora de tesis que constituyeron un factor decisivo para que optara por aplicar este enfoque interterritorial en mi investigación.

Me atrevería a decir que un punto fuerte y novedoso que presenta esta monografía respecto a otros estudios sobre esta misma temática es la incorporación en la misma de la propia perspectiva de los profesionales, a fin de conocer los avances y la incidencia de la OEI en la práctica judicial. De este modo a lo largo del estudio se incorpora un pequeño trabajo de campo a partir de entrevistas. Precisamente esta metodología (consistente en cuestionarios realizados a distintos profesionales) se ha utilizado en el Proyecto EUROCOORD, mencionado *ut supra*, y por ello

---

6 Obtuve una beca a través de concurso público basado en la trayectoria académica universitaria. Junto con ello, entre el 1 de octubre de 2016 y el 30 de noviembre de 2016 disfruté de otra beca, habiendo concursado para su obtención con estudiantes de la Facultad de Derecho de la *Università degli studi di Palermo*, participando además en el proyecto mencionado desarrollado en el Instituto de Estudios Europeos de Valladolid. Adicionalmente, formé parte del Programa Erasmus+, esta vez dirigido por el colegio universitario ARCES, véase página oficial disponible en https://www.arces.it/ (fecha de última consulta: el 23 de abril de 2025). El objetivo del antedicho Programa Erasmus+ fue la promoción de la movilidad interuniversitaria, así como la convergencia entre el desarrollo académico y laboral.

7 Vid. la página oficial disponible en https://iee.blogs.uva.es/modulos-jean-monnet/ (fecha de última consulta: el 23 de abril de 2025).

8 Docente catedrático en el *Corso di laurea magistrale in Giurisprudenza di Palermo*, de la asignatura *Diritto processuale penale*, mayor información disponible en https://www.unipa.it/persone/docenti/d/giuseppe.dichiara (fecha de última consulta: el 23 de abril de 2025).

el interés a utilizar la misma metodología durante la presente investigación. EUROCOORD nació justo en el momento de la promulgación de la OEI e incorporaba entre otros un paquete de trabajo (Workpackage 3) consistente en el examen de la perspectiva práctica de aplicación de los instrumentos anteriores a la OEI. El título del paquete de trabajo "Comprehensive research on legal protection in the EU Member State under the EIO provision" (Workpackage 4) ha propiciado la elaboración del *Código de buenas prácticas* mediante el debate y la participación de las partes interesadas, los investigadores, expertos y otros grupos destinatarios, así como profesionales[9].

La metodología que se empleó en dicho Proyecto europeo consistió en examinar la práctica en materia de prueba transnacional (en aquel momento no se podía hablar aún de OEI) por operadores jurídicos, a partir de entrevistas realizadas *in situ* o en su defecto mediante videoconferencia. Esta metodología ha sido así trasladada al estudio que se presenta, contando con la ayuda de la profesora Jimeno Bulnes para contactar con algunos de los mayores exponentes que tuvieron la oportunidad de enfrentarse a la aplicación práctica de la OEI.

Nos referimos en concreto a profesionales, procedentes además de instituciones como Eurojust (Francisco Jimenez Villarejo, en ese momento, miembro nacional español, además de Filippo Spiezia, en ese momento, miembro nacional italiano y Vicepresidente Eurojust[10]), Fiscalía General del Estado, (Rosa Ana Morán Martínez, en ese momento era Fiscal de Sala Coordinadora de Cooperación Penal Internacional de la Fiscalía General del Estado[11]), magistrados de enlace, miembros de redes judiciales europeas españolas e italianas, altos cargos (Luis Arcos Pérez, letrado del Consejo General del Poder Judicial[12]) así como por lo que respecta a Italia,

---

9 Para conocer mejor el Proyecto Europeo en cuestión véase los "Public Deliverables" disponibles en https://www3.ubu.es/eurocoord/resources/public-deliverables/ (fecha de consulta: el 23 de abril de 2025).

10 Más ampliamente en https://archiviodpc.dirittopenaleuomo.org/autori/487-filippo-spiezia (fecha de última consulta: el 23 de abril de 2025).

11 Actualmente Fiscal de Sala Jefe de la Fiscalía Antidroga mayor información en la página disponible en https://www.fiscal.es/-/rosa-ana-moran-martinez (fecha de consulta: el 23 de abril de 2025).

12 Director del Servicio de Relaciones Internacionales en Consejo General del Poder Judicial, más información disponible en https://www.poderjudicial.es/cgpj/es/Temas/Relaciones-internacionales/Presentacion/relacionados/Organigrama-del-Servicio-de-Relaciones-Internacionales (fecha de última consulta: el 23 de abril de 2025).

miembros de la *Procura generale dello Stato*: tanto *giudici* como *pubblici ministeri*, de distintos puntos geográficos, y por supuesto, los propios jueces y magistrados, fiscales y abogados, además de profesores universitarios[13]. Como veremos, tales entrevistas se han incluido como contenido de esta monografía con las oportunas citas y por supuesto, con la autorización de cada una de las personas entrevistadas.

Antes del plantear los objetivos que se persiguen en este trabajo, se procede a explicar la metodología empleada. Así, y pese a ser un estudio inmerso en el campo de las Ciencias Jurídicas, se ha hecho uso junto con la metodología deductiva propia de este ámbito de investigación, y de una metodología cualitativa[14], que implica recopilar y analizar opiniones o experiencias, así como datos sobre experiencias vividas; de allí la *research question*, de la que el Profesor John Vervaele es amplio conocedor[15], a quien tuve la oportunidad de conocer a raíz de mi estancia en la Universidad de Utrecht (específicamente en el *Willem Pompe Institute for Criminal Law and Criminology* desde septiembre de 2019 y hasta diciembre de 2020[16]). Este Instituto, es un referente en la temática objeto de mi investigación y uno de los principales centros de investigación europeos en atención a su profesorado.

Consecuentemente, el estudio que se pretende efectuar en este trabajo de investigación, en relación con la OEI, tiene como objetivo, responder a dos preguntas fundamentales o *research question*.

---

13 A modo de ejemplo ha sido entrevistado Lucio Camaldo, *Professore associato di Diritto processuale penale nella Università degli Studi di Milano*, más información disponible en https://www.unimi.it/it/ugov/person/lucio-camaldo (fecha de última consulta: 23 de abril de 2025).

14 En el marco del enfoque cualitativo de investigación, la fase en la que se desarrolló el trabajo de campo consistió en la recogida y el registro de información a través de diversos métodos así RODRÍGUEZ GÓMEZ Gregorio, GIL FLORES, JAVIER GARCÍA JIMÉNEZ, Eduardo, *Metodología de la investigación cualitativa*, Aljibe, Granada, 1996.

15 John Vervaele ha sido profesor de la Facultad de Derecho de Utrecht, del Instituto Willem Pompe de Derecho Penal y Criminología y del Centro de Utrecht para la Regulación y la Aplicación de la Ley en Europa (Renforce), así como profesor del Colegio de Europa, en Brujas. Vid. información disponible en https://www.criminaljusticenetwork.eu/it/autori/vervaele-john (fecha de última consulta: el 23 de abril de 2025).

16 Mayor información en la página web oficial disponible en https://www.uu.nl/en/organisation/utrecht-university-school-of-law/about-the-school-of-law/departments/willem-pompe-institute-for-criminal-law-and-criminology (fecha de última consulta: el 23 de abril de 2025).

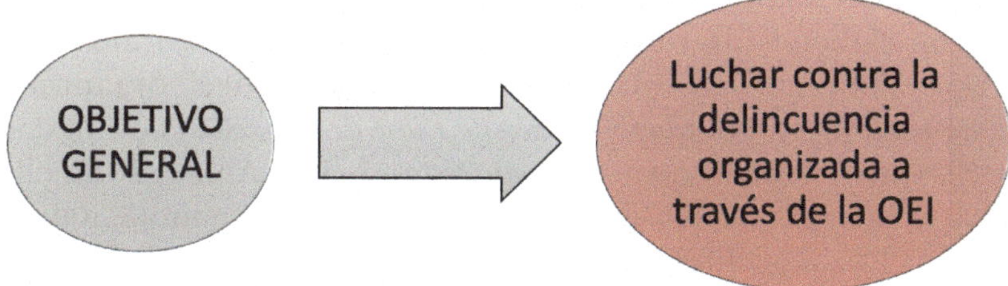

Figura n. 2. Objetivo de la monografía. Fuente: elaboración propia.

- ¿En qué medida la OEI es un instrumento idóneo para la lucha contra la criminalidad organizada?
- ¿Qué funciones, competencias, poderes y herramientas desempeñan las autoridades competentes para su aplicación?

Junto con estos objetivos principales, los diferentes Capítulos en los que se estructura el trabajo tratan de dar respuesta a otros objetivos secundarios o subsidiarios. Así:

- Capítulo 1: ¿Cuáles serían las aportaciones determinantes del principio del reconocimiento mutuo a la luz de la lucha contra la criminalidad organizada?
- Capítulo 2: ¿Qué es la OEI y cuál es el uso político (criminal) de este instrumento para contrarrestar el crimen organizado?
- Capítulo 3: Las autoridades competentes que ponen en práctica la OEI, ¿alcanzan el objetivo de obtención de pruebas?
- Capítulo 4: ¿Hay correlaciones entre las normativas nacionales (Italia y España) sobre la criminalidad organizada y la forma en la que se ha traspuesto la Directiva en sendos países?
- Capítulo 5: ¿Facilita Eurojust la transmisión de la OEI? ¿Existe vinculación entre las autoridades competentes a nivel nacional?

En este estudio de investigación se utiliza una metodología predominantemente deductiva, incorporando asimismo un método inductivo cuando se consideró necesario en función del objeto de estudio.

En cuanto a la primera metodología, así la deductiva será basada en los recursos bibliográficos, cursos organizados dentro y fuera de la Universidad de Burgos y en la *Università degli Studi di Palermo*[17], seminarios de investigación con carácter interdisciplinar o la participación en *Summer schools* (como por ejemplo: "The EU Area of Criminal Justice" organizado por el *Institute for European Studies (Université Libre de Bruxelles)* con la cooperación de *European Criminal Law Academic Network* (ECLAN)[18]. Todo ello para analizar la aplicación de la OEI desde la perspectiva española, italiana (así como sobre el diálogo hispano-italiano en el Proceso Penal)[19], y europea, analizando los instrumentos en la lucha contra la delincuencia organizada y en general el Espacio Europeo de Libertad, Seguridad y Justicia (en adelante ELSJ)[20]. Además se analizan las distintas posturas doctrinales así como la regulación legislativa y la jurisprudencia existente en el ámbito de la UE.

A mayor abundamiento, cuando por razón del objeto de estudio y de la pregunta concreta de investigación sea conveniente, se ha seguido una metodología inductiva. Es decir, consideraciones interpretativas y cualitativas en las cuales el objeto de la investigación se inspira en los procesos recientes de globalización, los cuales se ha visto que implican el debilitamiento gradual de las fronteras y la transferencia cada vez más libre e incontrolada de personas y bienes. Todo esto desarrolla un gran impacto en

---

17 A modo de ejemplo los Seminarios organizados en el marco del Proyecto: "The New Era of Smuggling in the Mediterranean Sea (NESMeS)", más información disponible en https://www.unipa.it/dipartimenti/di.gi./progetti/nesmes—pmi-/en/ (fecha de última consulta: el 23 de abril de 2025) y la *Summer School* "*Digital Justice*" dentro de las actividades programadas en el *corso di dottorato* "Pluralismi giuridici. Prospettive antiche e attuali" desde el 17 de junio hasta el 21 de junio del 2019.

18 Está diseñada específicamente para profesionales, ya sean abogados, funcionarios de la UE o nacionales que trabajen en asuntos penales, así como para investigadores y estudiantes interesados en el área de la justicia penal de la UE. El objetivo es proporcionar a los participantes un amplio conocimiento del derecho penal de la UE. Más ampliamente véase la página oficial ECLAN en http://www.eclan.eu/en (fecha de consulta: el 23 de abril de 2025).

19 Sobre el tema, entre otros, participé al Congreso "Confronto: Diálogo Hispano-Italiano sobre Proceso Penal", organizado por la Universidad de Cádiz y celebrado en el Campus Universitario de Jerez de Frontera del 8 al 9 de noviembre de 2018 con una duración global de 25 horas. El programa del Congreso está aún disponible en la página web https://derecho.uca.es/noticia/congreso-internacional-confronto-dialogo-hispano-italiano-sobre-proceso-penal/ (fecha de última consulta: el 23 de abril de 2025).

20 VERVAELE, John A.E., *European Criminal Justice in the Post-Lisbon Area of Freedom, Security and Justice,* Quaderni della Facoltà di Giurisprudenza dell'Università degli studi di Trento, Trento, 2014.

las interconexiones entre las economías y los delincuentes de los diversos países, acentuando el carácter sistémico de las relaciones entre sociedades y Estados.

Por esto, la adopción de un enfoque interpretativo, que aúna la consideración subjetiva con la objetiva, ha sido necesario para la redacción de este trabajo de investigación. Adicionalmente, la investigación conlleva una constante revisión de la metodología utilizada para que el contenido de la monografía esté actualizado.

Las fuentes de la investigación utilizadas han sido tanto de la UE, como fuentes internacionales y nacionales (sobre todo españolas e italianas) que ponen de manifiesto el instrumento de la OEI. De este modo, en la UE, se ha prestado particular atención, como principales fuentes de obtención de datos, a instituciones oficiales como la Comisión Europea, el Parlamento Europeo, el Consejo, Consejo Europeo y el Tribunal de Justicia de la Unión Europea (en adelante, TJUE).

Entre los datos presentados, algunos se han obtenido desde las instituciones mencionadas (a modo de ejemplo estadísticas e informes anuales), así como fuentes oficiales de los Estados Miembros mencionados (España e Italia). Otra de las fuentes a mencionar es la jurisprudencia consistente en sentencias del Tribunal Europeo de Derechos Humanos (en adelante, STEDH), del Tribunal de Justicia de la Unión Europea (STJUE) y de órganos jurisdiccionales nacionales.

El presente trabajo se inscribe en la línea de investigación iniciada en el marco del Proyecto Junta de Castilla y León (BU092G18-2018/00093/001) "Los protagonistas del futuro proceso penal en el marco de la Unión Europea", financiado por la Junta de Castilla y León[21], así como proyectos posteriores[22]. Del mismo modo, la investigación se enmarca dentro del Proyecto

---

[21] Proyecto Junta de Castilla y León (BU092G18-2018/00093/001) "Los protagonistas del futuro proceso penal en el marco de la Unión Europea", financiado por la Junta de Castilla y León, con fecha de inicio el 5 de junio de hasta el 30 de septiembre de 2020.

[22] Proyecto de la agencia estatal de investigación "La evolución del espacio judicial europeo en materia civil y penal: su influencia en el proceso español" (Ref. PGC2018-094209-B-100), IP, Resolución de la Subdivisión de Planificación y Gestión Administrativa del Ministerio de Ciencia, Innovación y Universidades, con fecha de inicio el 01 enero de 2019 hasta el 31 de diciembre de 2021 más información en https://www.ubu.es/la-cooperacion-judicial-civil-y-penal-en-el-ambito-de-la-union-europea-instrumentos-procesales-caji/proyectos (fecha de última consulta: 23 de abril de 2025).

EUROCOORD mencionado anteriormente, del que se deriva parte de la metodología.

A todo esto se suma la participación en el Grupo de investigación "La Cooperación Judicial Civil y Penal en el Ámbito de la Unión Europea: Instrumentos Procesales", reconocido por la Universidad de Burgos bajo el acrónimo CAJI así como reconocido como Unidad de investigación Consolidada (UIC) con n. 329 por Resolución de 18 de octubre de 2021, de la Directora General de Universidades e Investigación[23] de Castilla y León.

Esta obra, ha sido redactada respectando la estructura conforme antes indicada. Se acompaña por supuesto el correspondiente apartado bibliográfico y otros anexos como en este caso, la DOEI junto al modelo de entrevista destinado a los profesionales en lengua española e italiana.

Por ello, en el primer Capítulo titulado "Significado y alcance de la orden europea de investigación (OEI)" se proporciona una perspectiva general de los aspectos fundamentales de este instrumento. Antes de analizar, las principales características de la OEI, conviene prestar especial atención a otro de los aspectos fundamentales: tanto al principio de reconocimiento mutuo como la confianza mutua que lo sustenta. Entre los instrumentos de reconocimiento mutuo elaborados por la UE y dictados en el ámbito de la cooperación judicial penal destacamos la Orden Europea de Detención y Entrega. Al mismo tiempo, ha sido conveniente desarrollar paralelamente las vías de una cooperación más estrecha entre las autoridades nacionales, así como la propuesta de una armonización de las normas nacionales sustantivas y de procedimiento. Esta armonización permitiría, por un lado, garantizar la aplicación autónoma de los textos nacionales de transposición y por otro lado, preservar la complementariedad entre las normas de los diferentes Estados miembros para la creación de un espacio penal europeo. Además debe asegurarse siempre la garantía de un nivel superior de protección de los derechos procesales de los sospechosos y acusados.

El segundo Capítulo redactado bajo el título "Contenido y ámbito de aplicación de la OEI", se propone analizar las principales características de la OEI partiendo de una dimensión teórica así como de su aplicación práctica. El objeto de esta monografía recopila algunas características que la convierten en uno de los temas jurídicos más actuales. El reto de regular

---

[23] Más información disponible en la página web https://www.ubu.es/sites/default/files/hightlight/files/resolucion_uic_-_grupo_caji.pdf (fecha de última consulta: 23 de abril de 2025).

la cooperación judicial penal en la UE convierte la OEI en un instrumento fundamental de integración europea.

En el Capítulo tercero titulado "Autoridades competentes y herramientas en la obtención transnacional de pruebas", resalta el análisis del procedimiento de tramitación, tanto desde la perspectiva activa o "emisión" como desde la perspectiva pasiva o "ejecución". Se continuará con el estudio de las disposiciones específicas establecidas para concretas medidas de investigación, además de centrarnos en el Capítulo V de la DOEI, íntegramente dedicado a la "Intervención de telecomunicaciones" (artículos 30 y 31), un instrumento que definimos como un medio eficaz de obtención de datos que permite la captación de información relevante acerca de un crimen. Sin embargo, ha de tenerse en cuenta que es una de las medidas más controvertidas y coactivas pues supone la restricción de derechos fundamentales: en concreto, el secreto de las comunicaciones recogido en el artículo 18.3 de la Constitución española[24] y en el artículo 15 de la Constitución italiana[25].

El Capítulo cuarto bajo el título: "Modelos de aplicación de la OEI: Italia y España", tiene como objetivo la comparación de la transposición de la DOEI en los dos Estados, italiano y español. Primero, por cuanto se refiere a la transposición de la Directiva (por ejemplo, en cuanto a los plazos, Italia lo hizo antes que España, como veremos). Así, a través del análisis de los textos de las leyes de transposición desde una perspectiva comparada, destacaremos las luces y sombras de los modelos de aplicación de la OEI en Italia y en España. Adicionalmente, analizaremos las particularidades de la relación entre criminalidad organizada y OEI. En el caso de Italia se presenta el resultado de una investigación desarrollada en la *Procura della Repubblica di Caltanissetta* (Fiscalía), con la ayuda y referencia del *Sostituto Procuratore* Dr. Davide Spina[26].

El Capítulo quinto, se titula "El papel de Eurojust en la aplicación de la OEI". Dedicamos un capítulo entero a Eurojust, Agencia de la Unión Europea para la Cooperación Judicial Penal, creada con una doble finalidad. En

---

24 Textualmente: "3. Se garantiza el secreto de las comunicaciones y, en especial, de las postales, telegráficas y telefónicas, salvo resolución judicial", BOE de 29 de diciembre de 1978, n. 311, disponible en https://www.boe.es/buscar/act.php?id=BOE-A-1978-31229 (fecha de última consulta: 23 de abril de 2025).

25 Publicado en G.U. el 27 de abril de 2017, n. 97.

26 *Sostituto Procuratore della Procura della Repubblica presso il Tribunale di Caltanissetta*, mayor información disponible en https://www.procura.caltanissetta.giustizia.it/it/Content/Index/55698 (fecha de última consulta: 23 de abril de 2025).

primer lugar, reforzar el principio de reconocimiento mutuo y la confianza mutua, lo cual requiere el conocimiento de los ordenamientos jurídicos de los distintos Estados miembros, así como de sus operadores (profesionales del derecho) con el fin de facilitar el diálogo entre las autoridades judiciales que son las protagonistas directas del reconocimiento mutuo. En segundo lugar, estimular, apoyar y asegurar la coordinación de las investigaciones de carácter transnacional para mejorar los diferentes aspectos de la cooperación judicial en materia penal.

Aprovechando que Eurojust tiene su sede en La Haya (Países Bajos), empecé durante mi estancia en la Universidad de Utrecht, la fase de desarrollo "práctico" de mi investigación, coincidiendo con las entrevistas que han sido anteriormente mencionadas realizadas a los distintos miembros nacionales y profesionales.

Por último, se expondrán las consideraciones oportunas sobre las preguntas generales planteadas al inicio de nuestra investigación, así como las conclusiones en relación con el objetivo perseguido en este atento estudio.

I. Significado y alcance de la Orden Europea de Investigación (OEI)

En el presente capítulo, se examina en primer lugar, el principio de reconocimiento mutuo[27], declarado "piedra angular"[28] de la cooperación judicial entre los Estados miembros de la UE en materia penal[29]. Uno de

---

27 Por todos, aquí y ahora, a la fecha, MAPELLI CAFFARENA, Borja, *Análisis empírico y doctrinal de la ley 23/2014 de reconocimiento mutuo de resoluciones penales,* Aranzadi, Cizur Menor, 2022, tal como DE HOYOS SANCHO, Montserrat, "El principio de reconocimiento mutuo de resoluciones penales en la Unión Europea ¿asimilación automática o corresponsabilidad?", *Revista de Derecho Comunitario Europeo,* 2005, n. 22, pp. 807-842, así como adicionalmente MUÑOZ DE MORALES ROMERO, Marta, "El reconocimiento mutuo en materia penal y los derechos fundamentales: de la confianza 'ciega' a la confianza reservada", en L. Arroyo Jiménez, y A. Nieto Martín, (dres.), *El reconocimiento mutuo en el Derecho español y europeo,* Marcial Pons, Madrid 2018, pp. 243-304; en términos más generales KLIP, André, *European Criminal Law,* Intersentia, Cambridge, 2012, y también COUTTS, Stephen, "An Area of Justice: Shared Enforcement and Shared Recognition of National Wrongs", en S. Coutts, *Citizenship, Crime and Community in the European Union,* Hart, Oxford, 2021, pp. 121-124. Por lo que respecta la bibliografía italiana, SPENCER John, R., "Il principio del mutuo riconoscimento" en R.E., Kostoris, Manuale di procedura penale, 3ª edición, Giuffré, Milano, 2017, pp. 313 y ss., también GERACI, Rosa M., "Il mutuo riconoscimento dei provvedimenti di congelamento e confisca: il Regolamento (UE) 2018/1805", *Processo penale e giustizia* 2021, n. 5, disponible en http://www.processopenaleegiustizia.it/Article/Archive/index_html?ida=863&idn=67&idi=-1&idu=-1 (fecha de última consulta: 23 de abril de 2025), y MAZZA, Olivero, "Il principio del mutuo riconoscimento nella giustizia penale, la mancata armonizzazione e il mito taumaturgico della giurisprudenza europea", *Rivista italiana di Diritto e Procedura Penale,* 2009, n. 64 (2), p. 395 y ss.

28 En concreto, en la conclusión n. 33 de las Conclusiones de la Presidencia del Consejo Europeo, celebrado en Tampere el 15-16 de octubre de 1999.

29 Las diferentes prioridades políticas y la variedad de instituciones de Derecho penal tanto sustantivo como procesal en cada Estado miembro pueden suponer una limitación para la cooperación judicial. Para una reflexión véase DE JORGE MESAS, Luis F., "La cooperación judicial penal en la Unión Europea: aproximación a una teoría general del reconocimiento mutuo", *Revista Aranzadi Unión Europea,* 2015, n. 4, pp. 47-59, esp. p. 50.

los objetivos fundamentales de la Unión es promover la libre circulación de personas, servicios, mercancías y capitales[30], pero también cómo esta libertad facilita el tránsito de los criminales y el desarrollo de la delincuencia transfronteriza. El reconocimiento mutuo de las resoluciones penales es una de las soluciones que se proporciona para paliar los efectos secundarios de la libre circulación. Además, contribuye a la construcción de un ELSJ[31], en el que puedan conjugar los diferentes sistemas jurídicos nacionales[32].

Por lo tanto, se procederá al examen, del principio de reconocimiento mutuo y de la aproximación legislativa complementaria al mismo, sendos principios consagrados en los tratados fundacionales a partir de la refor-

---

30 Sobre la temática, JANSSENS Christine, "The Principle of Mutual Recognition as Judicial Impetus for Free Movement Provisions", en C. Janssens, *The Principle of Mutual Recognition in EU Law,* Oxford University Press, Oxford, 2013, pp. 11-62, así como MITSILEGAS Valsamis, CAEIRO, Pedro, GLESS Sabine (eds.), *Elgar Encyclopedia of Crime and Criminal Justice,* Edward Elgar, Massachusetts, 2022.

31 Así pues, con el principio de reconocimiento se busca, siguiendo a FIORDOROVA, la simplificación de la cooperación, previendo en líneas generales: "- *la posibilidad de cooperación directa entre las autoridades judiciales competentes (sin necesidad de implicar a las autoridades centrales, que en muchas ocasiones eran los Ministerios de Justicia); — plazos para la ejecución; — motivos tasados para la denegación de la ejecución*". Vid. FIORDOROVA, Anna, "La orden europea de investigación", en E. Ortega Burgos (dir.), *Actualidad Penal,* Tirant lo Blanch, Valencia, 2019, pp. 197-219. En concreto sobre el ELSJ, LÓPEZ MOLINA, Mariano, "Derecho penal sustantivo en el espacio de libertad, seguridad y justicia posterior al Tratado de Lisboa. ¿Un sistema penal europeo?", *Jueces para la Democracia- información y debate,* 2019, n. 94, pp. 96-112, así como ENÉRIZ OLAECHEA, Francisco, J., "Hacia un nuevo Derecho de la Unión Europea", *Unión Europea Aranzadi,* 2007, n. 7, pp. 5-8, por lo que respecta a la bibliografía italiana, AMALFITANO, Chiara, "Spazio giudiziario europeo e libera circolazione delle decisioni penali" en Carbone, S.M. y Chiavario, M. (eds.), *Cooperazione giudiziaria civile e penale nel diritto dell'Unione europea,* Giappichelli, Torino, 2008, pp. 1-56.

32 En otras palabras, las razones de la evolución de este principio residen en la inadecuación de los mecanismos de asistencia mutua para la cooperación entre las autoridades judiciales de los Estados miembros. Entre la bibliografía española, GARCIMARTÍN MONTERO, Regina, "El reconocimiento de resoluciones penales de condena en la UE: la transposición al derecho español del reconocimiento de resoluciones que imponen penas o medidas privativas de libertad y de libertad vigilada", *Revista de Estudios Europeos,* 2021, n. 78, pp. 27-50 y con carácter general MARTÍN RODRÍGUEZ, Pablo J., *El Estado de Derecho en la Unión Europea,* Marcial Pons, Madrid, 2021, esp. pp. 23-24.

ma realizada por el Tratado de Lisboa de 13 de diciembre de 2007[33]. El Tratado de Lisboa supone una evolución legislativa en la UE que marca la transición de las decisiones marco a las directivas[34].

Por otro lado, analizaremos el concepto de confianza mutua y sus límites, siendo aquella adquirida a través de los valores compartidos de los Estados miembros en materia democrática y el respeto de los derechos humanos, que permitan que los sistemas jurídicos de los Estados miembros gocen de fiabilidad suficiente para la aplicación del reconocimiento mutuo[35]. Por último, determinaremos cómo el principio de reconocimiento mutuo se constituye en la herramienta esencial en la lucha contra el crimen organizado.

En segundo lugar, se aborda en este capítulo la Directiva 2014/41/CE, del Parlamento Europeo y del Consejo de 3 de abril de 2014 sobre la Orden Europea de Investigación[36]. Con ella se establece un "sistema general para obtener pruebas en los casos de dimensión transfronteriza" que "sustituya a todos los instrumentos existentes en el sector" y que cubra, en la

---

33 Versión consolidada en DOUE de 9 de mayo de 2008, n. C-115. En esta línea, BASSI, Nicola, *Mutuo riconoscimento e tutela giurisdizionale — la circolazione degli effetti del provvedimento amministrativo straniero fra diritto europeo e protezione degli interessi del terzo,* Milano, Giuffré, 2008, así como TAUPIAC NOUVEL, Guillemine, "The principle of mutual recognition in criminal matters: a new model of judicial cooperation within the European Union", *European Criminal Law Review,* 2012, n. 3, pp. 236-251.

34 Conviene recordar una sentencia del Tribunal de Justicia de la Unión Europea en la que se hace referencia explícita a la Decisión marco 2001/220/JAI, de 15 de marzo de 2001 (actualmente no en vigor), relativa al estatuto de la víctima en el proceso penal, adoptada por la UE en el marco del tercer pilar relativo a la cooperación policial y judicial en materia penal. STJUE (Gran Sala) de 16 de junio de 2005, *Pupino,* C-105/03, ECLI:EU:C:2005:386, (TOL4.625.688), disponible en https://curia.europa.eu/juris/documents.jsf?critereEcli=ECLI:EU:C:2005:386 (fecha de última consulta el 23 de abril de 2025).

35 PELLEGRINO, Mario, "Cooperazione giudiziaria penale nell'UE", *Temi europei e internazionali* 2016, n. 3, pp. 1-192, esp. p. 54, (traducción propia).

36 DOUE de 1 de mayo de 2014, n. 130, pp. 1-36. De carácter introductorio JIMÉNEZ-VILLAREJO FERNANDEZ, Francisco, "Orden europea de investigación ¿adiós a las comisiones rogatorias?", en C. Arangüena Fanego (coord.), *Cooperación judicial civil y penal en el nuevo escenario de Lisboa,* Comares, Granada, 2011, pp. 175-204; así como ALLEGREZZA, Silvia, "Collecting Criminal Evidence Across the European Union: The European Investigation Order Between Flexibility and Proportionality", en S. Ruggeri (ed.), *Transnational Inquiries and the Protection of Fundamental Rights in Criminal Proceedings. A Study in Memory of Vittorio Grevi and Giovanni Tranchina,* Springer, Heidelberg, 2013, pp. 51-67.

medida de lo posible, "todos los tipos de pruebas"[37] (Considerandos n. 5 y n. 6). Los Estados miembros hasta el 22 mayo de 2017, tuvieron el tiempo necesario para transponerla, mientras que, después de esta fecha, se acudirá sin reserva la aplicación del efecto directo, es decir la posibilidad de que las personas físicas y jurídicas puedan invocar directamente ante Tribunales de su jurisdicción nacional la aplicación de la Directiva.

1. SIGNIFICADO Y *RATIO* DEL RECONOCIMIENTO MUTUO

De acuerdo con ORMAZÁBAL SÁNCHEZ, el mutuo reconocimiento en lo que respecta a la constitución de un mercado único "*supone que los Estados se comprometen recíprocamente a no impedir o dificultar en su territorio la comercialización de los productos y servicios que provienen de los otros Estados de la Unión (…). Trasladando este principio en ámbito del mercado interior europeo al de la cooperación en materia de justicia interior, se lograría configurar un espacio judicial europeo respetando íntegramente las legislaciones de los Estados*"[38]. En efecto, el paso decisivo en relación con el mecanismo de reconocimiento recíproco se produjo, con el Tratado por el que se establece una Constitución para Europa de 29 de octubre de 2004[39]. En su acepción más amplia y más conforme con el concepto de ELSJ, supone que las resoluciones judiciales se ejecuten directamente en toda la Unión. De este modo, las resoluciones

---

37 De carácter general la monografía de MARTÍN GRACÍA, Antonio L., y BUJOSA VADELL, Lorenzo, *La obtención de prueba en materia penal en la Unión Europea,* Atelier, Barcelona, 2016.

38 ORMAZÁBAL SÁNCHEZ, Guillermo, "La formación del espacio judicial europeo en materia penal y el principio de mutuo reconocimiento. Especial referencia a la extradición y al mutuo reconocimiento de pruebas", en T. Armenta Deu, F. Gascón Inchausti y M. Cedeño Hernán, (coords.), *El derecho procesal penal en la Unión Europea,* Colex, Madrid, 2006, pp. 37-72, esp. p. 40. Sobre la temática, FERNÁNDEZ-BERMEJO, Utrilla D., "El reconocimiento mutuo y el Derecho primario del mercado interior", en L. Arroyo Jiménez y A. Nieto Martín (dres.), *El reconocimiento mutuo en el Derecho español y europeo,* Marcial Pons, Madrid, 2018, pp. 11-47. Con carácter general JIMENO BULNES, Mar, "El modelo de espacio judicial europeo en materia penal antes y después de Lisboa: ¿justicia versus seguridad o seguridad versus justicia?", in J. Martín Ostos (coord.), *El derecho procesal en el Espacio Judicial Europeo — estudios dedicados al catedrático Faustino Gutiérrez-Alviz y Conradi,* Atelier, Barcelona, 2013, pp. 311-321, v. p. 314.

39 Además, hay que aclar que, hasta Lisboa, no existía regulación positiva del principio del reconocimiento mutuo ni aproximación. Más ampliamente GRASSO, Giovanni, PICOTTI Lorenzo, SICURELLA, Rosaria, (eds.), *L'evoluzione del diritto penale nei settori d'interesse europeo alla luce del trattato di Lisbona,* Giuffré, Milano, 2011.

judiciales dictadas por las autoridades de un Estado miembro surten efecto en los demás Estados miembros, inicialmente sin necesidad de previa armonización o aproximación de las legislaciones nacionales.

La primera formulación del principio se atribuye tradicionalmente a la sentencia *Cassis de Dijon* del TJUE en 1979[40], sobre la libre circulación de mercancías. Al afirmar que el Estado miembro de destino no puede impedir la importación a su territorio de mercancías "legalmente producidas y puestas a la venta" en otro Estado miembro, la sentencia *Cassis de Dijon* formula el reconocimiento mutuo como instrumento para eliminar los obstáculos a las libertades de circulación garantizadas por el Tratado. El TJUE declaró que los productos fabricados de conformidad a las normas de un Estado miembro pueden circular normalmente en todos los demás Estados miembros, aunque éstos prevean normas de producción diferentes. Los obstáculos al libre comercio sólo pueden justificarse por las exigencias imperativas previstas, como la protección de la salud pública, así como por razones de interés general[41].

---

40 STJUE de 20 de febrero de 1979, *Rewe-Zentral AG c. Administración federal alemana del Monopolio de los alcoholes*, C-120/78, ECLI:EU:C:1979:42 disponible en servidor oficial https://curia.europa.eu/juris/showPdf.jsf?text=&docid=90038&pageIndex=0&doclang=ES&mode=req&dir=&occ=first&part=1&cid=4733951 (fecha de última consulta: el 7 de mayo de 2025); en este sentido FREMUTH Michael, "Cassis de Dijon" — Zu der dogmatischen Einordnung zwingender Erfordemisse", *Europarecht,* 2006, n. 6, pp. 866-878 así como MATTERA, Alfonso, "La reconnaissance mutuelle: une valeur historique ancienne, un principe juridique intégrationniste, l'assise politique d'un modèle de société humaniste À l'occasion du 30e anniversaire de l'arrêt "Cassis de Dijon", Revue du droit de l'Union Européenne, 2016, n. 3-4, pp. 457-490.

41 Ya en la versión original del Tratado constitutivo de la CEE, el reconocimiento mutuo estaba consagrado en dos disposiciones situadas en partes distintas del mismo Tratado, como el artículo 57 (actual art. 53 TFUE) y el artículo 220 (ahora derogado). Mientras que la primera preveía la adopción de directivas destinadas al reconocimiento mutuo de "diplomas, certificados y otros títulos", la segunda se refería al fomento de las negociaciones entre los Estados miembros destinadas a perseguir diferentes objetivos de protección en favor de sus respectivos ciudadanos y, entre ellos, el "reconocimiento y la ejecución recíprocos de las decisiones judiciales y de los laudos arbitrales". Sin embargo, estas observaciones no restan originalidad a la elaboración del TJUE en la sentencia de 1979, al haber aplicado el mecanismo de reconocimiento mutuo en un contexto en el que no estaba previsto originalmente por el Tratado. Para más información véase la Tesis doctoral de GIORGI, Eloisa, dirigida por FAVILLI, Chiara, *Il principio del mutuo riconoscimento nell'ordinamento dell'Unione Europea,* Università degli Studi di Firenze, 2018, esp. p. 10 (traducción propia) disponible en https://books.fupress.com/catalo-

Ahora bien, pese a que la sentencia *Cassis de Dijon* se reconoce como la primera enunciación del principio de reconocimiento mutuo, hay que señalar que no hace ninguna referencia textual al mismo. La jurisprudencia posterior desarrollada por el TJUE sobre las exigencias imperativas de interés general es, mayoritariamente, reticente, tanto a la hora de referirse textualmente al reconocimiento mutuo como a la hora de calificarlo como principio. La calificación explícita del reconocimiento mutuo como principio, así como la exclusión de cualquier referencia textual al mismo en la jurisprudencia del TJUE impiden extraer conclusiones claras sobre el valor jurídico que se le otorga a dicho principio. En particular, estas consideraciones no permiten admitir ni excluir la naturaleza jurídica del reconocimiento mutuo como principio general[42], como veremos adelante.

Desde 1968, la Comunidad Económica Europea (en adelante, CEE) se había dotado con el Convenio de Bruselas[43] de un sistema de reconocimiento y ejecución de las resoluciones judiciales en materia civil y mercantil predominantemente automático[44]. La propuesta de utilizar el principio de reconocimiento mutuo en el ámbito penal tuvo lugar oficialmente en el Consejo Europeo de Cardiff celebrado en esta ciudad los días 15 y 16 de junio de 1998[45]. En concreto, la conclusión de la Presidencia n. 39, establece: "El Consejo Europeo ha destacado la importancia de la cooperación judicial efectiva en la lucha contra la delincuencia transfronteriza. Ha reconocido la necesidad de aumentar la capacidad de los ordenamientos jurídicos nacionales de cooperar estrechamente y ha pedido al Consejo

---

gue/il-principio-del-mutuo-riconoscimento-nellordinamento-dellunione-europea/4409 (fecha de última consulta: 7 de mayo de 2025).

42 GIORGI, Eloisa, *Il principio del mutuo riconoscimento nell'ordinamento dell'Unione Europea, op. cit.*, esp. p. 11 (traducción propia).

43 Convenio de Bruselas de 1968 relativo a la competencia judicial y la ejecución de resoluciones judiciales en materia civil y mercantil, DOUE del 26 de enero de 1998, n. C 027, p. 1-27.

44 PELLEGRINO, Mario, "Cooperazione giudiziaria penale nell'UE", *op.cit.*, esp. p. 52, (traducción propia). En concreto sobre la temática véase JIMENO BULNES, Mar, "La ejecución sin exequátur. La eficacia transfronteriza de las resoluciones judiciales en el ámbito europeo", en J.F. Herrero Perezagua (dr.), *Las transformaciones del proceso civil,* Thomson Reuters Aranzadi, Cizur Menor (Navarra), 2016, pp. 265-287.

45 Consejo Europeo de Cardiff 15 y 16 de junio de 1998 disponible en https://www.europarl.europa.eu/summits/car2_es.htm (fecha de última consulta: 7 de mayo de 2025), sobre tales antecedentes, JIMENO BULNES, Mar, *Aproximación legislativa versus reconocimiento mutuo en el desarrollo del espacio judicial europeo. Una perspectiva multidisciplinar,* Bosch, Barcelona, 2016.

que determine el margen existente para un mayor reconocimiento mutuo de las respectivas resoluciones judiciales"[46].

El 15 de enero del año 2001, se publicó el "*Programa de medidas destinado a poner en práctica el principio de resoluciones penales en materia penal*"[47]. Por otra parte, el 11 de noviembre del año 2009, la Comisión publica el Libro Verde sobre la obtención de pruebas en materia penal en otro Estado miembro y sobre la garantía de su admisibilidad[48] y formula el conocido como Programa de Estocolmo de 11 de diciembre de 2009[49] con propuesta de crear un sistema para obtener las pruebas en los casos con dimensión transfronteriza mediante la aplicación del principio de reconocimiento mutuo, teniendo en cuenta el sistema de la asistencia judicial en materia penal y su flexibilidad[50].

Es interesante subrayar que la Comisión en su Libro Verde, como bien afirman AMBOS y RACKOW, "*ya había formulado el objetivo de reemplazar el sistema legal existente sobre la obtención de pruebas en materia penal a través de un instrumento único basado en el principio de reconocimiento mutuo y que abarcase*

---

46 Sobre el tema, REMOTTI CARBONELL, José, "El proceso de formación del Espacio de libertad, seguridad y justicia en la Unión Europea. La lucha contra la delincuencia, cooperación policial y judicial y garantías del debido proceso en el ámbito penal" in T. Freixes (coord.), *Garantías del Proceso Debido y Unión Europea,* Agencia Estatal Boletín Oficial del Estado, Madrid, 2020, pp. 21-66.

47 DOCE del 15 enero de 2001, n. C12, pp. 10-22, disponible en la base de datos Eur-Lex https://eur-lex.europa.eu/legal-content/ES/TXT/?uri=uriserv%3AOJ.C_.2001.012.01.0010.01.SPA&toc=OJ%3AC%3A2001%3A012%3ATOC (fecha de última consulta: 7 de mayo de 2025). Así, GUITIÉRREZ CASTILLO, Víctor, y LÓPEZ JARA, Manuel, *El desarollo y consolidación del espacio de libertad, seguridad y justicia de la Unión Europea,* Tecnos, Madrid, 2016, esp. p. 69.

48 COM (2009) 24 final, (Introducción) textual: "Algunos instrumentos actualmente vigentes prevén mecanismos para que un Estado miembro pueda obtener pruebas admisibles en materia penal en un contexto transfronterizo. Una cooperación más estrecha en este campo resulta clave para la eficacia de las investigaciones y los procedimientos penales en la UE, razón por la cual, la Comisión tiene intención de promover esa cooperación. El objetivo del Libro Verde es consultar a los Estados miembros, así como a todas las partes interesadas, sobre una serie de cuestiones importantes a ese respecto", disponible en la base de datos Eur-Lex https://eur-lex.europa.eu/legal-content/ES/ALL/?uri=CELEX%3A52009DC0624 (fecha de última consulta: 7 de mayo de 2025).

49 DOUE del 4 de mayo de 2010, n. C-115, pp. 1-38.

50 GONZÁLEZ FENÁNDEZ, Ana, I., "La obtención de perfiles genéticos de ADN a través de la orden europea de investigación", en V. Moreno Catena y M. I. Romero Pradas (dres.), E. Laro González (ed.), *Nuevos postulados de la cooperación judicial en Unión Europea,* Tirant lo Blanch, Valencia, 2021, pp. 687-706, esp. p. 688.

todo tipo de pruebas. Esto puso en marcha el desarrollo de la Orden Europea de Investigación"[51], tema principal de esta monografía.

A pesar del extenso empleo del principio de reconocimiento mutuo para la construcción del ELSJ a fecha de hoy falta una definición abstracta y omnicomprensiva en cuestión. Se discute si el reconocimiento mutuo es un principio general del Derecho comunitario o más bien una "técnica"[52] de creación jurisprudencial utilizada para paliar los déficits de armonización de las legislaciones nacionales de los países de la Unión. El resultado, no siempre armonizado, se ve afectado por las diferencias institucionales de las áreas en cuestión y, sobre todo, por el nivel de integración europea realmente alcanzado[53]. Además, hay que subrayar que la normativa recogida en los convenios está vinculada políticamente a la afirmación de la soberanía y jurídicamente a la alegación de la heterogeneidad de los sistemas jurídicos de los Estados. En cambio, en la UE los Estados ajustan y ejercen en común su soberanía, delegando a instituciones comunes la gestión de considerables parcelas sobre la seguridad y Justicia Penal[54]. En este panorama se han puesto las bases jurídicas y políticas para formular el concepto o "principio" de confianza mutua.

---

[51] AMBOS, Kai, y RACKOW, Peter, "Desarrollos y adaptaciones del principio de reconocimiento mutuo- reflexiones sobre los orígenes de la orden europea de investigación con vistas a una comprensión práctica del principio de reconocimiento mutuo", en M. Llorente Sánchez-Arjona (dir.), J. A. Posada Pérez (coord.), *Estudios procesales sobre el espacio europeo de justicia penal*, Aranzadi, Cizur Menor, 2021, pp. 141-166, p. 143. Sobre los aspectos relacionados con la prueba MANGIARACINA, Annalisa, "La circolazione della prova dichiarativa in ambito nazionale ed europeo", *La giustizia penale*, 2010, pp. 427-448, y también KLIMEK, Libor, "Free movement of evidence in criminal matters in the EU", *The Lawyer Quarterly*, 2012, n. 4, pp. 250-290.

[52] Así, GERACI, Rosa, M., *Il mutuo riconoscimento della cooperazione processuale: genesi, sviluppi, morfologie*, Cacucci, Bari, 2020, esp. pp. 11-12.

[53] Este Cap. tiene origen en el II Congreso Internacional "Enfoque Operativo e Instrumentos en la lucha contra la delincuencia organizada", organizado por la Facultad de Derecho de la Universidad de Granada en modalidad semipresencial el 27 y 28 de mayo de 2021. El mismo ha sido completamente ampliado en CACCIATORE, Serena, "El reconocimiento mutuo como principio clave para la lucha contra el crimen organizado", en F. Javier Garrido Carrillo (ed.), V. Faggiani (coord.), *Lucha contra la criminalidad organizada y cooperación judicial en la UE: instrumentos, límites y perspectivas en la era digital*, Aranzadi, Cizur Menor, 2022, pp. 171-186.

[54] DE JORGE MESAS, Luis Francisco, *Reconocimiento de las resoluciones penales en la Unión Europea*, Valencia, Tirant lo Blanch, 2016, esp. p. 61.

1.1. El concepto de "armonización" y su deriva hacia la aproximación legislativa: complemento al principio de reconocimiento mutuo

Entiende JIMENO BULNES que "*la creación de la llamada quinta libertad comunitaria, cual es la libre circulación de resoluciones judiciales en el territorio de la Unión Europea*"[55] representa un paso fundamental en la lucha contra la criminalidad organizada[56]. La herramienta de reconocimiento mutuo de las resoluciones judiciales extranjeras[57] necesita la confianza mutua entre las autoridades nacionales[58] y es completada a su vez por el principio de aproximación legislativa tal y como establece el artículo 67.3 del Tratado de Funcionamiento de la Unión Europea (en adelante TFUE)[59]. Así como, en particular en materia penal el artículo 82 del TFUE textualmente: "La cooperación judicial en materia penal en la Unión se basará en el principio de reconocimiento mutuo de las sentencias y resoluciones judiciales e incluye la aproximación de las disposiciones legales y reglamentarias de los Estados miembros"[60].

---

55 JIMENO BULNES, Mar, "Perspectiva de la orden de detención y entrega: el principio de reconocimiento mutuo y la cooperación judicial en la Unión Europea", en J. Burgos Ladrón De Guevara (ed.) *La cooperación judicial entre España e Italia,* Instituto Vasco de Derecho Procesal, San Sebastián, 2017, pp. 5-33, p. 6. Al respecto, MITSILEGAS, Valsamis (ed.), *EU Criminal Law,* Bloomsbury Publishing, Londres, 2022.

56 En este sentido, se inició en 1979 con la creación de órganos de cooperación intergubernamental (recuérdese el Grupo de Trevi) con el objetivo inicial de combatir el terrorismo y posteriormente otras formas de delincuencia. Al respecto, BOISTER, Neil, *An Introduction to Transnational Criminal Law,* OUP Oxford, Oxford, 2018. Así como LONGO, Andrea, "La «massima anticipazione di tutela». Interdettive antimafia e sofferenze costituzionali", *Rivista di diritto pubblico italiano, comparato europeo,* 2019, n. 19, pp. 1-39.

57 Así, CAMPILONGO, Valentina, "La circolazione della prova nel contesto europeo, tra mutuo riconoscimento delle decisione giudiziarie ed armonizzazione normativa", *Cassazione Penale,* 2014, n. 2, pp.707-717.

58 MANGIARACINA, Annalisa, "L'esecuzione nell'U.E. dei provvedimenti di blocco dei beni e di sequestro", en M. Montagna (ed.), *Sequestro e confisca,* Giappichelli, Torino, 2017, pp. 551-572, esp. p. 563.

59 Textualmente: "La Unión se esforzará por garantizar un nivel elevado de seguridad mediante medidas de prevención de la delincuencia (...) así como mediante el reconocimiento mutuo de las resoluciones judiciales en materia penal y, si es necesario, mediante la aproximación de las legislaciones penales". DOUE de 30 de marzo de 2010, n. C-83, pp. 1-154. De gran interés en su conjunto el artículo de JUAN PATRONE, Ignazio, "La dimensione costituzionale del Diritto Penale dell'UE dopo il Trattato di Lisbona", *Diritto penale contemporaneo,* 2013, pp. 1-9, esp. p. 3.

60 CACCIATORE, Serena, "El reconocimiento mutuo como principio clave para la lucha contra el crimen organizado", *op. cit.,* esp. pp. 171-172. Con carácter gene-

La pauta en la que se fundamenta el principio de reconocimiento mutuo transforma en interoperables a los sistemas procesales e implica que las resoluciones consideradas en las normas comunes de la UE como análogas para los casos establecidos deberán ser reconocidas sin necesidad de un examen de homologación[61]. El reconocimiento mutuo, entonces, representa una respuesta "horizontal" que permite a las autoridades judiciales cooperar entre ellas y con el presupuesto de la confianza mutua entre los Estados miembros[62].

Como continúa JIMENO BULNES, "*tales principios de reconocimiento mutuo y aproximación legislativa (...) sobre los que se articula la construcción del ELSJ y así el dictado de distintos instrumentos tanto de carácter material como procesal por parte de las instituciones europeas cada vez tienen mayor incidencia en el Derecho interno*"[63].

Dicho todo lo anterior, hemos de realizar una aclaración: primero se dictaron los instrumentos de reconocimiento mutuo y luego se fueron añadiendo los instrumentos de aproximación legislativa, a modo de ejemplo la Directiva en materia de derechos procesales de la víctima[64] ya que eran

---

ral, BUJOSA VADELL, Lorenzo M., "El reconocimiento y la ejecución de sentencias penales privativas de libertad en la Unión Europea. Comentario a la Decisión Marco 2008/909/JAI, del Consejo, de 27 de noviembre de 2008", *Revista General de Derecho Europeo*, 2009, n. 18, pp. 1-30. A mayor abundamiento recordamos que "el Título V del TFUE, —artículos 67 a 89— está dedicado al ELSJ. Además de las disposiciones generales, este título contiene capítulos específicos sobre: — las políticas de control de fronteras, asilo e inmigración; — la cooperación judicial en materia civil; — la cooperación judicial en materia penal; — la cooperación policial", fielmente, disponible en https://www.europarl.europa.eu/factsheets/it/home (fecha de última consulta el 12 de mayo de 2025) de particular interés el documento pdf específico https://www.europarl.europa.eu/ftu/pdf/it/FTU_4.2.1.pdf titulado "Un espacio de libertad, seguridad y justicia: aspectos generales", pp. 1-5.

61 DE JORGE MESAS, Luis Francisco, *Reconocimiento de las resoluciones penales en la Unión Europea, op. cit.*, esp. p. 56.

62 Por todos y con carácter básico, JIMENO BULNES, Mar, (coord.), *La cooperación judicial civil y penal en el ámbito de la Unión Europea: instrumentos procesales,* Bosch, Barcelona, 2007.

63 JIMENO BULNES, Mar, "La evolución del Espacio judicial europeo en materia civil y penal: su influencia en el proceso español", en M. Jimeno Bulnes (dra.) y C. Ruiz López (coord.), *La evolución del espacio judicial europeo en materia civil y penal: su influencia en el proceso español,* Tirant lo Blanch, Valencia, 2022, pp. 27-68, p. 33.

64 Directiva 2012/29/UE del Parlamento Europeo y del Consejo de 25 de octubre de 2012 por la que se establecen normas mínimas sobre los derechos, el apoyo y

necesarios para poner en práctica el reconocimiento mutuo. Efectivamente, se presenta como un "nuevo" principio sustitutivo de la armonización legislativa[65]. En este sentido, el artículo 84 TFUE dispone textualmente: "el Parlamento Europeo y el Consejo podrán establecer, con arreglo al procedimiento legislativo ordinario, medidas que impulsen y apoyen la actuación de los Estados miembros en el ámbito de la prevención de la delincuencia, con exclusión de toda armonización de las disposiciones legales y reglamentarias de los Estados miembros"[66]. Adaptar estas normas "mínimas" permite sin embargo a los Estados miembros mantener un alto nivel de protección para los ciudadanos. Además, cada Estado miembro es libre de actuar, es decir disponer ya de un nivel de protección más elevado que el umbral mínimo que dispone la Directiva o norma de aproximación. De hecho, todas las directivas incorporan una cláusula de no regresión: más garantías a las personas que están implicadas en los procesos penales; el único riesgo que se puede manifestar es no alcanzar el objetivo en cuestión[67].

Por lo tanto, si por un lado se busca aplicar el principio de reconocimiento mutuo entre las autoridades competentes de cada Estado miembro mientras que por otro lado cada país ofrece mayores garantías en los pro-

---

la protección de las víctimas de delitos, y por la que se sustituye la Decisión marco 2001/220/JAI del Consejo, DOUE de 14 de noviembre de 2012, n. 315, pp. 57-13.

65 CACCIATORE, Serena, "El reconocimiento mutuo como principio clave para la lucha contra el crimen organizado", *op. cit.*, esp. p. 180. En particular, DE HOYOS SANCHO, Montserrat, "Armonización de los procesos penales, reconocimiento mutuo y garantías esenciales", en M. de Hoyos Sancho (coord.), *El proceso penal en la Unión Europea: garantías esenciales,* Lex Nova, Valladolid, 2008, pp. 41-78, así como MITSILEGAS, Valsamis, *EU Criminal Law After Lisbon: Rights, Trust and the Transformation of Justice in Europe,* Hart Pub Ltd, Oxford, 2016; por último WEYEMBERGH, Anne, "Approximation of criminal laws, the constitutional treaty and Hague Programme", *Common Market Law Review,* 2005, n. 6, pp. 1567-1597.

66 DOUE del 26 de octubre de 2012, n. L. 326, pp. 1-390.

67 En cambio, el artículo 82.2 TFUE prevé la aplicación de la técnica de la armonización de las legislaciones para complementar la puesta en práctica del principio de reconocimiento mutuo. Se puede diferenciar entre las normas de armonización directamente ligadas a la aplicación de las herramientas de reconocimiento mutuo, aplicables en los conflictos transnacionales, y las normas de armonización penal vinculadas de forma indirecta "*a la aplicación de los instrumentos de reconocimiento mutuo, pero de alcance general*". Más ampliamente ESCUDERO LOPEZ, Manuel, "Reconocimiento mutuo, armonización de legislaciones y elemento transfronterizo en la cooperación judicial penal en la UE", en J. M. Cortés Martín y F.-G. Ruiz Yamuza (coords.), *Retos actuales de la cooperación penal en la Unión Europea,* Dykinson, Madrid, 2020, pp. 23-36, esp. p. 46.

cesos penales, resulta sumamente difícil alcanzar los objetivos de dicho principio en el seno de la UE. En este contexto, la propuesta de armonización legislativa[68] ha sido objeto de numerosas críticas[69].

Como adelantamos, la inclusión del principio de aproximación legislativa es elemento integrante en la construcción del ELSJ, y en esta línea, procede frente a "un modelo de integración supranacional"[70] a consecuencia de la inclusión del "*dictado de normas o estándares mínimos de común aplicación en el seno de los Estados miembros*"[71]. Es decir, mientras el reconocimiento

---

68 Sobre el tema, GÓMEZ-JARA DÍEZ, Carlos, "Modelos del sistema europeo de derecho penal: ¿unificación versus armonización?" en M. Bajo Fernández, S. Bacigalupo y C. Gómez-Jara Díez (coords.), *Constitución Europea y derecho penal económico,* Centro de Estudios Ramón Areces, Madrid, 2006, pp. 326-345, así como BLASCO LOZANO, Ignacio "Armonización del Derecho penal material y procesal: la aproximación de las legislaciones nacionales en el ámbito de la Unión Europea", en A. Galgo Peco (coord.), *Derecho penal internacional y cooperación jurídica internacional,* Cuadernos de Derecho Judicial, Madrid, 2004, pp. 257-280.

69 CACCIATORE, Serena, "El reconocimiento mutuo como principio clave para la lucha contra el crimen organizado", *op. cit.*, esp. p. 180. A este propósito hay que señalar el pensamiento de JANSSENS: la interpretación amplia del principio de reconocimiento mutuo en materia penal puede plantear problemas de armonización. Las principales críticas se han planteado en relación con las Decisiones Marco en el contexto del *ne bis in idem,* si bien es cierto que el legislador lo ha pasado por alto. En este contexto, se hace referencia a la legislación más benigna, no a la más punitiva. Esto significa que, si el Estado miembro con la legislación penal más permisiva se ocupa en primer lugar del asunto, los demás Estados miembros quedarán vinculados por esa decisión. En opinión de la autora, estas preocupaciones hacen plantear la necesidad de adoptar criterios de distribución de la competencia que permitan identificar el foro más adecuado, al objeto de evitar el *fórum shopping* y procurar el justo castigo. Así, JANSSENS Christine, "The Principle of Mutual Recognition as Judicial Impetus for Free Movement Provisions", *op. cit.*, esp. p. 162 (traducción propia).

70 Con carácter general, BANACH-GUTIÉRREZ, Joanna B. y HARDING, Christopher, "EU Criminal Law: national boundaries and the European penal rainbow", en, J. B. Banach-Gutiérrez y C. Harding, (eds.), *EU Criminal Law and policy. Values, principles and methods,* Routledge, Abingdon & New York, 2018, pp. 37-55, así como GUTIÉRREZ BERLINCHES, Álvaro, "Reconocimiento de resoluciones penales dictadas en ausencia del acusado: las limitaciones derivadas de la jurisprudencia constitucional a la luz de la legislación de la Unión Europea", *Revista española de Derecho europeo,* 2009, n. 30, disponible en http://www.iustel.com (fecha de última consulta: 12 de mayo del 2025).

71 JIMENO BULNES, Mar, "Perspectiva de la orden de detención y entrega: el principio de reconocimiento mutuo y la cooperación judicial en la Unión Europea", *op. cit.*, esp. p.17.

mutuo plantea una integración horizontal, la aproximación legislativa proporciona ya una integración vertical porque todos los Estados miembros tendrán que acatar la norma mínima europea[72].

Se ha consolidado la idea de que los principios de reconocimiento mutuo y aproximación legislativa son complementarios, siendo indispensable su combinación para hacer efectiva la cooperación judicial en materia penal[73]. Ya ha quedado demostrado que el principio de reconocimiento mutuo, por sí solo, no basta para alcanzar los objetivos del ELSJ[74]. Asimismo, la aproximación legislativa intensifica la confianza mutua entre los Estados miembros en la puesta en práctica de los instrumentos procesales en la UE. De esta manera, se procede hacia un modelo más exhaustivo, y completo. En suma, un sistema donde rigen normas procesales comunes[75].

1.2. La confianza mutua como base necesaria para el reconocimiento mutuo

La confianza mutua[76] se pone de manifiesto en las Conclusiones del Consejo sobre reconocimiento mutuo en materia penal adoptadas bajo el título

---

72 Con carácter general, BANACH-GUTIÉRREZ, Joanna B., "Supranational integration in criminal matters within the European Union: what could the future bring?", en J. B. Banach-Gutierrez y C. Harding (dres.), EU Criminal Law and Policy. Values, Principles and Metodhs, Routledge, Nueva York, 2017, pp. 12-20.

73 Vid. DE LUCA, Carlotta, "Il Restyling della cooperazione giudiziaria penale: nuovi istituti e vecchi problemi", *Cassazione Penale,* 2019, n. 11, pp. 4110-4114, así como MONTEIRO GUEDES, Valente, "La cooperación en materia procesal penal los engaños y las ilusiones formales de los instrumentos jurídicos europeos e internacionales", *Diario La Ley,* 2008, n. 6914, pp. 1 y ss., además a la fecha FRANSSEN, Vanessa y HARDING, Christopher, (eds.), *Criminal and Quasi-criminal Enforcement Mechanisms in Europe,* Bloomsbury, London, 2022, esp. p. 117.

74 A modo de ejemplo la discusión y problemática que plantea la ODE que se abordará más adelante.

75 "El ejemplo más notable es la directiva en materia de defensa de los derechos procesales, entre ellas la directiva del derecho a la interpretación y traducción, la de información en procesos penales, asistencia letrada y presunción de inocencia". Vid. CACCIATORE, Serena, "El reconocimiento mutuo como principio clave para la lucha contra el crimen organizado", *op. cit.,* esp. p. 181.

76 Sumariamente, DONAIRE VILLA, Francisco, J., "Confianza recíproca y reconocimiento mutuo de resoluciones judiciales en el espacio europeo de libertad, seguridad y justicia", en J. I. Ugartemendía Eceizabarrena y A. Sáiz Arnaiz, (dres.), *El futuro jurisdiccional de Europa,* Instituto Vasco de Administración Pública, Vitoria-Gasteiz, pp. 223-345, así como VERNIMMEN-VAN TIGGELEN, Giselé, y SURANO, Laura, "Analysis of the future of mutual recognition in criminal matters in de UE", *Eclan* 2008, n. 17, pp. 1-93, disponible en https://www.advokatsamfundet.

Promover el reconocimiento mutuo fomentando la confianza mutua, los días 6 y 7 de diciembre de 2018[77]. Pese al silencio legislativo sobre la exigencia de confianza mutua entre los Estados miembros y autoridades judiciales[78], ésta es considerada como *conditio sine qua non* del reconocimiento mutuo[79], tal como afirmó la UE en Bruselas a fecha de 19 de mayo de 2005[80]: "Observando que la confianza mutua puede verse afectada por diferentes problemas —en particular de orden práctico o de naturaleza política— y que, por tanto, se requiere un esfuerzo continuo para estimular y potenciar esta confianza"[81].

En palabras de MORÁN MARTÍNEZ, la confianza mutua necesita "*de voluntad política, iniciativa legislativa y actuaciones prácticas que la construyan, la implementen y la constituyan en la realidad*"[82]. Como señala esta autora, la confianza mutua es la base fundamental y necesaria para que el principio de reconocimiento funcione[83]. De ahí, subraya GÓMEZ DE LIAÑO FONSECA-HERRERO, la importancia trascendental de un ELSJ, donde resulta lógico que Estados que comparten una misma concepción de lo que es un

---

se/globalassets/Advokatsamfundet_sv/Nyheter/Slutrapport_mutual_recognition_eng.pdf (fecha de última consulta: 12 de mayo de 2025).

77 DOUE de 13 de diciembre de 2018, n. C-449, pp. 6-9.

78 Vid. textualmente "1.2.1. La confianza mutua entre autoridades y servicios de los diversos Estados miembros y los responsables de la toma de decisiones es la base para una cooperación eficaz en este ámbito. Asegurar la confianza y encontrar nuevas maneras para aumentarla y para desarrollar la comprensión mutua entre los distintos ordenamientos jurídicos de los Estados miembros será por lo tanto uno de los principales retos para el futuro", Programa de Estocolmo una Europa abierta y segura que sirva y proteja al ciudadano, DOUE de 4 de mayo de 2010, n. C-115, pp. 1-38.

79 JIMENO BULNES Mar, *Un proceso europeo para el siglo XXI*, Servicio de Publicaciones e Imagen Institucional, Universidad de Burgos, Burgos, 2018, pp. 1-68, esp. p. 13, disponible en https://www.ubu.es/sites/default/files/portal_page/files/leccion_inaugural_2018-19_ubu.pdf (fecha de última consulta: 12 de mayo de 2025).

80 CACCIATORE, Serena, "El reconocimiento mutuo como principio clave para la lucha contra el crimen organizado", *op. cit.*, esp. p. 177.

81 Comunicación de la Comisión al Consejo y al Parlamento Europeo sobre el reconocimiento mutuo de las resoluciones judiciales en materia penal y el fortalecimiento de la confianza mutual entre los Estados miembros, Bruselas, 19 de mayo de 2005, documento COM (2005) 195 final, Preámbulo, par. V., disponible en base de datos Eur-Lex https://eur-lex.europa.eu (fecha de última consulta: 12 de mayo de 2024).

82 MORÁN MARTÍNEZ, Rosa A., "Prólogo", en C. Arangüena Fanego, M. de Hoyos Sancho (dras.) y B. Vidal Fernández (coord.), *Garantías procesales de investigación y acusados. Situación actual en el ámbito de la Unión Europea*, Tirant lo Blanch, Valencia, 2018, pp. 13-16, esp. p.13.

83 Entrevista en línea por parte de Serena Cacciatore el 10 de septiembre de 2021 a Rosa A. Morán Martínez, mencionada en la Introducción de la presente monografía.

Estado de Derecho, tengan un elevado nivel de confianza entre ellos y en particular respecto a decisiones judiciales pronunciadas en el seno de sistemas democráticos consolidados[84].

En una de las primeras sentencias, el TJUE consideró que la confianza mutua era un supuesto del funcionamiento del principio de reconocimiento mutuo[85]. En el asunto 46/76, (*Bauhuis* contra Estado neerlandés) con sentencia de 25 de enero de 1977[86], el TJUE en efecto precisó que el sistema de control sanitario estandarizado de los animales se basa "en la confianza que deben mostrarse los Estados miembros en lo concerniente a las garantías ofrecidas por los controles efectuados a la salida por los servicios sanitarios del Estado miembro desde el que los animales son exportados". Sin embargo, fue en la sentencia *Bouchara*[87] con fecha de 11 de mayo de 1989 cuando, el TJUE se refirió a la "confianza mutua entre las autoridades de los Estados miembros", describiéndola como "un principio más general" en relación con el cual el reconocimiento mutuo constituye "una expresión específica"[88] .

No obstante, se habla de una *crisis* del principio de reconocimiento mutuo[89] vinculada a la falta de confianza[90], pues a pesar de los intentos, real-

---

84 GÓMEZ DE LIAÑO FONSECA-HERRERO, Marta, "El principio de reconocimiento mutuo como fundamento de la cooperación judicial penal y sus efectos en los ordenamientos de los estados miembros", *Revista de Derecho de la Unión Europea,* 2006, n. 10, pp. 155-178, esp. p. 158.

85 A modo de ejemplo, AUKE, Willems, *The Principle of Mutual Trust in EU Criminal Law,* Hart Publishing, Oxford, 2021, esp. pp. 109-128.

86 STJUE de 25 de enero de 1977, *Gesellschaft für Überseehandel mbH contra Handelskammer Hamburg,* C 46-76. ECLI:EU:C: 1977:6, disponible en https://eur-lex.europa.eu/legal-content/IT/ALL/?uri=CELEX%3A61976CJ0049 (fecha de última consulta el 12 de mayo de 2025).

87 STJUE de 11 de mayo de 1989, *Esther Renée Wurmser,* C 25/88. ECLI:EU:C: 1989:187, disponible en https://eur-lex.europa.eu/resource.html?uri=cellar:26179f49-aa71-450b-8496-9934cabcab1b.0008.06/DOC_2&format=PDF (fecha de última consulta el 12 de mayo de 2025).

88 GIORGI, Eloisa, *Il principio del mutuo riconoscimento nell'ordinamento dell'Unione Europea, op. cit.,* esp. p. 18.

89 Sobre la cuestión planteada, WEATHERILL, Stephen, "The principle of mutual recognition; it doesn't work because doesn't exist", *European Law Review,* 2018, n. 2, pp. 224-233, así como SATZGER, Helmut, "Mutual Recognition in Times of Crisis- Mutual Recognition in Crisis? An Analysis of the New Jurisprudence on the European Arrest Warrant", *European Criminal Law Review,* 2018, n. 3, pp. 317-331, esp. p. 318.

90 Respecto a esta problemática, KLIP, André, "Eroding mutual trust in an European Criminal Justice Area without added value", *European Journal of Crime, Criminal Law and Criminal Justice,* 2020, n. 2, pp. 109-119.

mente no existe una extensa legislación de la UE en materia de asistencia mutua y admisibilidad de las pruebas y por ello las comisiones rogatorias todavía resultan de utilidad en algunos supuestos[91]. Por lo anterior, la aproximación legislativa se erige como complemento del reconocimiento mutuo.

A fecha de hoy, junio de 2025, se discute si la confianza mutua se puede definir como un principio[92]; así por ejemplo MACIAS CASTAÑO expresa su pensamiento vinculado al caso Puigdemont[93]. Pese a las proclamas formales de confianza en los tribunales españoles (...), el rechazo del auto del Tribunal de *Schleswig* para entregar al señor Puigdemont por los hechos que en España pueden ser considerados delito de rebelión supone una quiebra de los principios y reglas en los que se sustenta la Orden de Detención Europea, conocida como ODE[94]. La resolución del Tribunal de

---

91 Un paso adelante respecto a la jurisprudencia de las comisiones rogatorias habrá de realizarse con la implementación en cada Estado miembro de la OEI. Con respecto a esta última, nos detenemos más adelante. Vid, CACCIATORE, Serena, "El reconocimiento mutuo como principio clave para la lucha contra el crimen organizado", *op. cit.*, esp. p. 178.

92 JIMENO BULNES no está de acuerdo, véase al respecto su exposición intitulada: "Orden Europea de detención y la lucha contra el crimen organizado", en II Congreso Internacional "Enfoque operativo e instrumentos en la lucha contra la delincuencia organizada", Granada, 2021. El programa del Congreso está aún disponible en la página web de la Universidad de Granada https://canal.ugr.es/convocatoria/ii-congreso-internacional-enfoque-operativo-e-instrumentos-en-la-lucha-contra-la-delincuencia-organizada/ (fecha de última consulta: 25 de junio de 2025).

93 MACIAS CASTAÑO José M., "¿El fin de la confianza mutua?", *El Independiente, el diario digital global en español,* 2018, véase fuente disponible en https://www.elindependiente.com/opinion/2018/07/15/fin-la-confianza-mutua/ (fecha de última consulta: 25 de junio de 2025), más detalles sobre el tema véase página web disponible en https://spagnaitalia.info/2018/03/26/carles-puigdemont-riassunto-definitivo/. Además del artículo de GALLO, Nunzio, "Procedimento di consegna in esecuzione di un mandato di arresto europeo: la Corte sbarra l'accesso alla persona offesa nel caso Puidgemont", *Archivio penale,* 2022, n. 1, pp. 1-20; por lo que respecta la bibliografía española, RUIZ YAMUZA, Florentino-Gregorio, "La doble incriminación en el sistema de la Euroorden o de la necesidad de una exégesis del principio de reconocimiento mutuo: Apuntes en relación con el asunto 'Puigdemont'", *Revista de Derecho Comunitario Europeo,* 2018, n. 61, pp. 1059-1090.

94 Con carácter introductorio, JIMENO BULNES, Mar, "La orden de detención europea como instrumento procesal en la lucha contra el terrorismo", *Revista Aranzadi Unión Europea,* 2020, n. 12, pp. 51-57, la misma autora, *La orden europea de detención y entrega,* Tirant lo Blanch, Valencia, 2024, así como LÓPEZ ORTEGA, Juan, J. "La orden de detención europea: legalidad y jurisdiccionalidad de la entrega", *Jueces para la democracia,* 2002, n. 45, pp. 28-32.

Schleswig supone la negación del "principio"[95] de confianza mutua y la elusión de los mecanismos previstos por el Derecho europeo[96] para asegurar que ese principio se respete. Y en esa situación, entiendo que es perfectamente legítimo preguntarse si a la desconfianza ha de seguir respondiéndose con confianza[97]. Entre los profesionales que defienden la teoría que la confianza mutua ha de considerarse como un *principio*, MARTÍN RODRÍGUEZ precisa que "la insoportable levedad de la confianza mutua" incide en el mantenimiento del principio de reconocimiento mutuo. Reitera "la necesidad por parte del TJUE de definir con 'mayor rigor' la relación primordial entre confianza y reconocimiento mutuo junto a la necesidad de proceder a una ordenación normativa rigurosa"[98].

---

95 Todavía está catalogada como un "*objetivo, un propósito y un marco de relación, mientras que es un principio legal que inspira el Derecho de la UE (...)*", KRAMER, Xandra, "Cross-Border Enforcement in EU: Mutual Trust versus Fair Trail? Towards Principles of European Civil Procedure", *International Journal of Procedural Law*, 2011, n. 2, pp. 202-230, p. 209. Vid. al respecto FONTESTAD PORTALÉS, Leticia, *Perspectiva crítica de la orden europea de detención y entrega a la luz de la Decisión Marco 2002/584/JAI y la Ley 23/2014 de reconocimiento mutuo de resoluciones penales en la Unión Europea (análisis comparativo con la ley 3/2003)*, Aranzadi, Cizur Menor, 2022, esp. p. 81.

96 Al respecto, KOSTORIS, Roberto E., "Processo penale, diritto europeo e nuovi paradigmi del pluralismo giuridico postmoderno", *Rivista italiana di diritto e procedura penale*, 2015, n. 3, pp. 1177-1204.

97 CACCIATORE, Serena, "El reconocimiento mutuo como principio clave para la lucha contra el crimen organizado", *op. cit.*, esp. p. 179. Sobre esta temática JIMENO BULNES, Mar, "Perspectiva actual del Espacio Judicial Europeo en materia civil y penal. Especial incidencia de la Jurisprudencia del Tribunal de justicia", en M. Jimeno Bulnes (coord.), *Nuevas aportaciones al espacio de libertad, seguridad y justicia: hacia un Derecho Procesal europeo de naturaleza civil y penal*, Comares, Granada, 2014, pp. 1-37, así como PÉRIGNON, Isabelle, y DAUCÉ, Constance, "The European Arrest Warrant: a growing success story", *ERA Forum*, 2007, n. 2, pp. 203-214. Interesante la postura de FABBRINI, Federico, "The conference on the future of Europe: process and prospects", *European Law Journal*, 2021, disponible en https://doi.org/10.1111/eulj.12401 (fecha de consulta: el 25 de junio de 2025) y también BRODERSEN, Hannah, K., GLERUM, Vincent y KLIP, André, *The European Arrest Warrant and in absentia judgments*, Eleven International Publishing, The Hague, The Netherlands & Chicago, USA, 2020, esp. pp. 199-203.

98 Como ya hemos afirmado en otras ocasiones CACCIATORE Serena, Reseña del libro de José Manuel Cortés Martín y Florentino-Gregorio Ruiz Yamuza (coords): "Retos actuales de la cooperación penal en la Unión Europea", Dykinson, Madrid, 2020, *Revista de Derecho Comunitario Europeo*, 2020, n. 67, pp. 1161-1170, esp. p. 1167.

1.3. El primer instrumento de reconocimiento mutuo: la Decisión Marco sobre la Orden de Detención europea

El principio de reconocimiento mutuo, como ya hemos adelantado en líneas precedentes, se ha ido extendiendo desde su ámbito original, cual el mercado común y la libre circulación[99], a otros ámbitos entre lo que hemos de destacar la cooperación judicial en materia penal[100]. Se establece un ulterior y nuevo modelo de cooperación judicial[101] sobre esta base del reconocimiento mutuo, siquiera desde la perspectiva penal material y procesal, no carente de tensiones[102]. Sin embargo, sobre esta base, se han adoptado instrumentos significativos en materia penal. A continuación, destacamos los más relevantes en el ámbito de la cooperación judicial penal[103]:

---

99 Por todos, ROSI, Elisabetta, "Libera circolazione e antiterrorismo nell' Unione europea. Strumenti penali comuni", *Rivista giuridica della circolazione e dei trasporti*, 2002, n. 4/5, pp. 479-495.

100 Más detalladamente y desde la perspectiva española BACHMAIER WINTER, Lorena, "La cooperación judicial en asuntos penales en Europa: consideraciones prácticas, situación actual y propuestas de futuro", en J. L. Gómez Colomer, S. Barona Vilar, y P. Calderón Cuadrado, (coords.), *El Derecho Procesal español del siglo XX a golpe de tango. Juan Montero Aroca: Liber Amicorum, en homenaje y para celebrar su LXX cumpleaños*, Tirant lo Blanch, Valencia, 2012, pp. 1203-1223, desde otro ámbito geográfico BLOKS, Suzanne, A. y VAN DEN BRINK, Ton, "The impact on national sovereignity of mutual recognition in the AFSJ. Case-study of the European Arrest Warrant", *German Law Journal*, 2021, n. 1, pp. 45-64.

101 BACHMAIER WINTER, Lorena, "El exhorto europeo de obtención de pruebas en el proceso penal. Estudio y perspectivas de la propuesta de decisión marco" en T. Armenta Deu, F. nuevos y M. Cedeño Hernán, (coords.), *El derecho procesal penal en la Unión Europea*, Colex, La Coruña, 2006, pp. 131- 177, esp. p. 134.

102 SÁNCHEZ DOMINGO, María Belén, "Problemática penal de la orden de detención europea", en M. Jimeno Bulnes (coord.), *Justicia versus seguridad en el espacio judicial europeo: orden de detención europea y garantías procesales*, Tirant lo Blanch, Valencia, 2011, pp. 61-108, esp. p. 72.

103 En particular, BACHMAIER WINTER, Lorena, "La cooperación judicial penal", en J. M., Beneyto Pérez (dr.), J. M., González-Orús, B., Becerril Atienza (coords.), *Tratado de derecho y políticas de la Unión Europea*, 2016, Aranzadi, Universidad San Pablo, pp. 329-386, así como aún en materia civil, JIMENO BULNES, Mar, "El espacio judicial europeo a la luz del Tratado de Lisboa. Especial referencia a la cooperación judicial en materia civil", en M. del Carmen Calvo Sánchez (hom.), A.-J. Pérez-Cruz Martín y L. M. Bujosa Vadell (coords.), *Derecho, eficacia y garantías en la sociedad global. Liber Amicorum I en honor de María del Carmen Calvo Sánchez*, Atelier, Barcelona, 2013, pp. 381-405.

Materia	Instrumento Juridico	Referencia
La orden de detención europea	Decisión Marco 2002/548/JAI del Consejo, de 13 de junio de 2002	https://www.boe.es/buscar/doc.php?id=DOUE-L-2002-81377 fecha de consulta: 3 de febrero de 2019
La ejecución de las resoluciones de embargo preventivo de bienes y de aseguramiento de pruebas, y de las resoluciones de decomiso	Decisión Marco 2003/577/JAI del Consejo, de 22 de julio de 2003 y Decisión Marco 2006/783/JAI del Consejo, de 6 de octubre de 2006. Sustituidas por el Reglamento (UE) 2018/1805 del Parlamento Europeo y del Consejo, de 14 de noviembre de 2018	https://eur-lex.europa.eu/legal-content/es/TXT/?uri=CELEX:32018R1805
La sanciones pecuniarias	Decisión Marco 2005/214/JAI del Consejo, de 24 de febrero de 2005	https://eur-lex.europa.eu/legal-content/ES/TXT/PDF/?uri=OJ:L:2005:158:FULL&from=SV
Las sentencias en materia penal por las que se imponen penas u otra medidas privativas de libertad y su consideración en caso de un nuevo proceso penal	Decisión Marco 2008/909/JAI del Consejo, de 27 de noviembre de 2008	https://eur-lex.europa.eu/legal-content/ES/TXT/?uri=uriserv:OJ.L_.2008.327.01.0027.01.SPA
	Decisión Marco 2008/675/JAI del Consejo, de 24 de julio de 2008	https://eur-lex.europa.eu/legal-content/ES/TXT/?uri=celex%3A32008F0675
Las medidas de libertad vigilada y las penas sustitutivas	Decisión Marco 2008/947/JAI del Consejo, de 27 de noviembre de 2008	https://eur-lex.europa.eu/legal-content/ES/TXT/?uri=CELEX:32008F0947
Las medidas de libertad vigilada como sustitución de la prisión provisional	Decisión Marco 2009/829/JAI del Consejo, de 23 de octubre de 2009	https://eur-lex.europa.eu/legal-content/ES/TXT/?uri=CELEX%3A32009F0829
La orden de protección	Directiva 2011/99/UE del Parlamento Europeo y del Consejo, de 13 de diciembre de 2011	
La orden europea de investigación	Directiva 2014/41/UE del Parlamento Europeo y del Consejo de 3 de abril de 2014 relativa a la Orden Europea de Investigación en materia penal	https://eur-lex.europa.eu/legal-content/ES/TXT/?uri=uriserv%3AOJ.L_.2014.130.01.0001.01.SPA&toc=OJ%3AL%3A2014%3A130%3ATOC (fecha de consulta: 14 de julio de 2021)

Figura n. 3. Instrumentos de reconocimiento mutuo más relevantes en el ámbito de la cooperación judicial penal. Fuente: elaboración propia en base a la información contenida en ESCUDERO LOPEZ, Manuel, "Reconocimiento mutuo, armonización de legislaciones y elemento transfronterizo en la cooperación judicial penal en la UE", *op. cit.*, esp. p. 41.

No es casualidad que la ODE[104] se mencione en primer lugar. En efecto, la ODE es "la primera concreción en el ámbito del Derecho penal del

104 Muy claro y concreto sobre la temática GUTIÉRREZ ZARZA, María Angeles, "La orden de detención europea y el futuro de la cooperación judicial penal en la Unión Europea. Reconocimiento mutuo, confianza recíproca y otros conceptos clave", *Manuales de formación continuada*, 2007, n. 42, pp. 17-52, así como EFRAT, Asif, "Assessing mutual trust among EU Member States: evidence from the European Arrest Warrant", *Journal of European Public Policy*, 2019, n. 5, pp. 656-675; también VERVAELE, John A. E., "El principio de non bis in idem en Europa", en L. A., Arroyo Zapatero y A. Nieto Martín (dres.), y M., Muñoz de Morales Romero (coord.), *La orden de detención y entrega europea*, Universidad de Castilla-La Mancha, Castilla-La Mancha, 2006, pp. 229-256 y con carácter particular AMBOS

principio del reconocimiento mutuo" como se evidencia en el Considerando 6, de la Decisión Marco 2002/584/JAI del Consejo, de 13 de junio de 2002[105]. La ODE ha sido modificada por la Decisión Marco 2009/299/JAI del Consejo, de 26 de febrero de 2009[106], a fin de introducir garantías procesales frente al dictado de sentencias *in absentia* en el país de origen[107]. La decisión marco a diferencia de los tratados sin embargo no admite reservas por parte de los Estados miembros; también es cierto que no tiene efecto directo pero si obliga en cuanto a los resultados[108].

Mantiene CEDEÑO HERNÁN que la ODE es una "*resolución dictada por una autoridad judicial de un Estado miembro de la UE con el fin de solicitar a otro Estado miembro la detención y entrega de una persona bien para juzgarla por un hecho delic-*

Kai, "Sobre las fiscalías alemanas como autoridad de emisión de la orden europea de detención y entrega", *Revista Española de Derecho Europeo,* 2019, n. 71, pp. 1-12; también JIMENO BULNES, Mar, "La orden de detención y entrega: análisis normativo", en C. Arangüena Fanego, M. de Hoyos Sancho, C. Rodríguez-Medel Nieto (dres. y coords.), *Reconocimiento mutuo de resoluciones penales en la Unión Europeo,* Aranzadi, Cizur Menor, 2015, pp. 35-76.

105 DOCE de 18 de julio de 2002, n. L 190, pp. 1-18, disponible en https://www.boe.es/buscar/doc.php?id=DOUE-L-2002-81377 (fecha de última consulta: el 25 de junio de 2025). Vid. GÓMEZ CAMPELO, Esther, "Orden de detención europea y extradición", en M. Jimeno Bulnes (coord.), *Justicia versus seguridad en el espacio judicial europeo: orden de detención europea y garantías procesales,* Tirant lo Blanch, Valencia, 2011, pp. 19-59.

106 DOUE de 27 de marzo de 2009, n. L 81, pp. 24-36. En referencia a la bibliografía véase OUWERKERK, Jannemieke, "Balancing mutual trust and fundamental rights protection in the of European Arrest Warrant. What role for the gravity of the underlying offence in CJEU case-law?", *European Journal of Crime, Criminal Law and Criminal Justice,* 2018, n. 2, pp. 103-109.

107 Especialmente GARCIMARTÍN MONTERO, Regina, "The European Investigation Order and the Respect for Fundamental Rights in Criminal Investigations", *Eucrim,* 2017, n. 1, pp. 45-50 así como RAFARACI, Tommaso, *EU Criminal Justice- Fundamental Rights, Transnational Proceedings and the European Public Prosecutor's Office,* Springer, Berlino, 2019.

108 No tiene efecto directo porque no puede ser invocada por las personas fisica/juridica ante un Tribunal nacional. Así GALLO, Daniele, "Effetto diretto del Diritto dell'Unione Europea", *Osservatorio sulle fonti,* 2019, n. 3, pp. 1-42, esp. p. 21, "*l'effetto diretto, come ricostruito dalla Corte di giustizia, costituirebbe un effetto "a soglia": un effetto, cioè, «tutto o niente»*"; SARMIENTO Daniel, "Un paso más en la constitucionalización del tercer pilar de la Unión Europea. La sentencia Maria Pupino y el efecto directo de las decisiones marco", *Revista electrónica de estudios internacionales,* 2005, n. 10, pp. 1-32; ÖBERG, Jacob, "Trust in the Law? Mutual recognition as a justification to domestic criminal procedure", *European Constitutional Law Review,* 2020, n. 1, pp. 33-62.

tivo o bien para ejecutar una pena o medida de seguridad privativa de libertad"[109]. La misma solicitud determina la apertura de un procedimiento en el Estado de emisión de la orden que será desarrollado en parte en el Estado de ejecución.

EMISIÓN DE UNA ORDEN DE DETENCIÓN EUROPEA
Pasos principales
(AJ = autoridad judicial)

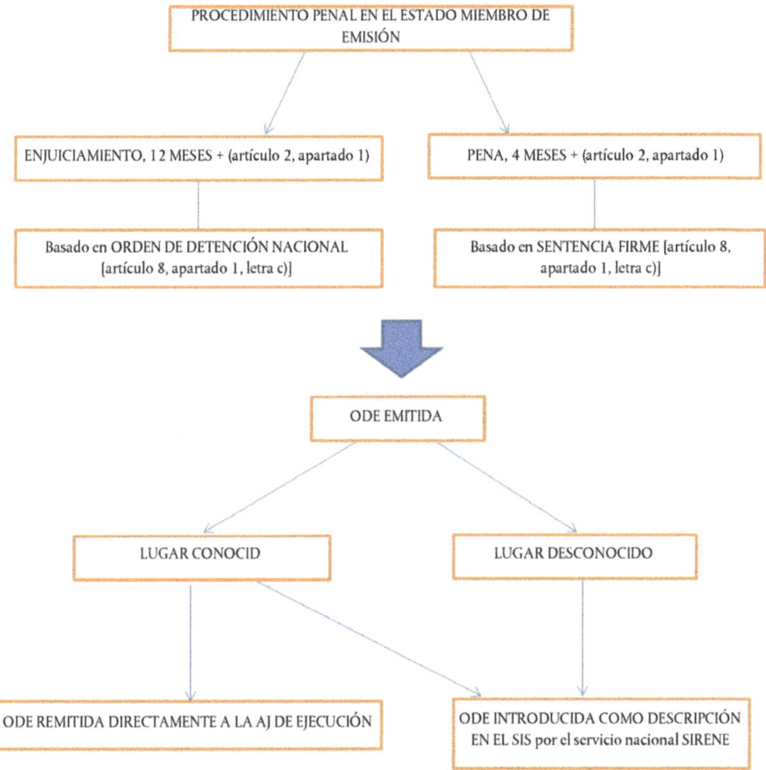

La Comisión Europea publicó el Manual europeo para la emisión y ejecución de ODE para facilitar y simplificar el trabajo cotidiano de las autoridades judiciales. El Manual ofrece orientaciones detalladas sobre cada uno de los pasos del procedimiento para emitir y ejecutar una ODE. Asimismo, ofrece una visión completa de la jurisprudencia más importante del Tribunal de Justicia de la Unión Europea acerca de la interpretación de disposiciones particulares de la Decisión Marco relativa a la ODE.
DOUE del 6 de octubre de 2017, n. C 335 pp. 1-83.

---

109 CEDEÑO HERNÁN, Marina, "La Orden de detención y entrega europea. Especial consideración del *NON BIS IDEM* como motivo de denegación", en T. Armenta Deu, F. Gascón Inchausti y M. Cedeño Hernán, (coords.), *El derecho procesal penal en la Unión Europea,* Colex, Madrid 2006, pp. 75-99, esp. p. 79, en la misma

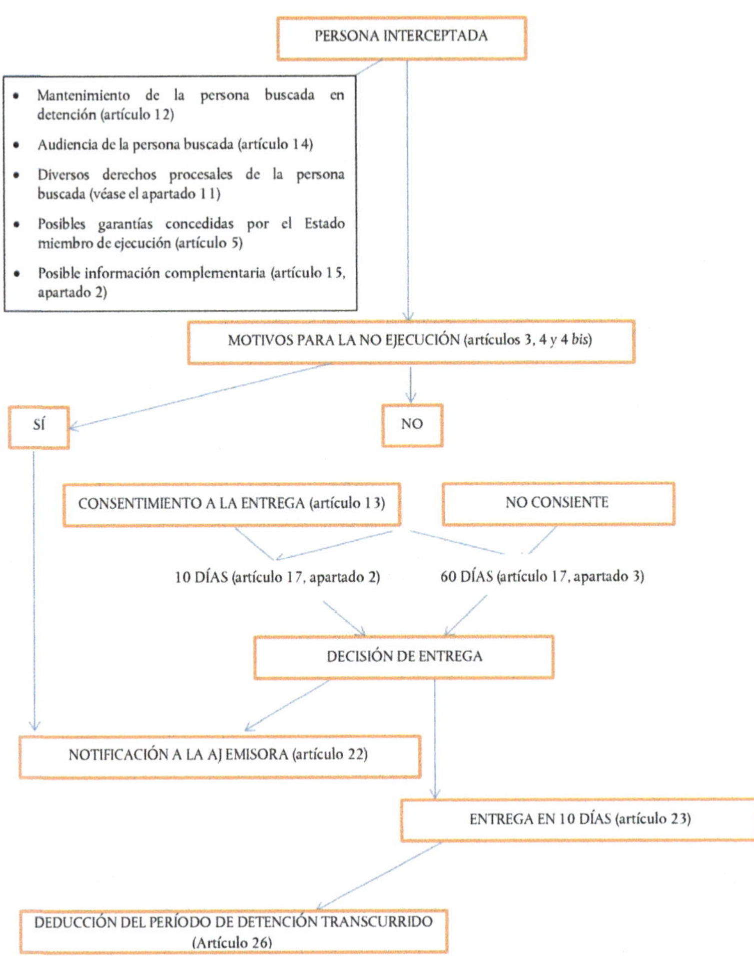

Figura n. 4. Esquema ejecución de una ODE. Fuente: Comisión Europea.

---

línea se señala DI CHIARA, Giuseppe, "The protection of the right of freedom on the Europen Union level: the European Arrest Warrant and non-custodial pretrial measures. The guideline of the principle of proportionality: an interpretative perspective", en S. Ruggeri (ed.), *Transnational inquiries and the Protection of Fundamental Rights in Criminal Proceedings*, Springer, Berlin Heidelberg, 2013, pp. 241-252, así como SERRANO AMADO, Roberto y VALLESPÍN PÉREZ, David, "La euroorden y el respeto de los derechos fundamentales" en F. J., Donaire Villa y A., Olesti Rayo, *Técnicas y ámbitos de coordinación en el espacio de libertad, seguridad y justicia*, Marcial Pons, Madrid, 2015, pp. 93-106.

Desde la perspectiva comparada[110], hemos de considerar que por una parte el Estado español por primera vez adaptó la referida Decisión Marco en plazo por medio de la anterior Ley 3/2003, de 14 de marzo, hoy derogada por la vigente Ley 23/2014, de 20 de noviembre, de reconocimiento mutuo de resoluciones penales en la UE[111]. De conformidad con la Ley 23/2014, de 20 de noviembre, se determina en su Preámbulo una auténtica revolución en las relaciones de cooperación entre los Estados miembros, al permitir que aquella resolución emitida por una autoridad judicial de un Estado miembro sea reconocida y ejecutada en otro, salvo cuando concurra alguno de los motivos que permita denegar su reconocimiento[112]. Italia por su parte transpuso la Decisión Marco 2002/584/JAI relativa a la ODE y a los procedimientos de entrega entre los Estados miembros con la Ley 69/2005, de 22 de abril, con un retraso significativo en el plazo de transposición. Cabe subrayar que con el Decreto legislativo n. 10 de 2 de febrero de 2021[113] en vigor desde el 20 de 2019, se ha realizado una amplia revisión y adaptación de la legislación nacional a las disposiciones de la Decisión marco sobre la ODE[114].

---

110 Para una perspectiva comparada entre España y Italia en la transposición de la ODE, hay que señalar dos monografías: CAVADINO Michael y DIGNAN James (eds.), *Penal systems a comparative approach,* SAGE Publications, London, 2006, así como SIMPSON Sally S., *Corporate crime, law, and social control,* Cambridge University Press, New York, 2002, y también DONDI, Angelo, "Vittorio Denti, un gran intelectual y su atención hacia a las otras culturas. Comparación y perspectiva de las reformas procesales", en M., Cachón Cadenas, J. Franco Arias, y J. Picó i Junoy, (dres.), *Revista de Derecho Procesal,* 2020, n. 1, pp. 29-40. Con carácter general VOGLER, Richard y HUBER, Barbara (eds.), *Criminal Procedure in Europe,* Duncker & Humblot, Berlin, 2008.

111 Ley 23/2014, de 20 de noviembre, de reconocimiento mutuo de resoluciones penales en la Unión Europea, BOE de 21 de noviembre de 2014, n. 282, pp. 95437 a 95593.

112 CACCIATORE, Serena, "El reconocimiento mutuo como principio clave para la lucha contra el crimen organizado", *op. cit.*, esp. pp. 175-176.

113 Emitido en virtud de la delegación cuyo artículo 6 de la Ley 117/2019 del 4 de octubre, (*Legge di delegazione europea 2018*), G.U., 18 de octubre de 2019, n. 245, disponible en https://www.gazzettaufficiale.it/eli/gu/2019/10/18/245/sg/pdf (fecha de última consulta: 25 de junio de 2025).

114 PICCIOTTI, Vincenzo, "La riforma del mandato di arresto europeo. Note di sintesi a margine del D.lgs. 2 febbraio 2021, N. 10", *La legislazione penale,* 2021, n. 4, pp.1-40, esp. p. 1; más información sobre el tema, BARGIS, Marta, "Mandato di arresto europeo e principio di specialità in una recente pronuncia della corte di giustizia", *Sistema Penale,* 2020, n. 11, pp. 43-67, así como MAZZURI, Jacopo, "L'indipendenza del pubblico ministero nello spettro del mandato di arresto europeo", *Quaderni costituzionali,* 2020, n. 2, pp. 446-450.

Hemos de mencionar, por último, que la ODE es un instrumento que ha entrado en la práctica cotidiana de los órganos jurisdiccionales, tal y como atestigua la gran cantidad de jurisprudencia existente en la materia[115]. En el momento de ponerlo en práctica, es un instrumento aparentemente complejo, a pesar de que algunos profesionales que lo consideran un instrumento "perfecto" ha llevado mucho tiempo conseguir este éxito. Además, hemos señalado que el legislador italiano ha modificado, a la fecha, la normativa sobre la ODE. Lo mismo podría suceder con el instrumento de reconocimiento mutuo mencionado anteriormente: la OEI. En efecto, la OEI utiliza la base jurídica y la experiencia de la ODE si bien perfecciona a esta última. No en vano, como hemos dicho, la ODE es el primer instrumento de reconocimiento mutuo y como tal sirve como "banco de prueba"[116]. Como veremos la OEI, se trata de un instrumento sin duda más avanzado que la ODE. A modo de ejemplo, está previsto el llamado "principio de proporcionalidad" que no se tenía por existente en la ODE, lo cual sin duda supone un dato importante sobre el que profundizaremos más adelante[117].

---

[115] A modo de ejemplo y desde la perspectiva europea, el asunto *Generalbundesanwalt beim Bundesgerichtshof* de 24 de septiembre 2020 tiene por objeto una petición de decisión prejudicial planteada, por el *Bundesgerichtshof* (Tribunal Supremo Civil y Penal, Alemania). STJUE (Sala Cuarta) de 24 de septiembre de 2020, *Generalbundesanwalt beim Bundesgerichtshof* C-195/20 PPU, ECLI:EU:C:2020:749 (TOL9.749.479) disponible en https://curia.europa.eu/juris/document/document.jsf?text=&docid=231565&pageIndex=0&doclang=es&mode=lst&dir=&occ=first&part=1&cid=7276593 (fecha de última consulta: el 25 de junio de 2025). Vid. CARRER, Stefania, "Mandato di Arresto Europeo e principio di specialità: l'interpretazione della Corte di Giustizia", *Giurisprudenza Penale*, 2020, disponible en https://www.giurisprudenzapenale.com/2020/09/28/mandato-di-arresto-europeo-e-principio-di-specialita-linterpretazione-della-corte-di-giustizia/ (fecha de última consulta: el 25 de junio de 2025).

[116] RUZ GUTIÉRREZ, Pablo, R., "La orden europea de detención y entrega: Banco de pruebas del principio de reconocimiento mutuo", en J. M. Cortés Martín, y F.G. Ruiz Yamuza (coords.), *Retos actuales de la cooperación penal en la Unión Europea*, Dykinson, Madrid, 2020, pp. 193-233, esp. 198.

[117] CAMALDO, Lucio, *Professore Associato Dipartimento di Scienze Giuridiche* Cesare Beccaria, más ampliamente en https://www.unimi.it/it/ugov/person/lucio-camaldo (fecha de última consulta: 23 de junio de 2025). Entrevista en línea por parte de Serena Cacciatore el 16 de septiembre del 2021 a Lucio Camaldo. Como señala JIMENO BULNES, en su definición de proporcionalidad PEDRAZ PENALVA, E., entiende el *"criterio de lo razonable en la actuación de los poderes públicos, en cuanto implica, como medio de protección del status civitatis el establecimiento de límites a la intervención estatal en el logro de un equilibrio entre los intereses generales que ha de perseguir y los fundamentales de los individuos y grupos que, sólo justificada y extraordinariamente,*

Otra de las cuestiones de la ODE que inspira la regulación sobre la OEI, es que aquélla es el primer instrumento de reconocimiento en introducir un formulario anexo a rellenar por el Estado de emisión a modo de certificado, de modo que no sea necesario aportar la sentencia o resolución que fundamenta la Orden. A continuación, a modo de ejemplo, se muestra la primera página del formulario ODE.

La presente orden ha sido dictada por una autoridad judicial competente. Solicito la detención y entrega a las autoridades judiciales de la persona mencionada a continuación, a efectos de enjuiciamiento penal o de ejecución de una pena o de una medida de seguridad privativas de libertad.

a) Información relativa a la identidad de la persona buscada:
Apellido(s): ....
Nombre(s): ....
Apellido(s) de soltera (en su caso): ....
Alias (en su caso): ....
Sexo: ....
Nacionalidad: ....
Fecha de nacimiento: ....
Lugar de nacimiento: ....
Residencia y/o domicilio conocido: ....
....
En caso de conocerse: idioma(s) que entiende la persona buscada: ....
....
Rasgos físicos particulares/descripción de la persona buscada: ....
....
Fotografía e impresiones dactilares de la persona buscada, si están disponibles y pueden transmitirse, o señas de la persona a la que dirigirse a fin de obtenerlas o de obtener una caracterización del ADN (si no se ha incluido tal información y se dispone de ella para su transmisión)

b) Decisión sobre la que se basa la orden de detención
1. Orden de detención o resolución judicial ejecutiva de igual fuerza: ....
Tipo: ....
2. Sentencia ejecutiva: ....
....
Referencia: ....

Figura n. 5. Primera hoja del formulario. Para ver un ejemplo del documento completo con carácter informativo vid. página web disponible en https://www.boe.es/buscar/act.php?id=BOE-A-2003-5451 (fecha de última consulta: el 2 de junio 2025).

---

pueden ser afectados sin lesionar su esencia, y siempre que no se sobrepase lo estrictamente necesario para la consecución del fin pretendido, en "Orden europea de investigación en materia penal" en Mar Jimeno Bulnes (ed.) *Aproximación legislativa versus reconocimiento mutuo en el desarrollo del espacio judicial europeo. Una perspectiva multidisciplinar,* Bosch, Barcelona, 2016, pp. 151-208.

2. RECONOCIMIENTO MUTUO Y DERECHOS FUNDAMENTALES

El 7 de diciembre de 2000, la Comisión Europea, el Consejo y el Parlamento europeo firmaron conjuntamente y proclamaron solemnemente la Carta de los Derechos Fundamentales de la Unión Europea (en adelante CDFUE)[118]. Asimismo, el artículo 6.1 del Tratado de la Unión Europea (en adelante TUE) señala que "la Unión reconoce los derechos, libertades y principios enunciados en la CDFUE, tal como fue adaptada el 12 de diciembre de 2007 en Estrasburgo, la cual tendrá el mismo valor jurídico que los Tratados"[119]. La mencionada Carta, ha sido equiparada a los Tratados mediante la adquisición de eficacia vinculante a partir de su remisión aquí operada. Su contribución ha sido crucial para la protección de los derechos fundamentales en la Unión, que, a modo de ejemplo con la sentencia *Kadi y Al Barakaat International*[120], se han convertido en criterios de

---

118 DOUE de 18 de diciembre de 2000, n. C 364, pp. 1-22; entre la bibliografía a modo de ejemplo AGUDO ZAMORA, Miguel, "La protección de los Derechos en la Unión Europea. Claves para entender la evolución histórica desde el Tratado constitutivo de la Comunidad Económica Europea al Tratado por el que se establece una Constitución para Europa", *Revista de Derecho Comunitario Europeo*, 2005, n. 4, pp. 373-427 y, más ampliamente en su día, DE LA OLIVA SANTOS, Andrés, *La Justicia y la Carta de Derechos Fundamentales de la Unión Europea*, Colex, Madrid, 2008.

119 Textualmente: "(…) Las disposiciones de la Carta no ampliarán en modo alguno las competencias de la Unión tal como se definen en los Tratados. Los derechos, libertades y principios enunciados en la Carta se interpretarán con arreglo a las disposiciones generales del título VII de la Carta por las que se rige su interpretación y aplicación y teniendo debidamente en cuenta las explicaciones a que se hace referencia en la Carta, que indican las fuentes de dichas disposiciones. 2. La Unión se adherirá al Convenio Europeo para la Protección de los Derechos Humanos y de las Libertades Fundamentales. Esta adhesión no modificará las competencias de la Unión que se definen en los Tratados. 3. Los derechos fundamentales que garantiza el Convenio Europeo para la Protección de los Derechos Humanos y de las Libertades Fundamentales y los que son fruto de las tradiciones constitucionales comunes a los Estados miembros formarán parte del Derecho de la Unión como principios generales". Disponible texto completo en https://www.boe.es/doue/2010/083/Z00013-00046.pdf (fecha de última consulta: 25 de junio de 2025). Al hilo de la cuestión, LEMMENS, Paul, y PIRET, Mathilde, "The Charter of Fundamental Rights of the European Union and the European Convention on Human Rights, from the Perspective of the European Court of Human Rights", *Cahiers de droit europeen*, 2021, n. 1, pp. 183-210.

120 STJUE (Gran Sala) de 3 de septiembre de 2008, asuntos acumulados C-402/05 P y C-415/05 P, ECLI:EU:C:2008:461, disponible en https://curia.europa.eu/juris/liste.jsf?language=es&jur=C,T,F&num=c-402/05%20p&td=ALL (fecha de última

legitimidad de los actos de las instituciones que pueden ser anulados por el mismo Tribunal, precisamente en el supuesto de que impliquen una violación de los mismos[121].

Al hilo de este trabajo de investigación que se presenta, tenemos que subrayar dos asuntos resueltos por el TJUE que nos permiten reflexionar sobre el equilibrio entre las exigencias de la cooperación judicial y el respeto, así como protección de las garantías (y derechos) en el sistema de justicia penal de la Unión[122]. El primero es el asunto *Radu* en fecha de 29 de enero de 2013[123], en el que el Tribunal rechaza que la violación de los derechos fundamentales pueda invocarse como motivo de justificación para denegar la ejecución de una ODE, por cuanto no está expresamente contemplado entre los motivos de denegación de la ODE recogidos en los artículos 3 y 4 de la Decisión Marco del Consejo, de 13 de junio de 2002. El TJUE se expresa así: "las autoridades judiciales de ejecución no pueden negarse a ejecutar una ODE dictada para el ejercicio de acciones penales por el motivo de que la persona buscada no ha sido oída en el Estado miembro emisor antes de que se dicte esa orden de detención". En efecto, al adoptar la ODE el legislador europeo quiso garantizar el respeto del derecho de la persona buscada a ser oída, garantizado por el artículo 6 Convenio Europeo de Derechos Humanos[124] (en adelante CEDH), así como los artículos 47 y 48 de CDFUE del Estado miembro de ejecución:

---

consulta: 25 de junio de 2025). En esta ocasión el Tribunal de Justicia (Gran Sala) decidió anular las sentencias del Tribunal de Primera Instancia de las Comunidades Europeas de 21 de septiembre de 2005, *Kadi*/Consejo y Comisión (T-315/01) y *Yusuf y Al Barakaat International Foundation*/Consejo y Comisión. Para saber más sobre los antecedentes, PIERNAS LÓPEZ, Juan J, "La sentencia "Al Barakaat" y "Kadi" del Tribunal de Justicia de las Comunidades Europeas", *Revista española de derecho internacional*, 2008, n. 2, pp. 682-689.

121 CIVELLO CONIGLIARO, Silvio e LO FORTE, Silvia, "Cooperazione giudiziaria in materia penale e tutela dei diritti fondamentali nell'unione europea", *Diritto Penale Contemporaneo*, 2013, pp. 1-11, esp. pp. 3-4.

122 Sobre esta temática BRIÉRE Chloé, y WEYEMBERGH, Anne, *The Needed Balances in EU Criminal Law*, Bloomsbury, Oxford and Portland, 2018.

123 STJUE (Gran Sala) de 29 de enero de 2013, *Radu*, C-396/11, ECLI:EU:C:2013:39, (TOL3.061438), párrafo 44, disponible en https://curia.europa.eu/juris/liste.jsf?num=C-396/11&language=IT (fecha de última consulta el 25 de junio de 2025).

124 Textualmente artículo 6 apartado 1: "Toda persona tiene derecho a que su causa sea oída equitativa, públicamente y dentro de un plazo razonable, por un tribunal independiente e imparcial, establecido por la ley, que decidirá los litigios sobre sus derechos y obligaciones de carácter civil o sobre el fundamento de cualquier acusación en materia penal dirigida contra ella. La sentencia debe ser pronuncia-

Artículo 47) Derecho a la tutela judicial efectiva y a un juez imparcial:

"Toda persona cuyos derechos y libertades garantizados por el Derecho de la Unión hayan sido violados tiene derecho a la tutela judicial efectiva respetando las condiciones establecidas en el presente artículo. Toda persona tiene derecho a que su causa sea oída equitativa y públicamente y dentro de un plazo razonable por un juez independiente e imparcial, establecido previamente por la ley. Toda persona podrá hacerse aconsejar, defender y representar. Se prestará asistencia jurídica gratuita a quienes no dispongan de recursos suficientes siempre y cuando dicha asistencia sea necesaria para garantizar la efectividad del acceso a la justicia".

Artículo 48) Presunción de inocencia y derechos de la defensa:

"1. Todo acusado se presume inocente hasta que su culpabilidad haya sido legalmente declarada. 2. Se garantiza a todo acusado el respeto de los derechos de la defensa".

Por el contrario, adelantar la protección en el Estado miembro de emisión comportaría el riesgo de fuga de la persona buscada. En este caso, proporcionar un "doble control" (y pues es la que ahora se hace) del respeto de los derechos fundamentales en el Estado de emisión y ejecución podría poner en riesgo la cooperación judicial[125], a modo de ejemplo el asunto *LM* del 28 de junio de 2018[126].

El segundo asunto que se analiza es el conocido caso *Melloni*[127], en el que el TJUE se expresa por primera vez sobre el grado de la tutela de

---

da públicamente, pero el acceso a la sala de audiencia puede ser prohibido a la prensa y al público durante la totalidad o parte del proceso en interés de la moralidad, del orden público o de la seguridad nacional en una sociedad democrática, cuando los intereses de los menores o la protección de la vida privada de las partes en el proceso así lo exijan o en la medida considerada necesaria por el tribunal, cuando en circunstancias especiales la publicidad pudiera ser perjudicial para los intereses de la justicia".

125 CORTÉS MARTÍN, José, M., "Sobre los límites a la confianza mutua y la equivalencia *intersistémica* de la orden europea de detención", en J., M. Cortés Martín, y F.G. Ruiz Yamuza (coords), *Retos actuales de la cooperación penal en la Unión Europea*, Dykinson, Madrid, 2020, pp. 61-94, esp. p. 67.

126 STJUE (Gran Sala) de 25 de julio de 2018, asunto *LM*, C-216/18 PPU, ECLI:EU-:C:2018:586, (TOL6.674.045).

127 Sobre la sentencia Melloni, véase MARTÍN RODRÍGUEZ, Pablo, "Crónica de una muerte anunciada: comentario a la Sentencia del Tribunal de Justicia (Gran Sala), de 26 de febrero de 2013, Stefano Melloni, C-399/11", *Revista General de Derecho Europeo*, 2013, n. 30, pp. 1-45, así como BACHMAIER WINTER, Lorena, "Diálogo entre tribunales cinco años después de Melloni. Reacciones a nivel nacional", *Revista General de Derecho Europeo*, 2018, n. 45, pp. 209-231, además de UGARTEMENDIA ECEIZABARRENA, Juan. I., y RIPOLL CARULLA, Santiago, "La euroorden ante la tutela de los derechos fundamentales. Alguna cuestión de

los derechos fundamentales que los Estados miembros de la UE deberían garantizar en la ejecución de una ODE al hilo de la cuestión prejudicial planteada por la primera vez por el Tribunal Constitucional español (en adelante TC). Ha de tenerse en cuenta que el Derecho de la UE prevé el respeto de los derechos fundamentales protegidos por la CDFUE, por lo que el Estado miembro no puede negarse a cumplir las obligaciones que de ella se derivan, aunque estas obligaciones entren en conflicto con los derechos fundamentales garantizados por su propio ordenamiento constitucional[128]. En efecto, las normas de protección que se encuentran en el ámbito nacional no pueden comprometer en ningún caso el nivel de protección previsto en la Carta, tal como la interpreta el Tribunal, ni la primacía, la unidad y la eficacia del Derecho de la Unión[129].

El Sr. Stefano Melloni fue detenido en España en ejecución de la ODE n. 271/2004 expedida por la *Procura generale della Repubblica di Bologna* (Fiscalía General del Estado) para la ejecución de la condena dictada por el *Tribunale di Ferrara*. Este último por sentencia del 21 de junio de 2000, confirmada posteriormente por sentencia del 14 de marzo de 2003 de la *Corte di appello di Bologna*, condenó al Sr. Stefano Melloni en rebeldía como autor de un delito de quiebra fraudulenta a la pena de diez años de prisión. Mediante sentencia del 7 de junio de 2004 la *Quinta Sezione Penale della Corte suprema di Cassazione*, desestimó el recurso presentado por parte de la defensa del Sr. Stefano Melloni. Se trataba de la posibilidad de que un Estado puede denegar la ejecución de una ODE con fundamento en el artículo 53 CDFUE[130] basado contra las normas constitucionales españolas, es decir

---

soberanía ius fundamental (A propósito de la STJUE Melloni, de 26 de febrero de 2013, C-399/11", *Revista española de Derecho europeo*, 2013, n. 46, pp. 151-197.

128 VIGANÒ, Francesco, "Obblighi di adeguamento al Diritto UE e 'controlimiti': la Corte Costituzionale spagnola si adegua, Bon Gré Mal Gré, alla sentenza dei giudici di Lussemburgo nel Caso Melloni, Tribunal Constitucional de España, sent. 13 febbraio 2014, recurso de amparo 6922/2008, Melloni", *Diritto Penale Contemporaneo*, 2014, (traducción propria) disponible en https://archiviodpc.dirittopenaleuomo.org/ (fecha de última consulta: el 25 de junio de 2025).

129 CUPELLI, Cristiano, "Hobbes europeista? Diritto penale europeo, *auctoritas* e controlimiti", *Europa e diritto penale*, 2013, pp. 340-360, disponible en https://discrimen.it/wp-content/uploads/Criminalia-2013.pdf (fecha de consulta: 23 de abril de 2025).

130 Textualmente: "Ninguna de las disposiciones de la presente Carta podrá interpretarse como limitativa o lesiva de los derechos humanos y libertades fundamentales reconocidos, en su respectivo ámbito de aplicación, por el Derecho de la Unión, el Derecho internacional y los convenios internacionales de los que son parte la Unión o todos los Estados miembros, y en particular el Convenio Europeo para

aquellos derechos fundamentales garantizados. Siguiendo a ESCUDERO LOPEZ "*el TJUE en su sentencia Melloni impuso la aplicación de esta Decisión marco en detrimento de la Constitución nacional más protectoras de los procesados in absentia*"[131].

2.1. *¿La confianza mutua limita la protección de los derechos fundamentales?*

El 19 de febrero 2003 se publicó el Libro Verde de la Comisión bajo título *Garantías procesales para sospechosos e inculpados en procesos penales en la UE*[132] con el propósito especialmente de reforzar la confianza mutua[133], la

---

la Protección de los Derechos Humanos y de las Libertades Fundamentales, así como por las constituciones de los Estados miembros".

131 ESCUDERO LÓPEZ, Manuel, "Reconocimiento mutuo, armonización de legislaciones y elemento transfronterizo en la cooperación judicial penal en la UE", *op. cit.*, esp. p. 47. Además, como bien pone de relieve POLI, la sentencia en cuestión parece marcar un cambio de tendencia para Italia, cuya disciplina en materia de juicios en ausencia ha sido condenada en varias ocasiones a nivel europeo. En el presente caso, sin embargo, el hecho de que el acusado hubiera designado a sus propios abogados resultó fundamental a efectos de valorar la compatibilidad de las normas italianas con el marco europeo, debido a la necesidad, también considerada esencial a nivel supranacional, de que las garantías europeas establecidas para proteger el juicio justo no supongan una parálisis para los órganos judiciales nacionales. POLI, Pier Francesco, "Estradizione e primazia del diritto europeo nella sentenza della CGUE Melloni", *Questione e Giustizia*, 2013, disponible en https://www.questionegiustizia.it/ (fecha de última consulta: el 13 de junio de 2025).

132 COM (2003) 75 final, del 19 de febrero de 2003. En particular reproducimos lo que a este respecto consideramos más importante: "(...). Todos los Estados miembros de la UE son signatarios del principal Tratado que establece estas normas, el Convenio europeo sobre los derechos humanos, al igual que todos los Estados adherentes y los países candidatos, de modo que el mecanismo para lograr la confianza mutua ya está en pie. De lo que se trata ahora es de desarrollar instrumentos prácticos para incrementar la visibilidad y la efectividad del funcionamiento de dichas normas al nivel de la UE. El propósito del presente Libro Verde es, asimismo, garantizar que los derechos no son «teóricos o ilusorios» en la UE, sino, por el contrario, «prácticos y efectivos». Aunque las diferencias en la manera como las normas procesales nacionales trasladan, en la práctica, los derechos humanos no suponen necesariamente violaciones del CEDH, sin embargo, con la existencia de prácticas divergentes, se corre peligro de dificultar la confianza que constituye la base del reconocimiento mutuo..." (apartado 1.7).

133 Entre la bibliografía, VAN BALLRGOOIJ, Wouter, *The Nature of Mutal Recognition in European Law*, Intersentia, Cambridge, 2015, así como VERVAELE, John. A.E., *Derechos Fundamentales en el espacio de libertad, seguridad y justicia: el ne bis in idem praetoriano del Tribunal de Justicia*, Ubijus, Mexico, 2015.

Comisión recuerda que "es oportuno que los Estados miembros confirmen una serie estándar de garantías procesales para sospechosos e inculpados" (apartado 1.7). El 28 de abril de 2004, se aprueba la Propuesta de Decisión marco del Consejo relativa a determinados derechos procesales en los procesos penales celebrados en la UE[134], la misma aspiraba a establecer normas mínimas comunes sobre los mencionados derechos procesales. En el texto reafirmaba su objetivo: "Mejorar los derechos de todos los sospechosos y acusados en general. Ofrecer un nivel equivalente de protección a los mismos en toda la UE mediante estas normas mínimas comunes debería facilitar la aplicación del principio de reconocimiento mutuo de la manera establecida en la Sección 5 infra, titulada: *El principio de reconocimiento mutuo*" (7). Esta Propuesta fue abandonada debido a la falta de consenso en materia de derechos procesales de los imputados[135], a diferencia del acuerdo alcanzado desde la perspectiva de las garantías procesales de la víctima pudiéndose resaltar la adopción de la Directiva 2004/80/CE del Consejo de 29 de abril de 2004[136] sobre indemnización a las víctimas de delitos[137].

---

134 COM (2004) 28 final, Propuesta de Decisión marco del consejo relativa a determinados derechos procesales en los procesos penales celebrados en la Unión Europea, disponible en la base de datos Eur-Lex https://eur-lex.europa.eu/legal-content/ES/TXT/?uri=CELEX%3A52004PC0328 (fecha de última consulta: 13 de mayo de 2025). Así, VALBUENA GONZÁLEZ, Félix, "Garantías procesales en la orden de detención europea", en M. Jimeno Bulnes (coord.), *Justicia versus seguridad en el espacio judicial europeo: orden de detención europea y garantías procesales*, Tirant lo Blanch, Valencia, 2011, pp. 201-229, esp. pp. 209-218.

135 Tratado sobre el fracaso de la Propuesta de la Decisión marco del consejo relativa a determinados derechos procesales en los procesos penales celebrados en la Unión Europea, se aprobó la Resolución del Consejo de 30 de noviembre de 2009 sobre un plan de trabajo para reforzar los derechos procesales de sospechosos o acusados en los procesos penales (DOUE de 4 de diciembre de 2009 n. C 295 pp. 1-3). Sobre esta cuestión VALBUENA GONZÁLEZ, Félix, "Garantías procesales en la orden de detención europea", *op. cit.*, esp. pp. 218-224.

136 DOUE de 29 de abril de 2004, n. L. 256, pp. 1-15. En particular, el Tribunal de Justicia falló en el asunto *Cowan* (Asunto 186/87, Recopilación 1989, p. 195) que cuando el Derecho comunitario garantiza a una persona física la libertad de desplazarse a otro Estado miembro, la protección de la integridad de esta persona en el Estado miembro de que se trata, en pie de igualdad con los nacionales y con las personas que residen en él, constituye el corolario de esta libertad de circulación. Deben formar parte de este objetivo las necesarias medidas para facilitar la indemnización a las víctimas de delitos (Considerando n. 2).

137 Vid. "Derechos procesales de las víctimas de violencia contra las mujeres basada en el género en la Unión Europea", tesis de Cristina Ruiz López, dirigida por la Profa. Dra. Dª. Mar Jimeno Bulnes, en la Universidad de Burgos, pp. 1-521, esp. p. 57.

Siguiendo RUIZ YAMUZA, "*la tensión entre tutela judicial de derechos fundamentales y cooperación judicial penal bajo el paradigma del reconocimiento mutuo ha venido resolviéndose tanto por la jurisprudencia del TJUE como del TEDH conforme a una serie de parámetros (...) pueden verse sustancialmente modificados por la sentencia dictada en los asuntos acumulados Aranyosi y Căldăraru*"[138]. Esta última, ha demostrado la necesidad de completar el principio de reconocimiento mutuo con el de aproximación legislativa traducido en la defensa y protección de derechos[139].

En esta cuestión prejudicial se planteaba si en caso de que las condiciones de detención sean degradantes debido a una deficiencia sistémica en los centros penitenciarios del Estado miembro emisor, la Decisión Marco autoriza a las autoridades judiciales de ejecución a denegar la entrega del acusado[140]. En efecto en el asunto *Aranyosi y Căldăraru* supuso un punto de inflexión en relación con el examen de protección de los derechos procesales por parte de la autoridad judicial de ejecución, en el contexto de la emisión de una OEI. Se anticipa así el doble control. Esta línea jurisprudencial se ve continuada en el asunto *Dorobantu*[141].

---

138 STJUE (Gran Sala) de 5 de abril de 2016, *Aranyosi* y *Căldăraru* C-404/15 y C-659/15 PPU, ECLI:EU:C:2016:198, (TOL5.676.638), disponible en https://curia.europa.eu/juris/document/document.jsf?text=&docid=175547&pageIndex=0&doclang=it&mode=lst&dir=&occ=first&part=1&cid=4634312 (fecha de última consulta: el 13 de mayo de 2025). Vid. resumen de la obra de RUIZ YAMUZA Florentino-Gregorio, "¿Réquiem por el principio de confianza mutua? Reconocimiento mutuo y tutela judicial de derechos fundamentales en la jurisprudencia del TJUE a propósito de la Orden de Detención Europea", *Revista General de Derecho Europeo,* 2017, n. 43, pp. 1696-9634. Sobre la bibliografía MARTÍN RODRÍGUEZ, Pablo J., "La emergencia de los límites constitucionales de la confianza mutua en el espacio de libertad, seguridad y justicia en la Sentencia del Tribunal de Justicia Aranyosi y Caldararu", *Revista de derecho Comunitario Europeo,* 2016, n. 55, pp. 859-900, así como WISCHMEYER, Thomas, ¿"Generating trust through Law? Judicial cooperation in the European Union and 'the principle of mutual trust'", *German Law Journal,* 2016, n. 3, pp. 339-382. Sobre el TEDH, véase ESCOBAR HERNÁNDEZ, Concepción, "El Tribunal Europeo de Derechos Humanos, una jurisdicción en permanente reforma", *Revista de Derecho Comunitario Europeo,* 2020, n. 67, pp. 771-793, esp. p. 772. Por último, relacionado con el tema, SPAGNOLO, Paola, "La nuova cooperazione giudiziaria penale: mutuo riconoscimento e tutela dei diritti fondamentali", *Cassazione Penale,* 2020, n. 3, pp. 1290- 1301.

139 CACCIATORE, Serena, "El reconocimiento mutuo como principio clave para la lucha contra el crimen organizado", *op. cit.,* esp. p. 185.

140 CORTÉS MARTÍN, José, M., "Sobre los límites a la confianza mutua y la equivalencia *intersistémica* de la orden europea de detención", *op. cit.,* esp. p. 68.

141 STJUE (Gran Sala) de 15 de octubre de 2019, *Dorobantu,* C 128/18, ECLI:EU:C:2019:857, (TOL7.544.496). Sobre este asunto KLIP, André, "The European

La doctrina se orienta a la protección de derechos subjetivos, procurando impedir que las violaciones que menoscaban la confianza mutua entre Estados miembros terminen afectando la integridad del ordenamiento jurídico de la UE[142]. El TJUE aceptó que la ejecución de una ODE no podía suponer un riesgo real de trato inhumano o degradante para la persona detenida en el Estado miembro emisor "*debiendo denegar la entrega en caso de confirmación de este riesgo*"[143].

Conviene finalizar este epígrafe con el pronunciamiento del TJUE que establece: "*La decisión Marco tiene por objeto sustituir el sistema de extradición multilateral fundamentado en el Convenio Europeo de Extradición, de 13 de diciembre de 1957*[144]*, por un sistema de entrega entre autoridades judiciales de personas condenadas o sospechosas, con fines de ejecución de sentencias o de diligencias penales, basado en el principio de reconocimiento mutuo (...)* así *tanto el principio de confianza mutua entre Estados miembros como el principio de reconocimiento mutuo tiene una importancia fundamental en el Derecho de la Unión, dado que permiten la creación y el mantenimiento de un espacio sin fronteras interiores*"[145]. Se reitera la necesidad por parte del TJUE de definir con "mayor rigor" la relación primordial entre confianza mutua y el principio de reconocimiento mutuo junto a la necesidad de proceder a una "ordenación normativa rigurosa"[146].

Arrest Warrant, from Mutual Recognition to Mutual Supervision?", *European Criminal Law Review*, 2022, pp. 82-100; MANCANO, Leandro, "Trust Thy Neighbour? Compliance and Proximity to the EU through the Lens of Extradition", *Yearbook of European Law*, 2021, vol. 40, pp. 475-514.

142 MARTÍN RODRIGUEZ, Pablo, "La insoportable levedad de la confianza mutua en el espacio de libertad, seguridad y justicia", en J. M. Cortés Martín y F. G. Ruiz Yamuza (coords.), *Retos actuales de la cooperación penal en la Unión Europea,* Dykinson, Madrid, 2020, pp. 95-121, esp. p. 116.

143 CORTÉS MARTÍN, José, M., "Sobre los límites a la confianza mutua y la equivalencia *intersistémica* de la orden europea de detención", *op. cit.*, esp. p. 69.

144 BOE de 8 de junio de 1982, n. 136, pp. 15454 a 15462.

145 La sentencia en el asunto *Aranyosi y Căldăraru,* citada anteriormente, párrafos 75 y 78. Sobre este particular RUZ GUTIÉRREZ, Pablo, R., "La orden europea de detención y entrega: Banco de pruebas del principio de reconocimiento mutuo", *op. cit.*, esp. p. 194.

146 CACCIATORE Serena, Reseña del libro de José Manuel Cortés Martín y Florentino-Gregorio Ruiz Yamuza (coords.): "Retos actuales de la cooperación penal en la Unión Europea", *op. cit.,* esp. p. 1167.

2.2. *El equilibrio entre la eficacia de los procedimientos judiciales y la protección de los derechos de los interesados*

El trabajo desarrollado por parte del Tribunal Europeo de Derechos Humanos (en adelante TEDH) en la interpretación del CEDH resulta de gran importancia en función de la actuación dinámica y evolutiva que desarrolla. Esto, junto con una interpretación eficaz, permite impulsar una protección más intensa de los derechos y garantías. RUIZ LÓPEZ afirma que "*(...) dado que el TEDH adopta una perspectiva extensa al realizar una interpretación finalista y teleológica de las obligaciones asumidas por los Estados Parte ello supone dar protección indirecta a derechos no reconocidos expresamente en el CEDH*"[147].

En particular, en este trabajo que se presenta, nos interesa la referencia a la Directiva 2014/41/UE[148], relativa a la OEI; aunque no es este el momento todavía de hablar de la OEI nos parece apropiado adelantar el Considerando 19[149]. Este último, precisa que en el ELSJ existe una presunción del respeto de Derecho de la Unión y de los Derechos Fundamentales por parte de los Estados miembros[150], y que se trata de una presunción *iuris tantum*. Es decir, la confianza mutua entre los Estados miembros que respetan el Derecho de la UE parece la excepción[151]. El resultado será que

---

147 RUIZ LÓPEZ, Cristina, "Derechos procesales de las víctimas de violencia contra las mujeres basada en el género en la Unión Europea", *op. cit.*, p. 124.

148 DOUE de 1 de mayo de 2014, n. 130, pp. 1-36.

149 Textual y respectivamente, "La realización del espacio de libertad, seguridad y justicia en la Unión se basa en la confianza mutua y en una presunción del respeto, por parte de los demás Estados miembros, del Derecho de la Unión y, en particular, de los Derechos fundamentales. No obstante, se trata de una presunción iuris tantum. Por consiguiente, si hubiere motivos sustanciales para creer que la ejecución de una medida de investigación indicada en la OEI vulneraría un derecho fundamental del interesado y que el Estado de ejecución ignoraría sus obligaciones relativas a la protección de los derechos fundamentales reconocidos en la Carta, la ejecución de la OEI debe denegarse". Con caractér introductorio, BELFIORE, Rosanna, "The European Investigation Order in Criminal Matters: Developments in Evidence-gathering across the EU", *European Criminal Law Review*, 2015, n. 3, pp. 312-324.

150 Así VERVAELE, John, A.E., "The transnational ne bis in idem principle in the EU. Mutual recognition and equivalent protection of human rights", *Utrecht Law Review*, 2005, vol. 2., pp. 1-19.

151 Para un comentario general DE DOMINGO, PÉREZ Tomás, "La lucha contra el «Discurso del Odio» desde el respeto a los derechos fundamentales", en F. Miró Llinares (dir.), *Cometer delitos en 140 caracteres- El Derecho penal ante el odio y la radicalización en Internet*, Madrid, Marcial Pons, 2017, pp. 275-296.

si la ejecución de una entre las herramientas de reconocimiento mutuo vulnera un derecho fundamental y/o si el Estado no ha cumplido o cumpliera parcialmente el Derecho europeo, su ejecución puede/debe ser rechazada[152].

La OEI, en términos de respeto de los derechos fundamentales, parece genérica al menos en una primera lectura, pues las relaciones entre los derechos fundamentales y los principios jurídicos del Estado de ejecución aparecen indefinidas, al tiempo que se aprecian carencias en los derechos de defensa en el contexto de su marco de aplicación. En la propia Directiva, aparecen múltiples referencias a la obligación de respetar los derechos fundamentales[153] establecidos en el artículo 6 del TUE[154], pero cada instrumento debe, además, ajustarse a los derechos contenidos en la CDFUE y en la CEDH, en relación con las constituciones de los Estados miembros[155]. En este sentido, el artículo 11.1 f) de la Directiva que regula la OEI (en adelante Directiva OEI) permite denegar el reconocimiento y la ejecución a los Estados miembros "cuando existan motivos fundados para creer que la ejecución de la medida de investigación indicada en la OEI sería incompatible con las obligaciones del Estado miembro de ejecución de conformidad con el artículo 6 del TUE y de la Carta". Como afirma GASCÓN INCHAUSTI, "*se presenta como una válvula de escape para evitar que la aplicación estricta de sistema de la OEI conduzca a lesiones de derechos fundamentales (...) la previsión se considera arriesgada, en cuanto normaliza algo que debería ser excepcional*"[156].

---

152 Así RUIZ LÓPEZ, Cristina, "Derechos procesales de las víctimas de violencia contra las mujeres basada en el género en la Unión Europea", *op. cit.* esp. p. 68.

153 Los considerandos n. 10-12-18-40 y en particular por lo que nos interesa el n. 19 y 39, además de artículo 1, y artículo 14.2 (Vid. texto Directiva OEI).

154 Mencionado anteriormente y disponible texto completo en https://www.boe.es/doue/2010/083/Z00013-00046.pdf (fecha de última consulta: el 27 de junio de 2025).

155 Se trata de los derechos defensivos (defensa técnica y defensa propia), a la dignidad humana, confidencialidad, protección de datos personales, propiedad, expresión etc., al respeto CALAZA LÓPEZ, Sonia, "Fortalecimiento de las garantías procesales y agilización de la Justicia", *Revista General de Derecho Procesal*, 2017, n. 41, disponible en http://www.iustel.com (fecha de última consulta: el 27 de junio de 2025).

156 GASCÓN INCHAUSTI, Fernando, "¿Hacia una cláusula implícita de orden público como límite a los instrumentos de reconocimiento mutuo en la Unión europea?", en V. Moreno Catena y M. I. Romero Pradas (dres.), E. Laro González (ed.), *Nuevos postulados de la cooperación judicial en Unión Europea*, Tirant lo Blanch, Valencia, 2021, pp. 297-330, esp. p. 328.

La referencia al artículo 6 del TUE y CEDH, así como a la cláusula contenida en el artículo 52.3[157] de la CDFUE (véase considerando de la Directiva OEI n. 12), implica que la CDFUE representa el criterio fundamental o parámetro de las tutelas que deben garantizarse en el derecho de la UE y de la OEI. Este parámetro se complementa con la interpretación que el TEDH hace del derecho convencional[158].

La primera sentencia de interpretación de la OEI ha sido la STJUE que se refería al Asunto (C-324/17) proceso penal contra *Ivan Gavanozov*[159], referido a las peculiaridades del procedimiento penal búlgaro que no prevé ningún recurso contra las decisiones que ordenan el registro y la incautación, o la declaración de testigos mediante una OEI. Se solicitó una interpretación del artículo 14 de la DOEI, que dispone que los Estados miembros velarán por que se apliquen a las medidas de investigación indicadas en la OEI vías de recurso equivalentes a las disponibles en un caso interno similar (art. 14.1). Las razones de fondo para dictar la OEI pueden ser susceptibles de recurso interpuesto en el Estado de emisión, sin perjuicio de las garantías de los derechos fundamentales en el Estado de ejecución (art. 14.2)[160].

El Tribunal De Luxemburgo intervino para resolver las dificultades que surgieron en el momento de rellenar el anexo A de la DOEI, en particular la sección J (recursos). "*E interpretando en contexto esa sección J en el conjunto de la Directiva, el TJUE declaró que sólo se debe incluir una descripción del recurso en el caso de que se hubiera interpuesto algún medio de impugnación contra la propia OEI. Aun cuando con carácter general, esos medios de impugnación existieran en el ordenamiento de que se trate, no considera necesario incluir*

157 Literalmente: "En la medida en que la presente Carta contenga derechos que correspondan a derechos garantizados por el Convenio Europeo para la Protección de los Derechos Humanos y de las Libertades Fundamentales, su sentido y alcance serán iguales a los que les confiere dicho Convenio. Esta disposición no impide que el Derecho de la Unión conceda una protección más extensa".

158 KOSTORIS, Roberto, E., "Ordine di investigazione europea e tutela dei diritti fondamentali", *Cassazione Penale*, 2018, n. 5, pp. 1437- 1449, esp. p. 1439, (traducción propia).

159 STJUE de 24 de octubre de 2019, *Ivan Gavanozov*, (C-324/17), ECLI:EU-:C:2019:892, (TOL7.564.423), disponible en https://eur-lex.europa.eu/legal-content/IT/TXT/?uri=CELEX:62017CJ0324 (fecha de última consulta: el 10 de septiembre de 2025).

160 CACCIATORE, Serena, "European Investigation Order as instrument for the fight against organised crime", *ECLAN Seminar papers, as a special edition*, Vilnius University Press, Vilnius, 2021, pp. 34-38, esp. pp. 34-35, (traducción propia).

una descripción abstracta de los recursos disponibles contra la emisión de una OEI en los Estados miembros emisores"[161]. El Tribunal de Justicia, basándose en una interpretación meramente literal del artículo 5.1 de la DOEI y al abordar el asunto únicamente en la superficie, se negó a que la autoridad de emisión asumiera la carga de extenderse en una descripción puntual de los recursos existentes en el Estado de emisión, ya que la Directiva no lo exige[162]. Como afirma PÉREZ GIL, "*la ausencia de una interpretación en este caso del art. 14, el que reconoce el derecho al recurso de manera similar al ordenamiento interno, da la impresión de eludir conscientemente la entrada en el análisis de fondo del problema*"[163].

Nos encontramos ante una falta de protección de los derechos fundamentales, derivada de la imposibilidad absoluta de impugnar por parte del sujeto investigado sus derechos. Además, Bulgaria[164] ha sido condenada en varias ocasiones por el TEDH ya que no puede impedir el recurso a la OEI[165]. El Abogado General en sus Conclusiones entendió, de forma distinta al tribunal, que el artículo 14 DOEI prevé que los Estados miembros establezcan recursos para que las personas afectadas puedan impugnar las razones de fondo para emitir la OEI, de forma tal que el empleo de la OEI por parte de ese Estado miembro debería haberse paralizado hasta la introducción de la normativa sobre recursos (en el momento en que se planteó la cuestión prejudicial, Bulgaria aún no había traspuesto la DOEI)[166].

---

161 PÉREZ GIL, Julio, "Orden Europea de Investigación: primeras respuestas del TJUE", *Unión Europea Aranzadi*, 2020, n. 12, pp. 153-164, esp. p. 164.

162 DE LUCA, Carlotta, "La Corte di giustizia si pronuncia nuovamente sull'ordine europeo di indagine penale: la tutela dei diritti fondamentali prevale sull'efficienza", *Sistema Penale*, 2022, pp. 1-7, esp. p. 2, (traducción propia).

163 PÉREZ GIL, Julio, "Orden Europea de Investigación: primeras respuestas del TJUE", *op. cit.* esp. p. 164.

164 Recordemos que el asunto C-324/17, que tiene por objeto una petición de decisión prejudicial planteada, con arreglo al artículo 267 TFUE, por el *Spetsializiran nakazatelen sad* (Tribunal Penal Especial, Bulgaria), mediante resolución de 23 de mayo de 2017, recibida en el Tribunal de Justicia el 31 de mayo de 2017, en el proceso penal seguido contra *Ivan Gavanozov.*

165 DE LUCA, Carlotta, "La Corte di giustizia si pronuncia nuovamente sull'ordine europeo di indagine penale: la tutela dei diritti fondamentali prevale sull'efficienza", *op. cit*, esp. p. 2, (traducción propia).

166 PÉREZ GIL Julio, "Orden Europea de Investigación: primeras respuestas del TJUE", *op. cit.*, esp. p. 164.

La doble prejudicialidad que se desprende de esta sentencia (sentencia del Tribunal de Justicia -sala primera- de 11 de noviembre de 2021), en la que el Tribunal de Justicia se "aleja" de las conclusiones formuladas tras el primer procedimiento judicial, ha propiciado en esta ocasión que el Tribunal se haya mostrado atento a la necesidad de proteger las garantías procesales y, en particular, el derecho a un recurso efectivo, ante la posible vulneración de los derechos fundamentales[167], derivada de la adopción de medidas de carácter probatorio, que pueden aplicarse no sólo a las fronteras de la nación, sino también en el extranjero mediante la OEI.

Necesitamos que cada Estado disponga de instrumentos que permitan a sus destinatarios reaccionar ante un órgano jurisdiccional. La OEI supone que la actividad investigadora (a modo de ejemplo, registro, incautación) que se solicita, se podría solicitar a nivel nacional. Es decir, la cláusula de equivalencia no puede legitimar un perjuicio a las garantías fundamentales. Siguiendo a DE JORGE MESAS, cuando se habla de equivalencia, nos referimos a "*una regla o principio (...) que deriva del principio de confianza y que constituye una de las bases sobre la que se construye el principio de reconocimiento mutuo*", en otras palabras, "*la equivalencia de las resoluciones constituye, por un lado, la aplicación al Derecho procesal del principio de confianza, del que deriva; y por otro lado, es un principio de técnica legislativa*"[168]. Por el contrario, pretende evitar el riesgo de elusión de los límites y prohibiciones establecidos por la normativa nacional para el acto interno correspondiente, con el fin de proteger los derechos de los interesados[169].

Con todo lo anterior, podemos concluir que el Derecho de la UE se expresa como un verdadero ordenamiento jurídico, con una total efectividad en los Estados de la UE, la aplicación de las normas nacionales es válida cada vez que contravenga las disposiciones del Derecho de la UE[170].

---

167 A la fecha IGLESIAS SÁNCHEZ, Sara y GONZÁLEZ PASCUAL, Maribel (eds.), *Fundamental Rights in the EU Area of Freedom, Security and Justice,* Cambridge University Press, Cambridge, 2021, así como RIZZO, Alfredo, "La dimensione esterna dello spazio di libertà, sicurezza e giustizia. Sviluppi recenti e sfide aperte" *Freedom, Security & Justice: European Legal Studies,* 2017, n. 1, pp. 147-177.

168 DE JORGE MESAS, Luis Francisco, *Reconocimiento de las resoluciones penales en la Unión Europea, op. cit.*, esp. p. 63.

169 DE LUCA, Carlotta, "La Corte di giustizia si pronuncia nuovamente sull'ordine europeo di indagine penale: la tutela dei diritti fondamentali prevale sull'efficienza", *op. cit,* esp. pp. 3-4, (traducción propia).

170 LARO GONZÁLEZ Elena, "Espacio Europeo de Justicia Penal, Cooperación judicial y principio de reconocimiento mutuo", en E. Laro González, *La Orden Europea*

3. ANTECEDENTES LEGISLATIVOS A LA OEI

El marco originario de obtención de prueba transfronteriza como se puede deducir leyendo el Considerando 5 DOEI[171] "resulta evidente que (...) es demasiado fragmentario y complicado. Por eso era necesario un nuevo planteamiento". El principal límite de la Decisión Marco de 22 de julio de 2003, relativa a la ejecución en la UE de las resoluciones de embargo preventivo de bienes y de aseguramiento de pruebas[172], se ha manifes-

---

de investigación en el espacio europeo de justicia, Tirant lo Blanch, Valencia, 2021, pp. 33-60, esp. p. 60.

171 Desde la adopción de las Decisiones Marco 2003/577/JAI, y 2008/978/JAI. Respectivamente DOUE de 2 de agosto de 2003, n. L. 196, pp. 45-55. Ya no está vigente, fecha de fin de validez: 18/12/2020, sustituido por el Reglamento (UE) 2018/1805 del Parlamento Europeo y del Consejo, de 14 de noviembre de 2018, sobre el reconocimiento mutuo de las resoluciones de embargo y decomiso. Y, (Decisión Marco 2008/978/JAI), DOUE de 30 de diciembre de 2008, n. L. 350, pp. 72-92. Ya no está vigente, fecha de fin de validez: 21/02/2016, derogado por el Reglamento (UE) 2016/95 del Parlamento Europeo y del Consejo de 20 de enero de 2016 por el que se derogan determinados actos en el ámbito de la cooperación policial y judicial en materia penal, DOUE de 2 de febrero de 2016, n. L 26, pp. 9-12 también no está en vigor: fecha de fin de validez: 22/02/2016. Sustituido por el Reglamento (UE) 2016/679 del Parlamento Europeo y del Consejo, de 27 de abril de 2016, relativo a la protección de las personas físicas en lo que respecta al tratamiento de datos personales y a la libre circulación de estos datos y por el que se deroga la Directiva 95/46/CE (Reglamento general de protección de datos), DOUE de 4 de mayo de 2016, n. L 119, pp. 1 a 88. Entre la bibliografía, JIMÉNEZ CRESPO, Luis, M., "Cuestiones prácticas relativas al exhorto europeo de obtención de pruebas" en C. Arangüena Fanego, M. De Hoyos Sancho y C. Rodríguez-Medel Nieto (dres. y coord.), *Reconocimiento mutuo de resoluciones penales en la Unión Europea. Análisis teórico-práctico de la Ley 23/2014, de 20 de noviembre,* Aranzadi, Cizur Menor, 2015, pp. 521-544.

172 DOUE de 2 de agosto de 2003, n. 196, pp.45-55. Implementada en Italia con el Decreto legislativo el 15 de febrero de 2016, n. 35, publicado en G.U. del 11 de marzo del 2016, n. 59 disponible en https://www.gazzettaufficiale.it/eli/gu/2016/03/11/59/sg/pdf (fecha de última consulta: el 27 de junio de 2025), en España inicialmente por medio de la Ley 18/2006, de 5 de junio sobre la eficacia en la UE de las resoluciones de embargo y de aseguramiento de pruebas en procesos penales, BOE de 6 de junio de 2006, n. 134, pp. 21218-21229, posteriormente regulada con la Ley 23/2014 de 20 de noviembre de 2014 de reconocimiento mutuo de resoluciones penales en la UE. Más detalladamente, MARANDOLA, Antonella, "Congelamento e confisca dei beni strumentali e dei proventi da reato nell'Unione Europea: la "nuova" direttiva 2014/42/UE", *Archivio Penale,* 2016, n. 1, pp. 1 y ss., así como la obra colectiva coordinada por BARRIENTOS PANCHO, Jesús, M. (dr.), *La nueva Ley para la eficacia en la Unión Europea de las resoluciones de*

tado en el procedimiento de transferencia de la fuente de prueba o la solicitud de decomiso del bien, objeto de separada solicitud con respecto de la medida de bloqueo o embargo. Las dos regulados por los instrumentos normativos convencionales basados en la asistencia jurídica y de aquellos aplicables a la cooperación internacional en materia de decomiso[173]. Es decir, como bien afirma ARANGÜENA FANEGO "*este instrumento no permitía, tras la incautación o aseguramiento realizado, la posterior transmisión del objeto al Estado que emitió la orden del embargo o aseguramiento, lo que limitaba la eficacia del mismo al exigir acudir a una comisión rogatoria para el traslado propiciando un procedimiento que se denominó de «doble paso», que pugnaba con las mínimas exigencias de eficacia*"[174]. La finalidad de la Decisión marco 2003/577/JAI del Consejo, de 22 de julio de 2003, es "impedir provisionalmente la destrucción, transformación, desplazamiento, transferencia o enajenación de bienes que pudieran ser sometidos a decomiso o constituir elementos de prueba" (artículo 2. c.)[175]. Sin embargo, el grado de armonización introducido por este instrumento ha sido muy bajo y no ha eliminado las diferencias entre los sistemas jurídicos nacionales en materia de decomiso.

Para suplir las deficiencias del instrumento al que acabamos de referirnos, se promulgó la Decisión Marco 2008/978/JAI relativa al exhorto europeo de obtención de pruebas para recabar objetos, documentos y datos destinados a procedimientos en materia penal, y que hoy en día no se encuentra en vigor[176]. La misma permitía el aseguramiento y el traslado del elemento pro-

---

embargo y aseguramiento de pruebas en los procedimientos penales, Consejo general del Poder Judicial, Madrid, 2007.

173 Vid. Considerando 3 DOEI, entre la bibliografía con carácter general, WEYEMBERGH, Anne, "Storia della cooperazione", AA. VV., R. E. Kostoris (ed.), *Manuale di procedura penale europea,* Milano, Giuffré, 2017.

174 ARANGÜENA FANEGO, Coral, "Orden europea de investigación: aspectos generales del nuevo instrumento de obtención de prueba penal transfronteriza", *op. cit.,* esp. p. 299. Además, dicho contenido está presente, en otras palabras, en el Considerando 4 DOEI.

175 Sobre la temática, IRURZUN MONTORO, Fernando, "Principio de confianza y reconocimiento mutuo. Su reflejo en la ejecución de resoluciones de embargo preventivo y aseguramiento de pruebas en la Unión Europea", *Estudios de derecho judicial,* 2007, n. 117, pp. 145-166, así como MORÁN MARTÍNEZ, Rosa A., "Decisión marco de 22 de julio de 2003, relativa a la ejecución en la unión europea de las resoluciones de embargo preventivo de bienes y aseguramiento de pruebas", *Estudios de derecho judicial,* 2007, n. 117, pp.167-204.

176 DOMÍNGUEZ RUIZ, Lidia, *La orden europea de investigación, Análisis legal y aplicaciones prácticas,* Tirant lo Blanch, Valencia, 2019, esp. p. 44. Sobre el tema PARISI, Nicoletta, "Il mandato europeo di ricerca delle prove nel sistema della cooperazione

batorio asegurado sin requerir petición adicional. No obstante, su limitado ámbito de aplicación no permitía desarrollar su utilidad práctica, puesto que solamente podía aludir a objetos o datos preexistentes, que estuvieran anteriormente identificados y resultara indispensable su obtención para el proceso[177]. España ha traspuesto tardíamente el instrumento objeto de la Decisión marco 2008/978/JAI, por la Ley 23/2014 de 20 de noviembre de 2014 de reconocimiento mutuo de resoluciones penales en la UE; por el contrario, en Italia nunca fue transpuesta[178] y en todo caso fue derogada antes de la fecha límite de transposición de la DOEI, por el Reglamento (UE) 2016/95 del Parlamento Europeo y del Consejo de 20 de enero de 2016 por el que se derogan determinados actos en el ámbito de la cooperación policial y judicial en materia penal. Siguiendo a BACHMAIER WINTER, quien ya anticipó el fracaso de este instrumento ya nacía derogado, "*lo mejor que podrá sucederle a la presente regulación sobre el exhorto europeo de obtención de pruebas es que tenga una vida efímera (...) para dejar paso cuanto antes a la OEI*"[179].

3.1. La Directiva 2014/41/UE del Parlamento Europeo y del Consejo de 3 de abril de 2014

En esta línea, el 29 de abril de 2010 siete Estados miembros toman la iniciativa de presentar una Directiva relativa al Exhorto Europeo de Investiga-

---

giudiziaria penale fra gli Stati membri dell'Unione", *Rivista di diritto internazionale privato e processuale,* 2009, n. 2, pp. 327- 350; así como CASTILLEJO MANZANARES, Raquel, "Exhorto europeo de medios de prueba", *Diario La Ley,* 2007, n. 6684, disponible en https://diariolaley.laleynext.es/ (fecha de última consulta: el 27 de junio de 2025); así también TINOCO, PASTRANA, Ángel, "El embargo preventivo y el aseguramiento de pruebas en los procesos penales en la Unión Europea. Novedades tras la Ley 23/2014, de reconocimiento mutuo de resoluciones penales en la Unión Europea y la Directiva 2014/41/CE relativa a la orden europea de investigación en materia penal", *Cuadernos Europeos de Deusto,* 2015, n. 52, pp. 121-146.

177 ARANGÜENA FANEGO, Coral, "Orden europea de investigación: aspectos generales del nuevo instrumento de obtención de prueba penal transfronteriza", *op. cit.,* esp. p. 300.

178 Por cierto, antes de su derogación, sólo la habían implementado Croacia, Finlandia, los Países Bajos, Eslovenia y España, como ya hemos mencionado.

179 BACHMAIER WINTER, Lorena, "El exhorto europeo de obtención de pruebas en el proceso penal. Estudio y perspectivas de la propuesta de decisión marco", *op. cit.,* esp. p. 520, la misma autora desde una perspectiva crítica "The Proposal for a Directive on the European Investigation Order and the Grounds for Refusal: A Critical Assessment", en S. Ruggeri (ed.), *Transnational Inquiries and the Protection of Fundamental Rights in Criminal Proceedings. A Study in Memory of Vittorio Grevi and Giovanni Tranchina,* Springer, Heidelberg, 2014, pp. 71-90.

ción[180]. Se plantea la promulgación de un instrumento legislativo en donde se proponen normas comunes en materia de obtención probatoria[181]. A esta primera Propuesta de Directiva, le suceden otros textos ya que el recorrido para llegar al texto definitivo ha sido largo por las distintas opiniones políticas en la materia, así como la distinta modalidad de actuar[182]. El nombre finalmente adoptado fue "orden" debido a su carácter más vinculante, en consonancia con su ejecución. En realidad, la orden es una petición[183], y el verbo utilizado desde el principio ha sido "pedir". De ahí surge, de forma natural, la pregunta: ¿qué ha cambiado respecto a la comisión rogatoria que -procedente del latín *rogar*- significa propiamente "pedir"?

El concepto de "orden" se introdujo porque se quiere poner de manifiesto la relación entre autoridades judiciales[184]. Filippo Spiezia, mencionado anteriormente, opina que se trata de una imprecisión terminológica por parte del legislador europeo. En efecto, la orden de investigación pretende que solo la autoridad titular de poderes de investigación puede emitirla; en cambio, también los jueces pueden emitir la OEI. En este sentido, entre las medidas de investigación que pueden solicitarse a través de la OEI, a modo de ejemplo se señala la videoconferencia[185] o el examen de un acusado que se encuentra en el extranjero, dependiendo de la fase en que se realice la

---

180 DOUE de 24 de junio de 2010, n. C 165, pp. 22-38.

181 LARO GONZÁLEZ, Elena, *La Orden Europea de investigación en el espacio europeo de justicia,* Tirant lo Blanch, Valencia, 2021, esp. p. 79. Entre los Estados miembros que tomaron la iniciativa, el Reino de España, Reino de Bélgica, República de Estonia, República de Austria, República de Eslovenia y Reino de Suecia.

182 Como precisa JIMENO BULNES, Mar, "*El texto definitivo recoge un Preámbulo con 46 considerandos, un artículado conformado por 39 preceptos repartidos en siete capítulos y una serie de 3 anexos con inclusión de los formularios requeridos para dar lugar tanto a la emisión como ejecución de la OEI, además de aquél relativo a las categorías de los delitos contemplados en el artículo 11*". Vid. JIMENO BULNES, Mar, "Orden europea de investigación en materia penal", *op. cit.,* esp. p. 163.

183 Como bien afirma Filippo Spiezia, mencionado en la Introducción de este trabajo, a quien pude hacer una entrevista en La Haya, el 25 de noviembre del 2019.

184 Más adelante vamos a tratar, el modelo de instrucción por el Ministerio Fiscal en Italia y por el Juez de Instrucción en España. Vid. JIMENO BULNES, Mar, "El proceso penal en los sistemas de common law y civil law los modelos acusatorio e inquisitivo en pleno siglo XXI", *Justicia revista de derecho procesal,* 2013, pp. 207-310.

185 Artículo 24 DOEI, "Comparecencia por videoconferencia u otros medios de transmisión audiovisual". A modo de ejemplo, GUTIÉRREZ BARRENENGOA, Ainhoa, "El uso de la videoconferencia en el proceso penal: utilidades, requisitos y limitaciones", *R.E.D.S,* 2019, n. 14, pp. 27-41; así como VALBUENA GONZÁLEZ, Félix, "La intervención a distancia de sujetos en el proceso penal", *Revista del poder Judicial,* 2007, n. 85, pp. 221-288.

solicitud[186]. No obstante, sobre las autoridades competentes para emitir o ejecutar la OEI será objeto de posterior examen a continuación.

En efecto, la DOEI establece, en su artículo 34, que a partir del 22 de mayo de 2017 sustituye: "a las disposiciones correspondientes de los siguientes convenios aplicables a las relaciones entre los Estados miembros vinculados por la presente Directiva"[187]. Siguiendo a JIMENO BULNES, conviene hacer hincapié en aquellos "*instrumentos legales de cooperación judicial internacional (...) de carácter contractual bajo la fórmula de convenios bilaterales o, en mayor medida, multilaterales de ámbito institucional y los instrumentos legales llamados de reconocimiento mutuo*"[188]. En cuanto a la primera categoría, se incluyen en la misma los señalados en los apartados a), b) y c) del artículo 34 DOEI, y en la segunda las decisiones marco anteriormente señaladas.

Cabe recordar en todo caso, que tanto en Italia como en España es afirmada la primacía del Derecho internacional (y de modo especial el Derecho de la UE) sobre el Derecho interno. En la legislación italiana, destacamos el artículo 696 del *codice di procedura penale italiano* que regula la primacía del Derecho de la Unión Europea, de los convenios y del Derecho internacional: la aplicabilidad de las normas está sujeta a la cooperación penal internacional entre los Estados europeos y a la ausencia de convenios internacionales destinados a clarificar su regulación exclusiva. Por su parte en España el artículo 9 apartado 3 de la Constitución española proclama el principio de jerarquía normativa, en virtud del cual igualmente prevalece el Derecho de la Unión sobre el Derecho interno[189].

---

186 Filippo Spiezia, Conferencia titulada "La cooperazione giudiziaria all'interno dell'Unione Europea e il ruolo di Eurojust" por Annalisa Mangiaracina, Federica la Chioma, y Filippo Spezia el 22 de Mayo de 2019, organizado por la *Scuola Superiore della Magistratura* (Distretto della Corte d'Appello di Caltanissetta- Italia).

187 ARANGÜENA FANEGO, Coral, definió la coexistencia de instrumentos normativos de diverso tipo (Decisiones marco y Convenios de asistencia judicial), como un "*auténtico puzle normativo que ha demostrado una ineficacia crónica*" durante el Congreso Internacional intitulado "La Orden Europea de Investigación y la prueba transfronteriza en la Unión Europea", 29 y 30 de noviembre de 2018, Universidad de Sevilla.

188 JIMENO BULNES, Mar, "La prueba transfronteriza y su incorporación al proceso penal español", en M. I. González Cano (dir.), *Orden Europea de Investigación y Prueba Transfronteriza en la Unión Europea*, Tirant lo Blanch, Valencia 2019, pp. 719-766, esp. pp. 725-726.

189 Esta afirmación genera incertidumbre en la determinación de la norma aplicable al caso concreto. En este contexto, la OEI, para casi todos los Estados miembros, es decir, los signatarios, constituye un único instrumento a utilizar tras una solicitud de prueba en sentido amplio. Por todos sobre la temática la monografía de

a) Convenio Europeo de Asistencia Judicial en Materia Penal del Consejo de Europa, de 20 de abril de 1959[190], así como sus dos protocolos adicionales[191] y los acuerdos bilaterales celebrados con arreglo a su artículo 26;

b) Convenio relativo a la aplicación del acuerdo de Schengen[192];

c) Convenio relativo a la asistencia judicial en materia penal entre los Estados miembros de la Unión Europea (del 29 mayo de 2000)[193] y su Protocolo de 16 de octubre de 2001[194];

PEITEADO MARISCAL, Pilar, *El reconocimiento mutuo de resoluciones penales definitivas en la Unión Europea,* Madrid, Colex, 2006. Incluso, entre la bibliografía DEL MAR GARCÍA RICO, Elena y MARTÍN MARTÍNEZ Magdalena (dres.), *Cooperación internacional penal, una aproximación criminológica,* Tirant lo Blanch, Valencia, 2021, esp. p. 53, tal como GONZÁLEZ-MONTES SÁNCHEZ, José L. "La cooperación judicial internacional en el ámbito del proceso penal", *Revista de Derecho Procesal,* 1996, n. 1, pp. 33-80, y sumariamente también de interés KOUTRAKOS, Panos, ¿"Is there more to say about the direct effect of directives?", *European Law Review,* 2018, n. 5, pp. 621-622.

190 BOE del 15 octubre de 2003 n. 247, pp. 36894-36904. Por lo que respeta España el instrumento de ratificación de 14 de julio de 1982, BOE de 17 de septiembre de 1982, n. 223, pp. 25166 a 25174. Italia implementó con *Legge* en vigor desde el 24 de febrero de 1962, publicada en la G.U. de 13 abril de 1961, n. 92, disponible en https://www.gazzettaufficiale.it/eli/gu/1961/04/13/92/sg/pdf (fecha de última consulta: 13 de mayo de 2025).

191 Así el Protocolo del Convenio relativo a la asistencia judicial en materia penal entre los Estados miembros de la Unión Europea, hecho en Luxemburgo, el 16 de octubre de 2001 y Segundo Protocolo Adicional al Convenio europeo de asistencia judicial en materia penal, hecho en Estrasburgo el 8 de noviembre de 2001.

192 Así, CORDERO ZÁRRAGA, Esther, "30 años del Acuerdo de Schengen", *Unión Europea Aranzadi,* 2015, n. 7, pp. 109-114.

193 Adoptado bajo el acto del Consejo de 29 de mayo de 2000, DOCE de 12 de julio de 2000 n. C 197. En España entró en vigor el 23 de agosto de 2005, BOE de 28 de octubre de 2005, n. 258, pp. 35347-35348. En Italia, su implementación tuvo lugar el 12 de mayo de 2017 con el Decreto Legislativo de 5 de abril de 2017, n. 52, publicado en la G.U. del 27 de abril de 2017, n. 97, disponible en https://www.gazzettaufficiale.it/eli/id/2017/04/27/17G00065/sg (fecha de última consulta: el 10 de septiembre de 2025). Además, como bien subraya JIMENO BULNES, Mar, el Convenio en cuestión, supuso algunas novedades en "*el ámbito de la cooperación judicial al permitir la introducción de las nuevas tecnologías en el seno de proceso penal (...) por ejemplo la previsión de la videoconferencia para la audición de testigos y peritos al igual que la intervención de comunicaciones telefónicas*", en "La prueba transfronteriza y su incorporación al proceso penal español", *op. cit.,* esp. p. 728. Entre la bibliografía, PÉREZ GIL, Julio, "Convenio de Asistencia Judicial Penal", en M. Jimeno Bulnes (ed.), *La cooperación judicial civil y penal en el ámbito de la unión europea: instrumentos*

- Decisión marco 2008/978/JAI de 18 de diciembre de 2008 relativa al exhorto europeo de obtención de pruebas para recabar objetos, documentos y datos destinados a procedimientos en materia penal;
- Decisiones Marco 2003/577/JAI relativa a la ejecución en la Unión Europea de las resoluciones de embargo preventivo de bienes y de aseguramiento de pruebas.

El área definida en italiano como *ultrattività selettiva delle fonti previgenti*[195] implica que, sin perjuicio de su aplicación, tras la entrada en vigor de la OEI "los Estados miembros podrán celebrar o seguir aplicando acuerdos o arreglos bilaterales o multilaterales con otros Estados miembros (...), siempre que ello permita el mejor cumplimiento de los objetivos de la presente Directiva y contribuir a simplificar o a facilitar más los procedimientos para la obtención de pruebas, y a condición de que se respete el nivel de las salvaguardias previstas en la presente Directiva" (artículo 34. 3 DOEI). A tal fin, los Estados miembros deberán efectuar una notificación *ad hoc* en la que se especifiquen los acuerdos y disposiciones que desean seguir aplicando. Se puede deducir que lo dispuesto en el artículo en cuestión también mira hacia el futuro. En el sentido que, permiten incluso después de la entrada en vigor de las normas de aplicación de la OEI, la celebración de acuerdos y arreglos bilaterales con los Estados miembros que hayan ratificado la Directiva, reforzando aún más sus objetivos. Estos acuerdos, una vez notificados a la Comisión, prevalecerán sobre las normas de aplicación de la OEI[196] en cuanto que ley especial y así para aquellos Estados miembros que deseen una cooperación más estrecha.

El esfuerzo de simplificación pretende resolver la falta de eficacia que caracteriza tanto al sistema de comisiones rogatorias como a las dos Decisiones Marco. No obstante, tenemos que subrayar que la Decisión Marco 2003/577/JAI sigue aplicándose, así como también las resoluciones de ase-

---

procesales, Bosch, Barcelona, 2007, pp. 259-297. Vid. también del mismo autor "El Convenio de Asistencia Judicial en materia penal entre los Estados miembros de la UE ¿un instrumento anclado en coordenadas superadas?", *La Ley: Revista jurídica española de doctrina, jurisprudencia y bibliografía*, 2005, n. 2, pp. 1547-1560.

194 Protocolo del Convenio relativo a la asistencia judicial en materia penal entre los Estados miembros de la Unión Europea, DOUE del 21 de noviembre de 2001, n. 326, pp. 2-8.

195 En español "ultratractividad selectiva de las fuentes preexistentes".

196 Circolare in tema di attuazione della direttiva 2014/41/UE relativa all'ordine europeo di indagine penale, 26 ottobre 2017, pp. 1-20, esp. p. 11 (traducción propia).

guramiento de pruebas recibidas antes del 22 de mayo de 2017 (artículo 35.1 DOEI)[197]. En definitiva, el proceso para llegar a la promulgación de la DOEI no ha estado exento de problemas. Las diferentes perspectivas entre los Estados miembros han incidido en el trascurso del proceso legislativo ordinario, promoviendo la desaceleración de las negociaciones hasta prolongar la entrada en vigor de la norma europea y posterior adaptación, lo que poco favorece la lucha contra la delincuencia transfronteriza en asuntos que requieren una regulación impostergable y sobre todo indispensable[198].

3.2. Los principales rasgos de la nueva Directiva

Merece ser señalado en este punto el estado de implementación actual de la DOEI, por esto se incorpora textualmente la información que figura[199]:

Country	Entry into force	Country Notification	Related National legislation	Additional Information
Austria	✓ 1 Jul 2018	Fiscal Law Enforcement Authorities. Austria. Judicial Authorities. Austria. Notification of the transposition of Directive 2014/41/EU on European Investigation Order in criminal matters by Austria. Arts. 33.1, 33.2 and 34.4.		Useful tools and information for the practical application of the European Investigation Order (EIO) directive
Belgium	✓ 22 May 2017	Notification of the transposition of Directive 2014/41/EU on European Investigation Order in criminal matters by Belgium	Law of 22 May 2017 related to the European investigation order in criminal matters.	Useful tools and information for the practical application of the European Investigation Order (EIO) directive

[197] Una "norma puente" (de conexión) establece que será posible, tras una incautación realizada en virtud de la Decisión Marco 2003/577/JAI, que la autoridad de emisión adopte una OEI complementaria que mencione esta incautación en la misma OEI (art. 35.2 DOEI).

[198] LARO GONZÁLEZ, Elena, *La Orden Europea de investigación en el espacio europeo de justicia, op.cit.*, esp. pp. 81-82.

[199] Nos sorprende que no exista información de la transposición de la OEI en todos los Estados miembros, pero esta es la información que proporciona la página web, ausente de Ley para algunos Estados, véase https://www.ejn-crimjust.europa.eu/ejn/EJN_Library_StatusOfImpByCat.aspx?CategoryId=120 (fecha de última consulta: 13 de mayo de 2025).

Country	Entry into force	Country Notification	Related National legislation	Additional Information
Bulgaria	✔ 23 Feb 2018	Notification of the transposition of Directive 2014/41/EU on European Investigation Order in criminal matters by Bulgaria. Notification from the Republic of Bulgaria in accordance with Article 105 (3) of Council Regulation (EU) 2017/1939 of 12 October 2017 implementing enhanced cooperation on the establishment of the European Public Prosecutor's Office ("the EPPO")	European Investigation Order Law — Official publication: State Gazette / Държавен вестник/; Number: 16; Publication date: 2018-02-20	Useful tools and information for the practical application of the European Investigation Order (EIO) directive
Croatia	✔ 26 Oct 2017	Notification of the transposition of Directive 2014/41/EU by Croatia. Notification of the competent authorities concerning Directive 2014/41/EU by Croatia. Notifications from Croatia related to EIO and EPPO		Useful tools and information for the practical application of the European Investigation Order (EIO) directive
Cyprus	✔ 15 Dec 2017	Notification of the transposition of Directive 2014/41/EU on European Investigation Order in criminal matters by Cyprus	Law Number 181/2017	Useful tools and information for the practical application of the European Investigation Order (EIO) directive
Czech Republic	✔ 16 Aug 2018	Notification of the transposition of Directive 2014/41/EU on European Investigation Order in criminal matters by Czech Republic (05/09/2019) Notification from the Czech Republic related to EPPO	Act No.104/2013 Coll., on International Judicial Cooperation in Criminal Matters (in consolidated version), as amended by the Act No. 178/2018 Coll.	Useful tools and information for the practical application of the European Investigation Order (EIO) directive
Denmark	✘			Denmark is not bound by the Directive 2014/41/EU. As it cannot opt-in to this directive, it will not transpose it.

Country	Entry into force	Country Notification	Related National legislation	Additional Information
Estonia	✔ 6 Jul 2017	Notifications according to the directive 2014/41/EU article 33(1) for Estonia		Useful tools and information for the practical application of the European Investigation Order (EIO) directive
Finland	✔ 3 Jul 2017	Notification of the transposition of Directive 2014/41/EU by Finland		Useful tools and information for the practical application of the European Investigation Order (EIO) directive
France	✔ 22 May 2017	Notification from the French authorities concerning Directive 2014/41/EU regarding the European Investigation Order Notification from the French authorities concerning Directive 2014/41/EU regarding the European Investigation Order. Art. 34. 3 and 4	II de l'article 118 de la Loi n° 2016-731 du 3 juin 2016 renforçant la lutte contre le crime organisé, le terrorisme et leur financement, et améliorant l'efficacité et les garanties de la procédure pénale Official publication: Journal Officiel de la République Française (JORF); Publication date: 2016-06-04 Ordonnance n° 2016-1636 du 1er décembre 2016 relative à la décision d'enquête européenne en matière pénale Official publication: Journal Officiel de la République Française (JORF); Publication date: 2016-12-02 Décret n° 2017-511 du 7 avril 2017 relatif à la décision d'enquête européenne en matière pénale Official publication: Journal Officiel de la République Française (JORF); Publication date: 2017-04-09	Useful tools and information for the practical application of the European Investigation Order (EIO) directive
Germany	✔ 22 May 2017	Notification of the transposition of Directive 2014/41/EU by Germany Amendment to the Notification of the transposition of Directive 2014/41/EU by Germany	German Law transposing the Directive on the European Investigation Order. Act of 05/01/2017, Federal Gazette — Bundesgesetzblatt 2017 I, 31 — Viertes Gesetz zur Änderung des Gesetzes über die internationale Rechtshilfe in Strafsachen	Useful tools and information for the practical application of the European Investigation Order (EIO) directive

Country	Entry into force	Country Notification	Related National legislation	Additional Information
Greece	✔ 21 Sep 2017	Notification of the transposition of Directive 2014/41/EU on European Investigation Order in criminal matters by Greece	Law 4489/2017	Useful tools and information for the practical application of the European Investigation Order (EIO) directive
Hungary	✔ 23 May 2017	Notification of the transposition of Directive 2014/41/EU on European Investigation Order in criminal matters by Hungary	Act No. CLXXX of 2012	Useful tools and information for the practical application of the European Investigation Order (EIO) directive
Ireland	✘			Ireland is not bound by the Directive 2014/41/EU, as it did not take part in the adoption of this Directive; however, the issue of opting in remains under consideration.
Italy	✔ 28 Jul 2017	Notification by Italy of the transposition of Directive on the European Investigation Order Notification from Italy related to EPPO	Leg. Decree nr. 108/2017	Useful tools and information for the practical application of the European Investigation Order (EIO) directive
Latvia	✔ 20 May 2017	Notification on the implementation by Latvia on the Directive on the European Investigation Order Notification from Latvia related to EPPO	Kriminālprocesa likums Noteikumi par ipaša dokumenta formu un saturu kriminaltiesiskaja sadarbiba ar Eiropas Savienibas dalibvalstim	Useful tools and information for the practical application of the European Investigation Order (EIO) directive
Lithuania	✔ 15 Jun 2017	Submission of information in accordance with Article 34 of Directive 2014/41/EU — Lithuania Submission of information in accordance with Directive 2014/41/EU — Lithuania		Useful tools and information for the practical application of the European Investigation Order (EIO) directive
Luxembourg	✔ 15 Sep 2018	Notification from Luxembourg concerning the Directive 2014/41/EU regarding the European Investigation Order in criminal matters Notification from Luxembourg related to EPPO	Loi du 1er août 2018 portant1° transposition de la directive 2014/41/UE du Parlement européen et du Conseil du 3 avril 2014 concernant la décision d'enquête européenne en matière pénale;2° modification du Code de procédure pénale;3° modification de la loi modifiée du 8 août 2000 sur l'entraide judiciaire internationale en matière pénale.	Useful tools and information for the practical application of the European Investigation Order (EIO) directive

Country	Entry into force	Country Notification	Related National legislation	Additional Information
Malta	✔ 24 Oct 2017			Useful tools and information for the practical application of the European Investigation Order (EIO) directive
Netherlands	✔ 17 Jun 2017	Notification of the transposition of Directive 2014/41/EU by The Netherlands [document in Dutch] Notifications of the Netherlands regarding the European Public Prosecutor's Office	Dutch implementation law of the Directive on the European Investigation Order	Useful tools and information for the practical application of the European Investigation Order (EIO) directive
Poland	✔ 8 Feb 2018	Notification on the implementation by Poland on the Directive on the European Investigation Order in criminal matters. Competent authorities		Useful tools and information for the practical application of the European Investigation Order (EIO) directive
Portugal	✔ 22 Aug 2017	Notification of the transposition of Directive 2014/41/EU on European Investigation Order in criminal matters by Portugal. Accepted languages Notification of the transposition of Directive 2014/41/EU on European Investigation Order in criminal matters by Portugal. Competent Authorities Notification from Portugal related to EPPO	Law no. 88/2017, published in the Official Journal of Portugal (Diario da Republica) no. 160/21 August 2017.	Useful tools and information for the practical application of the European Investigation Order (EIO) directive
Romania	✔ 17 Dec 2017	Notification from Romania concerning the Directive 2014/41/EU regarding the European Investigation Order in criminal matters Notification from Romania related to EPPO	Law no. 236/2017 on amending and supplementing Law no. 302/2004 on international judicial cooperation in criminal matters, published in the Official Journal of Romania (Monitorul Oficial al României) no. 993/14 December 2017	Useful tools and information for the practical application of the European Investigation Order (EIO) directive
Slovakia	✔ 15 Oct 2017	Notification 41/2017 by Slovak Republic concerning Directive 2014/41/EU on the European Investigation Order in criminal matters	Law No. 236/2017 Coll. on European Investigative Order in Criminal Matters from September the 6th. Notifications Slovakia	Useful tools and information for the practical application of the European Investigation Order (EIO) directive

Country	Entry into force	Country Notification	Related National legislation	Additional Information
Slovenia	✓ 5 May 2018	Notification of the transposition of Directive 2014/41/EU on European Investigation Order in criminal matters by Slovenia Notification from Slovenia related to EPPO		Useful tools and information for the practical application of the European Investigation Order (EIO) directive
Spain	✓ 23 Jul 2018	Notification from Spain related to EPPO	Law 3/2018 of 11 of June, transposing the Directive on the European Investigation Order	Useful tools and information for the practical application of the European Investigation Order (EIO) directive
Sweden	✓ 1 Dec 2017	Notification of the transposition of Directive 2014/41/EU by Sweden	Lag (2017:1000) om en europeisk utredningsorder [text in Swedish] Förordning (2017:1019) om en europeisk utredningsorder [text in Swedish]	Useful tools and information for the practical application of the European Investigation Order (EIO) directive
United Kingdom	✓ 31 Jul 2017	UK and Gibraltar notifications as required under the Directive 2014/41/EU (EIO Directive)	2017 No. 730 — CRIMINAL LAW — The Criminal Justice (European Investigation Order)	Useful tools and information for the practical application of the European Investigation Order (EIO) directive Note: For Gibraltar the EIO Directive entered into force on 22 May 2017.

Figura n. 6. *Status of implementation of Directive 2014/41/EU of 3 April 2014 regarding the European Investigative Order in criminal matters. Last reviewed on 23 June 2022 by EJN Secretariat.* Disponible en https://www.ejn-crimjust.europa.eu/ejn/EJN_Library_StatusOfImpByCat.aspx?CategoryId=120 (fecha de consulta: el 10 de septiembre 2025). Fuente: *European Judicial Network*

Dicho lo anterior, compartimos la opinión mantenida por ROMERO PRADAS, según el cual la regulación de la prueba transnacional viene siendo, además de objetivo prioritario en la política legislativa de la UE, uno de los temas relativos a la cooperación europea en asuntos penales que más debate suscita[200]. A raíz de esto, la cooperación judicial en materia penal

---

200 ROMERO PRADAS, Maria Isabel, "Reconocimiento y ejecución de la orden europea de investigación: alternativas al reconocimiento o la ejecución" en M. I. González Cano, *Orden Europea de Investigación y prueba transfronteriza en la Unión Europea*, Tirant lo Blanch, Valencia, 2019, pp. 647-684, esp. p. 649. Más ampliamente CACCIATORE, Serena, "La aplicación práctica de la orden europea de investigación como mecanismo de obtención transnacional de pruebas", en M. Jimeno Bulnes (dra.) y C. Ruiz López (coord.), *La evolución del Espacio judicial europeo en materia*

representa la base de dos ejes fundamentales: el principio de reconocimiento mutuo de las sentencias y de las resoluciones judiciales y la aproximación legislativa. Este contenido que definimos como la base de la DOEI puede leerse en el artículo 82 del TFUE (cual es el primer artículo que recoge el texto de la DOEI). Conviene poner de manifiesto que la doctrina observó que aún no había llegado el momento adecuado y maduro para lograr un importante avance, siendo aún intensas las resistencias de los Estados miembros a ceder porciones de soberanía[201] en la esfera de las pruebas penales. Incluso los autores AMBOS y RACKOW defienden su punto de vista afirmando que "*no es lógicamente posible fundamentar un instrumento legal en el principio de reconocimiento mutuo (de manera definitoria) si este principio es inadecuado (o adecuado sólo hasta un grado limitado) para el ámbito a regular*"[202].

En suma, la DOEI surge con el objetivo de convertir "el sistema tradicional de obtención y traslado de elementos de prueba"[203] en instrumento básico de los Estados de la UE. Ahora bien, es conveniente profundizar en el contenido del artículo 1 DOEI. Según el mismo, la OEI es una "decisión judicial"[204] emitida por la autoridad competente de un Estado miembro (un Juez, un Juez de Instrucción o un Fiscal) para que sean cumplidos una

---

civil y penal: su influencia en el proceso español, Tirant lo Blanch, Valencia, 2022, pp. 299-313, esp. p. 300.

201 ARANGÜENA FANEGO, Coral, "Orden Europea de Investigación: régimen de sustitución de la medida solicitada", *InDret,* 2021, n. 1, pp. 377- 401, esp. p. 379, disponible en https://indret.com/ (fecha de última consulta: el 20 de septiembre de 2025).

202 AMBOS, Kai, y RACKOW, Peter, "Desarrollos y adaptaciones del principio de reconocimiento mutuo- reflexiones sobre los orígenes de la orden europea de investigación con vistas a una comprensión práctica del principio de reconocimiento mutuo", *op. cit.,* esp. p. 147.

203 LLORENTE SÁNCHEZ-ARJONA Mercedes, "El principio de reconocimiento mutuo y el principio de proporcionalidad en la Orden Europea de investigación" en V. Moreno Catena y M. I. Romero Pradas (dres.), E. Laro González (ed.), *Nuevos postulados de la cooperación judicial en Unión Europea,* Tirant lo Blanch, Valencia, 2021, pp. 559-584, esp. p. 560.

204 Textualmente definida "resolución judicial emitida o validada (...)" como subraya JIMENO BULNES: "*esta expresión no figura en el texto original de la iniciativa sino que fue introducida en fase de enmiendas resultado de la primera lectura del Parlamento europeos tras votación del 27 de abril de 2010 según documento n. 6748/14. La justificación estriba en que igualmente se propone la inclusión en el mismo artículo 1 de la posibilidad de solicitud de OEI por la propia «persona sospechosa o acusada (o por un abogado en su nombre)» siendo así admitida su validación y/o «conversión» judicial*". JIMENO BULNES, Mar, "Orden europea de investigación en materia penal", *op. cit.,* esp. p. 169. Sobre este tema nos detenemos más adelante.

o más medidas de investigación específicas en otro Estado miembro, con el propósito de obtener las pruebas en procesos penales iniciados por una autoridad judicial (y relacionados con un infracción penal en virtud de la legislación nacional del Estado de emisión), o iniciados por autoridades administrativas (por lo que se refiere a hechos punibles en virtud de la ley del Estado de emisión como violaciones de las normas jurídicas, cuando la decisión pueda dar lugar a un procedimiento ante un juez competente en materia penal)[205]. Además, el artículo en cuestión prevé una novedad respecto a los otros instrumentos de reconocimiento mutuo[206], es decir, que: se podrá emitir una OEI para obtener pruebas que ya obren en poder de las autoridades competentes del Estado de ejecución[207]. En consecuencia, siguiendo a GARRIDO CARRILLO, el objeto de la OEI constituye: "*(...) la realización de diligencias de investigación en otro Estado, y (...) la solicitud de remisión de pruebas y diligencias ya existentes. En ambos casos para que surtan efecto en el Estado que las reclama*"[208].

Se observa asimismo que mediante la OEI es posible aplicar una medida de aseguramiento de prueba y no sólo medidas de investigación. Ello pone de manifiesto lo completa que resulta la DOEI, ya que contempla tanto medidas de investigación como medidas cautelares. Y es que tal y como establece el artículo 32.1 DOEI, el Estado miembro de emisión tiene la facultad de emitir una OEI con el propósito de adoptar alguna medida

---

205 CACCIATORE, Serena, "Líneas principales de la investigación sobre la Orden Europea de investigación y lucha contra la criminalidad organizada", IV Taller del Programa de Doctorado en Ciencias Jurídicas, Económicas y Sociales, organizado por la Universidad de Burgos el 8 de mayo de 2020.

206 SUOMINEN, Annika, "Different implementations of mutual recognition framework decision", *Eucrim*, 2011, n. 1, pp. 24-27.

207 Más en detalle, GLASER, Sanja, MOTZ, Andreas y ZIMMERMENN, Frank, "Mutual Recognition and its implications for the Gathering of Evidence in Criminal Procedings: A critical Analysis of the Iniciative for a European Investigation Order", *European Criminal Law Review*, 2011, n. 1, pp. 56-80, también COVOLO, Valentina, "Mutual recognition and absolute standards of effective judicial protection", en S., Allegrezza, y V., Covolo (eds.), *Effective defence rights in criminal proceedings. A European and Compative Study on Judicial Remedies*, Cedam, Milano, 2018, pp. 183-201.

208 GARRIDO CARRILLO, Francisco J., "Debilidades de la orden europea de investigación en la lucha contra la delincuencia organizada", en F. Javier Garrido Carrillo (ed.), V. Faggiani (coord.), *Lucha contra la criminalidad organizada y cooperación judicial en la UE: instrumentos, límites y perspectivas en la era digital*, Thomson Reuters, Aranzadi, 2022, pp. 33-61, esp. p. 38.

de investigación orientada a impedir[209], de forma cautelar, la destrucción, transformación, desplazamiento, transferencia o enajenación de un objeto que pudiera emplearse como prueba[210].

El artículo 4 DOEI enumera los tipos de procedimientos para los que puede emitirse la OEI. En este sentido y a la hora de determinar las tipologías de delitos en que puede utilizarse este instrumento, hay que tener en cuenta tanto el principio de proporcionalidad como el requisito de la doble incriminación, además de un anexo de delitos específicos y exentos del control de doble incriminación[211] y la eventual necesidad de prever los límites punitivos mínimos. Estos últimos, objeto de estudio de los próximos epígrafes, desempeñan un papel fundamental entre los motivos de denegación obligatorios y facultativos de la OEI.

En la DOEI, como bien define DE JORGE MESAS, se diferencia entre los actos de práctica de investigaciones o de obtención de pruebas que no están sujetos al control de la lista de delitos o de la doble incriminación y aquellos que sí están sujetos a estos controles. El autor los inserta en lo que define como "ámbito sustantivo de la OEI", si bien compartimos también la opinión de ARANGÜENA FANEGO, que afirma que el "ámbito objetivo" de este instrumento, "*está centrado en las medidas de investigación a realizar, no en la prueba que con ellas se pretenda obtener*"[212]. De esta definición nos ocuparemos más adelante.

Volviendo a los primeros actos de investigación no sujetos al requisito de lista o doble incriminación, son los siguientes: "a) la obtención de información o de pruebas que obren ya en poder de la autoridad de ejecución siempre que hubieran podido obtenerse en el contexto de un procedi-

---

209 DOMÍNGUEZ RUIZ, Lidia, *La orden europea de investigación, Análisis legal y aplicaciones prácticas, op. cit*, esp. p. 59.

210 En la misma postura GARRIDO CARRILLO, Francisco J., "(...) *en la regulación de la UE, se ha previsto que mediante una OEI se pueda adoptar una medida cautelar para asegurar cualquier elemento probatorio*", en "Debilidades de la orden europea de investigación en la lucha contra la delincuencia organizada", *op. cit.*, esp. p. 39.

211 Como en la ODE la exención del control de doble incriminación es una de sus principales ventajas que refuerza el principio de reconocimiento mutuo en ambos instrumentos. Al respecto, FONTESTAD PORTALÉS, Leticia, "International Legal Cooperation and The Principle of Reciprocity: Lessons from Extradition Law", *Revista Juris Poiesis*, 2020, n. 32, pp. 580-592.

212 ARANGÜENA FANEGO, Coral, "Orden europea de investigación: próxima implementación en España del nuevo instrumento de obtención de prueba penal transfronteriza", *Revista de Derecho Comunitario Europeo*, 2017, n. 58, pp. 905-939, esp. p. 916.

miento penal o a los fines de la OEI; b) la obtención de información contenida en bases de datos que obren en poder de las autoridades policiales o judiciales y que sean directamente accesibles a la autoridad de ejecución en el marco de un procedimiento penal; c) la declaración de un testigo, un perito, una víctima, un investigado o acusado o un tercero en el territorio del Estado de ejecución; d) cualquier medida de investigación no invasiva definida con arreglo al Derecho nacional del Estado de ejecución; e) la identificación de personas que sean titulares de un número de teléfono o una dirección IP determinados"[213]. Los delitos de este listado están eximidos del control de doble incriminación a condición de que se atienda al límite punitivo mínimo de tres años de privación de libertad en el Estado de emisión[214]. Por lo que respeta los actos de investigación sujetos a lista con límite punitivo mínimo, se encuentren en el Anexo D de la Directiva en examen[215]. Lo que debemos resaltar, una vez hecha esta distinción, son la circunstancias que determinan las condiciones para la emisión y transmisión de una OEI que veremos más adelante con detalle.

3.3. Definición, características y forma de la OEI

Por lo que respecta en primer lugar a la definición de la OEI, en línea con el Considerando n. 24 DOEI podemos deducir que, en la práctica, la OEI tiene el mérito de simplificar considerablemente el sistema hasta entonces vigente. La finalidad[216] de la DOEI consiste en crear y reunir en torno a un único instrumento jurídicamente vinculante un sistema global general para la obtención transfronteriza de las pruebas. A su vez, la finalidad se ajusta con el objetivo que persigue la OEI, es decir, la interacción entre los órganos competentes en materia de investigación[217]. Dicho lo anterior, debemos dirigir la atención sobre las definiciones pro-

---

213 Art. 10. 2 DOEI.

214 DE JORGE MESAS, Luis F., *Reconocimiento de las resoluciones penales en la Unión Europea,* Valencia, Tirant lo Blanch, 2016, *op. cit.*, esp. p. 64.

215 DE JORGE MESAS, Luis F., *Reconocimiento de las resoluciones penales en la Unión Europea, op. cit.*, esp. pp. 122-123.

216 Sobre la finalidad de la DOEI, CAMPANER MUÑOZ Jaime, y HERNÁNDEZ CEBRÍAN, Nuria, "Guía de buenas prácticas relativas al derecho a la traducción y la interpretación de investigados y acusados", en C. Arangüena Fanego, M. de Hoyos Sancho (dras.) y A. Hernández López (coord.), *Garantías procesales de investigados y acusados en procesos penales en la Unión Europea. Buenas prácticas en España,* Aranzadi, Cizur Menor, 2020, pp. 15-33.

217 CACCIATORE, Serena, "El reconocimiento mutuo como principio clave para la lucha contra el crimen organizado", *op. cit.*, esp. p. 181.

porcionadas desde la literatura en ocasiones extremas hay quien define la OEI como un instrumento "atemperado" por los perfiles típicos de la asistencia judicial que lo distingue[218], y quien lo define como un medio más bien de carácter "hibrido" como afirma DE HOYOS SANCHO[219].

Como hemos adelantado, ello se debe a que se estructura básicamente como un instrumento de reconocimiento mutuo, pero matizado por los principios propios de la asistencia judicial tradicional[220], de ahí su carácter híbrido. PEERS describe el reconocimiento mutuo en "*el ámbito penal como el modelo de reconocimiento mutuo —al revés—, ya que los individuos se convierten en el objeto de los derechos de libre circulación*"[221]. Podemos comprobar que los caracteres del reconocimiento mutuo se identifican en la

---

218 KOSTORIS, Roberto, "Orden europea de investigación y derechos fundamentales", en B. Vidal Fernández (coord.), C. Arangüena Fanego, M. de Hoyos Sancho (dras.), *Garantías procesales de investigados y acusados: situación actual en el ámbito de la Unión Europea*, Tirant lo Blanch, Valencia, 2018, pp. 321-336, esp. p. 321.

219 Textualmente, "*a medio camino entre la asistencia convencional moderna y la cooperación judicial más avanzada. Es más, a nuestro modo de ver, en cierta medida supone un retroceso si lo comparamos con otras herramientas de cooperación directa también vigentes en el ámbito especial de aplicación de reconocimiento mutuo transfronterizo de resoluciones judiciales*"; así DE HOYOS SANCHO, Montserrat, "La Orden Europea de Investigación: reflexiones sobre su potencial efectividad a la vista de los motivos de denegación del reconocimiento y ejecución en España", *Revista General de Derecho Procesal*, 2019, n. 47, pp. 1-44, pp. 6-8.

220 Así, RUGGIERI, Francesca, "Le nuove frontiere dell'assistenza penale internazionale: l'ordine europeo d'indagine penale", *Processo Penale e Giustizia*, 2018, n. 1, pp. 131-142, y también CAMALDO, Lucio e CERQUA, Federico "La direttiva sull'ordine europeo di indagine penale: le nuove prospettive per la libera circolazione delle prove", *Cassazione penale*, 2014, pp. 3511 y ss., disponible en https://shop.giuffre.it/070119999-cassazione-penale.html (fecha de última consulta: 13 de mayo de 2025).

221 PEERS, continúa señalando que "*el reconocimiento mutuo en materia penal ha sido un viaje a lo desconocido, pero no ha sido un viaje fácil, ya que el reconocimiento mutuo ha tratado de superar los problemas de disparidad entre los sistemas de justicia penal europeos ignorándolos de hecho*"; PEERS, Steve, "Mutual Recognition and Criminal Law: Has the Council got it wrong?", *Common Market Law Review*, 2004, n. 5, pp. 1-28, p. 24. En este contexto véase especialmente PEITEADO MARISCAL, Pilar, "El reconocimiento mutuo y la eficacia directa de resoluciones penales definitivas sobre procesos penales en tramitación en la UE", en T. Armenta Deu, F. Gascón Inchausti y M. Cedeño Hernán, (coords.), *El derecho procesal penal en la Unión Europea*, Colex, 2006, pp. 179-207, también forma parte de la bibliografía, RIZCALLAH, Cecilia, "The challenges to trust-based governance in the European Union: assessing the use of mutual trust as a driver of EU integration", *European Law Journal*, 2019, pp. 37-56.

fase de emisión, mientras que los propios de asistencia judicial aparecen en la fase de reconocimiento y ejecución. Entre estos últimos destaca la posibilidad —como evidencia el artículo 6.3 de la DOEI— de sustituir la medida en cuestión, así como el control por parte de la autoridad de ejecución de la proporcionalidad y necesidad de emitir el instrumento por parte de la autoridad de emisión[222]. Estas fases serán objeto de análisis en su momento.

La evidencia de esta última afirmación se contiene en concreto en el artículo 10 DOEI bajo el título "recurso a medidas de investigación distintas". Ello ocurre cuando la medida de investigación indicada en la OEI no existe[223] en el Derecho nacional del Estado de ejecución o cuando la medida de investigación requerida en la OEI no existe en un caso interno similar. O incluso cuando la medida de investigación elegida por la autoridad de ejecución tiene el mismo resultado por medios menos intrusivos de la intimidad que la medida de investigación indicada en la OEI[224] en atención al principio de proporcionalidad. Así como cuando la autoridad de ejecución decida informar a la autoridad de emisión[225] de la posibilidad de retirar o completar la OEI[226]. Dicho lo anterior, la amplitud de los motivos de denegación de reconocimiento o ejecución ha sido criticada desde foros académicos expertos dado que entienden que sitúan a la OEI en un estado "intermedio" entre un instrumento de reconocimiento mutuo basado en la confianza mutua y la asistencia judicial[227].

---

222 ARANGÜENA FANEGO, Coral "Orden Europea de investigación: recurso a una medida alternativa a la solicitada", en V. Moreno Catena y M. I. Romero Pradas (dres.), E. Laro González (ed.), *Nuevos postulados de la cooperación judicial en Unión Europea,* Tirant lo Blanch, Valencia, 2021, pp. 477-510, esp. p. 481.

223 Al respecto, ANGELONI, Cristina, "L'inammissibilità di investigazioni difensive all'estero: una ricostruzione plausibile?", *Rivista italiana di diritto e procedura penale,* 2008, n. 3, pp. 1384 y ss., así como BERNARDI, Alessandro, "Il difficile rapporto tra fonti interne e fonti sovranazionali", AA.VV., *La crisi della legalità. Il "sistema vivente" delle fonti penali,* Edizioni scientifiche italiane, Napoli, 2016, pp. 7-92.

224 CACCIATORE, Serena, "La aplicación práctica de la orden europea de investigación como mecanismo de obtención transnacional de pruebas", *op. cit.,* esp. p. 303.

225 BOLOGNARI, Massimo, "Ordine europeo di indagine penale ed esame a distanza", *Rivista di diritto processuale,* 2018, n. 4-5, pp. 1100-1119, esp. p. 1118.

226 En los casos contempladas en los apartados 1 y 3 del mismo artículo 10 DOEI.

227 CACCIATORE, Serena, "La aplicación práctica de la orden europea de investigación como mecanismo de obtención transnacional de pruebas", *op. cit.*, esp. p. 304.

Debemos destacar otra principal característica. Para promover una cooperación rápida entre los Estados miembros, surge la necesidad de "comunicación" entre los profesionales para lograr una consulta entre las autoridades implicadas que participen en la emisión y ejecución de las OEI[228] como, en la realidad, es habitual entre los instrumentos de reconocimiento mutuo. En este sentido el artículo 9.3 DOEI establece la obligación de consulta y comunicación directa entre autoridades de emisión y de ejecución. Para mantener abiertos los canales de interacción directa entre las autoridades implicadas, superando los obstáculos legales, así como las barreras culturales y lingüísticas, no solo debe definirse la actitud correcta, sino la única actitud aceptable en un único ELSJ europeo[229]. La mentalidad de las autoridades judiciales implicadas tiene que evolucionar para verse a sí mismas como profesionales que trabajan en una sola empresa: la lucha contra la delincuencia transfronteriza con el respeto de los derechos del acusado en un entorno tan transnacional.

Entre las novedades contenidas en la DOEI para fomentar la eficacia en la obtención de pruebas, señalamos el artículo 9.2, donde se establece explícitamente que "la autoridad de ejecución observará las formalidades y procedimientos expresamente indicados por la autoridad de emisión (…) siempre que no sean contrarios a los principios fundamentales de su ordenamiento"[230]. Además, una de las características más novedosas que hay que destacar coincide con la simplificación de los trámites y de los requisitos formales mediante el empleo de formulario estandarizado. Al respecto el artículo 5.1 establece: "La OEI emitida utilizando el formulario establecido en el Anexo A deberá ir cumplimentada y firmada, y las informaciones que contiene deberán ser certificadas como exactas y correctas por la autoridad de emisión".

---

228 BACHMAIER WINTER, Lorena, *Code of Best Practices for Investigation Order in criminal proceedings*, 2019, esp. p. 11, (traducción propia). Proyecto "Best practices for EUROpean COORDination on investigative measures and evidence gathering – EUROCOORD' ('action')" (Public Law) disponible en https://www3.ubu.es/eurocoord/ (fecha de última consulta: 14 de mayo de 2025).

229 Así, en la actualidad, POLLY RUTH, Polak, "El diálogo judicial en el espacio jurídico europeo", *Revista de Derecho Comunitario Europeo*, 2022, n. 71, pp. 313-316.

230 CACCIATORE, Serena, "La aplicación práctica de la orden europea de investigación como mecanismo de obtención transnacional de pruebas", *op. cit.*, esp. p. 300.

Anexo A	**ORDEN EUROPEA DE INVESTIGACIÓN**[231]
Sección A	El Estado de emisión y el Estado de ejecución
Sección B	La urgencia
Sección C	Medida/s de investigación de realizarse
Sección D	Relación con una OEI anterior[232]
Sección E	Identidad de las personas afectadas
Sección F	Tipos de procedimientos para los cuales puede emitirse la OEI
Sección G	Motivos de la emisión de la OEI
Sección H	Requisitos adiciones para determinadas medidas
Sección H1	Traslado de detenidos
Sección H2	Videoconferencia o conferencia u otros medios de transmisión audiovisual
Sección H3	Medidas cautelares
Sección H4	Información bancaria y de otras cuentas financieras
Sección H5	Medidas de investigación que impliquen la obtención de pruebas en tiempo real, de manera continua y durante un determinado período de tempo
Sección H6	Investigaciones encubiertas
Sección H7	Intervención de telecomunicaciones
Sección I	Trámites y procedimientos solicitados para la ejecución
Sección J	Recursos
Sección K	Datos de la autoridad de emisión de la OEI
Sección L	Datos de la autoridad judicial que haya legitimado la OEI

231 Al respecto tenemos que destacar que la autoridad de ejecución informará a la autoridad de emisión inmediatamente por cualquier medio, "si le es imposible adoptar una resolución sobre el reconocimiento o la ejecución debido a que el formulario previsto en el anexo A está incompleto o es manifiestamente incorrecto" (art.16. 2. a. DOEI).

232 Así el art. 8. 1 establece textualmente: "Cuando la autoridad de emisión expida una OEI completiva de una anterior, lo indicará en la OEI, sección D, del formulario establecido en el anexo A".

Anexo B	CONFIRMACIÓN DE LA RECEPCIÓN DE UNA OEI[233]
A	Autoridad que ha emitido la OEI
B	Autoridad receptora de la OEI
C	(Cuando proceda) la Autoridad competente a la que la Autoridad a la que referir la sección B)
D	Toda otra información que pudiera ser pertinente para la autoridad de emisión
E	Firma y fecha

Anexo C	NOTIFICACIÓN[234]
A	La autoridad competente
B	Información relativa a la intervención
C	Firma y fecha

Anexo D	CATEGORÍAS DE DELITOS CONTEMPLADOS EN EL ARTÍCULO 11
	pertenencia a organización delictiva, — terrorismo, — trata de seres humanos, — explotación sexual de menores y pornografía infantil, — tráfico ilícito de estupefacientes y sustancias psicotrópicas, — tráfico ilícito de armas, municiones y explosivos, — corrupción, — fraude, incluido el que afecte a los intereses financieros de la Unión Europea con arreglo al Convenio de 26 de julio de 1995 relativo a la protección de los intereses financieros de las Comunidades Europeas, — blanqueo del producto del delito, — falsificación de moneda, incluida la falsificación del euro, — delitos informáticos, — delitos contra el medio ambiente, incluido el tráfico ilícito de especies animales protegidas y de especies y variedades vegetales protegidas, — ayuda a la entrada y residencia no autorizadas, — asesinato, lesiones graves, — tráfico ilícito de órganos y tejidos humanos, — secuestro, detención ilegal y toma de rehenes, — racismo y xenofobia, — robo organizado o a mano armada, — tráfico ilícito de bienes culturales, incluidas las

---

233 Al respecto, la referencia normativa está contenida en el art. 16. 1. DOEI "Obligación de información", donde se prevé que "l*a autoridad competente del Estado de ejecución que reciba la OEI acusará su recibo, sin demora y en cualquier caso en el plazo de una semana después de su recepción, mediante la cumplimentación y el envío del formulario establecido en el anexo B*".

234 Textualmente "*Cuando, a efectos de llevar a cabo una medida de investigación, la autoridad competente de un Estado miembro («el Estado que realiza la intervención») autorice la intervención de telecomunicaciones, y se utilice la dirección de comunicaciones de la persona que sea objeto de los procedimientos penales que figura en la orden de intervención en el territorio de otro Estado miembro («el Estado notificado») cuya asistencia técnica no se necesite para llevar a cabo dicha intervención, el Estado que realiza la intervención deberá notificar a la autoridad competente del Estado notificado de dicha intervención (...)*", (art. 31.1. DOEI).

	antigüedades y las obras de arte, — estafa, — chantaje y extorsión, — falsificación y piratería de mercancías, — falsificación y tráfico de documentos administrativos, — falsificación de medios de pago, — tráfico ilícito de sustancias hormonales y otros factores de crecimiento, — tráfico ilícito de materiales radiactivos o sustancias nucleares, — tráfico de vehículos robados, — violación, — incendio, — delitos incluidos en la jurisdicción de la Corte Penal Internacional, — secuestro de aeronaves y buques, — sabotaje.[235]

Figura n. 7. Esquema simplificado de formulario OEI.
Para ver el formulario completo. Vid. Anexo n. 1. Fuente: elaboración propia.

Este esquema sobre el formulario de la OEI nos lleva a resaltar la cuestión del idioma que hay que utilizar para completarlo. En el Considerado 14 de la DOEI, se solicita a los Estados miembros que: "cuando hagan una declaración sobre el régimen lingüístico, además de su lengua o lenguas oficiales incluyan al menos otra lengua de uso común en la Unión"[236]. Este se complementa en particular con el artículo 5. 2 DOEI, cada Estado: "además de la lengua o lenguas oficiales del Estado miembro de que se trate, podrán utilizarse para cumplimentar o traducir la OEI cuando el Estado miembro de que se trate sea el Estado de ejecución".

En la práctica, los profesionales italianos y españoles, jueces y magistrados, fiscales y abogados proponen un mecanismo central de traducción[237],

---

235 Como bien explica CARRIDO CARRILLO "*La OEI se puede dictar para un hecho que sea constitutivo de delito en el Estado de emisión y de ejecución. No obstante, y puesto que no rige el principio de doble incriminación, si la conducta investigada no es constitutiva de delito en el Estado de ejecución, si es posible emitir una OEI si se trata de estos artículos recogidos en el anexo D*", en CARRIDO CARRILLO, Francisco J. "Debilidades de la orden europea de investigación en la lucha contra la delincuencia organizada", *op.cit.*, esp. p. 39.

236 Siguiendo a ESPINA RAMOS y POZA CISNEROS, "*Se trata de un concepto indeterminado que engloba con claridad algunas lenguas (inglés, francés o alemán) y deja otras fuera sin demasiado esfuerzo interpretativo, pero que resulta más difícil perfilar para esa zona intermedia en la que podrían estar, por ejemplo, el italiano o el español*", ESPINA RAMOS Jorge Á., y POZA CISNEROS, María del Carmen, "La orden europea de investigación: elementos novedosos y coexistencia con otros instrumentos de cooperación", en J. M. Cortés Martín y F.-G. Ruiz Yamuza (coords.), *Retos actuales de la cooperación penal en la Unión Europea,* Dykinson, Madrid, 2020, pp. 293-328, esp. p. 304.

237 Es decir, un sistema automático de traducción que permita transmitir los documentos en el idioma original, de forma tal que sean traducidos automáticamente al idioma requerido. Hoy día por el contrario corresponde a los Fiscales, enviar los documentos ya traducidos a su destinatario y si es preciso recurrir a un intérprete que les ayude. Primera reunión y entrevista presencial por parte de Serena Cacciatore el 4 de septiembre del 2020 a Davide Spina, como hemos dicho en la Introducción del presente trabajo de investigación que se presenta, *Sostituto*

puesto que el sistema tiene en la práctica carencias en este sentido. Además, en la actualidad no se exige a los profesionales el requisito de conocer otro idioma más allá del suyo propio; de hecho, este aspecto es muy criticado por parte de los mismos, en cuanto ralentiza los trámites y por lo tanto la comunicación entre ellos.

Entre otras opciones proponen (entre los profesionales entrevistados) que para reducir los plazos se requiere que la OEI llegue a su destino traducida[238], lo que en la actualidad parece una utopía. No obstante, las normas que hemos analizado, tales como el Considerando 14 y el artículo 5 DOEI, son suficientemente claras a este respecto. Así algunos Estados miembros como Alemania, Francia e Italia, "*han hecho una interpretación que entendemos no sólo reduccionista y errónea (...), sino claramente ilegal, entendiendo que la indicación de la segunda lengua es meramente una opción, y por tanto han declinado hacer tal designación, indicando como lengua captada tan sólo la oficial en cado uno de ellos*"[239].

No obstante, lo que se espera en el futuro de la UE es que todos los profesionales que trabajen en materia penal conozcan el inglés suficientemente. La definida "red idiomática"[240] en materia de cooperación judicial es fundamental en cuanto está conectada con barreras legales fundamentales en las resoluciones de los problemas básicos[241].

Procuratore della Procura della Repubblica presso il Tribunale di Caltanissetta. Sería interesante plantear una reflexión a futuro sobre cómo podría ser un sistema central de traducción, por ejemplo, con personal intérprete, traducción automática por medios informático, esto planteamiento sería una solución deseable para todos los problemas que hay en la actualidad en este campo.

238 Entrevista en línea por parte de Serena Cacciatore el 8 de septiembre de 2021 a Salvador Guerrero Palomares, abogado habilitado para actuar ante la Corte Penal Internacional, además de Profesor de Derecho Procesal de la Universidad de Málaga, (más ampliamente véase página web https://guerreroabogados.es/salvador-guerrero-palomares/ (fecha de última consulta: 13 de mayo de 2025).

239 ESPINA RAMOS, Jorge Á., y POZA CISNEROS, María del Carmen, "La orden europea de investigación: elementos novedosos y coexistencia con otros instrumentos de cooperación", *op. cit.*, esp. p. 305.

240 Identificada así por parte de Rosa A. Morán Martínez durante la entrevista en línea por parte de Serena Cacciatore el 10 de septiembre de 2021.

241 En la actualidad y a la fecha Rosa A. Morán Martínez, además afirma que: "*hablar el mismo idioma, facilita la comunicación con los otros profesionales, y si necesita podemos comunicar por medio del teléfono entre ellos con más rapidez*", entrevista en línea por parte de Serena Cacciatore el 10 de septiembre de 2021.

II. Contenido y ámbito de aplicación de la OEI

En relación con lo ya afirmado en la Introducción de esta monografía, es imprescindible valorar el instrumento de la OEI desde la perspectiva europea[242] porque de este modo podemos identificar, como se referirá posteriormente, qué camino han emprendido el Estado español y el Estado italiano para disfrutar de las ventajas que presenta la OEI[243]. Recordamos que Dinamarca e Irlanda no están vinculadas por la DOEI, salvo en el caso de que existan acuerdos bilaterales o multilaterales más favorables. Dinamarca seguirá aplicando el Convenio de asistencia judicial UE de 2000 y su Protocolo de 2001[244]; Irlanda no ha ratificado este último, y por ello,

---

242 El Fiscal de Cooperación Internacional de Sevilla, José M. Rueda Negri, se ha expresado sobre un problema que se ha presentado en una investigación con los juzgados de una localidad cercana a Sevilla sobre tráfico de drogas proveniente de colonia inglesa, siendo la solución más loable el acudir al Magistrado de enlace del Reino Unido en España. Más detalladamente RUEDA NEGRI, José M., "Decomiso, sanciones pecuniarias, embargo, orden europea de investigación", en J., M., Cortés Martín, y F.-G. Ruiz Yamuza (coords.), *Retos actuales de la cooperación penal en la Unión Europea*, Dykinson, Madrid, 2020, pp. 235-274, esp. p. 276, así como ARANGÜENA FANEGO, Coral, "Orden europea de investigación: aspectos generales del nuevo instrumento de obtención de prueba penal transfronteriza", en I. González Cano, *Orden europea de investigación y prueba transfronteriza en la Unión Europea*, Tirant lo Blanch, Valencia, 2019, pp. 297-326, esp. p. 302. Sobre la temática también PISANI, María L., "Problemi di prova in materia penale. La proposta di direttiva sull'Ordine europeo di Indagine", *Archivio penale*, 2011, n. 3, pp. 1-35, así como DOMÍNGUEZ RUIZ, Lidia, "La orden europea de investigación; el camino hacia un régimen europeo uniforme en materia de prueba penal", en F. Jimenez Conde (dir.), *Adaptación del Derecho Procesal español a la normativa europea y a su interpretación por los tribunales*, Tirant lo Blanch, Valencia, 2018, pp. 337-345.

243 Ampliación en CACCIATORE, Serena, "La adaptación de la Orden Europea de Investigación en Italia. Aspectos generales del decreto legislativo del 21 de junio de 2017, núm. 108", en M. I. González Cano (dra.), *Orden Europea de Investigación y Prueba Transfronteriza en la Unión Europea*, Tirant lo Blanch, Valencia 2019, pp. 425-432, esp. p. 423.

244 Protocolo del Convenio relativo a la asistencia judicial en materia penal entre los Estados miembros de la Unión Europea, celebrado por el Consejo de conformidad con el artículo 34 del Tratado de la Unión Europea, hecho en Luxemburgo

aplicará los Convenios emanados del Consejo de Europa (Convenio de asistencia judicial en materia penal del 1959 y sus Protocolos adicionales de 1978 y 2001)[245].

Puesto que, haciendo una breve comparación sobre la OEI entre España y Italia[246], la transposición en el ordenamiento jurídico italiano ha sido anterior a la española[247]. En efecto, entró en vigor el 28 de julio de 2017, mientras que en España ello tuvo lugar con la Ley 3/2018, de 11 junio, por la que se modifica la Ley 23/2014 de 20 noviembre de reconocimiento mutuo de las resoluciones penales en la Unión Europea (en adelante LRM)[248].

---

el 16 de octubre de 2001. Aplicación provisional. BOE, núm. 89, de 14 de abril de 2005, pp. 12786 a 12789.

245 Instrumento de ratificación del Segundo Protocolo Adicional al Convenio europeo de asistencia judicial en materia penal, hecho en Estrasburgo el 8 de noviembre de 2001. BOE, n. 133, de 1 de junio de 2018, pp. 57069 a 57146.

246 Así, de carácter general, BARROCU, Giovanni, "Le speciali tecniche di investigazione nel contesto europeo", *Cassazione penale*, 2020, n. 3, pp. 1325-1343; con respecto a la transposición en España, JIMÉNEZ-VILLAREJO FERNÁNDEZ, Francisco, "El embargo preventivo en el espacio judicial europeo transposición y aplicación en España de la Decisión Marco de 22 de julio de 2003", *Estudios jurídicos*, 2011, n. 2011; con respecto a la transposición italiana CALVANESE, Ersilia, "La cooperazione giudiziaria in materia di sequestro", *Cassazione Penale*, 2003, n. 12, pp. 3894-3900; así como DIOTALLEVI, Giovanni, "L'impugnabilità con istanza di riesame davanti al giudice italiano di una richiesta di sequestro probatorio all'estero. Spunti di riflessione dopo la sentenza Sezioni Unite", *Cassazione penale*, 2003, n. 12, pp. 3900-3911.

247 CACCIATORE, Serena, "La adaptación de la Orden Europea de Investigación en Italia. Aspectos generales del decreto legislativo del 21 de junio de 2017, núm. 108", *op. cit.*, esp. p. 424. Con respecto a la implementación en Italia, el *Desk* italiano de Eurojust ha elaborado un documento: "L'origine indagine europeo, cosa è utile sapere? Domande e risposte". En España probablemente no se ha elaborado un documento parecido porque como hemos adelantado, Italia traspuso antes la DOEI. Sin embargo, hubiera sido bajo la forma de una Instrucción o Circular de la fiscalía general del Estado, una vez más, CACCIATORE, Serena, "La adaptación de la Orden Europea de Investigación en Italia. Aspectos generales del decreto legislativo del 21 de junio de 2017, núm. 108", *op. cit.*, esp. p. 433.

248 BOE de 21 de noviembre de 2014, n. 282, pp. 95437-95593. Con predicción de Preámbulo, 200 artículos, 3 Disposiciones Adicionales, 3 Disposiciones Transitorias, Derogatoria Única y 4 Disposiciones Finales aparte de 13 anexos indicando los diferentes formularios a cumplimentar para cada uno de los instrumentos procesales penales previstos, véase JIMENO BULNES, Mar, "Orden europea de investigación en materia penal", *op. cit.*, esp. p. 153.

Esta comparación suscita gran interés y será abordada con mayor detenimiento más adelante[249]. En esta sección se analizan, en primer lugar, los principales rasgos de la DOEI, que significa un nuevo enfoque en la resolución de los problemas planteados por los instrumentos anteriores de cooperación judicial en materia penal, con el objetivo de unificar el procedimiento para las diferentes pruebas[250]. En segundo lugar, nos centraremos en el contenido del instrumento de obtención de prueba transnacional en cuestión. Sobre esta base, nos detendremos especialmente en la correlación entre criminalidad organizada y OEI, así como sus implicaciones prácticas.

1. REGULACIÓN GENERAL SOBRE EL RECONOCIMIENTO, EMISIÓN Y EJECUCIÓN DE LA OEI

La DOEI regula de forma exhaustiva la emisión, el reconocimiento, la ejecución, la confidencialidad de la investigación, los plazos, los costes, los recursos y la responsabilidad de los implicados en la práctica de la investigación[251]. De esta frase podemos centrarnos en primer lugar en la premisa contenida en el Considerando 11 DOEI, que como hemos adelantado, establece que: "debe optarse por la OEI cuando la ejecución de una medida de investigación se considere proporcionada, adecuada y aplicable al caso concreto"[252].

---

249 Es oportuno especificar la legislación nacional, ya que el instrumento de la Directiva vincula a los Estados de la Unión, y más concretamente, al Estado destinatario en la consecución de objetivos o resultados concretos en un plazo determinado. Ahora bien, no es inmediatamente aplicable a diferencia de los Reglamentos, dejando a las autoridades internas competentes la debida elección de la forma y los medios adecuados a tal fin. Sobre la temática DELMAS-MARTY, Mireille, SPENCER John R., *European Criminal Procedures*, Cambridge University Press, Cambridge, 2002.

250 Así, VERMEULEN G., DE BONDT W., VAN DAMME Y., *EU cross-border gathering and use of evidence in criminal matters. Towards mutual recognition of investigative measures and free movement of evidence?*, Maklu, Antwerpen 2010.

251 ARANGÜENA FANEGO, Coral, "Orden europea de investigación: próxima implementación en España del nuevo instrumento de obtención de prueba penal transfronteriza", *op.cit.*, esp. p. 914. Sobre esta temática GÓMEZ SÁNCHEZ, Raúl, *Emisión, reconocimiento y ejecución de la orden europea de investigación*, Wolters Kluwer, Madrid, 2019, esp. p. 19.

252 Es decir, será competencia de la autoridad de emisión asegurarse de que la prueba buscada sea necesaria y proporcionada para el procedimiento, de que lo sea igualmente la medida de investigación escogida al fin de obtener la prueba en

El principio de proporcionalidad[253] ha sido tratado específicamente en el texto de la DOEI entre las condiciones para emitir y transmitir una OEI[254]. En efecto, el artículo 6 establece que: "La autoridad de emisión únicamente podrá emitir una OEI cuando: a) sea necesaria y proporcionada a los fines de los procedimientos a que se refiere el artículo 4 teniendo en cuenta los derechos del sospechoso o acusado"; también especifica que, en cada caso, la condición será evaluada por la autoridad de emisión (artículo 6.2. DOEI)[255]. Sin embargo, la DOEI implica que el Estado de ejecución controle asimismo que se alcanzan estas condiciones[256]; en esta línea

cuestión, y de si procede implicar a otro Estado miembro en la obtención de dicha prueba por medio de la emisión de una OEI (Considerando 11 DOEI).

253 Señala LLORENTE SÁNCHEZ-ARJONA, que la proporcionalidad aparece configurada como uno de los principios del derecho comunitario, y por esta razón, se ha ido construyendo una doctrina relativa al principio de proporcionalidad. "*Las sentencias de 7 de diciembre de 1976, caso Handyside, de 26 de abril de 1979, caso The Sunday Times, y la sentencia de 25 de marzo de 1985, caso Bartholdt., en cuyo párrafo 55 apunta que "los Estados partes disfrutan de un poder de apreciación al respeto, pero este va de la mano de un control europeo más o menos amplio según los casos, al Tribunal corresponde la decisión última sobre la injerencia impugnada ante el que se funda es una necesidad de ese orden, si es proporcional al fin legítimo perseguido y si los motivos invocados por la autoridad nacional para justificarla son relevantes y suficientes*"; LLORENTE SÁNCHEZ-ARJONA, Mercedes, "El principio de reconocimiento mutuo y el principio de proporcionalidad en la Orden Europea de investigación", *op. cit.*, p. 577.

254 Al respecto, CASANOVA MARTÍ, Roser, y CERRATO GURI, Elisabet, "La emisión de una orden europea de investigación para la obtención de prueba transfronteriza y su introducción en el proceso penal español", *Revista de Derecho Comunitario Europeo,* 2019, n. 62, pp. 197-232, esp. pp. 212-216.

255 La Directiva incluye dos procedimientos, uno de emisión y otro de ejecución de la orden solicitada. La perspectiva sobre las cuestiones que se plantean en cada uno de ellos podría diversificarse, lo que hace necesario conocer las diversas opiniones de los diferentes actores implicados: jueces, fiscales, abogados, agentes de la autoridad y personal funcionario de prisiones. Vid. Strategic Assessment for Law AND Police Cooperation (SAT-LAW), disponible en la página web HOME — SAT-LAW (satlawproject.eu) (fecha de última consulta: el 13 de mayo de 2025). *Sat-Law Project will contribute to the analysis of the consistency of the EIO Directive and other judicial instruments; will focus on the analysis aimed at contributing to the European Agenda on Security with regard to judicial response to terrorism, organized crime and cybercrime, and on reinforcing the prevention of radicalization from a judicial point of view, in particular within the penitentiary environment, through the use of detention measures in the indictment phase; will improve the access to the electronic evidences and its admissibility in front of the courts during the processes.*

256 NEIRA PENA, Ana M., "La Orden Europea de Investigación. Los Derechos fundamentales como límite al principio de reconocimiento mutuo en la investigación

señala JIMÉNEZ LÓPEZ "*la posibilidad de que este acuerde sustituir la medida solicitada por otra más apropiada de cara a cumplir con estas condiciones*"[257].

Retomando la cuestión del principio de proporcionalidad[258], este se menciona expresamente en la DOEI, al contrario que en la ODE[259] en la línea ya afirmada. De hecho, se ha propuesto que se modifique y se introduzca este principio[260]. No obstante, falta la definición adecuada de esta proporcionalidad, de lo que podemos inferir que la proporcionalidad asimismo debe evaluar hasta qué punto es conveniente o no conllevar a otro Estado miembro a la obtención de dicha prueba mediante la emisión de un OEI[261]. Además, por mucho que la proporcionalidad haya de considerarse positiva, falta también una orientación, en el sentido de

---

transnacional", en F. Bueno de Mata (dir.), I. González Pulido (coord.), *La cooperación procesal internacional en la sociedad del conocimiento*, Atelier, Barcelona, 2019, pp. 237-240.

257 JIMÉNEZ LÓPEZ, María de la Nieves, "Las medidas de investigación tecnológicas en la orden europea de investigación", *op. cit.*, esp. p. 192.

258 De carácter general CHANO REGAÑA, Lorena, "Igualdad y principio de proporcionalidad en el Derecho Europeo: Espacial referencia a los derechos fundamentales", *Revista Universitaria Europea*, 2015, n. 23, pp. 153 y ss, así como VIDAL FUEYO, Camino, "El principio de proporcionalidad como parámetro de constitucionalidad de la actividad del Juez", *Anuario de Derecho Constitucional Latinoamericano*, 2005, pp. 427-447, disponible en https://www.corteidh.or.cr/tablas/R21745.pdf (fecha de última consulta: el 23 de abril de 2025).

259 Es cierto que, "*no puede ser ignorado el hecho de que la carga impuesta a la autoridad de emisión para evaluar la proporcionalidad deriva de la experiencia adquirida en el contexto de la ODE, donde la ausencia de una referencia en la DM 2002/584/JAI ha favorecido durante mucho tiempo un «abuso» del instrumento*", CACCIATORE, Serena, "La aplicación práctica de la orden europea de investigación como mecanismo de obtención transnacional de pruebas", *op. cit.* esp. p. 304.

260 ROMANO, Luisa, "Principio di proporzionalità e mandato d'arresto europeo: verso un nuovo motivo di rifiuto?", *Diritto penale contemporaneo*, 2013, n. 1, pp. 250-267, esp. p. 263, en particular: "*En efecto, en el Informe de la Comisión al Parlamento Europeo y al Consejo sobre la aplicación de la Decisión marco relativa a la orden de detención europea se vuelve a plantear la necesidad de un control de proporcionalidad antes de la emisión de una orden de detención europea. En el apartado 5, titulado «El problema de la proporcionalidad», se insta a los Estados miembros no sólo a proceder a la comprobación de la proporcionalidad, sino, asimismo, declinar dicha verificación en los términos establecidos en la «Versión revisada del Manual Europeo sobre la Emisión de la Orden de Detención Europea», con el fin de favorecer una homogeneidad de los enfoques.*", (traducción propia).

261 ARANGÜENA FANEGO, Coral, "Orden europea de investigación: aspectos generales del nuevo instrumento de obtención de prueba penal transfronteriza", *op. cit.*, esp. p. 322.

que hay mucha disparidad de criterios; a modo de ejemplo, qué tipo de medida está contemplada o si es posible recurrir a una medida menos invasiva[262].

Precisamente en esta cuestión la DOEI otorga a la autoridad de ejecución el poder "nuevo" de consultar a la autoridad de emisión cuando tenga motivos para considerar que no se ha respetado la proporcionalidad y el principio de legalidad. Después de esta consulta, la OEI podría retirarse[263]. Lo que nos lleva a resaltar otra de las afirmaciones de ARANGÜENA FANEGO, según la cual resulta apropiado examinar las posibilidades de asistencia informal antes de recurrir a la emisión de una OEI, ya que en la mayoría de los casos la autoridad requerida podría dar una respuesta oportuna y eficaz a una solicitud así presentada, "*especialmente cuando se trata de informaciones "rutinarias" y que no precisan de medidas coercitivas en el Estado requerido sin que haya razón alguna para que sean excluidas como material probatorio en el Estado requirente*"[264]. Asimismo, para una autoridad "ajena" al procedimiento (y al ordenamiento jurídico en el que este se desarrolla), comprobar si se cumplen las condiciones para la emisión de una OEI parece introducir un motivo autónomo de denegación que es incompatible con la asistencia judicial basada en el reconocimiento mutuo[265].

En efecto, para frenar la proliferación de las OEI por delitos leves, tal vez lo más recomendable no sea conceder la total discrecionalidad a la autoridad de ejecución, más aún cuando se trata de evaluaciones que son legítimamente responsabilidad de la autoridad judicial de emisión[266].

Llegados a este punto, es oportuno analizar el artículo 15 DOEI, que regula los motivos para aplazar el reconocimiento o la ejecución de la orden

---

262 Según Luis De Arcos Pérez, ya mencionado en la Introducción del presente trabajo, con respecto a las medidas faltan las definiciones. En sus propias palabras "*El principal problema a la hora de emitir la OEI es que no hay una detallada descripción de los hechos, es decir, no se relatan los hechos. Por ejemplo, no se pone bien la fecha, o la dirección de los investigados (…)*". Entrevista en línea por parte de Serena Cacciatore el 19 de noviembre de 2020 a Luis De Arcos Pérez.

263 CACCIATORE, Serena, "El reconocimiento mutuo como principio clave para la lucha contra el crimen organizado", *op. cit.*, esp. p. 182.

264 ARANGÜENA FANEGO, Coral, "Orden europea de investigación: aspectos generales del nuevo instrumento de obtención de prueba penal transfronteriza", *op. cit.*, esp. p. 322.

265 BELFIORE, Rosanna, "Riflessioni a margine della direttiva sull'ordine europeo d'indagine", *Cassazione Penale*, 2015, n. 9, pp. 3288-3296, esp. p. 3293.

266 CACCIATORE, Serena, "El reconocimiento mutuo como principio clave para la lucha contra el crimen organizado", *op. cit.*, esp. p. 182.

en el Estado de ejecución[267]. Estos son principalmente dos: 1) si la ejecución de la OEI perjudica una investigación penal (o actuaciones judiciales penales) en curso hasta la fecha que el Estado de ejecución lo considere razonable; 2) o si los objetos, o bien datos y documentos respectivos, están siendo utilizados en otros procedimientos, hasta que ya no sean necesarios a tal efecto. En el momento en que desaparezcan los motivos del aplazamiento, la autoridad de ejecución adoptará sin demora las medidas necesarias para la ejecución de la OEI e informará de ello a la autoridad de emisión por cualquier medio que permita registrarlo por escrito[268].

Para retomar la primera frase de este epígrafe, de cara a emitir una OEI, hay que tener en cuenta los costes de su ejecución que, en principio, correrán a cargo del Estado de ejecución, entendiéndose que, si la autoridad de ejecución los considera excepcionales, podrá iniciar un procedimiento de consulta con el Estado de emisión sobre la posibilidad de realizar un reparto que[269], en circunstancias en la que no se llegue a un acuerdo, puede desembocar a una retirada (total o parcial) de la OEI por la autoridad de emisión[270]. De ello se desprende la conveniencia de realizar esta valoración con carácter previo[271].

Otra cuestión que ha generado debate está directamente relacionada con la emisión de solicitudes de cooperación judicial internacional y de cómo influye la dimensión internacional/europea del caso en la duración del proceso; es decir, cuál es el período general de cumplimiento desde su solicitud hasta su ejecución. Es cierto, que depende de muchos factores, y como bien afirma Luis De Arcos Pérez, en aquel momento jefe de sección

---

267 A modo de ejemplo y como objeto de estudio, España como bien afirma TINOCO PASTRANA, Ángel: "*En relación al aplazamiento el legislador español no asume como tal este concepto, sino que incorpora la novedad en el art. 209 LRM, de la suspensión, es decir, si bien se aplican los mismos supuestos de aplazamiento (art. 15 DOEI), aquí se consideran como de suspensión, suponiendo por tanto un nuevo cambio de nomenclatura y de matiz*". Así también LLORENTE SÁNCHEZ-ARJONA, Mercedes, "La transposición de la Orden Europea de Investigación en materia penal en el ordenamiento español", *Freedom, Security & Justice: European Legal Studies*, 2018, n. 3, pp. 116-145, esp. p. 139.

268 Art. 15 DOEI: Motivos para aplazar el reconocimiento o la ejecución.

269 ARANGÜENA FANEGO, Coral, "Orden europea de investigación: aspectos generales del nuevo instrumento de obtención de prueba penal transfronteriza", *op. cit.*, esp. p. 322.

270 Art. 21 DOEI: Costes.

271 ARANGÜENA FANEGO, Coral, "Orden europea de investigación: aspectos generales del nuevo instrumento de obtención de prueba penal transfronteriza", *op. cit.*, esp. p. 322.

de Relaciones Internacionales en Consejo General del Poder Judicial[272], ante un factor transnacional se demora, por lo que los jueces suelen "alejarse" de los factores transnacionales. Continúa:

> *"Muchas veces, el procedimiento se paraliza, ya no depende tanto de los jueces y de la policía nacional que investiga, sino que depende de factores externos que ya el juez no controla y dependerá del país que ha sido protagonista"*[273].

En suma, el principal problema se deriva del retraso en la tramitación de los procedimientos penales especialmente en la cooperación internacional[274]. Desde que está en vigor la OEI se han adelantado y acortado los plazos en la ejecución de las peticiones de cooperación internacionales, lo

---

272 A la fecha Letrado Director del Servicio de Relaciones Internacionales.

273 Además, Luis De Arcos Pérez afirma, "*A modo de ejemplo, en Alemania, falta rapidez en los procedimientos, o los países donde hay un Magistrado de Enlace tales como Francia, donde la solicitud determina retraso, hay unas facilidades de que se activase la tramitación*", entrevista en línea por parte de Serena Cacciatore el 19 de noviembre de 2020 a Luis De Arcos Pérez. El Magistrado de enlace, hay que decir que "*juega un papel fundamental en la lucha contra los grandes desafíos de nuestro tiempo: el terrorismo y el crimen organizado. Esta figura fue creada en 1996 por la UE como instrumento esencial para superar las deficiencias de comunicación que tenían los mecanismos de cooperación internacional en los dos campos citados (...) contribuye a que la tramitación de la solicitud de cooperación judicial se haga de una forma correcta y rápida*"; al respecto BERBELL, Carlos y RODRÍGUEZ, Yolanda, "¿Qué son y en qué consisten los jueces de enlace españoles?", *Confilegal*, 2022, recursos electrónico en https://confilegal.com/20160529-consisten-los-jueces-enlace/ (fecha de última consulta: 14 de mayo de 2025). Por último, a propósito de la rapidez en los procedimientos de reconocimiento, emisión y ejecución de la OEI, durante otra entrevista en línea por parte de Serena Cacciatore, al abogado Nicola Canestrini, el 21 de septiembre de 2020, afirmó: "*Generalmente sia le richieste attive che quelle passive godono di una certa corsia preferenziale da parte dell'autorità giudiziaria italiana nel contesto di una giustizia penale che non brilla di certo per rapidità*". Además, a la pregunta de si el grado de cumplimiento de las solicitudes de cooperación judicial internacional es en general satisfactorio, el abogado replicó que, a menudo, las autoridades extranjeras se quejan de la forma superficial en que deben rellenarse los formularios. Recordó: "*Un juez alemán, con mucha experiencia, dijo en un Congreso de Penalistas Alemanes que más de la mitad de los formularios ODE italianos estaban mal cumplimentados*", (traducción propia). Para saber más, sobre Nicola Canestrini, véase la página web https://canestrinilex.com/home/nicola-canestrini/ (fecha de última consulta: 23 de abril de 2025).

274 Al respecto, COSTA RAMOS, Vânia, "Notas sobre novos desafios da cooperação judiciária internacional em matéria penal", *Revista de estudios europeos*, 2019, n. Extra 1, pp. 184-205.

que sin duda demuestra que es un instrumento que ha favorecido a que se reduzca el periodo de tramitación[275].

1.1. El contenido de la OEI

El contenido de la OEI está regulado por el artículo 5 DOEI, (véase Anexo 1):

a) los datos de la autoridad de emisión y, cuando proceda, de la autoridad validadora;

b) el objeto y los motivos de la OEI[276];

c) la información necesaria sobre la persona o personas afectadas;

d) la descripción de la conducta delictiva que es objeto de la investigación o proceso y las disposiciones aplicables del Derecho penal del Estado de emisión[277];

---

275 En palabras de Juan J. Navas Blánquez, Juez en Marbella encargado de tramitar y ejecutar las OEI y las comisiones rogatorias desde el año 2011 hasta el año 2019, Europol ha calificado Marbella como "punto caliente" de la delincuencia organizada, y por esta razón se planteó la necesidad de que hubiese un juzgado especializado en cooperación internacional; desde 2015 el Juez Navas Blánquez es el punto de contacto de la Red Judicial Europea. Entrevista en línea por parte de Serena Cacciatore el 15 de septiembre de 2021.

276 Entre la bibliografía, MARTÍNEZ GARCÍA, Elena, "La orden europea de investigación. Actos de Investigación, Ilicitud de la Prueba y Cooperación judicial transfronteriza", *Crónica Jurídica Hispalense*, 2016, n. 14, pp. 433-439, así como ARMADA, Inés, "The European Investigation Order and the Lack of European Standards for Gathering Evidence: Is a Fundamental Rights-Based Refusal the Solution?", *New Journal of European Criminal Law*, 2015, n. 6, pp. 8-31, esp. pp. 22-24; también PANZAVOLTA, Michele, "Ordine di indagine europeo e indagini bancarie: spunti di riflessione sul concetto di caso interno analogo e atto di indagine alternativo", en A. Di Pietro y M. Caianiello, *Indagini penali e amministrative in materia di frodi IVA e di imposte doganali*, Cacucci, Bari, 2016, pp. 367-389.

277 Con ello ponemos de manifiesto la importancia del "Compendium User Manual" en la página web del *European Judicial Network*, disponible en https://www.ejn-crimjust.europa.eu/ejn/EJN_Compendium/ES/ff/EIO (fecha de última consulta: el 11 de septiembre de 2025). En el documento en PDF podemos leer: "*This user manual aims to provide you with practical information and tips on how to use the tool in the best manner in order to draft accurate and complete requests* (...)".

e) la descripción de la medida o medidas de investigación que se solicitan y de las pruebas a obtener[278].

Hay que remarcar que en virtud del artículo 3 DOEI, la OEI abarcará todas las medidas de investigación y no sólo aquellas para las que la DOEI ofrece un régimen especial. Podemos señalar a este respecto, en línea con el Considerando 24 DOEI, que la misma Directiva prevé, para algunas medidas de investigación, un tratamiento específico. Estas son: el traslado temporal de detenidos, la comparecencia por teléfono o videoconferencia, la obtención de información relacionada con cuentas o transacciones bancarias, las entregas vigiladas o las investigaciones encubiertas y por último las medidas de investigación que impliquen la obtención de pruebas en tiempo real, ya sea de manera continua o durante un determinado período de tiempo. Con todo, la OEI resulta de aplicación tanto en fase de instrucción (diligencias de investigación) como en fase de juicio oral (medios de pruebas)[279].

A excepción de la creación de un equipo conjunto de investigación (en adelante ECI)[280] y la obtención de pruebas por este equipo, que continuará rigiéndose por el artículo 13 del Convenio relativo a la asistencia judicial en materia penal entre los Estados de la UE y en la Decisión Marco 2002/465/JAI del Consejo sobre equipos conjuntos de investigación[281]. En acuerdo con lo que señala el Considerando 8 DOEI, "la creación de un equipo conjunto de investigación y la obtención de pruebas en dicho equi-

---

278 ARANGÜENA FANEGO, Coral, Congreso Internacional titulado: "La Orden Europea de Investigación y la prueba transfronteriza en la Unión Europea", 29 y 30 de noviembre de 2018, celebrado en la Universidad de Sevilla.

279 PÉREZ ROMERO, José M., *La prueba transfronteriza y su eficacia procesal en la Unión Europea*, Dykinson, Madrid, 2021, esp. p. 69, así como PÉREZ ROMERO, José, M., *La prueba transfronteriza y su eficacia procesal en la Unión Europea, op.cit.*, esp. p. 160.

280 En este sentido BACHMAIER WINTER, Lorena, subraya que ha sido una decisión acertada, puesto que la DOEI se basa en el principio de reconocimiento mutuo mientras que los ECI, se basan en la autonomía de la voluntad de los Estados miembros implicados y pueden involucrar a terceros Estados, por otra parte, el ámbito de aplicación de los dos, es diferente; en "Prueba transnacional penal en Europa: la Directiva 2014/41/CE relativa a la orden europea de investigación", *Revista General de Derecho Europeo*, 2015, n. 36, http://www.iustel.com (fecha de última consulta: 15 de mayo de 2025).

281 Decisión Marco 2002/465/JAI del Consejo, de 13 de junio de 2002, DOCE de 20 de junio de 2002, n. 162, pp. 1-3. Vid. JIMÉNEZ LÓPEZ, María de la Nieves, "Las medidas de investigación tecnológicas en la orden europea de investigación", en L. Fontestad Portalés (dra.) y M. De la Nieves Jiménez López (coord.), *La trasformación digital de la cooperación jurídica penal internacional*, Aranzadi, Cizur Menor (Navarra), 2021, pp. 187-223, esp. pp. 189-190.

po requieren normas específicas que se atienden mejor por separado"[282]. En opinión de HERNÁNDEZ LOPEZ, tal artículo parte de una premisa a su juicio errónea, pues se está asumiendo que el ECI se considera como una medida de investigación, negando su condición de instrumento de cooperación autónomo y específico. En efecto el autor en cuestión lo define como "*un instrumento de cooperación judicial y/o policial avanzado, en cuyo marco es posible (...) adoptar un amplio abanico de medidas de investigación (...); se asemeja más a un "contrato", en el que las partes contrayentes serán los Estados miembros participantes, representados por los jefes del equipo cuyo objeto será una investigación penal determinada*"[283].

Según ese mismo Considerando 8 se establece que "la OEI debe tener un ámbito horizontal y por ello se debe aplicar a todas las medidas de investigación dirigidas a la obtención de pruebas"[284]. Sin embargo, la doctrina ha criticado la falta de una definición clara y sucinta de la "medida de investigación" contemplada en el seno de la DOEI, prefiriendo la norma europea proceder a la exposición de todas las medidas de investigación. Siguiendo a RODRÍGUEZ-MEDEL NIETO, hubiera sido conveniente que se definiera qué entendemos por medida de investigación, porque esté es el concepto central en el que se basará toda la regulación sobre la OEI. Una definición adecuada también habría permitido una mayor precisión terminológica, para poder distinguir cuándo se trata de una medida con fines de investigación o cuándo es una medida para el aseguramiento cautelar[285], en línea con la diferencia ya señalada respecto del amplio contenido de la OEI, que introduce medidas de investigación y cautelares según el artículo 32 DOEI.

En el Considerando 9 DOEI se destaca que se encuentra fuera del ámbito de aplicación, además del ya referido ECI, también la vigilancia trans-

---

282 Sobre la temática, PÉREZ GIL, Julio, "Los equipos conjuntos de investigación penal" en M. Jimeno Bulnes (ed.), *La cooperación judicial civil y penal en el ámbito de la Unión Europea: instrumentos procesales,* Bosch, Barcelona, 2007, pp. 351-369.

283 HERNÁNDEZ LOPEZ, Alejandro, "Reflexiones en torno a la exclusión de los equipos conjuntos de investigación en la Directiva 2014/41/UE", en I. González Cano (dra.), *Orden europea de investigación y prueba transfronteriza en la Unión Europea,* Tirant lo Blanch, Valencia, 2019, pp. 209-223, esp. 213.

284 Sobre la temática, SAYERS, Debbie, "The European Investigation Order Travelling without a «roadmap»", *CEPS 'Liberty and Security in Europe,* 2011, disponible en http://www.ceps.eu (fecha de última consulta: el 11 de septiembre de 2025).

285 RODRÍGUEZ-MEDEL NIETO, Carmen, *Obtención y admisibilidad en España de la prueba penal transfronteriza. De las comisiones rogatorias a la orden de investigación,* Aranzadi, Cizur Menor, 2016, esp. p. 308.

fronteriza[286]. Ésta se considera una medida de cooperación policial[287] y no judicial propiamente dicha. No obstante, esta vigilancia no tiene que ser necesariamente policial, puesto que, si se utiliza la misma en el curso de dispositivos técnicos de seguimiento y localización, habrá casos como en España[288], en los que será necesaria la autorización judicial, en tanto que medida restrictiva de derechos fundamentales. En consecuencia, se trataría de una técnica de investigación procesal y judicial[289].

En relación con lo anterior, otra materia excluida del ámbito de aplicación de la OEI es la solicitud y transmisión de antecedentes penales entre los distintos Estados. Esta es objeto de regulación en España por la Ley Orgánica 7/2014, de 12 de noviembre, sobre el intercambio de información de antecedentes penales y consideración de resoluciones judiciales penales en la UE[290].

---

[286] En virtud del Convenio de aplicación del Acuerdo de Schengen. Así NARVÁEZ, VARGAS, Hilda, Gabriela "Schengen: acuerdo y convenio", *El léxico de la Unión Europea,* B. N. Pérez Rodríguez Cuauhtémoc, V. Pérez Llanas, T. Pérez Rodríguez, (coord.), Universidad Autónoma Metropolitana, México, 2023, pp. 382-390.

[287] ARIAS RODRÍGUEZ, José M., "La cooperación judicial penal y policial", *Estudios de derecho judicial,* 2007, n. 117, pp. 15-144, ejemplar dedicado a La nueva Ley para la eficacia en la Unión Europea de las resoluciones de embargo y aseguramiento de pruebas en procedimientos penales, así como COLOMER HERNÁNDEZ, Ignacio, y OUBIÑA BARBOLLA Sabela (dres.), *La transmisión de datos personales en el seno de la cooperación judicial penal y policial en la Unión Europea,* Aranzadi, Cizur Menor (Navarra), 2015, además de ESCALADA LÓPEZ, M. L. "Los instrumentos de cooperación judicial europea: hacia una futura fiscalía europea", *Revista de Derecho Comunitario Europeo,* 2014, n. 33, pp. 89-127.

[288] Vid. art. 588 bis a. y art. 588 bis b. LECrim. Así, PÉREZ GIL, Julio, "Medidas de investigación tecnológica en el proceso penal español: privacidad vs. eficacia en la persecución", en R. Brighi, M. Palmirani y M. Sánchez Jordán (eds.), *Informatica giuridica e informatica forense al servizio della società della conoscenza: scritti in onore di Cesare Maioli,* Aracne, Roma, 2018, pp. 187-198.

[289] DOMÍNGUEZ RUIZ, Lidia, *La orden europea de investigación, Análisis legal y aplicaciones prácticas, op. cit,* esp. p. 64. Además, según LARO GONZÁLEZ, "*atendiendo al ámbito de aplicación de la DOEI, las autoridades deberían permitir la puesta en marcha de medidas tendentes a la vigilancia transfronteriza en el seno del proceso penal, siempre que sean propios de la cooperación judicial penal, y por ello, los preceptos de la DOEI serían de aplicación*". LARO GONZÁLEZ, Elena, *La Orden Europea de investigación en el espacio europeo de justicia, op. cit,* esp. p. 98.

[290] Ley Orgánica 7/2014, de 12 de noviembre, sobre intercambio de información de antecedentes penales y consideración de resoluciones judiciales penales en la Unión Europea, BOE de 13 de noviembre de 2014, n. 275, pp. 93204-93214.

Por último, destacamos la hipótesis de cuándo deberá emitirse una ODE[291] en lugar de una OEI, concretamente en concomitancia entre instrumentos de reconocimiento mutuo[292]. Siguiendo a DE HOYOS SANCHO, tendrá que aplicarse la ODE[293] y no la OEI si es imprescindible "*trasladar a una persona en otro estado miembro para su enjuiciamiento (…) sin embargo, se empleará la OEI cuando, por ejemplo, sea necesario el traslado de una persona privada de libertad en el estado de ejecución porque tiene que participar de una diligencia de investigación en el Estado de emisión y ésta requiere su presencia física*"[294]. Es de interés apuntar en este apartado que, para ayudar a clarificar la interpretación del ámbito de aplicación de la DOEI, la secretaría de la Red Judicial Europea[295] (en adelante RJE), ha publicado un documento titulado "Autoridades competentes, lenguas aceptadas, cuestiones urgentes y ámbito de aplicación de la Directiva relativa a la orden europea de investigación", que está a disposición de los profesionales en el sitio web

---

291 Así, BORGIA, Gianluca, "Mandato d'arresto europeo e ordine europeo di indagine penale a confronto: così simili (?), eppure così diversi", *Archivio Penale,* 2021, n. 1, pp. 1-13, esp. pp. 7-8, (traducción propia), así como sobre el tema, ESPINA RAMOS, Jorge, A., "The European Investigation Order and its relationship with other judicial cooperation instruments", *Eucrim,* 2019, n. 1, pp. 53-60.

292 Al respecto, hay que señalar que la ODE, contiene un artículo específico de denegación de la ejecución en casos de celebración del proceso penal en ausencia del imputado. Vid. art. 4 bis Decisión de la ODE introducido por art. 2 Decisión Marco 2009/299/JAI del Consejo de 26 de febrero de 2009.

293 Para una comparación entre la ODE y la OEI, fruto de una entrevista online, la ODE, según el abogado Salvador Guerrero Palomares funciona bien, "*aunque burocráticamente su ejecución parece más complicada que de la OEI la cual necesita aún más tiempo para funcionar mejor. A pesar de que la distinta regulación de la ODE y de la OEI, confluyen en algunos aspectos. En primer lugar, el art. 1 de la DOEI define la OEI como una «resolución judicial», así como el art. 1 de la DM 2002/584/JAI establece que la ODE es una «resolución judicial». Es indudable que también la OEI, como ya hemos mencionado, es un instrumento de reconocimiento mutuo (art. 82 del TFUE). Además, es interesante mencionar la posibilidad de que las actividades de instrucción que son objeto de una OEI afecten a los derechos fundamentales del interesado, de la misma forma que pueden afectar si son objeto de una ODE*". Más ampliamente CACCIATORE, Serena, "La aplicación práctica de la orden europea de investigación como mecanismo de obtención transnacional de pruebas", *op. cit.,* esp. p. 304.

294 DE HOYOS SANCHO, Montserrat, "Reconocimiento y ejecución de la Orden Europea de investigación", en M. I. González Cano, *Orden europea de investigación y prueba transfronteriza en la Unión Europea,* Tirant lo Blanch, Valencia, 2019, pp. 595-632, esp. p. 598.

295 Más detalles en GALGO PECO, Ángel, "La Red Judicial Europea y los nuevos instrumentos de agilización y coordinación", *Estudios Jurídicos. Ministerio Fiscal,* 2002, n. 4, pp. 391-398.

de la RJE. Sobre este asunto, se recomienda: “La redacción empleada en los anexos del Derecho interno por el que se transpone la DOEI no siempre se corresponde plenamente con la redacción empleada en los anexos oficiales de la OEI. Esta situación puede generar confusión y retrasos; por consiguiente, siempre se debería utilizar el formulario que figura en la Directiva relativa a la orden europea de investigación”[296].

1.2. Motivos de denegación de la OEI

Los motivos generales de no reconocimiento o no ejecución se enuncian en el artículo 11 DOEI como potestativos. Es de notar que la ley española convierte tales motivos en obligatorios[297], en concreto en el artículo 207 LRM. Al mismo tiempo, el Estado italiano con el Decreto Legislativo núm. 108, de 21 de junio 2017 que implementa la DOEI, que será objeto de examen más adelante, los identifica como motivos de rechazo obligatorios.

La Directiva hace una sistemática regulación de las causas de denegación, pero hay que añadir la eventual violación de derechos fundamentales que pueda implicar su ejecución conforme al artículo 11.1 f[298] y Considerando 19 DOEI[299]. Al analizar el artículo 11 DOEI, pretendemos poner de relieve que, en primer término, se hace referencia a supuestos de denegación como que el Derecho del Estado de ejecución disponga inmunidad o privilegio, es decir, otras limitaciones de la responsabilidad penal relaciona-

---

[296] Nota conjunta de Eurojust y de la Red Judicial Europea sobre la aplicación práctica de la Orden Europea de Investigación, *op. cit.*, esp. p. 6.

[297] Sobre ello, GRANDE SEARA, Pablo, “Presupuestos para el reconocimiento y ejecución en España de una orden europea de investigación”, en V. Moreno Catena y M. I. Romero Pradas (dres.), E. Laro González (ed.), *Nuevos postulados de la cooperación judicial en Unión Europea*, pp. 585-621, esp. p. 589.

[298] Textualmente: “*cuando existan motivos fundados para creer que la ejecución de la medida de investigación indicada en la OEI sería incompatible con las obligaciones del Estado miembro de ejecución de conformidad con el artículo 6 del TUE y de la Carta*”.

[299] Literalmente: “*La realización del espacio de libertad, seguridad y justicia en la Unión se basa en la confianza mutua y en una presunción del respeto, por parte de los demás Estados miembros, del Derecho de la Unión y, en particular, de los Derechos fundamentales. No obstante, se trata de una presunción iuris tantum. Por consiguiente, si hubiere motivos sustanciales para creer que la ejecución de una medida de investigación indicada en la OEI vulneraría un derecho fundamental del interesado y que el Estado de ejecución ignoraría sus obligaciones relativas a la protección de los derechos fundamentales reconocidos en la Carta, la ejecución de la OEI debe denegarse*”. Vid. ARANGÜENA FANEGO, Coral, “Orden europea de investigación: aspectos generales del nuevo instrumento de obtención de prueba penal transfronteriza”, *op.cit.*, esp. p. 307.

das con la libertad de la prensa y la libertad de expresión[300], o incluso, que exista el riesgo de lesionar los "intereses esenciales de seguridad nacional". En último caso, señala SÁNCHEZ GÓMEZ que la simple afirmación de dicho motivo es suficiente para denegar el reconocimiento y la ejecución de una OEI *"sin que deba producirse una motivación razonable al respecto, vista la naturaleza secreta que debe informar el diverso contenido que justifica la causa de denegación. Por tanto, tampoco se propicia un control jurídico sobre la naturaleza de dicha información o interés por parte de la autoridad de ejecución"*[301].

Antes de continuar conviene recordar que, respecto de la existencia de una inmunidad o privilegio en el Derecho del Estado de ejecución, hemos mencionado se habrá de estar tanto las disposiciones internas, tradicionalmente vinculadas a los Altos Representantes o Autoridades del Estado miembro como las disposiciones en el Protocolo número 7, anejo al TFUE, sobre los privilegios y las inmunidades de la UE, y legislación concurrente, en el plano comunitario[302]. Lo que antecede, está consolidado en el Considerando 20 DOEI: "no existe una definición común de lo que constituye una inmunidad o un privilegio en el Derecho de la Unión, por consiguiente, corresponde al Derecho nacional establecer la definición exacta de esos términos (...)".

En segundo término, el artículo 11 DOEI destaca entre los motivos de denegación el supuesto de que la ejecución de la OEI fuera contraria al principio de *ne bis in idem*[303], así como la existencia de "información clasi-

---

300 Como señala BACHMAIER WINTER, Lorena, "*este posible motivo de denegación (...), persigue proteger la Libertad de expresión y de información, pero su significado no nos resulta del todo claro, pues no es fácil deducir si se refiere a la protección de las fuentes de información o a una exigencia de doble incriminación en el caso de perseguirse delitos relacionados con el derecho a la libertad de expresión*", en "La propuesta de Directiva europea sobre la orden europea de investigación penal: valoración crítica de los motivos de denegación", *Diario La Ley*, 2012, n. 7992, pp. 3 y ss.

301 SÁNCHEZ GÓMEZ, Raúl, *Emisión, reconocimiento y ejecución de la orden europea de investigación*, Wolters Kluwer, Madrid, 2019, esp. p. 53.

302 SÁNCHEZ GÓMEZ Raúl, *Emisión, reconocimiento y ejecución de la orden europea de investigación*, *op. cit.*, esp. p. 52.

303 El Considerando 17 DOEI, dispone textualmente que el principio *ne bis in idem*: "es un principio fundamental del Derecho de la Unión, como reconoce la Carta y desarrolla la jurisprudencia del Tribunal de Justicia de la Unión Europea. Por ello, la autoridad de ejecución debe estar facultada para denegar la ejecución de la OEI si dicha ejecución fuera contraria al citado principio. Dado el carácter preliminar de los procedimientos subyacentes a la OEI, su ejecución no debe ser objeto de rechazo cuando vaya dirigida a establecer la existencia de un posible conflicto con el principio *ne bis in idem*, o cuando la autoridad de emisión haya

ficada relacionada con determinadas actividades de inteligencia"[304]. Con respecto al principio del *ne bis in idem*, siguiendo a BACHMAIER WINTER y como se reconoce en el artículo 50 de la Carta Europea, protege tanto ante a una posible doble condena como también "*frente a una segunda acusación: se aplica también en el caso de que el sujeto ya hubiese sido absuelto mediante resolución firme por los Tribunales de otro Estado miembro, por los mismos hechos, pero no resuelve este precepto qué sucede si el primer proceso terminó mediante un acuerdo o solución negociada*"[305]. Sobre este punto, conviene tener en cuenta la jurisprudencia del TJUE sobre la vertiente transnacional del principio derivado del artículo 54 del Convenio de aplicación del Acuerdo de Schengen (en adelante CAAS) y artículo 50 CDFUE. Es el caso de la STJUE en el asunto *Kossowski* de 29 de junio de 2016[306]. En particular, mediante su primera cuestión, el órgano jurisdiccional remitente solicita al TJUE que se

---

dado garantías de que la prueba transferida como resultado de la ejecución de la OEI no se utilizará para enjuiciar o imponer una sanción a una persona cuyo caso haya sido objeto de una resolución final en otro Estado miembro por los mismos hechos".

304 PELOSO, Caroline, subraya, por una parte, la conveniencia de explicitar otro motivo de denegación relacionado con la edad del imputado, ya que el umbral de imputabilidad es un parámetro que se deja a la discreción de los Estados miembros; y, por otra parte, cómo tales cláusulas de denegación, en particular, cuando están vinculadas al principio de territorialidad, parecen demasiado vinculadas a la lógica de la asistencia mutua y no tienen en cuenta carácter transnacional de la materia probatoria, en "La direttiva 2014/41/UE sull'Ordine Europeo d'indagine penale (parte prima)", *Archivio della nuova procedura penale*, 2019, n. 6, pp. 552-559, esp. p. 556 (traducción propia).

305 BACHMAIER WINTER, Lorena, "La propuesta de Directiva europea sobre la orden europea de investigación penal: valoración crítica de los motivos de denegación", *op. cit.*, pp. 4 y ss. A modo de ejemplo véase SSTJUE *Gözutök y Brügge*, C-187/01 y C-385/01, de 11 de febrero de 2003, EU:C:2003:87 (TOL4.625.974); *Van Esbroeck*, C-436/04, de 9 de marzo de 2006, EU:C:2006:165 (TOL4.627.863) ; *Gasparini*, C-467/04, de 28 de septiembre de 2006, EU:C:2006:610 (TOL9.931.400); *Kretzinger*, C-288/05, de 18 de julio de 2007, EU:C:2007:441 (TOL9.922.202); *Kraaijenbrink*, C-367/05, de 18 de julio de 2007, EU:C:2007:444 (TOL9.922.131); *Turansky*, C-491/07, de 22 de diciembre de 2008, EU:C:2008:768 (TOL9.919.941); *Mantello*, C-261/09, de 16 de noviembre de 2010, EU:C:2010:683 (TOL9.917.904); *M.*, C-398/12, de 5 de junio de 2014, EU:C:2014:1057 (TOL9.914.861); *Spasic*, C-129/14 PPU, de 27 de mayo de 2014, EU:C:2014:586 (TOL9.914.170); (...).

306 STJUE (Gran Sala), de 29 de junio de 2016, C-486/14 EU:C:2016:483 (TOL5.764.224), más información BERNARDONI, Pietro, "Nuova pronuncia della Corte di Giustizia sul ne bis in idem: un chiarimento sulla nozione di "sentenza definitiva" e un'occasione persa per definire lo status delle riserve ex art. 55 CAAS", *Diritto Penale Contemporaneo*, 2016, disponible en https://archiviodpc.

pronuncie sobre el mantenimiento de la validez de las reservas formuladas por los Estados en virtud del artículo 55, apartado 1, letra a), del CAAS tras la incorporación del acervo de Schengen al Derecho de la Unión y a la luz del artículo 52 de la Carta. Mediante la segunda, plantea al TJUE la cuestión vinculada al concepto de "sentencia firme" en el sentido del artículo 54 del CAAS y del artículo 50 de la CDFUE.

El punto de partida de las consideraciones del Abogado General Bot es que la integración del acervo de Schengen supondría la incorporación al Derecho de la Unión en el artículo 55 CAAS, por consiguiente, el problema que debe evaluarse reside exclusivamente en la compatibilidad de este Derecho con las disposiciones de la Carta.

Para valorar la compatibilidad del artículo 55 CAAS con el artículo 50 CDFUE, el Abogado General Bot, analiza la lógica de la prohibición de la segunda instancia en el contexto del ELSJ, cuya creación representa el objetivo perseguido por el legislador europeo mediante la incorporación del CAAS al Derecho de la Unión. El afirma que, en este contexto, el *ne bis in idem* constituye un aspecto del principio de reconocimiento mutuo de las resoluciones judiciales de los demás Estados miembros, que se presenta a su vez como la base de la cooperación judicial en materia penal.

Según el Abogado General, el TJUE ha transformado con su jurisprudencia el principio de reconocimiento mutuo (y con él, el *ne bis in idem*) en la condición previa para la creación de la "confianza mutua" necesaria para el desarrollo y el mantenimiento del ELSJ. Mediante la presente Decisión, el TJUE por una parte se mantiene en la línea del concepto autónomo del *ne bis in idem* que viene construyendo desde hace tiempo; pero, por otra, pierde una oportunidad de aclarar los límites en los que se permite derogar dicho concepto[307].

Volviendo a la ejecución de la OEI, podrá ser denegada si, en el Estado de ejecución, la facultad de llevar a cabo la medida de investigación solicitada se circunscribe a determinadas hipótesis delictivas o a determinados umbrales de punibilidad, y el delito indicado por la autoridad de emisión no se ajusta a estos parámetros (artículo 11.h DOEI). A esto se añade el respeto de la cláusula de territorialidad para la protección del mencionado

---

dirittopenaleuomo.org/ (fecha de última consulta: el 11 de septiembre de 2025), (traducción propia).

307 BERNARDONI, Pietro, "Nuova pronuncia della Corte di Giustizia sul ne bis in idem: un chiarimento sulla nozione di "sentenza definitiva" e un'occasione persa per definire lo status delle riserve ex art. 55 CAAS", *op. cit., véase nota anterior.*

principio del *ne bis in idem* y de la inmunidad establecidas por el Derecho interno[308], que impide la emisión del OEI cuando "se refiera a un delito que presuntamente ha sido cometido fuera del territorio del Estado de emisión y total o parcialmente en el territorio del Estado de ejecución, y la conducta en relación con la cual se emite la OEI no sea constitutiva de delito en el Estado de ejecución" (artículo 11.e. DOEI).

Además, entre los motivos de denegación, hay que considerar "cuando la OEI haya sido emitida para los procedimientos contemplados en el artículo 4[309], letras b) y c), y la medida de investigación no estuviese autorizada, con arreglo al Derecho del Estado de ejecución, para un caso interno similar" (artículo 11.c.). Con ello se procura prevenir la "prevalencia", que pudiera surgir si los parámetros propios de una investigación penal se aplicasen en los procedimientos por infracciones de disposiciones legales de distinta naturaleza[310].

Por último, la letra g) del artículo 11 se refiere al supuesto en el que la conducta que dio origen a la emisión de la OEI no sea constitutiva de delito en el Estado de ejecución y "no esté recogida en las categorías de delitos que figuran en el Anexo D, conforme a lo indicado por la autoridad de emisión en la OEI, si en el Estado de emisión es punible con una pena o medida de seguridad privativas de libertad de un máximo de al menos tres años".

Junto con estas causas generales de denegación, están previstas en la DOEI supuestos específicos de denegación "a los que los Estados pueden recurrir para determinadas medidas de investigación, que se benefician de un régimen jurídico especial:

---

308 PELOSO, Caroline, "La direttiva 2014/41/UE sull'Ordine Europeo d'indagine penale (parte prima)", *op. cit.*, esp. p. 557, (traducción propia).

309 Es decir, lo que regula los tipos de procedimientos para los que puede emitirse la OEI, en particular destacamos b) y c), textualmente: b) en los procedimientos incoados por autoridades administrativas por hechos tipificados en el Derecho interno del Estado de emisión por ser infracciones de disposiciones legales, y cuando la decisión pueda dar lugar a un procedimiento ante una autoridad jurisdiccional competente, en particular, en materia penal; c) en los procedimientos incoados por autoridades judiciales por hechos tipificados en el Derecho interno del Estado de emisión por ser infracciones de disposiciones legales, y cuando la decisión pueda dar lugar a un procedimiento ante un órgano jurisdiccional competente, en particular, en materia penal.

310 SÁNCHEZ GÓMEZ, Raúl, *Emisión, reconocimiento y ejecución de la orden europea de investigación, op. cit.*, esp. p. 54.

A) Traslado temporal de detenidos.

B) Comparecencia por videoconferencia u otros medios audiovisuales[311].

C) Obtención de datos sobre cuentas bancarias o financieras.

D) Investigaciones encubiertas.

E) Intervención de telecomunicaciones"[312].

Por último, hay que destacar el principio fundamental de la flexibilidad, que debe aplicarse en relación con los motivos de denegación. Siendo positivo —y necesario— que las autoridades de ejecución puedan invocar un motivo de denegación contra el reconocimiento o la ejecución de una OEI cuando la cooperación solicitada vaya en contra de sus propios intereses de seguridad y su concepción y regulación de los derechos, la flexibilidad es la principal directriz que debe aplicarse. Cuando se presente una solicitud a través de la OEI, las autoridades nacionales competentes no deben buscar principalmente motivos de denegación, sino más bien intentar superar las dificultades que obstaculizan la cooperación[313].

En este punto, podemos traer a colación un documento definido como "esencial"[314], —aunque no jurídicamente vinculante— cuyo objetivo es proporcionar orientación a los profesionales sobre la aplicación práctica de la OEI. La Nota conjunta de Eurojust y de la Red Judicial Europea sobre la aplicación práctica de la OEI, de 11 de junio 2019, pone de relieve, como afirma FRIEYRO ELÍCEGUI, algunos criterios para evaluar si debe aplicarse la DOEI. A modo de ejemplo, que la orden remita "*a una medida de investigación para obtener o utilizar pruebas, que la medida haya sido emitida o*

311 FONTESTAD PORTÁLES, Leticia "La digitalización de la cooperación judicial en la Unión Europea", en L. Fontestad Portáles (dir.), *A vueltas con la transformación digital de la cooperación jurídica penal internacional*, Aranzadi, Cizur Menor, 2022, pp. 29-52, esp. pp. 34-52.

312 JIMÉNEZ LÓPEZ, María de la Nieves, "Las medidas de investigación tecnológicas en la orden europea de investigación", *op. cit.*, esp. p. 193. Sobre la letra C), vid. VERVAELE John, A.E., "European Investigation Order and Financial Investigations in the Netherlands" en A. di Pietro y M Caianello (eds.), *Indagini penali e amministrative in materia di frodi IVA: L'impatto dell'European Investigation Order*, Cacucci, Bari, 2017, pp. 383 y ss.

313 BACHMAIER WINTER, Lorena, *Code of Best Practices for Investigation Order in criminal proceedings*, *op. cit.*, esp. p. 11.

314 Tal es la expresión utilizada por parte de Luis De Arcos Pérez, en la entrevista realizada en línea por parte de Serena Cacciatore el 19 de noviembre de 2020.

validada por una autoridad judicial y que la medida se refiera a los Estados miembros vinculados por la directiva relativa a la OEI"[315].

Del documento se desprende que las "OEI son a veces demasiado breves y carecen de información fundamental (por ejemplo, falta de información acerca de por qué la medida es necesaria para la investigación (...) o descripciones insuficientes sobre los hechos investigados, con el resultado de que, en particular, por ejemplo, la realización de comprobaciones de doble tipificación plantea demasiadas dificultades). Esta situación da lugar entonces al procedimiento de consulta, que conlleva realizar solicitudes de información adicional con arreglo al artículo 11.4 DOEI"[316].

La nota conjunta de Eurojust y la RJE, tiene en cuenta que tales motivos de denegación están sujetos a interpretación restrictiva ya que constituyen una excepción al principio de reconocimiento mutuo, "no pudiéndose rechazar por motivos distintos a los incluidos en la lista, sin que quepa acudir al principio de oportunidad"[317].

---

[315] Así, FRIEYRO ELÍCEGUI, "Interpretación de la legislación sobre la orden europea de investigación y su aplicación práctica. Jurisprudencia del Tribunal de Justicia de la Unión Europea: Asunto C-324/2017", *Diario La Ley*, 2020, n. 9723, pp. 1-33. Además la misma autora, establece "*Según dicha nota, la OEI no cubre, entre otras, la notificación y envío de escritos procesales, a menos que la entrega de un documento sea instrumental para la medida de investigación objeto de la OEI, el intercambio espontáneo de información, el embargo preventivo de bienes a efectos de posterior decomiso, la devolución de un objeto a la víctima, la recopilación de extractos del registro de antecedentes penales, o la cooperación entre cuerpos de policía o servicios de aduanas*", esp. p. 4.

[316] Nota conjunta de Eurojust y de la Red Judicial Europea sobre la aplicación práctica de la Orden Europea de Investigación, junio 2019, pp. 1-20, esp. p. 7. Sobre la temática, MAZZACUVA, Francesco, "La doppia incriminazione e la deroga per i reati di «lista positiva»", en M. Daniele e R. Kostoris, *L'Ordine Europeo di indagine penale*, Giappichelli, Torino, 2018, pp. 38-52. Por lo que respecta, el artículo 11, apartado 4, textualmente "En los casos indicados en el apartado 1, letras a), b), d), e) y f), antes de decidir la denegación total o parcial del reconocimiento o de la ejecución de una OEI, la autoridad del Estado de ejecución consultará a la autoridad del Estado de emisión por los cauces adecuados y, en su caso, le solicitará a la autoridad de emisión que facilite sin demora la información necesaria".

[317] FRIEYRO ELÍCEGUI, Sofía, "Interpretación de la legislación sobre la orden europea de investigación y su aplicación práctica. Jurisprudencia del Tribunal de Justicia de la Unión Europea: Asunto C-324/2017", *op. cit.*, esp. p. 13.

1.3. Ámbito objetivo de la OEI y criminalidad organizada

Věra Jourová, Comisaria Europea de Justicia, Consumidores e Igualdad de Género, ha afirmado:

> *"Los delincuentes y terroristas no conocen fronteras. Dotar a las autoridades judiciales con la orden europea de investigación les ayudará a cooperar con eficacia para luchar contra la delincuencia organizada, el terrorismo, el tráfico de drogas y la corrupción*[318]*. Las autoridades judiciales podrán acceder a las pruebas con rapidez, donde quiera que se encuentren en la UE. Insto a todos los Estados miembros a que apliquen la orden lo antes posible para mejorar nuestra lucha común contra la delincuencia y el terrorismo"*[319].

La finalidad de este instrumento es pues "atenuar las ventajas que la estructura organizativa de la criminalidad que presenta ramificaciones transfronterizas dispone"[320]. La OEI nos remite, desde la perspectiva del Derecho Procesal[321], al núcleo de la lucha contra el crimen organizado transnacional en el contexto europeo[322]: la investigación y obtención de pruebas transfronterizas[323].

---

318 Sobre este asunto NÚÑEZ PAZ, Miguel, Á., "Blanqueo, corrupción política y función pública. Una nueva agravación penal bajo el umbral de la Unión Europea", *Revista Penal*, 2022, n. 49, pp. 101-115.

319 Comunicado de prensa del 22 de mayo de 2017, Bruselas, véase, página web oficial Comisión Europea disponible en https://ec.europa.eu/commission/presscorner/detail/es/IP_17_1388 (fecha de última consulta: 16 de mayo de 2025). Sobre la materia, MANFREDINI, Francesca, "Con la Direttiva 2017/541/UE le Istituzioni Europee rafforzano la lotta contro il terrorismo internazionale", *Cassazione penale*, 2017, n. 9, pp. 3384-3395.

320 CACCIATORE, Serena, "El reconocimiento mutuo como principio clave para la lucha contra el crimen organizado", *op. cit.*, esp. p. 183. Así como PERŠAK, Nina, "EU criminalisation, Its Normative Justifications, and Criminological Considerations for EU Criminal Policy and Justice", in J. Ouwerkek, J., Altena, J., Öberg, y S., Miettinen, *The future of EU Criminal Justice Policy and Practice*, Brill Nijhoff, Leiden, 2019, pp. 15-36.

321 Al respecto, ROMEO MALANDA, Sergio, "Un nuevo modelo de Derecho Penal transnacional: el Derecho Penal de la Unión Europea tras el Tratado de Lisboa", *Estudios penales y criminológicos*, 2012, vol. XXXII, pp. 313-386, así como ERVO, Laura, GRÄNJ, Minna y JOKELA, Antti, *Europeanization of Procedural Law and the new challenges to fair trial*, Europa Law Publishing, Groningen, 2009.

322 RUGGIERO, Vincenzo, "Crimine organizzato e transnazionale in Europa", *Studi sulla questione criminale*, 2015, n. 2-3, pp. 183-202, esp. p. 183.

323 DÍAZ PITA, Paula M., "La orden europea de investigación en materia penal (OEI) y la lucha contra la criminalidad organizada transnacional en la Unión Europea" en *Observatorio de Criminalidad Organizada Transnacional de la Universidad de Salamanca*, 2015, pp.1-14, esp. p. 1, disponible en https://crimtrans.usal.es/ (fecha

De acuerdo con GARRIDO CARRILLO, en la lucha contra la criminalidad organizada "no todo vale", de forma tal que "*la eficacia y el éxito de las distintas acciones han de someterse, como no puede ser de otra manera, a un Estado de Derecho garantista y a un sistema procesal penal en el que los derechos básicos y el equilibrio de los intereses de las distintas partes sean al centro de imputación de relaciones*"[324].

El grado de cumplimiento de las solicitudes de cooperación judicial internacional[325] es en general satisfactorio, sobre todo con relación a la antigua comisión rogatoria. La OEI al estandardizar el procedimiento, al crear plazo y al incrementar todos los mecanismos de reconocimiento mutuo de posibilidad de control por Eurojust, ha mejorado el grado de cumplimiento de las solicitudes respecto a lo que era habitual cuando se utilizaba en el Convenio 2000[326].

Lo que le falta a este instrumento es una «norma procesal europea»[327]. Es decir, la Ley de enjuiciamiento que tramita el proceso penal es distinta en España, como es distinta en Italia y así como en el resto de los Estados miembros y eso dificulta mucho la coordinación y ejecución de la OEI. Así,

---

de última consulta: 16 de mayo de 2025). Así como GALÁN MUÑOZ, Alfonso, "La protección de datos de carácter personal en los tratamientos destinados a la prevención, investigación y represión de delitos: hacia una nueva orientación de la política criminal de la Unión Europea" en I., Colomer Hernández (dir.), *La transmisión de datos personales en el seno de la cooperación judicial penal y policial en la Unión Europea*, Aranzadi, Cizur Menor, 2015, además de VOGEL, Joachim R., "La prueba transnacional en el proceso penal: un marco para la teoría y praxis", en V. C.Guzmán Fluja (dir.), *La prueba en el Espacio Europeo de Libertad, Seguridad y Justicia Penal*, Aranzadi, Cizur Menor, 2006, pp. 42-59.

324 GARRIDO CARRILLO, Francisco J., "Debilidades de la orden europea de investigación en la lucha contra la delincuencia organizada", *op. cit.* esp. pp. 33-34. Sobre el tema, de carácter general, ANAGNOSTOPOULOS Ilias, "Criminal justice cooperation in the European Union after the first few "steps": A defence view", *ERA Forum*, 2014, n. 15, pp. 9-24.

325 JORDANA SANTIAGO, Mirentxu E., "La esperada reforma de la agencia de la Unión Europea para la cooperación judicial penal (Eurojust). Comentario al Reglamento (UE) 2018/1727 del Parlamento Europeo y del Consejo de 14 de noviembre de 2018", *Revista General de Derecho Europeo*, 2019, n. 48, pp. 248-276.

326 Luis De Arcos Pérez durante la entrevista en línea por parte de Serena Cacciatore el 19 de noviembre de 2020. Sobre la misma temática FERNÁNDEZ LIESA, Carlos, DÍAZ BARRADO, Cástor. M., ALCOCEBA GALLEGO, María y MANERO SALVADOR, Ana, (coords.), *El Tratado de Lisboa: análisis y perspectivas*, Dykinson, Madrid, 2008.

327 Entrevista en línea por parte de Serena Cacciatore el 15 de septiembre de 2021 a Juan J. Navas Blanquez.

por ejemplo, España es un país donde el nivel de exigencia que ha planteado el Tribunal Supremo respecto a la intervención telefónica es muy alto. Para que un Juez acuerde una intervención telefónica[328] o una entrada y registro en un domicilio debe explicar muy detalladamente los motivos por los que solicita o la entrada y registro dada la alteración tan intensa a determinados derechos fundamentales como el secreto de las comunicaciones o la inviolabilidad del domicilio. Sin embargo, en otros países resulta más sencillo adoptar esta medida, dado que el nivel de protección es distinto[329]. Por lo tanto, el principal problema —como se adelantó previamente— radica en la necesidad de una «norma procesal penal europea» ya que cada país cuenta con sus propias normas procesales. Esta diversidad dificulta la ejecución de las medidas de investigación.

Un sistema de Derecho Penal y procesal penal unificado a nivel de la UE[330], mediante normas modelo asumidas internamente por los Estados miembros, permitiría eliminar situaciones perniciosas como las derivadas del *forum shopping*, a través del cual la criminalidad organizada a nivel transnacional intenta aprovechar las lagunas jurídicas y las diferencias penales y jurisdiccionales entre los Estados de la UE[331].

Hay que señalar otro aspecto, esta vez no con respecto a una laguna jurídica, sino a un factor que podría causar confusión, y que se produce entre la finalidad de una OEI y el instrumento de embargo preventivo[332]. Tal es el caso, por ejemplo, de una entrada y registro en un domicilio realizada

---

[328] Al respecto, BIASIOTTI, Maria, A. "A proposed electronic evidence Exchange across the European Union", *Digital Evidence and Electronic Signature Law Review*, 2017, n. 14, pp. 23-52, así como DEL MORAL GARCÍA, Antonio, "Prueba ilícita, entorno digital y derechos fundamentales: divergencias entre la jurisprudencia social y penal", en O., Fuentes Soriano (dir.), *Era digital, sociedad y Derecho*, Tirant lo Blanch, Valencia, 2020, pp. 343-363.

[329] En palabras de Juan J. Navas Blanquez, "*Esto plantea algunos problemas, porque por ejemplo en nuestro país (España), cuando se tramita una OEI con una intervención telefónica, la petición será muy escasa y el nivel de exigencia por otro parte requerido en el ordenamiento jurídico español es muy significativo*", entrevista en línea por parte de Serena Cacciatore el 15 de septiembre de 2021.

[330] Sobre la temática VERVAELE John, A. E., *El derecho penal europeo*, Olejnik, Santiago-Chile, 2020.

[331] MARTÍN DIZ, Fernando, "Propuesta de un modelo procesal penal europeo para delitos transfronterizos", en M. Llorente Sánchez-Arjona (dir.), J. A. Posada Pérez (coord.), *Estudios procesales sobre el espacio europeo de justicia penal*, Aranzadi, Cizur Menor 2021, pp. 51- 71, esp. p. 66.

[332] Vid. la página web https://www.etiasvisa.com/es/noticias/reglamento-embargo-activos-criminales (fecha de última consulta: 16 de mayo de 2025).

en el marco de una OEI en la que se descubren bienes de valor en el lugar. La autoridad de emisión pide que se remitan, por ejemplo, el dinero, los relojes de lujo, o los vehículos como pruebas al Estado[333]. Para este tipo de supuestos, que no consideramos prueba, hay que tramitar una orden de embargo. Lo que se consideran pruebas con base en la OEI son todos los bienes que efectivamente y sin ninguna duda se consideren prueba, es decir, por ejemplo, teléfono móvil, un ordenador etc., y estas últimas se remiten sin ningún problema. Esto por una parte provoca incertidumbre a la hora de poner en práctica la OEI mientras que, por otra, la garantía que tenemos está compuesta por la red de fiscales, una red operativa, en la que operan fiscales especialistas, que se percatarán de que hay que oponerse a una entrega de bienes porque no se puede hacer mediante la OEI.

2. REGULACIÓN DE LOS DELITOS RELACIONADOS CON EL FENÓMENO DE LA CRIMINALIDAD ORGANIZADA Y SU COORDINACIÓN CON LA OEI

Como hemos adelantado, el Anexo D del formulario OEI enumera delitos propios de la estructura del crimen organizado[334]. La aplicación de la OEI ha contribuido hasta ahora a mejorar las prácticas de cooperación judicial[335] internacional/europea[336], en primer lugar, en la construcción del

---

[333] Jorge Á. Espina Ramos, Fiscal, Miembro Nacional Adjunto de España en Eurojust, entrevista en línea por parte de Serena Cacciatore el 29 de octubre de 2021, más informaciones disponibles en https://www.boe.es/diario_boe/txt.php?id=BOE-A-2020-14377 así como el enlace https://www.boe.es/diario_boe/txt.php?id=BOE-A-2021-2320 (fecha de última consulta: 16 de mayo de 2025).

[334] GARRIDO CARRILLO, Francisco J. (dir.), *Respuesta institucional y normativa al crimen organizado perfiles estratégicos para una lucha eficaz*, Aranzadi, Navarra, 2022.

[335] Al respecto, WEYEMBERGH, Anne, "Storia della cooperazione", AA. VV., en R. E. Kostoris, *Manuale di procedura penale europea*, Giuffré, Milano, 2017, esp. p. 201.

[336] Las mafias italianas siguen siendo uno de los modelos del mundo para la delincuencia organizada, y las medidas para investigarlas y derrotarlas están a la vanguardia de la política y la práctica europeas. A este propósito, en noviembre de 2018, el Departamento Italiano de Investigación contra la Mafia (Direzione Investigativa Antimafia: DIA) creó @ON, una red de Europol destinada a combatir las actividades delictivas estructuradas por la mafia. @ON aspira a complementar los acuerdos bilaterales de cooperación entre naciones e insta a Europol a ayudar a las autoridades nacionales (inicialmente solo Bélgica, Francia, Alemania, los Países Bajos y España, pero otros, como Rumania, se han adherido desde entonces). Por último, la focalización transfronteriza del producto del delito es un componente clave de la estrategia contra la mafia. "*The focus is on updating criminal*

espacio judicial europeo[337]; en segundo lugar, en el sentido de facilitarla, de ser más rápida. Antes se realizaba mediante una solicitud de cooperación internacional. Ahora, con la OEI, se consiguen mejores resultados, a modo de ejemplo, no es lo mismo que un juzgado, un juez o un fiscal tarde siete, ocho, nueve meses en resolver una petición de auxilio internacional a que lo haga en uno o dos meses gracias a la cooperación basada en el reconocimiento mutuo. A lo que más ha contribuido la OEI, por tanto, es a reducir los plazos de aplicación[338].

Además, una respuesta concreta se encuentra en el Considerando 13 DOEI, que establece que "con objeto de garantizar la transmisión de la OEI a la autoridad competente del Estado de ejecución, la autoridad de emisión puede utilizar cualquier medio de transmisión posible o pertinente, por ejemplo, el sistema de telecomunicaciones seguro de la Red Judicial Europea, Eurojust u otros canales utilizados por las autoridades judiciales o policiales".

---

offence definitions to reflect the cross-border nature of criminal organizations and adding the crime of criminal association, which is defined by intimidation tactics, association with the deliberate intent to engage in criminal activity, and the ability to influence public bodies in the mafia model", más informaciones en *New Delhi Times*, 2021, disponible https://www.newdelhitimes.com/how-europe-is-countering-the-menace-of-organised-crime?fbclid=IwAR2dAIIYGU7JKPDV6APfAKNJTczDKpVozlW3m1JxugMyFyHPlQwiaSuJM8k (fecha de última consulta: 16 de mayo 2025). Además de interés CANTONE Raffaele, "La riforma della documentazione antimafia: davvero solo un restyling?", *Giornale di diritto amministrativo*, 2013, n. 8-9, pp. 888-899.

337 Según Luis De Arcos Pérez, pueden identificarse dos hitos relevantes en el proceso de consolidación de un espacio común de cooperación judicial en la UE. El primero de ellos fue la introducción de la orden de detención y entrega en el año 2002. En palabras del propio autor: *"La UE y la cooperación siempre van progresando a golpe de atentados. Si hay un atentado gordo, los políticos se dan cuenta de que tenemos que dar una respuesta mucho mejor y más coordinada. Es triste, pero es así"*. Posteriormente, continúa De Arcos Pérez, en el año 2008 se aprobaron numerosas Decisiones Marco. Con la entrada en vigor del Tratado de Lisboa, desapareció el denominado Tercer Pilar, correspondiente a la cooperación policial y judicial en materia penal. A partir de ese momento, sin lugar a duda, el acontecimiento más significativo en el ámbito del espacio judicial europeo ha sido la implantación de la OEI, la cual ha supuesto un avance sustancial en términos de eficacia y coordinación. Entrevista en línea por parte de Serena Cacciatore el 19 de noviembre de 2020.

338 Entrevista en línea por parte de Serena Cacciatore el 15 de septiembre de 2021 a Juan J. Navas Blánquez.

De suma importancia por lo que se refiere al ejercicio de los derechos de defensa[339] y su regulación es que "el texto de la Directiva concede expresamente la posibilidad de solicitar la emisión de una OEI en el marco de los derechos de defensa aplicables de conformidad con el procedimiento penal nacional (artículo 1.3 DOEI) acusados y sus abogados. Como han subrayado los estudiosos, aunque esta disposición tiene por objeto hacer realidad el principio de igualdad de medios, no reconoce una solicitud directa autónoma de asistencia jurídica a una autoridad judicial extranjera"[340]. La defensa no puede invocar este artículo para hacer uso de los recursos de los Estados miembros con el fin de recabar arbitrariamente las pruebas que considere necesarias. El artículo 1.3 DOEI debe interpretarse el sentido de que, en caso de existir normas nacionales, estas han de ser tenidas en cuenta[341]. Es decir, en consonancia con lo que FAUCHON afirma, esto significa que no se ofrece a los sospechosos un derecho general a solicitar la emisión de una OEI en toda la UE. Por el contrario, dependerá de si la legislación nacional otorga a los sospechosos el derecho a solicitar la ejecución de una medida de investigación en un procedimiento interno[342].

Por ejemplo, por lo que aquí es de interés, se ha preguntado al sector de la abogacía si la implementación de la OEI ha mejorado los derechos de defensa en los asuntos penales de carácter transfronterizo por lo que se refiere al sistema de obtención de pruebas. De este modo la mitad de los

---

339 CAIANIELLO, Michele y TESORIERO, Salvatore, "Diritto di difesa e appello penale vecchie e nuove coordinate dalla giurisprudenza della Corte EDU (a proposito di maestri e altri contro Italia)", *Cassazione penale*, 2021, n. 12, pp. 4089-4103.

340 Project: Eurocoord, Deliverable 2.4 "NATIONAL REPORTS ON EIO", 12.02.2019, disponible en la página web en https://www3.ubu.es/eurocoord/ (fecha de última consulta: 9 de mayo de 2025). Así, a modo de ejemplo COVOLO Valentina, "Ensuring the effectiveness of defence rights: remedial obligations under the ABC Directives", en S., Allegrezza, y V., Covolo (eds.), *Effective defence rights in criminal proceedings. A European and Compative Study on Judicial Remedies*, Cedam, Milano, 2018, pp. 83-95.

341 STAJNKO, Jan, "Request of the defence for the issuing of European investigation orders — a viable instrument or a paper tiger?", Project European Investigation Order — Legal Analysis and Practical Dilemmas of International Cooperation — EIO-LAPD. Project is funded by the European Union's Justice Programme (2014-2020) (traducción propia). Más informaciones en la página web disponible https://lapd.pf.um.si/ (fecha de última consulta: 23 de abril de 2025).

342 FAUCHON, Chloé, "European Investigation Order Directive: What About Defence Rights?", Vilnius University Press, Vilnius, 2021, pp. 42- 48, esp. p. 44 (traducción propia).

abogados entrevistados no tiene la certeza de que la transposición de la OEI haya fortalecido el derecho de defensa; más bien opinan lo contrario. En su opinión, la transposición de la Directiva resultó en términos generales, más beneficiosa para la acusación que para la defensa. Es decir, (los abogados defensores) manifestaron preocupación especial sobre la escasa información que reciben en el procedimiento de la OEI, así como la reclamación de mayor defensa y protección de derechos procesales de su cliente. Por el contrario, la otra mitad de los abogados entrevistados entiende que la transposición de este instrumento ha resultado ventajosa, ya que se generaliza la intervención letrada en el Estado de ejecución. Efectivamente, la doble representación se amplía ahora a los beneficiarios de la justicia gratuita, pues anteriormente esta oportunidad sólo existía para el acusado que pudiera permitirse económicamente contratar un letrado en el Estado de ejecución.

De ahí la necesidad de "trabajar en el derecho de defensa"[343], porque no hay uniformidad en los sistemas internacionales sobre todo con respecto a las medidas coercitivas. A modo de ejemplo, la intervención telefónica se adopta de una forma en España y de otra en Italia. Ello plantea algunos problemas que se concretan con la adopción de una serie de medidas coercitivas en España que no cumplen las garantías procesales que exige el Tribunal Supremo español, de forma que lo único que se puede hacer es denegar la OEI.

Otro ejemplo que podríamos traer a colación es la declaración de investigados sin presencia de sus abogados. Hay países de la UE en los que esta práctica es posible y, sin embargo, en España es obligatorio que el investigado esté asistido por su defensa técnica. En el estado español, para evitar que surjan problemas con posterioridad, se actúa según el Convenio de la Asistencia Europea en materia de prueba penal y además hemos recordado el artículo 3 DOEI, que, en otras palabras, afirma que la prueba se practicará conforme a la normativa del país donde se practica la prueba (*lex loci*). Por lo tanto, si se cumplen las previsiones en, a modo de ejemplo Alemania o Italia a la hora de practicarse la prueba, no hay nada que discutir en España según este Convenio[344]. En la actualidad el problema que se pone

---

343 Usando las palabras de DE ARCOS PÉREZ, Luis "*A todas las directivas y las decisiones marco sobre la defensa, habría que darle una vuelta sin perjudicar la investigación judicial*", entrevista en línea por parte de Serena Cacciatore el 19 de noviembre de 2020.

344 Entrevista en línea por parte de Serena Cacciatore el 15 de septiembre de 2021 a Jaime Campaner Muñoz. Campaner Muñoz ejerce como abogado penalista y

de relieve entre los operadores jurídicos es la falta de una evidencia de los problemas que suceden a diario y, por lo tanto, sería fundamental ampliar las perspectivas nacionales a las europeas para poder investigar más allá de lo que es el Estado de pertenencia, y para recurrir más frecuentemente a este instrumento, que a nivel teórico es innovador y actual.

3. RELACIÓN DE LA OEI CON OTROS INSTRUMENTOS DE RECONOCIMIENTO MUTUO: LA OEI Y LA PRUEBA ELECTRÓNICA

La crisis económica ha provocado, en primer lugar, la difusión y el desarrollo de las actividades en línea[345]. Por un lado, esto ha tenido un impacto en la sociedad, ya que la delincuencia organizada ha extendido su alcance al ciberespacio[346]. Por otro, las organizaciones delictivas han tenido que salvaguardar su supervivencia, empezando por el territorio, mediante formas de ayuda a particulares y empresas en dificultades[347].

En diciembre de 2016 se publicó la primera Directiva europea relativa a las medidas destinadas a garantizar un elevado nivel común de seguri-

---

profesor Titular de la UIB, donde actualmente imparte docencia en materia de Derecho Procesal Penal y Derecho Penal, más informaciones en la página web disponible en https://campaner.law/equipo-abogados/jaime-campaner-munoz/ (fecha de última consulta: el 11 de septembre de 2025).

345 A modo de ejemplo, VARONA JIMÉNEZ, Alberto, "Captación y grabación de comunicaciones orales mediante la utilización de dispositivos electrónicos. La problemática de su dimensión temporal", *Revista General de Derecho Procesal*, n. 61, 2023.

346 A este respecto, se señala la Estrategia de la UE contra el Crimen Organizado (2020-2025) que tiene como objetivo luchar contra la delincuencia organizada, así como la lucha contra el terrorismo y la ciberdelincuencia, bajo el signo de la innovación y la investigación. Al respecto, CACCIATORE Serena, "Nuevos retos en la cooperación judicial y policial en materia penal: La Estrategia para una Unión de la Seguridad", en A. Sánchez Rubio (dir.), P. Arrabal Platero y J. Caro Catalán (coords.), *Más allá de la justicia: nuevos horizontes del derecho Procesal*, Tirant lo Blanch, Valencia 2024, pp. 437-454.

347 MAZZA Franco, "Ciberspazio", *La comunicazione. Dizionario di scienze e tecniche* 2022, disponible en www.lacomunicazione.it (fecha de última consulta: 23 de abril de 2025). Así como FONTESTAD PORTALÉS, Leticia (dir.), PÉREZ TORTOSA, Francesc (coord.), *La justicia en la sociedad 4.0 nuevos retos para el siglo XXI*, Colex, A Coruña, 2023.

dad de las redes y sistemas de información en la Unión (Directiva NIS)[348] representa el primer acto legislativo de la UE en materia de seguridad de las redes y sistemas de información dentro de la Unión a fin de mejorar el funcionamiento del mercado interior. La Comisión Europea presentó una propuesta para "responder a las crecientes amenazas que plantean la digitalización y el auge de los ciberataques [...]; simplificar las obligaciones de información e introducir normas, medidas de supervisión y requisitos de ejecución más estrictos"[349]. En este panorama cabe señalar la Directiva (UE) 2022/2555 del Parlamento Europeo y del Consejo de 14 de diciembre de 2022 relativa a las medidas destinadas a garantizar un elevado nivel común de ciberseguridad en toda la Unión, por la que se modifican el Reglamento (UE) n. 910/2014 y la Directiva (UE) 2018/1972 y por la que se deroga la Directiva (UE) 2016/1148 (Directiva SRI 2) (Texto pertinente a efectos del EEE)[350].

El progreso empieza a verse en la conclusión formal de las negociaciones sobre el Segundo Protocolo adicional al Convenio sobre la Ciberdelincuencia, relativo a la cooperación reforzada y la relevación de pruebas electrónicas[351]. El objetivo del Protocolo es establecer normas comunes a nivel internacional para reforzar la cooperación en materia de ciberdelincuencia y la obtención de pruebas en formato electrónico a efectos de investigaciones o procedimientos penales[352].

---

348 Directiva (UE) 2016/1148 del Parlamento Europeo y del Consejo, de 6 de julio de 2016, relativa a las medidas destinadas a garantizar un elevado nivel común de seguridad de las redes y sistemas de información en la Unión. DOUE del 19 de julio del 2016, L 194, pp. 1-30, ya no está vigente (fecha de fin de validez 17/10/2024).

349 Desde la perspectiva nacional, véase la opinión de MAGRO SERVET, Vincente, "La necesaria regulación de la prueba digital en la LECrim", *Diario LA LEY*, 2022, n. 7, disponible en LA LEY Probatica nº 7, enero-marzo (fecha de última consulta: el 11 de septiembre de 2025).

350 Para más detalles, véase DOUE de 27 de diciembre de 2022, L333/80, pp. 80-152.

351 DOUE de 28 de febrero de 2023, L. 63/28 pp. 280-47. A este respecto, JUSZCZAK, Adam, y SASON Elisa, "The Use of Electronic Evidence in the European Area of Freedom, Security, and Justice- An Introduction to the New EU Package on E-evidence", *Eucrim*, n. 2, 2023, pp. 182-200, así como TOPALNAKOS Pavlos G., "Critical Issues in the New EU Regulation on Electronic Evidence in Criminal Proceedings", *Eucrim*, n. 2, 2023, pp. 200-203.

352 GONZÁLEZ PULIDO, Irene, "Perspectivas de futuro respecto a la obtención de pruebas electrónicas transfronterizas y a la cooperación con proveedores de servicios: investigación y prueba de los ciberdelitos graves en la Unión Europea", *Diario LA LEY* 2023, n. 10266, 2023.

En el marco de la OEI, la prueba electrónica desempeña un papel fundamental debido como adelantado al creciente uso de tecnologías digitales en la comisión de delitos[353]. Así, por una parte, el Reglamento (UE) 2023/1543 del Parlamento Europeo y del Consejo, de 12 de julio de 2023, sobre las órdenes europeas de producción y las órdenes europeas de conservación a efectos de prueba electrónica en procesos penales y de ejecución de penas privativas de libertad a raíz de procesos penales[354], establece las normas en virtud de las cuales una autoridad de un Estado miembro podrá emitir una orden europea de producción o una orden europea de conservación. De este modo podrá ordenar a un prestador que ofrezca servicios en la Unión -y que esté establecido en otro Estado miembro o, si no lo está, cuente con un representante legal en otro Estado miembro- que entregue o que conserve pruebas electrónicas, con independencia de la ubicación de los datos.

Por otra parte, la Directiva (UE) 2023/1544 del Parlamento Europeo y del Consejo, de 12 de julio de 2023, por la que se establecen normas armonizadas para la designación de establecimientos designados y de representantes legales a efectos de recabar pruebas electrónicas en procesos penales[355], se aplica a las resoluciones y órdenes a efectos de recabar pruebas electrónicas sobre la base del Reglamento (UE) 2023/1543, citado anteriormente, y a la Directiva OEI, así como sobre el Convenio celebrado por el Consejo, de conformidad con el artículo 34 del TUE, relativo a la asistencia judicial en materia penal entre los Estados miembros de la Unión.

El uso de pruebas electrónicas bajo la OEI plantea desafíos significativos. Entre ellos, destacan las tensiones entre el principio de reconocimiento mutuo y la protección de derechos fundamentales, como la privacidad y la protección de datos personales. Para mitigar estas preocupaciones, la Directiva OEI exige que cualquier medida que implique la obtención de pruebas respete los principios de proporcionalidad, necesidad y adecuación, y prevé mecanismos de recurso para las partes afectadas. Como esta-

---

353 Así, BIASIOTTI, Maria Angela y TURCHI Fabrizio (dirs.), *European Investigation Order Where the Law Meets the Technology*, Springer, Milano, 2023.

354 DOUE de 28 de julio de 2023, L. 191, pp. 118-180.

355 Así, MURIEL DIÉGUEZ, Juan A., "La directiva sobre representantes legales para recabar pruebas electrónicas en el proceso penal", en S. Calaza López, L. Fontestad Portalés y P. R. Suárez Xavier (dres.), *Paideia: perspectivas jurídico-procesales en un mundo digital cambiante*, A Coruña, Colex, 2024, pp. 99-117, así como del mismo autor, véase "Implicaciones del Reglamento (UE) 2023/1543 sobre ordenes europeas de entrega y conservación de pruebas electrónicas y la Directiva (UE) 2023/1544 en el proceso penal", *Revista Electrónica de Direito*, n. 3, 2024, pp. 239-259.

blecido en su Considerando 12, y 38, que establen que, al emitir una OEI, las autoridades deben garantizar el respeto a los derechos fundamentales, en especial la presunción de inocencia y los derechos de la defensa (artículo 48 de la Carta). Cualquier restricción a estos derechos mediante medidas de investigación debe cumplir con los requisitos del artículo 52 de la CDFUE, es decir, ser necesaria, proporcional y perseguir un objetivo legítimo, como el interés general o la protección de los derechos de terceros.

En el contexto actual, sería deseable la creación de un *corpus iuris* del Derecho procesal comunitario. Esta afirmación se deriva de la necesidad de permitir una "aproximación" progresiva de las normas nacionales que regulan los instrumentos de cooperación judicial en materia penal. La ausencia de una *integrazione penale indiretta* por parte de los Estados para la adopción de las medidas necesarias que garanticen la eficacia de estos instrumentos de cooperación pone de manifiesto los límites de las competencias de la UE. El desarrollo hacia un "Derecho procesal penal de la Unión Europea" constituye un paso ambicioso y esencial en la consolidación del ELSJ. Este marco podría servir como modelo para el diseño e implementación de un procedimiento penal europeo aplicable a determinados delitos graves de carácter transfronterizo, especialmente aquellos vinculados al fenómeno de la delincuencia organizada o que representen una amenaza directa contra la seguridad y los intereses fundamentales de la Unión.

III. Autoridades competentes y herramientas en la obtención transnacional de pruebas

El artículo 2 DOEI, sobre la base de la diversificación de los sistemas procesales que componen la UE, establece las definiciones de Estado de emisión y Estado de ejecución[356]. Asimismo, define lo que se entiende por "autoridad emisora" y "autoridad ejecutora", conceptos que resultan especialmente relevantes en este capítulo[357]. Al igual que en otros instrumentos de reconocimiento mutuo, se diferencian claramente las fases de adopción de una OEI de las de su reconocimiento y, en su caso, su puesta en práctica[358]. Este tema es uno de los principales y por esto tiene que quedar muy clara la distinción entre emisión y validación de una OEI y sobre todo quien pueda emitirla y quien validarla.

Adelantamos a este propósito en palabras de JIMENO BULNES, que la "*emisión y transmisión de la OEI en el Estado de emisión corresponde a la denominada «autoridad de emisión», definida en el artículo 2 de la DOEI*"[359] mientras que, la definición de autoridad competente para la ejecución de una OEI queda en manos de cada Estado miembro respectivo. El mismo artículo 2. d), a la luz de lo que la autora señala, indica solo que dicha autoridad deberá

---

356 Textualmente: "A efectos de la presente Directiva, se entenderá por: a) «Estado de emisión»: el Estado miembro en el que se emite la OEI; b) «Estado de ejecución»: el Estado miembro de ejecución de la OEI, en el que la medida de investigación se llevará a cabo".

357 Sobre este tematica, CAIANELLO, Michele, "La nuova direttiva UE sull'ordine europeo d'indagine penale tra mutuo riconoscimento e ammissione reciproca delle prove", *Processo penale e giustizia,* 2015, n. 3, pp. 1-11, y "L'attuazione della direttiva sull'ordine europeo di indagine penale e le sue ricadute nel campo del diritto probatorio", *Cassazione Penale,* 2018, n. 6, pp. 2197-2221.

358 ESTEVÉZ MENDOZA, Lucana, "El traslado temporal de personas de libertad al amparo de la Orden europea de investigación: especialidades según la regulación española", en M. I. González Cano (dra.), *Orden Europea de Investigación y Prueba Transfronteriza en la Unión Europea,* Tirant lo Blanch, Valencia, 2019, pp. 352-367, esp. p. 356.

359 JIMENO BULNES, Mar, "Orden europea de investigación en materia penal", *op. cit.,* esp. p. 174.

tener competencia para reconocer una OEI y garantizar su ejecución de conformidad con esta Directiva, sin que medie *a priori* una autoridad judicial, aunque añade el mismo precepto tal exigencia (*autorización judicial*) cuando esté previsto en su legislación nacional[360].

En su conjunto, este capítulo aborda el estudio de las autoridades competentes en la obtención transnacional de pruebas. A este propósito, debe señalarse que estamos frente a una de las cuestiones que mayor número de decisiones prejudiciales ha suscitado con relación a la OEI, fundamentalmente por lo que se refiere a los organismos encargados de emitirlas y, según proceda, validarlas[361]. La OEI presenta una estructura compleja que causa no poca incertidumbre, sobre todo cuando en la práctica hay discrepancia entre los distintos ordenamientos que, debiendo funcionar de manera armónica, presentan instrumentos elaborados de forma distinta[362].

Así, en primer lugar, en este capítulo analizamos las diligencias de investigación contempladas en la OEI[363], examinando el traslado de pruebas obtenidas como resultado de la ejecución de la OEI, así como de las pruebas que ya obren en poder de las autoridades competentes del Estado de ejecución. En segundo lugar, nos detendremos en las medidas con regulación específica, estudiando por último la diligencia de intervención de comunicaciones, regulada en el Capítulo V de la DOEI, el cual está enteramente dedicado a la "Intervención de telecomunicaciones" (artículos 30 y 31). El contenido de este último no fue tratado por la precedente Decisión Marco 2008/978/JAI del Consejo, de 18 de diciembre de 2008, por lo que todo el contenido del Capítulo V de la DOEI resulta, indudablemente, de gran novedad e interés[364].

---

360 JIMENO BULNES, Mar, "Orden europea de investigación en materia penal", *op. cit.*, esp. p. 175.

361 NIEVA FENOLL, Jordi, "Orden europea de investigación: autoridades competentes en el estado emisor y de ejecución, especial consideración del papel del ministerio fiscal", en M. I. González Cano (dra.), *Orden europea de investigación y prueba transfronteriza en la Unión Europea*, Tirant lo Blanch, Valencia, 2019, pp. 437- 456.

362 PEREZ GIL, Julio, "Orden Europea de Investigación: primeras respuestas del TJUE", *op. cit.*, esp. 156. Así como, BACHMAIER WINTER, Lorena, "European Investigative Order for Obtaining Evidence in the Criminal Proceedings: Study of the proposal for an European Directive", *ZIS*, 2010, Madrid, n. 41, pp. 580-589, esp. pp. 580-581.

363 En sentido amplio TINOCO PASTRANA, Ángel, "L'ordine europeo di indagine penale", *Processo Penale e giustizia*, 2017, n. 2, pp. 346-358.

364 CACCIATORE, Serena, "Intervención de telecomunicaciones en la OEI, Adaptación en el contexto europeo y adaptación en España e Italia", en I. M Villar Fuen-

1. LOS SUJETOS DE LA DIRECTIVA 2014/41/CE DEL PARLAMENTO EUROPEO Y DEL CONSEJO DEL 3 DE ABRIL DE 2014

En el primer apartado de este Capítulo examinamos, los sujetos de la DOEI, refiriéndonos a estos efectos en términos generales a las autoridades judiciales competentes en la emisión y ejecución de la OEI. Hay que destacar en este punto, al menos en su inicio la falta de conocimiento del instrumento por parte de algunos jueces de los fiscales y abogados. De este modo hay que diferenciar entre los operadores jurídicos especializados en cooperación judicial en materia penal y los operadores que trabajan por primera vez en este campo; estos últimos estarían justificados, aunque ya no se puede hablar de la OEI como "nuevo" instrumento contrariamente a como muchos lo definen, porque ha sido introducido en el 2014 por la mencionada Directiva OEI. En este sentido el artículo 82.1.c del TFUE prevé que el Parlamento Europeo y el Consejo adoptarán medidas tendentes a: "apoyar la formación de magistrados y del personal al servicio de la administración de justicia", pues como afirma JIMENO BULNES, es justo reconocer el creciente papel de las instituciones en procurar una formación específica según lo anunciado en el propio portal europeo e-justicia[365].

El concepto de autoridad judicial empezó a concretarse y clarificarse con la DM 2008/978/JAI relativa al exhorto europeo de obtención de pruebas. En efecto, en su artículo 11.4 se prevé, la distinción entre autoridad judicial y no judicial, así como regulaba el procedimiento de validación en los asuntos en que la autoridad emisora no fuera una autoridad judicial.

---

tes (dra.), *Investigación y prueba en los procesos penales de España e Italia*, Aranzadi, Cizur Menor, 2019, pp. 311-320, esp. p. 313.

365 Más ampliamente, JIMENO BULNES, M. "La prueba transfronteriza y su incorporación al proceso penal español", *op. cit.*, esp. p. 732, así como CACCIATORE, Serena, "La aplicación práctica de la orden europea de investigación como mecanismo de obtención transnacional de pruebas", *op. cit.*, esp. p. 302. Además, Resolución 2008/C 299/01 del Consejo y de los Representantes de los Gobiernos de los Estados miembros reunidos en el seno del Consejo, relativa a la formación de jueces y fiscales y del personal al servicio de la administración de justicia en la Unión Europea, DOUE n. C 299 de 22 de noviembre de 2008, pp. 1-4.

En este sentido, resulta destacable la STJUE de 10 de noviembre de 2016, *Krzysztof Marek Poltorak*[366], atinente a un caso motivado por las incertidumbres expresadas respecto a si la emisión de una ODE[367] por parte de la Dirección General de la Policía sueca debía tratarse como emitida por una autoridad judicial en el sentido del artículo 6 DM 2002/584/JAI y si la orden de detención se consideraba una decisión judicial. El tribunal considera con base al artículo 6.1 de citada DM que la noción de autoridad judicial contenida en dicho precepto requiere una «interpretación autónoma y uniforme» en la UE, de acuerdo con la jurisprudencia del Tribunal[368]. El TJUE afirma que la noción de autoridad judicial, en este caso es "*un concepto autónomo del Derecho de la UE, con el carácter vinculante que ello imprime para los Estados*"[369].

Dicho lo anterior y siguiendo a PÉREZ GIL, cuando se habla de autoridad judicial tenemos necesariamente que referirnos también a la "independencia del órgano", que no puede estar sujeto a órdenes o instrucciones externas, en particular del poder ejecutivo incluso en el caso de órganos estructurados en vía jerárquica (como ocurre con la Fiscalías). Por ello, hay que destacar el aspecto relacionado a la vigencia de "*garantías concretas de independencia en sus actuaciones*", sostiene el autor, "*debiéndose excluir a las Fiscalías que puedan recibir instrucciones particulares directamente del poder ejecutivo*"[370]. En los asuntos conocidos como *Fiscalías Alemanas* con sentencia de 27 de mayo de 2019[371], las peticiones de decisión prejudicial tienen por ob-

---

366 STJUE (Sala Cuarta) de 10 de noviembre de 2016, *Krzysztof Marek Poltorak* C-452/16 PPU, ECLI:EU:C:2016:858, (TOL5.863.367).

367 A este respecto, MANDELLI, Malu, "Il concetto di «autorità giudiziaria emittente» nella disciplina del mandato d'arresto europeo alla luce di una recente pronuncia della Corte di giustizia", *Cassazione penale*, 2019, pp. 4512 y ss., disponible en https://shop.giuffre.it/070119999-cassazione-penale.html (fecha de última consulta: el 11 de septiembre de 2025).

368 LARO GONZÁLEZ, Elena, *La Orden Europea de investigación en el espacio europeo de justicia, op. cit.*, p. 112. Más ampliamente, la autora en la misma página señalada destaca *"en cuanto al concepto de autoridad precisa el TJUE que el art. 6 apdo. 1 no se limita a designar a los órganos jurisdiccionales de un Estado miembro, sino que permite cubrir, más ampliamente, a aquellas autoridades que también participan en la administración de justicia"*.

369 LARO GONZÁLEZ, Elena, *La Orden Europea de investigación en el espacio europeo de justicia, op. cit.*, esp. p. 112.

370 PÉREZ GIL, Julio, "Orden Europea de Investigación: primeras respuestas del TJUE", *op. cit.*, esp. pp. 159-160.

371 STJUE (Gran Sala) de 27 de mayo de 2019, asuntos acumulados C-508/18 y C-82/19 PPU ECLI:EU:C:2019:456 (TOL7.249.587), disponible en https://curia.europa.eu/juris/document/document.jsf;jsessionid=E7377CA8EEA75E62029BC-

jeto, como el caso arriba analizado, la interpretación del artículo 6.1 de la DM 2002/584/JAI del Consejo. El Tribunal toma en consideración que el ministerio público de Alemania no puede ser incorporado en la definición de autoridad judicial, puesto que no se puede obviar la posibilidad de que, continua el autor, "*la decisión de la Fiscalía de emitir una ODE pueda estar sujeta en un caso individual a una instrucción del Ministro de Justicia*"[372].

Ahora bien, en el marco de la DOEI, el concepto y el contenido de autoridad judicial avanza. Asimismo, en concreto, en el contexto europeo coexisten sistemas en los que la "instrucción" se dirige por las autoridades judiciales, como España o Francia, simultáneamente a otros en los que la investigación pertenece a la responsabilidad del "Ministerio Fiscal"[373], como Italia, Portugal o Alemania; y por último y como tercer puesto la instrucción corresponde a la Policía, como Dinamarca, el Reino Unido, Finlandia o Suecia[374].

3C9B9BD4910?text=&docid=214466&pageIndex=0&doclang=it&mode=lst&dir=&occ=first&part=1&cid=1626733 (fecha de última consulta: el 11 de septiembre de 2025)
Sobre la temática AMBOS, Kai "Sobre las fiscalías alemanas como autoridad de emisión de la orden europea de detención y entrega", *Revista española de derecho europeo*, 2019, pp. 9-18, así como ALONSO MOREDA Nicolás, "El fiscal como autoridad judicial de emisión de «euroórdenes» a la luz de las sentencias del Tribunal de Justicia de 27 de mayo de 2019 en el asunto c-509/18 y en los asuntos acumulados c-508/18 y c-82/19 ppu ¿un paso definitivo en su concreción?", *Revista General de Derecho Europeo*, 2019, n. 49, pp. 225-249.

372 Además el autor PÉREZ GIL subraya otra condición que integra el concepto de autoridad judicial, utilizado sus propias palabras: "*las decisiones que adopte deberán poder estar sometidas a control judicial, sea este previo, simultáneo o posterior, pero en todo caso centrado en el cumplimiento de los requisitos de su emisión y, en particular, de su proporcionalidad*". PÉREZ GIL, Julio, "Orden Europea de Investigación: primeras respuestas del TJUE", *op. cit.*, esp. p. 160. Además recordamos que el Convenio de Asistencia judicial en materia penal entre los Estados miembros de la Unión Europea, hecho en Bruselas el 29 de mayo de 2000, pues se dice expresamente que el Ministerio Fiscal es autoridad judicial. Vid. PÉREZ GIL, Julio, "El Convenio de Asistencia Judicial en materia penal entre los Estados miembros de la UE ¿un instrumento anclado en coordenadas superadas?" *La Ley: Revista jurídica española de doctrina, jurisprudencia y bibliografía*, 2005, n. 2, pp.1547-1560.

373 MORÁN MARTÍNEZ, Rosa A., "El papel del Fiscal como defensor del principio de reconocimiento mutuo de resoluciones judiciales europeas", *Boletín de información del Ministerio de Justicia*, 2008, n. 2054, pp. 175-182.

374 Esto es un aspecto importante ya que en este trabajo se analizan los modelos italiano y español de aplicación de la OEI. Además, es oportuno en este sentido señalar las palabras textuales del magistrado De Arcos Pérez: "*Hay confusión a veces en el formulario OEI. Hay un apartado que hace referencia a una autoridad que valida la OEI.*

En efecto, señala LLORENTE SÁNCHEZ-ARJONA, supuesto que hay que destacar que "*se acoge un concepto de autoridad judicial en sentido amplio, englobando tanto a Jueces como a miembros del Ministerio Fiscal (...), esta misma autoridad es competente para ordenar la práctica de diligencias de investigación conforme al derecho del foro, ha de serlo igualmente para solicitarla en otro Estado miembro*"[375]. Del mismo modo, la autoridad de emisión podrá ser "cualquier otra autoridad competente (...) que, actúe en calidad de autoridad de investigación en procesos penales y tenga competencia para ordenar la obtención de pruebas con arreglo al Derecho nacional" (artículo 2. C ii.)[376].

Por último, relacionado con los sujetos de la DOEI, un tema que genera disparidad en la interpretación de la Directiva es el concerniente a quién puede solicitar una OEI. Se considera que puede ser concertada de oficio por los órganos judiciales o, según proceda, a petición del fiscal[377]; eso nos obligará a

---

Hay países, sobre todo los países nórdicos, donde la policía puede emitir la orden europea de investigación y luego un juez o un fiscal la valida. Esto en España no ocurre. Con lo cual siempre hay confusión. Este apartado L (Datos de la autoridad judicial que hay legitimado la OEI véase anexo n. 1) *no es aplicable en España. No tienes que hacerle caso. Los fiscales en España pueden aplicar muy poquito. La mayoría tienen que ser firmadas por un juez de instrucción o un juez de lo penal*". Entrevista en línea por parte de Serena Cacciatore el 19 de noviembre de 2020 a Luis De Arcos Pérez.

375 Argumenta la misma autora, "*(...) a diferencia de lo que acontece en nuestro país la instrucción penal en la mayor parte de los Estados integrantes de la UE, está supervisada por el Ministerio Fiscal, el que puede ordenar la mayor parte de las diligencias de investigación*". LLORENTE SÁNCHEZ-ARJONA, Mercedes, *La Orden Europea de investigación y su incorporación al derecho español,* Tirant lo Blanch, Valencia, 2020, esp. p. 130.

376 Así, GUIMARÃES, Ana P., SERRA CASTILHOS, Daniela y SIMÕES BARATA, Mário (eds.), "Autoridade de Emissão na Decisão Europeia de Investigação", *Revista jurídica Portucalense,* 2021, n. 30, pp. 24-36. A este respecto y sobre el control jurisdiccional de la emisión de la OEI, se pronunció el TJUE en su Sentencia, de 16 de diciembre de 2021, *Spetsializirana prokuratura,* C-724/19, ECLI:EU-:C:2021:1020 (TOL8.687.238). El control jurisdiccional de la emisión de la OEI ha marcado un hito importante en cuanto a las características que deben tener las autoridades nacionales competentes para emitir una OEI. Vid. DANIELE, Marcello, "Il controllo giurisdizionale sull'emissione dell'ordine europeo di indagine: la necessaria simmetria con la disciplina nazionale nei casi interni analoghi", *Sistema Penale,* 2022, disponible en https://www.sistemapenale.it/it/scheda/corte-giustizia-ue-2021-c-724-19-controllo-giurisdizionale-ordine-europeo-indagine?out=print (fecha de última consulta: el 11 de septiembre de 2025).

377 Más ampliamente, SÁNCHEZ GÓMEZ Raúl, "El ejercicio del derecho de defensa ante la emisión, reconocimiento o ejecución de una orden europea de investigación", en V. Moreno Catena y M. I. Romero Pradas (dres.), E. Laro González (ed.), *Nuevos postulados de la cooperación judicial en Unión Europea,* Tirant lo Blanch, Valencia, 2021, pp. 623-642, p. 624.

distinguir entre autoridades judiciales de emisión propiamente dichas (Jueces y Fiscales) de otros tipos de autoridades (léase autoridades administrativas y o policiales) o las partes de los procesos (acusación particular o defensa).

SÁNCHEZ GÓMEZ mantiene que la competencia para solicitar la OEI tendrá, en todo caso, naturaleza procesal, de forma que "*tanto las Fuerzas y Cuerpos de Seguridad como la propia Fiscalía podrán solicitar al órgano jurisdiccional competente la validación de una solicitud de orden europea de investigación, mediante el oportuno control judicial tanto sobre el contenido de dicha solicitud como los resultados que afloren de la orden europea de investigación*"[378].

Nos mostramos igualmente de acuerdo con la opinión de GARCÍA DAVID, quien afirma que "*a falta de una prohibición expresa por la ley, como cualquier otra diligencia de investigación, y en aras de garantizar los derechos fundamentales de los ciudadanos (...) pueden ser instadas por el letrado de cualquiera de las partes, ya sea el propio investigado, o el perjudicado, pues lo contrario, supondría cercenar el derecho a una tutela judicial efectiva de las partes, por una cuestión meramente territorial*"[379]. Sobre este asunto, nos detenemos a lo largo del presente Capítulo.

1.1. Autoridades competentes para la emisión y transmisión de la OEI

Consideramos, por lo tanto, autoridad de emisión al juez de instrucción o al fiscal[380] y otra autoridad competente que de manera coherente al Derecho nacional ejerza como autoridad de investigación en procesos penales y tenga competencia para ordenar la obtención de pruebas con arreglo a su ordenamiento jurídico[381].

---

378 GÓMEZ SÁNCHEZ, Raúl, "El ejercicio del derecho de defensa ante la emisión, reconocimiento o ejecución de una orden europea de investigación", *op. cit.*, esp. p. 625.

379 GARCÍA DAVID, Alejandro J., "Las garantías procesales y la orden europea de investigación", *Noticia jurídica*, 2020, disponible en https://noticias.juridicas.com/conocimiento/articulos-doctrinales/15480-las-garantias-procesales-y-la-orden-europea-de-investigacion/ (fecha de última consulta: el 11 de septiembre de 2025).

380 Como hemos adelantado y volvemos a repetirlo, el fiscal está considerando autoridad judicial según el Convenio de asistencia judicial en materia penal; la DOEI incluye a otras personas (el abogado del acusador particular, por ejemplo) y en este último caso él no es autoridad judicial como es el caso de la autoridad administrativa (que no es autoridad judicial), entonces tendrá que validarse.

381 MARCHETTI Maria R., SELVAGGI Eugenio, *La nuova cooperazione giudiziaria penale, Dalle modifiche al codice di procedura penale all'ordine europeo di indagine*, Cedam, Padova, 2019.

En este caso, lo que resulta más cuestionable es la facultad dada a una autoridad distinta a las indicadas para solicitar una medida de investigación[382] si es competente para hacerlo en el Estado de emisión implicado. En otras palabras, corresponderá a una autoridad administrativa o a la policía[383] emitir la OEI en calidad de autoridad competente, aunque tal orden, dictada de tal manera, deberá ser validada[384] previo control de su conformidad con los requisitos para la emisión de una OEI en virtud de la presente Directiva. En particular, se habrá de atender a las condiciones establecidas en el artículo 6.1 DOEI. Es decir, legalidad, admisibilidad, necesidad, proporcionalidad[385].

El hecho de que, en estos casos, la validación se exija antes de la transmisión de la OEI, justifica que la DOEI no contenga un motivo de denegación relacionado a tal validación. En cualquier caso, se trata de un requisito previo a modo de presupuesto procesal y, si no se alcanza, la OEI no podrá emitirse. No obstante, el artículo 9.3 DOEI establece que si una autoridad

---

382 Sobre el tema, FIORDOROVA, Anna, "Emisión de la Orden Europea de Investigación desde la perspectiva del derecho a solicitarla", en I. M. González Cano, *Orden Europea de Investigación y Prueba Transfronteriza en la Unión Europea,* Tirant lo Blanch, Valencia 2019, pp. 535-545.

383 Piénsese al Reino Unido dónde es la policía responsable de procesar y llevar a cabo la investigación penal, para alcanzar la creación del *Crown Prosecution Office,* página oficial disponible en https://www.cps.gov.uk/ (fecha de última consulta: 9 de enero de 2025), como órgano autónomo y la promulgación de la *Prosecution of Offenses.* Vid. VERVAELE, John, A.E., "Counterterrorism: Net Widening and Function Creep in Criminal Justice", en R., Wenin, y G. Fornasari (eds.), *Diritto Penale e Modernità: Le nuove sfide fra terrorismo, sviluppo tecnologico,* Università degli Studi di Trento, Trento, 2017, pp. 247-264, esp. pp. 247-249 y con carácter general, COOLS Marc, DE RUYVER Brice, EASTON Marleen, PAUWELS Lieven, PONSAERS Paul, VANDE WALLE Gudrun, VANDER BEKEN Tom., VANDER LAENEN Freya, VERMEULEN Gert (dres.), *Contemporary Issues in the Empirical Study of Crime, Governance of Security Research Paper Series,* Maklu Publishers, The Netherlands, 2009, así como DIEDE-JAN, Dieben, DIEBEN, Thom, *A challenge for European Law: The merging of internal and external security, When does war become crime? Aspects of the criminal case against Eric O.,* Wolf Legal Publishers, The Netherlands, 2005, esp. pp. 18-23.

384 Se debe tener en cuenta que la validación, es necesaria para que pueda ser emitida una OEI por una autoridad competente diferente de un juez o fiscal. Vid. LLORENTE SÁNCHEZ-ARJONA, Mercedes, *La Orden Europea de investigación y su incorporación al derecho español, op. cit.,* esp. p. 136.

385 Textualmente: "1. La autoridad de emisión únicamente podrá emitir una OEI cuando: a) la emisión de la OEI sea necesaria y proporcionada a los fines de los procedimientos a que se refiere el artículo 4 teniendo en cuenta los derechos del sospechoso o acusado, y b) la medida o medidas de investigación requeridas en la OEI podrían haberse dictado en las mismas condiciones para un caso interno similar".

de ejecución recibe una OEI que no haya sido emitida por una autoridad de emisión de conformidad con los requisitos enumerados en el artículo 2.c) DOEI, la autoridad de ejecución devolverá la OEI al Estado de emisión[386].

Por consiguiente, la posterior incorporación del inciso ii) en la letra c) del artículo 2 DOEI, ausente de la propuesta original de la DOEI, exige la validación de la OEI por una autoridad judicial en sentido estricto cuando la emisión se realiza por una autoridad diferente. De acuerdo con JIMENO BULNES, "*hubiera sido preferible limitar sus solicitudes a la autoridad judicial competente en cada Estado miembro de emisión para adoptar el concreto tipo de medidas de investigación (o prueba) solicitadas*"[387]. Más aún, debe tenerse en cuenta también la posibilidad que una persona investigada o acusada (o en particular defensa) pueda solicitar la emisión de una OEI en el marco de los derechos de la defensa aplicables de conformidad con el procedimiento penal nacional, según dispone el artículo 3.1 DOEI.

A lo largo de las negociaciones sobre la Directiva, se puso de relieve el distinto panorama presente en los Estados miembros, precisándose con claridad lo que había de entenderse como autoridad de emisión[388]. Y es que, en las intervenciones de las distintas delegaciones nacionales se constataba que, aunque la mayoría de estos Estados habían indicado que la autoridad emisora en sus ordenamientos jurídicos tiene el estatuto de juez o fiscal (entre otros, España, Italia, Portugal, Grecia, Bélgica, Luxemburgo, Francia, Alemania y los Países Bajos), también hay otros en los que se atribuye tal función a distintos tipos de autoridades, administrativas o poli-

---

386 DOMÍNGUEZ RUIZ, Lidia, *La orden europea de investigación, Análisis legal y aplicaciones prácticas, op. cit.* esp. p. 73.

387 JIMENO BULNES, Mar, "Orden europea de investigación en materia penal", *op. cit.*, esp. p. 175.

388 Aquí hay que precisar una cuestión, pues el art. 1.2 de la DOEI prevé que se puede emitir una OEI para obtener pruebas que ya están en poder de las autoridades competentes del Estado de ejecución. De acuerdo con GARCÍA DAVID, "*(…) mientras el primero se manifiesta, generalmente, en sede de instrucción, el segundo se desarrolla en el acto plenario, rodeado de las máximas garantías de defensa y contradicción. Hacer coincidir el alcance de la contradicción sobre la obtención de fuentes de prueba en instrucción, con aquella que se predica del plenario, puede significar introducir por vía indirecta la constitución, sui generis, material probatorio de cargo al margen del juicio oral*" por lo dicho, sería conveniente un equilibro entre los dos. GARCÍA DAVID, Alejandro J., "Las garantías procesales y la orden europea de investigación", *op. cit.*, disponible en https://noticias.juridicas.com/conocimiento/articulos-doctrinales/15480-las-garantias-procesales-y-la-orden-europea-de-investigacion/ (fecha de última consulta: el 11 de septiembre de 2025).

ciales (Dinamarca, Suecia, Lituania, Eslovenia y Finlandia forman parte de este segundo grupo)[389].

Ahora bien, resta establecer la manera de su transmisión y por esto necesitamos analizar el artículo 7.1 DOEI que contempla un margen de maniobra amplio en consonancia con el artículo 5 contenido y forma de la OEI, estableciendo que la OEI sea transmitida "por la autoridad de emisión a la autoridad de ejecución por cualquier medio que pueda dejar constancia escrita en condiciones que permitan al Estado de ejecución establecer su autenticidad". Así, se contempla como principal prioridad la comunicación directa entre las dos autoridades, y solo extraordinariamente mediante la autoridad central, como se establece en el artículo 7.3 "si así lo exige la organización de su sistema judicial interno". No en vano, como subraya JIMENO BULNES, el precepto en su totalidad resalta la prelación por el "*principio de contactos directos entre autoridades competentes*"[390], otorgando a la autoridad central una función exclusivamente asistencial respecto de estas. Autoridad central que, entre otras cosas, también deberá ser designada a través de notificación a la Comisión en virtud del artículo 33 DOEI. Por ello, para favorecer esta comunicación directa entre la autoridad de emisión y la de ejecución, la norma menciona reiteradamente la oportunidad de recurrir al apoyo de la RJE[391], que ha resultado determinante en muchas ocasiones en la aplicación de los instrumentos de reconocimiento mutuo entre los diferentes países de la UE[392].

Por último, conforme a la Memoria de la Fiscalía General del Estado relativa al año 2024, "Portugal pasaría a la primera posición desbancando a Alemania de este puesto privilegiado al registrar un total de 1.235 expedientes incoados en nuestra Fiscalía, de los que 317 fueron solicitudes de auxilio

---

389 LLORENTE SÁNCHEZ-ARJONA, Mercedes, *La Orden Europea de investigación y su incorporación al derecho español, op. cit.*, esp. pp. 136-136.

390 Como bien evidencia JIMENO BULNES, expresión utilizada en la nota explicativa de la Exposición de Motivos de la propuesta de OEI, documento n. 9288/10 ADD 1, esp. p. 7. JIMENO BULNES, Mar, "Orden europea de investigación en materia penal", *op. cit.*, esp. p. 177.

391 Textualmente: "En caso de no conocer la identidad de la autoridad de ejecución, la autoridad de emisión realizará las averiguaciones necesarias, incluso a través de los puntos de contacto de la RJE, para obtener la información del Estado de ejecución" (apartado 5).

392 JIMENO BULNES, Mar, "Orden europea de investigación en materia penal", *op. cit.* , esp. p. 176, así como GUERRA, José E. y JANSSENS Christine, "Legal and Practical Challengers in the Application of the European Investigation Order", *Eucrim,* 2019, n. 1, pp. 46-53, disponible en https://eucrim.eu/articles/legal-and-practical-challenges-application-european-investigation-order/ (fecha de última consulta: 23 de abril de 2025).

—principalmente referidas a la notificación de documentos procesales— y 691 OEI, lo que significa un 15% de la cooperación pasiva del Ministerio Fiscal. Alemania pasa al segundo lugar con 1.230 expedientes (igualmente el 15% de nuestra cooperación pasiva), de los que 220 fueron solicitudes de auxilio sin finalidad probatoria —la mayoría denuncias a fines procesales del artículo 21 del Convenio de 1959 referidas a estafas telemáticas— y 666 OEI. En tercer lugar, de este *ranking*, se sitúa de nuevo a Países Bajos con 791 expedientes, de los cuales 360 fueron certificados de embargo enviados a las distintas fiscalías y 224 OEI, acaparando el 10% de la carga de trabajo.

El porcentaje de solicitudes dentro de la UE copa el 91% de las recibidas con 7.956 peticiones de asistencia. En relación con el 9%, restante procedente de Estados no comunitarios, destacan Suiza y Reino Unido con 87 comisiones rogatorias respectivamente y los 257 expedientes procedentes de países Iberoamericanos que cubre el 3% restante"[393].

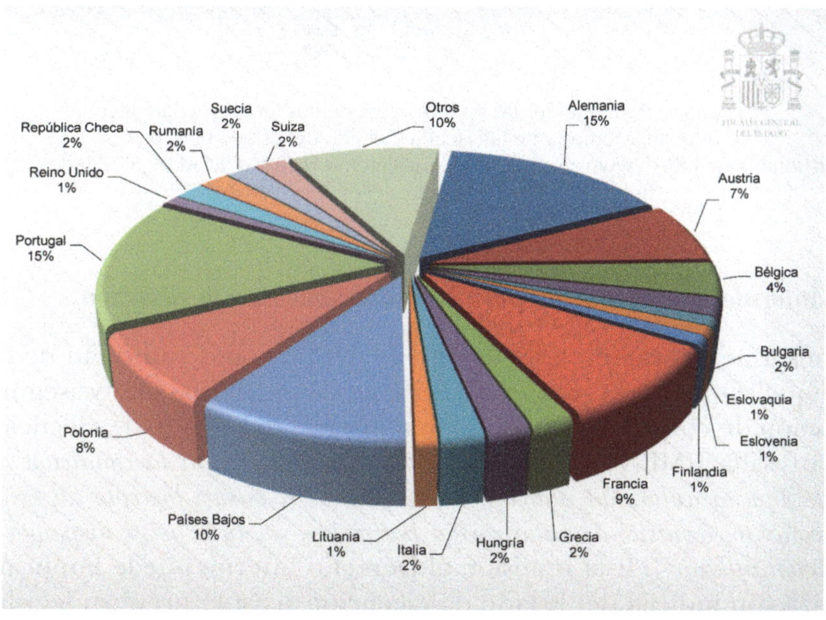

Figura n. 8. Estados miembros de emisión (Estadística por Países)
Fuente: Memoria de la Fiscalía General del Estado del 2024.
Disponible en https://www.fiscal.es/memorias/memoria2023/FISCALIA_SITE/index.html (fecha de última consulta: 19 de mayo de 2025).

393 Memoria elevada al Gobierno de S. M., 2024. Disponible en https://www.fiscal.es/memorias/memoria2023/FISCALIA_SITE/index.html (fecha de última consulta: 19 de mayo de 2025).

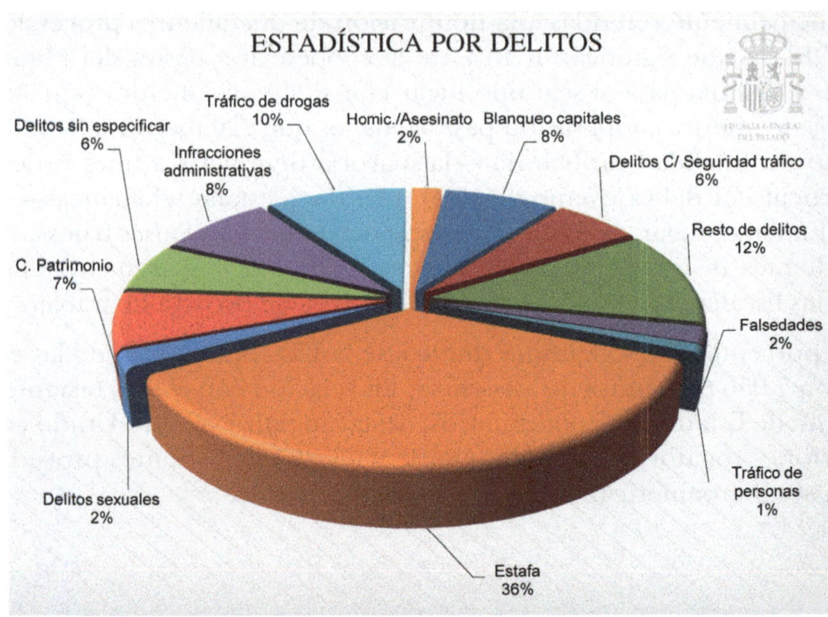

Figura n. 9. OEI remitidas en base a los delitos (análisis cualitativo)
Fuente: Memoria de la Fiscalía General del Estado del 2024.
Disponible en https://www.fiscal.es/memorias/memoria2024/FISCALIA_SITE/index.html
(fecha de última consulta: 19 de mayo de 2025).

1.2. Autoridades competentes para el reconocimiento y la ejecución

Conforme el artículo 2. d) DOEI, se define como autoridad de ejecución aquella que tenga competencia para reconocer una OEI y asegurar su aplicación de conformidad al régimen interno del Estado de ejecución[394]. Como resalta JIMENO BULNES, "*no es exigida a priori la condición de que se trate de una autoridad judicial, si bien añade el mismo precepto tal exigencia —en concreto, requisito de autorización judicial— «cuando así se disponga en su legislación interna»*". Esta remisión al Derecho Interno puede implicar una autorización judicial del Estado de ejecución si así lo prevé su legislación interna[395].

394 JIMENO BULNES, Mar, "Orden europea de investigación en materia penal", *op. cit.*, esp. p. 178.

395 En palabras de LLORENTE SÁNCHEZ-ARJONA la OEI defiende "*el legislador, consciente de las diferencias entre los distintos sistemas procesales, acoge la posibilidad de que si quien lo solicita no es autoridad judicial se requiera de la intervención de un Juez o de un Fiscal del Estado de emisión que valide dicha decisión (art. 2 .c) ii) de la DOEI*".

La DOEI dedica buena parte del articulado al reconocimiento y ejecución, específicamente desde el artículo 9 (situado en el Capítulo III) hasta el artículo 21 (en el Capítulo IV). Así, el artículo 9 prevé que la autoridad de ejecución debe reconocer la orden transmitida sin imponer ulteriores formalidades y adoptar inmediatamente todas las medidas necesarias para su ejecución, excepto en el caso de que exista alguna de las causas de no reconocimiento o no ejecución o alguno de los motivos de aplazamiento que se enumeran exhaustivamente en el texto de la DOEI. Hay que remarcar que en el mismo artículo 9 se refleja el principio de "equivalencia"[396] para la ejecución de la OEI, es decir, la obligación del reconocimiento y ejecución "de la misma manera y bajo las mismas circunstancias que si la medida de investigación de que se trate hubiera sido ordenada por una autoridad del Estado de ejecución". La decisión sobre el reconocimiento y la ejecución se adopta teniendo en cuenta las formalidades y procedimientos indicados por la autoridad emisora, siempre que no estén en conflicto con los principios fundamentales de la legislación del Estado de ejecución. Esta similitud con el sistema tradicional de asistencia judicial, así como las continuas referencias al Derecho interno del Estado de ejecución y la amplitud de los motivos de denegación de reconocimiento o de la ejecución, han sido criticadas desde foros académicos especializados. Como ya se ha puesto de manifiesto en un momento anterior de la presente obra, dado que algunos autores sitúan a la OEI en un estado intermedio entre un instrumento de reconocimiento mutuo basado en la confianza mutua y un mecanismo de asistencia judicial.

El objetivo de asegurar la celeridad en las actividades de adquisición de las pruebas llevó al legislador europeo, en línea con el espíritu que caracteriza a los instrumentos de reconocimiento mutuo, a establecer plazos estrictos para el reconocimiento y la ejecución, tal como se dispone en el artículo 12.1[397]. En virtud de la norma europea, la autoridad de ejecución, una vez cumplidas las obligaciones de información, ha de reconocer la OEI —lo antes posible— o, según proceda, a más tardar—, en un plazo de treinta días a partir de su recepción, según establece el artículo 12.3 DOEI. En caso de existir medidas específicas para la ejecu-

---

LLORENTE SÁNCHEZ-ARJONA, Mercedes, *La Orden Europea de investigación y su incorporación al derecho español, op. cit.*, esp. p. 130.

396 Expresión utilizada por parte de JIMENO BULNES, en "Orden europea de investigación en materia penal", *op. cit.*, esp. p. 179.

397 Textualmente: "La resolución de reconocimiento o ejecución se adoptará y la medida de investigación se llevará a cabo con la misma celeridad y prioridad que en casos internos similares".

ción, permitirá que el plazo de adopción de las medidas solicitadas en la OEI sea, como máximo, de 90 días.[398].

Para asegurar la admisibilidad de la diligencia solicitada, en lo que respecta al régimen jurídico aplicable a la ejecución de la medida de investigación solicitada en la OEI, debe añadirse que el régimen adoptado respeta las reglas de la *lex fori* tal como establece el artículo 9.2 DOEI. Este precepto dispone expresamente que se aplicarán "las formalidades y procedimientos expresamente indicados por la autoridad de emisión" siempre que ello no entre en conflicto con la *lex loci* "salvo que la presente Directiva disponga lo contrario y siempre que tales formalidades y procedimientos no sean contrarios a los principios jurídicos fundamentales del Estado de ejecución"[399].

En este apartado sobre reconocimiento y ejecución, conviene hacer referencia a un aspecto complejo ya analizado con carácter general en su momento, es decir, los motivos de denegación del reconocimiento o la ejecución de una OEI en el Estado de ejecución dispuesto en el artículo 11 DOEI. En resumen, entre estos últimos señalamos, cuando existe una inmunidad o privilegio en el Derecho del Estado de ejecución que haga imposible ejecutar la OEI[400], o normas sobre determinación y limitación de la responsabilidad penal, junto al riesgo de poner en peligro la seguridad pública[401]. En este último caso, JIMÉNEZ CRESPO afirma que para un juez o fiscal puede resultar especialmente complejo evaluar si en la OEI concu-

---

398 MANGIARACINA, Annalisa, "Il procedimento di esecuzione dell'OEI e i margini nazionali di rifiuto", *op. cit.* esp. p. 111, (traducción propia).

399 JIMENO BULNES, Mar, "Orden europea de investigación en materia penal", *op. cit.*, esp. p. 180. Además, la autora sostiene que, aunque se da prioridad a la *lex fori*, en la lógica prevalece la aplicación de la *lex loci*, por lo que se puede comprobar una combinación de los dos principios en el sentido descrito anteriormente; así, la *lex fori* tiene lugar en cuanto a la adopción o no de la medida solicitada y la *lex loci* en cuanto a su tramitación.

400 Se prevé la posibilidad de renunciar al privilegio o a la inmunidad, de acuerdo con el art. 11.5 DOEI. El levantamiento de la inmunidad no es un elemento nuevo de la Directiva, pues ya estaba incorporado en algunos instrumentos, como la ODE, e implica la autorización para que la persona sea procesada o enjuiciada, LARO GONZÁLEZ, Elena, *La Orden Europea de investigación en el espacio europeo de justicia, op. cit.*, esp. p. 340.

401 JIMÉNEZ CRESPO, "Cuestiones prácticas relativas al Exhorto europeo de obtención de pruebas", en C. Arangüena Fanego, M. De Hoyos Sancho y C. Rodríguez-Medel Nieto (dres. y coord.), *Reconocimiento mutuo de resoluciones penales en la Unión Europea. Análisis teórico-práctico de la Ley 23/2014, de 20 de noviembre*, Aranzadi, Cizur Menor, 2015, pp. 520-541, esp. p. 521.

rren circunstancias que puedan perjudicar la seguridad nacional, comprometer fuentes de información o implicar el uso de información calificada vinculada a actividades de inteligencia. Por lo tanto, sugiere que, en caso de sospecha, podrían solicitarse aclaraciones adicionales a las autoridades competentes y, una vez recibida respuesta, denegar el reconocimiento por tales motivos.

Otros supuestos de denegación de la OEI; son la ausencia de una medida de investigación capaz de obtener resultados similares en el Estado de ejecución; vulneración del principio *ne bis in idem*[402]; o la no consideración de un delito como tal en el Estado de ejecución. Mantiene JIMÉNEZ-VILLAREJO FERNÁNDEZ, que "*la introducción de este motivo basado en el principio de territorialidad es una causa de denegación inadecuada o excesiva en un contexto de libre circulación de pruebas, debiendo solventarse los problemas derivados de los conflictos de jurisdicción que puedan provocar la existencia de investigaciones paralelas a través de otros mecanismos supranacionales establecidos al efecto, y no mediante la denegación de la cooperación judicial*"[403].

Junto con ello, la violación de derechos en virtud del artículo 6 TUE; la ausencia de doble perjuicio en el estado de ejecución[404] y que la medida de investigación exigida esté limitada, con arreglo al Derecho del Estado de ejecución, a una lista o categoría de delitos, a partir de un determinado umbral que no alcance el delito a que se refiere la OEI[405]. Siguiendo a

---

402 Se critica el desarrollo de este principio en la legislación de la UE por la falta de armonización en este ámbito y la reticencia de los Estados miembros a la confianza mutua para la aplicación del principio *ne bis in idem*. Seminario titulado "EU ne bis in idem", 19 septiembre 2019, Utrecht, *Master on European and International Criminal Law*.

403 DE HOYOS SANCHO en su trabajo mencionado anteriormente "La Orden Europea de Investigación: reflexiones sobre su potencial efectividad a la vista de los motivos de denegación del reconocimiento y ejecución en España", en la nota a pie de página n. 70, menciona el pensamiento de JIMÉNEZ-VILLAREJO FERNÁNDEZ, Francisco, a su vez en la "*Orden europea de investigación ¿adiós a las comisiones rogatorias?*", *op. cit.*, esp. p. 429.

404 Este precepto requiere que el delito que da lugar a la emisión de una OEI sea también un delito en el Estado de ejecución, aunque no se requiere la identificación de las normas penales, sino que la conducta delictiva debe estar tipificada tanto en el Estado requirente como en el requerido. Este principio se puede definir como una manifestación del principio de legalidad penal y representa una garantía para los individuos. Más información en BENE, Teresa, LUPARÍA, Luca, y MARIAFIOTI, Luca, *L'Ordine europeo di indagine*, G. Giappichelli, Torino, 2016.

405 Más ampliamente, JIMENO BULNES, Mar, "Orden europea de investigación en materia penal", *op. cit.*, esp. p. 183.

JIMENO BULNES, la complejidad y la confusión aumentan con la adición de otros motivos implícitos de denegación, "*en su caso expuestos en diferente articulado, como es el caso de la inexistencia de acuerdo respecto al abono de costes excepcionalmente elevados derivados de la ejecución de la OEI, o incluso, aún más discutible, la no superación del test de proporcionalidad en el Estado de ejecución por parte de la medida solicitada*"[406].

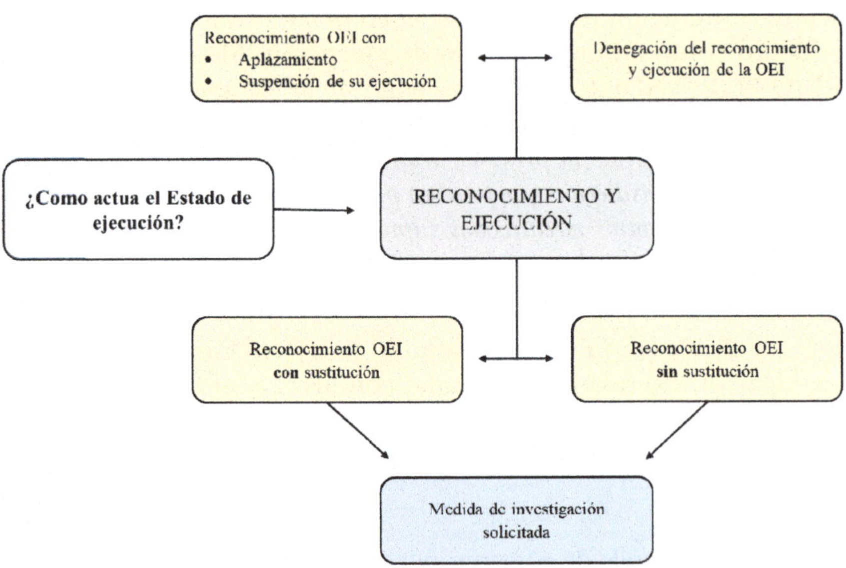

Figura n. 10 El Estado de ejecución. Fuente: elaboración propia en base a la información contenida en DOMÍNGUEZ RUIZ, Lidia, *La orden europea de investigación, Análisis legal y aplicaciones prácticas, op. cit.*, p. 193.

1.3. ¿Autoridad judicial y/o administrativa?

Como hemos mencionado anteriormente, conforme a lo dispuesto en el artículo 4 DOEI, la OEI podrá emitirse tanto en relación con un procedimiento penal en sentido propio, como en relación con los procedimientos asimilados al proceso penal o, en palabras de JIMÉNEZ LÓPEZ, "*aquellos que, siendo inicialmente procedimientos administrativos podrían dar lugar a un recurso o procedimiento ante un órgano judicial penal o los procedimientos ante*

406 JIMENO BULNES, Mar, "Orden europea de investigación en materia penal", *op. cit.*, esp. p. 183.

una autoridad judicial que no sea en sentido estricto juez de instrucción o fiscal instructor ni órgano judicial de enjuiciamiento, pero que pueda dar lugar a recurso o procedimiento ante un órgano judicial penal en sentido estricto"[407].

Además, el artículo 4. d) DOEI establece también los procedimientos en los que puede emitirse la OEI, dirigidos no sólo a personas físicas si no también frente a personas jurídicas[408] cuando una de ellas "*pueda ser considerada responsable o ser castigada en el Estado de emisión*"[409].

Cuando se habla de autoridad de emisión, surge también la problemática de la presencia de entidades auténticamente administrativas a las que un pequeño número de Estados conceden la condición de autoridad emisora. Esto se verifica cuando entre otros, la legislación de un Estado que emite una OEI incluye a las autoridades aduaneras o, más a menudo, a las autoridades fiscales[410].

Con todo lo anterior, merece la pena detenerse en la *Procura della Repubblica di Trento* (Fiscalía de la República de Trento), que ha sido una de las primeras en presentar una cuestión prejudicial al TJUE el 24 de enero de 2020[411], dando lugar a la sentencia *Finanzamt für Steuerstrafsachen und Steuerfahndung Münster contra XK* de 2 de septiembre de 2021.

---

407 JIMÉNEZ LÓPEZ, María de la Nieves, "Las medidas de investigación tecnológicas en la orden europea de investigación", *op. cit.*, esp. p. 190. Además, en palabras de DOMÍNGUEZ RUIZ, "*se puede emitir una OEI tanto en procesos penales como en procesos inicialmente no penales pero que culminen en un proceso penal*". DOMÍNGUEZ RUIZ, Lidia, *La orden europea de investigación, Análisis legal y aplicaciones prácticas, op. cit*, esp. 66.

408 Cabe recordar que la DOEI se refiere a la responsabilidad de las personas jurídicas sin establecer las condiciones, sino con carácter general, lo cual podría causar problemas en la práctica como apoya VILLODRE LÓPEZ, José, en "La orden europea de investigación penal: transposición de la Directiva 2014/41 del Parlamento Europeo y del Consejo de 3 de abril de 2014" (III, 2), *Diario La Ley*, 2018, n. 9273, disponible en http://diariolaley.laley.es (fecha de última consulta: 19 de mayo de 2025), con carácter general, JIMENO BULNES, Mar, "La responsabilidad penal de las personas jurídicas y los modelos de compliance: un supuesto de anticipación probatoria", *Revista General de Derecho Penal*, 2019, n. 32, pp. 1-62.

409 Sobre el tema, DI FRANCESCO MAESA, Costanza, "Balance between Security and Fundamental Rights Protection: An Analysis of the Directive 2016/680 for data protection in the police and justice sectors and the Directive 2016/681 on the use of passenger name record (PNR)", *eurojus.it*, 2016, disponible en http://rivista.eurojus.it/ (fecha de última consulta: el 11 de septiembre de 2025).

410 PEREZ GIL, Julio, "Orden Europea de Investigación: primeras respuestas del TJUE", *op. cit.*, esp. 157.

411 STJUE (Sala Cuarta) de 2 de septiembre de 2021, ECLI:EU:C:2021:670, (TOL8.570.484).

La cuestión estriba en si un Estado miembro puede conceder libremente a una autoridad administrativa competente en materia de investigación el estatuto de "autoridad judicial" a efectos de la emisión de un OEI, de modo que no sea necesaria la validación judicial[412]. La petición de decisión prejudicial tiene así por objeto la interpretación del artículo 2, letra c), inciso ii), de la DOEI.

La sentencia del TJUE como adelantado, tuvo lugar el 2 de septiembre de 2021. En el apartado 23 de la misma se indica que en la resolución de remisión "(...) la Fiscalía de Trento señala que la orden europea de investigación debe ser necesariamente una resolución judicial, en el sentido de que, de conformidad al artículo 2, letra c), de la Directiva 2014/41, debe ser adoptada bien por una autoridad judicial, bien por una autoridad administrativa y validada por una autoridad judicial"[413].

Sobre la admisibilidad de la petición de decisión prejudicial, el Gobierno alemán y la Comisión tuvieron duda si la *Procura della Repubblica di Trento* en conformidad con el artículo 267 TFUE, tenía la condición de "órgano jurisdiccional"[414].

El Considerando 34 DOEI refleja que las medidas establecidas en una OEI tienen carácter cautelar y que su ejecución tiene el exclusivo propósi-

---

412 PEREZ GIL, Julio, "Orden Europea de Investigación: primeras respuestas del TJUE", *op. cit.*, esp. 157.

413 Sin embargo, en el presente caso, el Servicio para los delitos en materia tributaria (autoridad administrativa) alega que puede emitir una OEI, firmada por su director administrativo, aunque dicha orden tenga que ser validada por un juez o un fiscal, puesto que está habilitado para ejercer los mismos derechos y responsabilidades que la fiscalía alemana en virtud del artículo 399, apartado 1, de la Ley General Tributaria alemana. Por ello, la Fiscalía de Trento expone la cuestión de si el artículo en cuestión (2, letra c), "permite a un Estado miembro transmitir una OEI emitida por una autoridad administrativa cuando no ha sido validada por una autoridad judicial".

414 En cuanto a los criterios de origen legal del organismo emisor. El TJUE reconoce el criterio de la *Procura di Trento.* Se examina también si, en el marco del procedimiento que le llevó a recurrir al TJUE, la Fiscalía de Trento actuó o no en ejercicio de una actividad jurisdiccional (en el sentido del artículo 267 TFUE). En este sentido, se subraya que los órganos jurisdiccionales nacionales sólo pueden pedirles que se pronuncien si hay un litigio pendiente ante ellos y si "deben adoptar su resolución en un procedimiento que concluya con una decisión de carácter jurisdiccional". Sin embargo, cuando actúa como autoridad para la ejecución de una OEI en el sentido del art. 2, letra d) DOEI, la fiscalía italiana (en este caso de Trento), no es competente para resolver un litigio y, en consecuencia, no puede considerarse que ejerza una función jurisdiccional.

to de: obtención de pruebas y si se alcanzan los requisitos su consiguiente transmisión a la autoridad emisora mencionada en la letra c) del artículo 2 DOEI[415].

Ahora bien, no puede considerarse que la autoridad de ejecución, en el sentido del artículo 2, letra d), que procede a reconocer y ejecutar una OEI, "esté encargada de emitir un fallo". A tal efecto, corresponde exclusivamente a las autoridades judiciales competentes del Estado miembro emisor pronunciarse definitivamente sobre dichas pruebas en el procedimiento penal pendiente en dicho Estado. Como recuerda la misma sentencia "las medidas de investigación previstas por una orden europea de investigación tienen carácter cautelar por naturaleza y, por lo tanto, las resoluciones relativas al reconocimiento y a la ejecución de dicha orden europea de investigación no se asemejan a decisiones de carácter jurisdiccional".

A la luz de todas las consideraciones precedentes, la petición de decisión prejudicial planteada por la *Procura della Repubblica di Trento* es inadmisible. Parece claro, sin embargo, que cuando la solicitud va acompañada de medidas coercitivas o restrictivas de derechos fundamentales, no debería poder eludirse la intervención de la autoridad judicial en la emisión o validación[416].

---

415 La formulación de este Considerado puede crear confusión, pues mientras que el artículo 32 DOEI nos remite al aseguramiento cautelar de un objeto que puede ser utilizado como prueba, el Considerando 34 que regula el ámbito de aplicación, no sólo se refiere a las medidas cautelares destinadas a la obtención de pruebas, sino también a las que prevén el decomiso posterior. Textualmente (Considerando 34): "Debe subrayarse, en tal sentido, que cualquier objeto, incluidos los activos financieros podrá someterse a medidas cautelares en el curso de un procedimiento penal, no solo con vistas a la obtención de pruebas sino también a su decomiso". RODRÍGUEZ-MEDEL NIETO, Carmen, *Obtención y admisibilidad en España de la prueba penal transfronteriza. De las comisiones rogatorias a la orden de investigación, op. cit.*, esp. p. 333.

416 PEREZ GIL, Julio, "Orden Europea de Investigación: primeras respuestas del TJUE", *op. cit.*, esp. 158. A este respecto, en las Conclusiones del Abogado General M. Campos Sánchez-Bordona presentadas el 11 de marzo de 2021, ECLI:EU:C:2021:200, (TOL9.907.774), se aclara en último término "*El artículo 2, letra c), inciso ii), de la Directiva (…), debe interpretarse en el sentido de que no permite a un Estado miembro eximir a las autoridades administrativas nacionales competentes en materia tributaria, incluso cuando estén facultadas para llevar a cabo la instrucción de determinados procesos penales, de la obligación de requerir, antes de la transmisión de una orden europea de investigación a la autoridad de ejecución, su validación por un juez, un órgano jurisdiccional, un fiscal o un juez de instrucción del Estado de emisión*".

Interesa mencionar otro pronunciamiento del TJUE, esta vez referido a los conceptos de "autoridad judicial" y de "autoridad de emisión". La Sentencia en cuestión es la de 8 de diciembre de 2020, en el asunto *Staatsanwaltschaft Wien (Ordres de virement falsifiés)*[417]. En esta sentencia el asunto versaba sobre procedimiento penal por fraude instruido por la *Staatsanwaltschaft Hamburg* (Fiscalía de Hamburgo, Alemania) contra A. y otras personas no identificadas. Se suponía que estos últimos "*habían falsificado trece órdenes de transferencia bancaria utilizando datos obtenidos ilegalmente, lo que supuestamente les permitió transferir 9 800 euros a una cuenta bancaria abierta a nombre de A. en una entidad bancaria austriaca*"[418].

Por lo que nos interesa, la Fiscalía de Hamburgo emitió una OEI que remitió a la Fiscalía de Viena, solicitando que le proporcionara copias de los extractos de las cuentas bancarias pertinentes al plazo en cuestión. Sin embargo, en virtud de la Ley de Enjuiciamiento Criminal austriaca, el Ministerio Fiscal austriaco no puede ordenar una medida de investigación de este tipo a menos que tenga una autorización judicial previa. Por ello, la Fiscalía de Viena solicitó al Tribunal Regional de lo Penal de Viena que autorizara tal medida de investigación.

Según el Derecho procesal alemán, la Fiscalía de Hamburgo puede recibir instrucciones del *Justizsenator von Hamburg* (consejero de Justicia de Hamburgo, Alemania), y este último cuestionaba si tal OEI debía ser ejecutada por las autoridades austriacas. Su incertidumbre se refería, en particular, a la aplicabilidad, en el ámbito de la DOEI, de la reciente jurisprudencia del TJUE sobre la noción de "autoridad judicial emisora" de una ODE, en el sentido de la DM. 2002/584/JAI relativa a la ODE y a los procedimientos de entrega entre Estados miembros. Dicho órgano jurisdiccional preguntó al Tribunal de Justicia si la fiscalía de un Estado miembro podía ser considerada como una "autoridad judicial" competente para emitir una OEI en el sentido de la Directiva, aunque estuviera expuesta al riesgo de ser sometida a instrucciones u órdenes individuales del poder ejecutivo en el marco de la adopción de dicha orden.

---

417 STJUE de 8 de diciembre de 2020, *Staatsanwaltschaft Wien* C-584/19, ECLI:EU:C:2020:1002, (TOL9.907.774).

418 Informe anual actividad judicial, TJUE, febrero 2021, Unión Europea, pp. 1-399, disponible en https://curia.europa.eu/jcms/jcms/Jo2_7000/es/ (fecha de última consulta: el 11 de septiembre de 2025). En la misma página web se encuentra el informe anual del 2024 que se menciona a continuación.

En su fallo, el Tribunal de Justicia declaró que los conceptos de «autoridad judicial» y de «autoridad de emisión», en el sentido de la DOEI, incluyen al fiscal de un Estado miembro. Indicó, con carácter preliminar, que conforme a dicha norma, una OEI solo puede ejecutarse si quien la emite es una «autoridad de emisión». Asimismo, precisó que la consideración del fiscal como tal autoridad —ya sea de emisión o judicial— no está condicionada a la ausencia de una relación de subordinación jurídica respecto del poder ejecutivo del Estado miembro al que pertenece[419].

2. ¿DILIGENCIAS ESPECÍFICAS AL AMPARO DE LA OEI?

La Directiva no establece "*una relación de investigación o de prueba que puedan practicarse al amparo de una OEI*"[420]. Se asume que el principio general que cualquier diligencia de investigación puede ser objeto de OEI, así como que no establece un número concreto de medidas de investigación. No obstante, en el artículo 10.2 DOEI, se establece: "sin perjuicio del artículo 11, el apartado 1 no se aplicará a las siguientes medidas de investigación, que siempre tienen que existir en el Derecho nacional del Estado de ejecución"[421].

Lo que hay que resaltar es que la OEI no sólo incorpora medidas de investigación propiamente dichas sino también medidas para el aseguramiento cautelar de específicos objetos susceptibles de ser empleados en un proceso continuado en el Estado de emisión como prueba o para su posterior decomiso[422], "evitando su destrucción, transformación, desplazamiento, transferencia o enajenación y también para que una vez asegurados sean transferidos si bien con un cierto carácter accesorio a la propia investigación" (artículo 32.1 DOEI).

Como evidencia el Considerando 34 DOEI, "el deslinde entre los dos objetivos de las medidas cautelares no siempre resulta evidente, y el objetivo de la medida cautelar puede cambiar en el curso del procedimiento.

---

419 Informe anual actividad judicial, TJUE, febrero 2021, Unión Europea, *op. cit.*, esp. p. 118.

420 ARANGÜENA FANEGO, Coral, "Orden europea de investigación: aspectos generales del nuevo instrumento de obtención de prueba penal transfronteriza", *op. cit.*, esp. p. 310.

421 Advertimos que, aunque lo hemos mencionado anteriormente, regula los motivos de denegación del reconocimiento o de la ejecución.

422 Al respecto, GONZÁLEZ CANO, Isabel, *El decomiso como instrumento de la cooperación judicial en la Unión Europea y su incorporación al proceso penal español*, Tirant lo Blanch, Valencia, 2016.

Por tal motivo, para los trabajos futuros resulta esencial mantener una interrelación fluida entre los diversos instrumentos aplicables en este ámbito. Además, por el mismo motivo, la valoración de si el objeto va a utilizarse como prueba y por consiguiente puede ser objeto de una OEI debe corresponder a la autoridad de emisión".

Ahora bien, se introduce de esta forma el Capítulo VI DOEI, enteramente dedicado a las "Medidas cautelares". Aunque en la norma se utiliza el término "medida cautelar", la finalidad que se persigue no es la de permitir el desarrollo del juicio o la ejecución de la sentencia, sino la de preservar la prueba para asegurar su práctica en el juicio oral, que es el momento en el que se practica la prueba, aunque este principio tiene las excepciones de la "prueba anticipada y de la prueba preconstituida"[423].

Lo que debe destacarse es que, cuando se solicite una de las medidas a las que se refiere el artículo 32. 1 DOEI, la autoridad de emisión deberá indicar en la OEI si la prueba debe ser transferida al Estado de emisión o, por el contrario, conservada en el Estado de ejecución. Será la autoridad de ejecución a la que corresponderá reconocer y ejecutar este tipo de OEI. En el caso de que se verifique la conservación de la prueba en el Estado de ejecución, la autoridad de emisión tendrá que indicar la fecha en la que "habrá de levantarse la medida cautelar a que se refiere el apartado 1, o la fecha estimada de presentación de la solicitud de que la prueba sea trasladada al Estado de emisión" según refiere el artículo 32. 4 DOEI.

La autoridad de ejecución podrá, previa consulta con la autoridad de emisión de conformidad con la legislación y la práctica nacionales, establecer condiciones adecuadas a las circunstancias del caso para limitar el período de validez de la medida provisional mencionada en el anterior artículo 32. 1 DOEI. Si, de acuerdo con estas condiciones, la autoridad de ejecución tiene la intención de revocar la medida provisional, deberá informar a la autoridad de emisión, a la que se le dará la oportunidad de presentar sus observaciones. Por su parte, la autoridad de emisión notificará inmediatamente a la autoridad de ejecución la revocación de dicha medida, conforme a lo previsto en el artículo 32.5 DOEI.

Otra cuestión que merece ser expuesta es la reiterada problemática de las medidas cautelares de embargo, que se ha agravado por la diferencia de

---

[423] LARO GONZÁLEZ, Elena, *La Orden Europea de investigación en el espacio europeo de justicia, op. cit.*, esp. p. 296.

tratamiento según la finalidad de éste[424]. Es decir, si se trata de un embargo para garantizar un decomiso se hará referencia a la DM 2003/577/JAI del Consejo, de 22 de julio de 2003, pero si se trata de un aseguramiento de pruebas, el instrumento correspondiente es la OEI.

El Considerando 3 DOEI, establece "que la Decisión Marco 2003/577/JAI del Consejo aborda la necesidad del reconocimiento mutuo inmediato de resoluciones para prevenir la destrucción, transformación, desplazamiento, transferencia o enajenación de pruebas. No obstante, habida cuenta de que el instrumento se limita a la fase de embargo, las resoluciones de embargo tienen que ir acompañadas de una solicitud por separado de transferencia de la prueba que se presentará al Estado de emisión de la orden («el Estado de emisión») de conformidad con las normas aplicables a la asistencia mutua en materia penal. Esto resulta en un procedimiento en dos etapas, lo que perjudica su eficacia. Además, este régimen coexiste con los instrumentos tradicionales de cooperación, por lo que en la práctica las autoridades competentes lo utilizan con muy poca frecuencia". No queremos dejar pasar la oportunidad de dejar reflejado que en la práctica es difícil diferenciar entre una y otra finalidad, habiéndose constatados abusos en la solicitud de medidas provisionales a través, de la OEI[425].

2.1. Traslado de pruebas obtenidas y garantías procesales

En el anexo A del formulario de la DOEI se establece que "la autoridad de emisión certifica que la emisión de la presente OEI es necesaria y proporcionada a efectos de los procedimientos que en él se especifican teniendo en cuenta los derechos del investigado o acusado y que las medidas de investigación solicitadas podrían haberse ordenado en las mismas condiciones en un caso interno similar"[426].

---

424 MARTÍNEZ GARCÍA, Elena, "La orden europea de investigación: breve aproximación a la complejidad de la cooperación judicial transfronteriza en materia probatoria", en I. Díez-Picazo Giménez y J. Vegas Torres (coords.), *Derecho, Justicia, Universidad Liber amicorum de Andrés de la Oliva Santos*, Editorial Universitaria Ramón Areces, Madrid, 2016, pp. 2069- 2084.

425 Memoria elevada al Gobierno de S. M. del 2024, Capítulo VII, disponible en https://www.fiscal.es/memorias/memoria2024/FISCALIA_SITE/index.html (fecha de última consulta: 23 de abril de 2025).

426 A este respecto, se señalan las palabras de Juan J. Navas Blánquez: *"Creo que la UE está fortaleciendo las garantías procesales de los acusados a favor de la cooperación judicial internacional. El principal problema que veo es que muchas veces, cuando se pide en España una OEI el acusado no se encuentra en España. Por ejemplo, imagínate una entrada de*

IBÁÑEZ LÓPEZ-POZAS afirma que estamos ante una fórmula "*cicloestilada o estereotipada*" cuya apreciación sólo puede ser de "*total rechazo*" al igual que ha señalado el TJUE en la Sentencia de 8 de septiembre de 2016 asunto *GS Media BV contra Sanoma Media Netherlands BV y otros*[427], que declara: "*el deber de motivación establecido en el artículo 296 TFUE exige en cualquier circunstancia, incluso cuando la motivación del acto de la Unión concuerde con los motivos expuestos por un órgano internacional, que dicha motivación identifique las razones individuales, específicas y concretas por las que las autoridades competentes consideran que la persona afectada debe ser objeto de esas medidas. Así pues, el juez de la Unión debe comprobar, en particular, si los motivos invocados son suficientemente precisos y concretos*"[428]. La garantía de los derechos fundamentales[429] de la persona perjudicada por la diligencia de investigación solicitada se confiaría exclusivamente al *«buen hacer»*, y de los principios y normas que regulan la actuación de la autoridad de emisión y, tal y como recoge la Directiva[430].

Otra disposición del articulado que merece ser destacada son los artículos 13 DOEI, relativo al traslado de pruebas, y el artículo 14, referido a la interposición de recursos tanto en el Estado de ejecución como en el de emisión[431].

---

registro, que saben que el domicilio está en Marbella, o en Madrid, pero el acusado no está aquí. No es lo mismo que se encuentre en España donde tiene derecho a un abogado, o que no esté en España. En general confirmo que con el uso de la OEI no se produce una reducción de las garantías procesales". Entrevista en línea por parte de Serena Cacciatore el 15 de septiembre de 2021 a Juan J. Navas Blánquez.

427 STJE (Sala Segunda) de 8 de septiembre de 2016, Asunto C-160/15, ECLI:EU-:C:2016:644, (TOL5.803.054).

428 Al respecto IBÁÑEZ LÓPEZ-POZAS, Fernando, "La Orden Europea de Investigación y los Derechos Fundamentales: un cambio de paradigma", *Diario La Ley*, 2021, n. 9948, pp. 1-22, esp. p. 9.

429 Así, CALAZA LÓPEZ, Sonia, "Fortalecimiento de las garantías procesales y agilización de la Justicia", *Revista General de Derecho Procesal*, 2017, n. 41, disponible en http://www.iustel.com (fecha de última consulta: 11 de septiembre de 2025). Igualmente, RIPOLL CARULLA, Santiago, "El diálogo judicial entre el TJUE y los tribunales constitucionales en materia de derechos fundamentales", en J. Martín y Pérez de Nanclares (dres.), *El dialogo judicial internacional en la protección de los Derechos fundamentales*, Tirant Lo Blanch, Valencia, 2019, pp. 579 y ss.

430 IBÁÑEZ LÓPEZ-POZAS, Fernando, "La Orden Europea de Investigación y los Derechos Fundamentales: un cambio de paradigma", *op. cit.*, esp. p. 9.

431 Entre los restantes, la responsabilidad penal y civil en relación con los funcionarios (arts. 17-18 DOEI), confidencialidad entre autoridades de emisión y de ejecución (art. 19 DOEI), la protección de datos personales (art. 20 DOEI) y el art. 21 DOEI, los costes que, salvo disposición contraria, "el Estado de ejecución asumirá la totalidad de los costes relacionados con la ejecución de una OEI en su

La DOEI se encarga de identificar los plazos en los que debe comunicarse el reconocimiento y en particular, la notificación a la defensa. Una cuestión que resulta poco clara es la identificación del abogado. En efecto, el texto menciona al abogado de la persona investigada que podría haber sido designado en el Estado de emisión, dado que es aquel en el que se habrá iniciado el procedimiento penal.

A pesar de las dificultades de comunicación, el abogado designado en el procedimiento en el país extranjero tendrá que recurrir a su vez a otro abogado autorizado en su propio país, con el consentimiento de su cliente y los costes asociados. Ello relacionado con el hecho de que la participación del abogado en la realización del acto[432] debe considerarse como elemento indispensable de regulación en los procedimientos destinados a la obtención de pruebas. En este sentido, la solución prevista (avisar a un abogado de oficio fácilmente disponible en el estado de ejecución), no parece garantizar plenamente el derecho a la defensa técnica efectiva[433].

Podríamos añadir que estas cuestiones son de orden práctico mientras que otras cuestiones surgen en el plano teórico. Por lo tanto, el principal problema que se plantea en la práctica es la dificultad de intervenir para el abogado de la defensa, situado en el Estado de emisión y ejecución. El ejemplo más común es el interrogatorio de una persona que se encuentra en el extranjero. El procedimiento sería el siguiente: el juez remite una OEI para tomar investigación a un testigo, y el mismo juez inicia el trámite de audiencia, permitiéndole que haga preguntas, y estas últimas las remitirá junto con la OEI. Además, muchas veces se plantean problemas a la hora de ejecutar la OEI porque a lo mejor, por ejemplo, el acusado no se encuentra en España. Es decir, se emite una OEI y se solicita la ejecución, pero el acusado no está físicamente en el Estado de ejecución; entonces se hace efectiva la OEI, pero no se ha podido notificar al abogado ni al acusado porque no se encuentran en el Estado de ejecución.

---

territorio". Sobre la temática COSTA RAMOS, Vânia, "Medios procesales de impugnación de la orden europea de investigación: aportaciones a la interpretación del art. 14 de la Directiva" en C. Arangüena Fanego, M. de Hoyos Sancho (dras.), B. Vidal Fernández (coord.), *Garantías procesales de investigados y acusados: situación actual en el ámbito de la Unión Europea*, Tirant lo Blanch, Valencia, 2018, pp. 337 y ss.

432 Debemos recordar que había sido implementado en el contexto de la Decisión Marco sobre la orden de detención europea.

433 MANGIARACINA, Annalisa, "Il procedimento di esecuzione dell'OEI e i margini nazionali di rifiuto", *op. cit.*, esp. p. 112.

Lo que se pone de manifiesto es que se han planteado más problemas a la hora de ejecutar una OEI que en la fase de emisión de una OEI. Frecuentemente el asunto está conectado con el hecho que esa persona acusada no se encuentra en el país de ejecución y se adoptan medidas que afectan a esa persona que, pero no es localizable en este momento[434].

Asimismo, otra cuestión que se ha planteado, cuya ejecución resulta compleja, es el nombramiento de la defensa en otro lugar, ya que se trata de un trámite arduo. En el tema de garantías procesales y de asistencia letrada, el mayor perjuicio se acusa al derecho de defensa de la persona sobre la que incumbe la OEI. Normalmente cuando el juez acuerda la OEI, en muchos casos no se da traslado el abogado nacional del Estado la emisión. La comunicación no se realiza y la orden permanece como una cuestión "interna" entre las autoridades. Esta práctica se observa, con carácter general, en todos los Estados miembros. Esto podría afectar, en cierta medida, al desarrollo de la investigación, ya que la mayoría de las OEI se discuten precisamente en esta fase[435].

2.2. Diligencias enumeradas en la OEI

Siguiendo a JIMÉNEZ LÓPEZ, la OEI opera en el caso de que "*sea necesario llevar a cabo diligencias de investigación o remisión de pruebas transfronterizas, de las cuales solo el "estado ejecutante" está facultado para ello, bien porque bajo su jurisdicción, bien porque las detiene materialmente en cuanto obran como parte de un proceso judicial, lo que no osta para que en algunos casos y bajo el cumplimiento de algunos requisitos pueda avanzarse la petición de participación del estado emisor en la práctica de diligencias*"[436].

Dentro del Capítulo IV DOEI, artículos 22-29, se introducen las disposiciones específicas para regular determinadas medidas de investigación, las cuales se añaden a las normas generales establecidas en preceptos anteriores además de las normas contenidas en el Capítulo V, artículos 30-

---

[434] Entrevista en línea por parte de Serena Cacciatore el 15 de septiembre de 2021 a Juan J. Navas Blánquez.

[435] Entrevista en línea por parte de Serena Cacciatore el 19 de noviembre de 2020 a Luis De Arcos Pérez. El Magistrado continuó afirmado que, "*Cuando se emite una orden europea de investigación dentro ya de un juicio es porque es necesario una videoconferencia. Eso es el caso más común. En la fase de investigación siempre se tiene miedo, muchas veces por ejemplo no está personada, en muchas ocasiones no está personado el investigado (...)*".

[436] JIMÉNEZ LÓPEZ, María de la Nieves, "Las medidas de investigación tecnológicas en la Orden Europea de investigación", *op. cit.*, p. 95.

31 relativas a la intervención de telecomunicaciones, objeto de inmediato análisis. Su justificación, radica además en ofrecer *más detalles* del régimen general y permitir excepciones en cuanto a la explicación de los motivos y la denegación antes expuestos[437].

Por lo que respeta al traslado temporal de detenidos al Estado de emisión para llevar a cabo una medida de investigación, así como al Estado de ejecución contemplada en los artículos 21-22, ha habido un cambio radical de paradigma. Es decir, hasta la fecha se había asumido que el traslado de condenados, medida de reconocimiento mutuo, se había asumido completamente en la ODE, pero en la obtención de prueba no estaba contemplado. El instrumento de la OEI ha facilitado el diálogo entre autoridad de emisión y ejecución que resulta fundamental para alcanzar la efectividad de tal medida[438].

Respecto a la declaración por conferencia telefónica de testigos y peritos que permanecen en el Estado de ejecución[439] y a la comparecencia por videoconferencia u otros medios de transmisión audiovisual contemplados en el artículo 24 DOEI; es precisamente a la directiva en cuestión que corresponde el mérito de establecer como causa de rechazo la falta de consentimiento del sospechoso en materia de videoconferencia. En efecto, la Directiva ofrece este motivo como un *optional ground* y por lo que nos interesa, España lo ha mantenido como motivo optativo, cosa que no han hecho otros Estados miembros que lo han convertido como motivo obligatorio, lo cual sabemos, "*es la eterna discusión con la directiva de cómo se lleva a cabo la transposición en la ley nacional*"[440].

Esta es una de las diligencias que más se practican a raíz de la pandemia. Como bien afirma Rosa Ana A. Morán Martínez,

> *"sin embargo, hay un desconocimiento absoluto de la práctica de videoconferencia. Es un tema que tiene que mejorar, yo soy muy favorable a la video-*

---

437 JIMENO BULNES, Mar, "Orden europea de investigación en materia penal", *op. cit.*, esp. p. 185.

438 Entrevista en línea por parte de Serena Cacciatore el 19 de noviembre de 2020 a Luis De Arcos Pérez.

439 CALAZA LÓPEZ, Sonia, "La investigación tecnológica en el proceso penal española a la vanguardia europea", en M. Llorente Sánchez-Arjona (dir.), J. A. Posada Pérez, *Estudios procesales sobre el espacio europeo de justicia penal*, Aranzadi, Cizur Menor 2021, pp. 171-191, esp. p. 178, así como BOLOGNARI Massimo, "Le videoconferenze transnazionali nell'ordine europeo di indagine penale", *Rivista di diritto processuale*, 2022, n. 2, pp. 513-524.

440 Entrevista en línea por parte de Serena Cacciatore a Jorge Á. Espina Ramos, el 29 de octubre de 2021.

conferencia, pero con todas las garantías. El problema no es el medio, que funciona y si es bueno técnicamente puede perfectamente dar la inmediación, pero la defensa tiene que estar garantizada y la posibilidad de comunicación con abogados me parece imprescindible"[441].

En esta línea, en las Conclusiones de la 57ª reunión plenaria de la RJE (*Conclusions of the 57th Plenary Meeting of the European Judicial Network)* se señala entre los temas debatidos el uso de las videoconferencias en los tribunales, que debido a la Covid-19 presenta nuevas posibilidades y obstáculos en su uso[442].

El uso de tal instrumento se ha convertido en una necesidad en los procedimientos nacionales, y también en los casos penales con dimensiones transfronterizas. La pregunta que ha surgido está directamente relacionada con la posibilidad legal de disponer de la videoconferencia en el extranjero sin involucrar a las autoridades del Estado de ejecución, en particular en los casos en que un participante (ya sea un acusado, una víctima o un testigo) ha dado su consentimiento para participar en el juicio a distancia[443].

Hay que resaltar además que el marco jurídico internacional exige que sea necesaria una OEI o una solicitud de asistencia judicial para entrevistar a una persona ubicada en otro país por videoconferencia. Los principales motivos por las que el Estado de ejecución debe participar en la ejecución de la videoconferencia son:

---

441 Continua así Rosa Ana A. Morán Martínez, "*Durante la pandemia se prohibía la videoconferencia con acusados e imputados. Obligábamos, por ejemplo, a trasladar a la persona. Yo he pedido que se ponga siempre el acento en el consentimiento. Lo importante es que el abogado sea informado y que el acusado también lo sea, y que ambos acepten. Pero, realmente, ahora no saben que pueden aceptar, o no saben que puede haber abogados en los sitios para atender tanto a la persona que ha sido declarada como acusada, como al que tendría que defenderle, diríamos, con conocimiento. En este caso en Italia, la legislación está más avanzada. A mí me parece que, en estas cuestiones, la existencia de un doble abogado es muy importante*". Entrevista en línea por parte de Serena Cacciatore el 10 de septiembre de 2021 a Rosa A. Morán Martínez.

442 Véase *The Impact of COVID-19 on Judicial Cooperation in Criminal Matters, Analysis of Eurojust Casework,* del 17 maggio del 2021, disponibile in https://www.eurojust.europa.eu/publication/impact-covid-19-judicial-cooperation-criminal-matters (fecha de última consulta: el 11 de septiembre de 2025) y sobre la temática CACCIATORE, Serena y JIMENO BULNES, Mar, "Emergenza giudiziaria ai tempi del Covid-19 in Spagna", *Cassazione Penale,* 2020, n. 10, pp. 3864-3871.

443 Conclusions of the 57th Plenary Meeting of the European Judicial Network (EJN) (Slovenia, 18-19 October 2021), disponible en https://www.ejn-crimjust.europa.eu/ejn/NewsDetail/EN/760/H (fecha de última consulta: el 23 de julio de 2025), (traducción propia).

- los medios técnicos para consentir el cumplimiento de la videoconferencia;
- la competencia del Estado de ejecución para citar a una persona para que comparezca en la videoconferencia y para valerse de medidas coercitivas si hace caso omiso de la citación;
- el respeto de la soberanía del Estado de ejecución donde el acusado/víctima/testigo/experto se ubica.

Analizando los puntos destacados, se afirma que en la actualidad casi todos los Estados miembros, tienen el dispositivo técnico que les permitiría participar en el juicio a distancia, prescindiendo de su ubicación. En consecuencia, raramente es necesaria la asistencia técnica de la autoridad del Estado de ejecución para que una persona pueda conectarse a un juicio. Por otro lado, cuando una persona da su consentimiento para participar en el juicio por videoconferencia, no es indispensable ningún poder coercitivo de las autoridades del Estado de ejecución para obligarle a comparecer en el juicio, por lo que no es necesario involucrar a las autoridades por este motivo.

En cambio, la participación del Estado de ejecución no sólo sería desproporcionada, sino también ineficiente (en cuestión de tiempo, organización, traducciones y otros recursos). Además, cuando se lleva a cabo una videoconferencia en territorio extranjero con el consentimiento de un acusado/víctima/testigo/experto, es discutible si debe considerarse como una violación de la soberanía del Estado donde se encuentra la persona. En teoría, podría adoptarse el mismo enfoque previsto en el artículo 31 DOEI, donde se ha introducido un sistema de "notificación".

El principio de confianza y reconocimiento mutuo entre los Estados miembros de la UE es otra de las razones por las que, al menos dentro de la UE, podría consentirse que el tribunal de un Estado miembro interrogara a una persona radicada en otro Estado miembro por videoconferencia, sin suponer el consentimiento de este último[444].

Seguimos con el análisis del artículo 26 DOEI: Información sobre cuentas bancarias y otro tipo de cuentas financieras e Información sobre operaciones bancarias y otro tipo de operaciones financieras. En este caso, se pone de manifiesto algún caso en que se han solicitado la recogida de pruebas

---

[444] Conclusions of the 57th Plenary Meeting of the European Judicial Network (EJN), *op. cit.*, disponible en https://www.ejn-crimjust.europa.eu/ejn/NewsDetail/EN/760/H (fecha de última consulta: el 23 de julio de 2025), (traducción propia).

en procesos penales sobre todo en caso de entrada de registro. El problema principal es el dinero. Es decir, cuando se encuentra dinero en la entrada en registro y el órgano emisor afirma que es una fuente, consecuentemente quiere que se ponga a su disposición. El órgano de ejecución por su parte deniega que el dinero sea una prueba. Cuando hay una entrada de registro se puede suponer la procedencia, pero no se sabe y la entrada no puede definirse legal. Esto es un problema que se ha planteado en algunas ocasiones. El dinero es una evidencia, pero no se sabe cómo se podría mandar, la solución es depositarlo al resultar que en su caso hubiera que confiscarlo[445].

El artículo 28 DOEI regula las medidas de investigación que impliquen la obtención de pruebas en tiempo real, de manera continua y durante un determinado período de tiempo. "*La Guía sobre OEI (CGPJ)*[446] *pone como ejemplo el seguimiento de operaciones bancarias u otras operaciones financieras efectuadas a través de una o más cuentas especificadas; entrega vigilada en el territorio del Estado de ejecución*"[447].

Por lo que concierne las Investigaciones encubiertas (artículo 29 DOEI), se hace referencia a la norma según la cual actuará el agente encubierto, es decir, el Derecho interno del Estado de ejecución. Asimismo, se establecen motivos específicos para denegar el reconocimiento y la ejecución, debidos en cada caso a la existencia o inexistencia de la medida en el Derecho nacional o a la falta de acuerdo sobre concretos puntos[448]. Estos acuerdos pueden referirse a la duración de la investigación encubierta, al estatuto jurídico de los agentes participantes y a las condiciones de su ejecución[449].

---

445 Entrevista en línea por parte de Serena Cacciatore el 19 de noviembre de 2020 a Luis De Arcos Pérez. Obviamente dejó claro que, De Arcos Pérez: "*(…) Cuando se dispone de una prueba en el marco de una diligencia de entrada y registro, lo cual es un procedimiento habitual, y dicha prueba consiste en un ordenador, es pertinente solicitar que dicho ordenador sea trasladado al país emisor. Del mismo modo, en el caso de pruebas documentales, o, por ejemplo, en situaciones en las que se ha producido el robo de una obra de arte, se debe requerir la restitución de la misma al país emisor, si España es el Estado emisor*".

446 Guía sobre la Orden Europea de investigación, elaborada por el Servicio de Relaciones Internacionales del Consejo General del Poder Judicial, actualizada al 30 de mayo de 2019.

447 FRIEYRO ELÍCEGUI, Sofía, "Interpretación de la legislación sobre la orden europea de investigación y su aplicación práctica. Jurisprudencia del Tribunal de Justicia de la Unión Europea: Asunto C-324/2017", *op. cit.*, p. 5.

448 Al respeto, GASCÓN INCHAUSTI, Fernando, *Infiltración policial y agente encubierto*, Comares, Granada, 2016.

449 ARIZA COLMENAREJO Jesús, M., "Investigaciones encubiertas y cooperación judicial penal europea", en V. Moreno Catena y M. I. Romero Pradas (dres.), E.

2.3. En especial la diligencia de intervención de comunicaciones

Reservamos un tratamiento diferenciado para la que se considera la medida "estrella" de la OEI: la intervención de telecomunicaciones. Constituye sin duda una de las herramientas más eficaces en la investigación penal, por ello se define una medida eficaz de la prueba que facilita la recopilación de información pertinente sobre un delito[450]. Siguiendo a GONZÁLEZ MONJE, esta materia se hace merecedora de una regulación específica en el Capítulo V DOEI, artículos 30-31. La autora recuerda que dicha regulación específica se justifica "*no solo por ser una medida con un alto nivel de injerencia en los derechos fundamentales de los ciudadanos, sino también por su elevado nivel de eficiencia en las investigaciones de fenómenos criminales complejos como el crimen organizado o el terrorismo*"[451].

De este modo el artículo 30 DOEI regula la "Intervención de telecomunicaciones con la asistencia técnica de otro Estado miembro", estableciendo en su apartado 3 que la OEI concerniente a una intervención debe incluir aquella información: "a) que sea necesaria para identificar a la persona objeto de la intervención; b) la duración deseada de la intervención y c) datos técnicos suficientes, en particular el identificador de la persona, a fin de garantizar que pueda ejecutarse la solicitud"[452].

Laro González (ed.), *Nuevos postulados de la cooperación judicial en Unión Europea*, Tirant lo Blanch, Valencia, 2021, pp. 641- 673.

450 Entre la bibliografía, JIMENO BULNES, Mar, "Las nuevas tecnologías en el ámbito de la cooperación judicial y policial europea", *Revista de Estudios Europeos*, 2002, n. 31, pp. 97-104; PÉREZ DAUDÍ, Vincente "La prueba electrónica", en V., Pérez Daudi, *De la justicia a la ciberjusticia*, Atelier, Barcelona, 2022, pp. 91-97, esp. p. 97; CAPRIOLI, Francesco, "La procedura di filtro delle comunicazioni rilevanti nella legge di riforma della disciplina delle intercettazioni", *Cassazione Penale*, 2020, pp. 1384-1416 y PARODI, Cesare, "Ordine di indagine europeo: la disciplina delle intercettazioni", *Cassazione penale*, 2020, pp. 1314-1324.

451 GONZÁLEZ MONJE, Alicia, *Cooperación jurídica internacional en materia penal e intervención de comunicaciones como técnica especial de investigación*, Comares, Granada, 2017, p. 126. En tema similar, HEARD, Catherine, y MANSELL, D., "The European Investigative Order: chaing the fase of evidence-gathering in EU cross-border case, *New Jornal of European Criminal Law*, 2011, n. 4, pp. 354-369, esp. pp. 354-355.

452 Así, STEFANO, Pierluigi , "La Corte di giustizia interviene sull'accesso ai dati di traffico telefonico e telematico e ai dati di ubicazione a fini di prova nel processo penale solo un obbligo per il legislatore o una nuova regola processuale?", *Cassazione penale*, 2021, n. 7-8, pp. 2563-2579, también ÁVILA RODRÍGUEZ, Eduardo, "Mundo digital", *El notario del siglo XXI*, 2022, n. 102, pp. 62- 65, así como DE AMICIS, Gaetano, "La Corte di giustizia si pronuncia sull'acquisizione dei tabulati telefonici e sull'accesso ai dati delle comunicazioni elettroniche nel processo

Por su parte el artículo 30.2 DOEI dispone que la autoridad de emisión tiene que expresar si la medida de investigación en concreto es adecuada para el correspondiente procedimiento penal[453], teniendo en cuenta que puede ser denegada por motivos relacionados con el reconocimiento o la ejecución conforme la aplicación del artículo 11 DOEI o si la ejecución de la medida de investigación no estuviera autorizada en casos internos similares de acuerdo con el artículo 30 DOEI.

El artículo 31 se refiere a los casos en los que la autoridad competente de un Estado miembro admite la intervención de telecomunicaciones y se emplea la dirección de las comunicaciones de la persona que sea objeto de los procedimientos penales, "cuya asistencia técnica no se necesite para llevar a cabo dicha intervención"[454]. El Estado interviniente debe notificar esta intervención a la autoridad competente del Estado notificado:

A) previamente a la intervención, es decir, cuando la autoridad competente del Estado miembro que lleva a cabo la intervención ya esté al corriente de que la persona que sea objeto de los procedimientos penales de la misma —se encuentra o se encontrará— en el territorio del Estado notificado;

B) a lo largo de la intervención o después de ésta, si tiene información de que la persona objeto de los procedimientos penales de la misma —se encuentra o se ha encontrado— durante la intervención en el territorio del Estado miembro notificado. La obligación de los Estados de informar de inmediato a los Estados miembros de la UE cuando está en curso o pendiente de iniciar una interceptación en el extranjero, indistintamente de la necesidad de una asistencia técnica por parte del Estado donde se encuentran los usuarios in-

---

penale, Corte di giustizia UE (Grande Sezione), 2 marzo 2021, C-746/18, H.K.", *Cassazione penale,* 2021, n. 7-8, pp. 2556-2579.

453 Al respecto, DE AMICIS, Gaetano, "Ancora sull'acquisizione dei tabulati telefonici e sull'accesso ai dati delle comunicazioni elettroniche nel processo penale, Corte di giustizia UE (Grande Sezione), 2 marzo 2021, C-746/18-H.K", *Cassazione penale,* 2021, n. 12, pp. 4104-4128.

454 A este propósito, con carácter general SIGNES DE MESA, Juan I., *Derecho Procesal Europeo,* Iustel, Madrid, 2018, en particular SÁNCHEZ DOMINGO, María B., "Instrumentos de carácter material en materia penal lucha contra la delincuencia informática", en M. Jimeno Bulnes (coord.), Nuevas aportaciones al espacio de libertad, seguridad y justicia*: hacia un derecho procesal europeo de naturaleza civil y penal,* 2014, Comares, Granada, pp. 223-253, esp. p. 237, así como BUENO DE MATA, Federico, *Las diligencias de investigación penal en la cuarta revolución industrial,* Aranzadi, Cizur Menor, 2019.

terceptados constituye el principal avance de la transposición de la DOEI[455].

Figura n. 11., *How the EIO works. Live for, this project was funded by the European Union's Justice Programme (2014-2020). Best Practices in EIO requests preparation: need assessment and proportionality of the requested data & ethical issues.*

En este punto conviene hacer referencia específica a la regulación de la OEI desde la perspectiva nacional en España e Italia. En España, con la reforma realizada por medio de la Ley Orgánica 13/2015, de 5 de octubre, de modificación de la Ley de Enjuiciamiento Criminal, para reforzar las garantías procesales y regular las medidas de investigación tecnológica se determina que "los nuevos formularios que proporcionan un marco legal para la protección de datos, la obligación de los proveedores de servicios de cooperar con las autoridades públicas, la obligación de divulgar información y la protección de terceros que puedan verse afectados por dichas medidas de investigación"[456].

---

455 Este apartado representa el resultado de la comunicación presentada en el Congreso Internacional titulado *Confronto: Diálogo Hispano-Italiano sobre Proceso Penal,* organizado por la Universidad de Cádiz el 8 al 9 de noviembre de 2018. La comunicación ha sido completamente ampliada como capítulo de un libro CACCIATORE, Serena, "Intervención de telecomunicaciones en la OEI, Adaptación en el contexto europeo y adaptación en España e Italia", *op. cit.*, esp. pp. 314-315, así como DANIELE, Marcello, "Intercettazioni ed indagini informatiche, en R. E. KOSTORIS (ed.), *Manuale di procedura penale europea,* Milano, 2017, pp. 429 y ss.

456 CACCIATORE, Serena, "Intervención de telecomunicaciones en la OEI, Adaptación en el contexto europeo y adaptación en España e Italia", *op. cit.,* esp. p. 316. Con carácter general ÁLVAREZ DE NEYRA KAPPLER, Susana, "Doctrina del Tribunal Supremo con relación a la protección de la relación de confidencialidad

Esta reforma, sin embargo, llega con mucho retraso debido a la ausencia de normativa legal hasta la fecha, junto con la necesidad ya manifestada hasta la hora de encontrar un equilibrio entre la represión de los delitos y la inviolabilidad de las comunicaciones. El alcance de la reforma es amplio. Debido a la falta de regulación hasta entonces de este supuesto concreto relativo a la intervención de comunicaciones, la referencia normativa ha sido el antiguo artículo 579 LECrim. El sistema español, en lo que respecta a su ámbito de aplicación, ha utilizado como criterio para garantizar la validez de las diligencias de investigación el trabajo realizado por los tribunales, desde las resoluciones de los tribunales de instancia hasta las sentencias del Tribunal Supremo y Tribunal Constitucional.

Tras la Ley Orgánica 13/2015, estos actos de investigación se rigen por múltiples disposiciones (artículos 579 y 588 *bis* a *octies* LECrim). Los principios a los que se refiere son: especialidad, idoneidad, excepcionalidad, necesidad y proporcionalidad de la medida[457]. Es posible afirmar que con la implementación de la OEI, la emisión de una OEI para la intervención de telecomunicaciones será emitida cuando la autoridad española competente en materia penal, tras haber sido autorizada por auto dictado de conformidad con la LECrim, interviene en las comunicaciones en otro Estado miembro y se solicita su asistencia técnica; el artículo 204 LRM prevé tam-

---

abogado-cliente", en L. Bachmaier Winter, *Investigación penal, secreto profesional del abogado, empresa, y nuevas tecnologías,* Aranzadi, Cizur Menor (Navarra), 2022, pp. 171-207, esp. p. 192.

457 En particular destacamos que, el principio de especialidad establece que la medida debe estar estrictamente relacionada con la "investigación de un delito concreto" y no admite el hecho punible sin una base objetiva, de acuerdo con el art. 588 bis a.2 LECrim. El principio que se refiere a la idoneidad, que es necesaria para definir los ámbitos objetivo y subjetivo, la medida aplicada, así como su duración (art. 588 bis a.3 y bis j LECrim) y la excepcionalidad, según la cual la medida adoptada debe ser la menos grave de entre todas las posibles (art. 588 bis a. 4); así como la proporcionalidad, que presupone la importancia de todas las circunstancias para valorar que la satisfacción de los derechos e intereses en cuestión no supera el beneficio de su adopción para el interés público y para terceros (art. 588 bis-5). Vid. Circular 1/2019, de 6 de marzo, de la Fiscal General del Estado, sobre disposiciones comunes y medidas de aseguramiento de las diligencias de investigación tecnológicas en la Ley de Enjuiciamiento Criminal. BOE de 22 de marzo de 2019, n 70, pp. 30061 a 30090. Más información en FIORENZA, Katia, "El principio de proporcionalidad como instrumento de protección de los derechos fundamentales en el marco de la orden europea de investigación reflexiones sobre el sistema jurídico italiano" in M. L. Sánchez-Arjona (dra.), J. A. Posada Pérez (coord.), *Estudios Procesales sobre el espacio Europeo de Justicia Penal, Aranzadi,* Cizur Menor, 2021, pp. 193-208, esp. p. 194.

bién la notificación al Estado miembro en el que se encuentra la persona objeto del proceso penal y cuya asistencia técnica no se requiere.

Por lo que respecta Italia, en el Decreto Legislativo del 29 de diciembre de 2017, n. 216[458] se introdujeron varias novedades, como la introducción del delito de "difusión de grabaciones de comunicaciones fraudulentas"; la prohibición de transcribir comunicaciones definidas irrelevantes para la investigación por su objeto así como por las personas implicadas; nuevas normas sobre la presentación de documentos relacionados con la intervención y la elección del material recogido, la obtención de datos relevantes y la destrucción de datos irrelevantes. Otro avance ha sido la simplificación de las condiciones de uso de la intervención y la anticipación de la publicación de una copia de los informes resumidos de transposición[459].

La intervención de telecomunicaciones puede llevarse a cabo con la asistencia técnica de la autoridad italiana según el artículo 23 del Decreto Legislativo n. 108 que entró en vigor el 28 de junio de 2017[460] (en adelante D.lgs. n. 108/2017), o notificándolo a la autoridad de este país. En este caso, se notificará a Italia la intervención de telecomunicaciones de la per-

---

458 G. U., 8 de enero de 2018, n. 8, disponible en https://www.gazzettaufficiale.it/eli/id/2018/01/11/18G00002/sg (fecha de última consulta: 20 de mayo de 2025). Sobre la temática, BALSAMO, Antonio y MATTARELLA Andrea, "Le intercettazioni mediante virus informatico tra processo penale italiano e Corte Europea", *Cassazione Penale*, 2015, n. 5, pp. 2274 y ss, así como AGOSTINI, Bianca, "La disciplina delle intercettazioni preventive nel sistema antiterrorismo", *Diritto Penale Contemporaneo*, 2017, n. 1, pp. 141-148, esp. p 142.

459 CACCIATORE, Serena, "Intervención de telecomunicaciones en la OEI, Adaptación en el contexto europeo y adaptación en España e Italia", *op. cit.*, esp. p. 318. Al respecto, GONZÁLEZ LÓPEZ, Juan, J., *Los datos de trafico de las comunicaciones electrónica en el proceso penal*, La Ley, Madrid, 2007.

460 Adoptado en aplicación de la *legge di delegazione europea* de 9 de junio de 2015 n. 114; publicado en la G.U. el 9 de julio de 2015, n. 114, pp. 1-36. Disponible en https://www.gazzettaufficiale.it/eli/id/2015/07/31/15G00127/sg (fecha de última consulta: el 20 de mayo de 2025). El apartado 1 del artículo 1 delega al Gobierno en la aplicación de las directivas enumeradas en los anexos A y B, refiriéndose, en lo que respecta las "*procedure, i principi e i criteri direttivi della delega, agli articoli 31 e 32 della legge 24 dicembre 2012, n. 234 che detta le norme generali sulla partecipazione dell'Italia alla formazione e all'attuazione della normativa e delle politiche dell'Unione europea*". Vid. tesis de doctorado de LAI, Francesca, dirigida por el Profesor CICERO, Cristiano, junto con la Profesora CORTESI, Francesca, y el Profesor Dr. TINOCO PASTRANA Angel, *Il contrasto alla criminalità transnazionale nell'Unione Europea. Atti di indagine e regime di acquisizione probatoria*. Università degli studi di Cagliari, 2018, esp., p. 245, disponible en https://core.ac.uk/download/pdf/158964717.pdf (fecha de última consulta: el 23 de abril de 2025).

sona investigada que se encuentre en Italia, según el artículo 24 del D.lgs. n. 108/2017. En el caso de los artículos 43 y 44 D.lgs. n. 108/2017, es necesaria una intervención de control por parte del juez en los que la orden de intervención es emitida por la autoridad judicial italiana, (por parte del Ministerio Fiscal) además ha de garantizar la traducción y la transmisión de la orden con especial referencia a la protección de los derechos de la defensa y la utilización de los actos de recaudación realizados y de la evidencia relativa tomada en el extranjero[461].

461 CACCIATORE, Serena, "Intervención de telecomunicaciones en la OEI, Adaptación en el contexto europeo y adaptación en España e Italia", *op. cit.*, esp. p. 319.

IV. Modelos de aplicación de la OEI: Italia y España

En este Capítulo, analizaremos algunos perfiles con respecto a la aplicación de la OEI en Italia y España[462]. Ambos Estados han adherido a la DOEI; por lo que respecta los plazos, Italia por una parte transpuso la Directiva con el D.lgs. n. 108/2017[463], España por la otra parte, lo hizo posteriormente con la Ley 3/2018, de 11 de junio de 2018[464].

Al examinar el texto del D.lgs. n. 108/2017[465], se destacan las "fortalezas" del nuevo instrumento destinado a incidir en la obtención de pruebas en materia penal, sin olvidar, ciertos perfiles críticos[466]. Con ese propósito, nos enfocaremos en las autoridades judiciales, tanto en las competentes para emitir y ejecutar la orden, como en los motivos para rechazar un OEI, así como en el análisis del principio de proporcionalidad. En la última parte, en cambio, se abordará la funcionalidad concreta de la OEI en el ámbito de los procedimientos conectados con la criminalidad organizada[467].

---

462 Sobre este perfil, entre otros, FUENTES VILLAR, Isabel (dra.), *Investigación y prueba en los procesos penales de España e Italia,* Aranzadi, Cizur Menor, 2019; PITTIRUTI, Marco, "La cooperación de Italia y España en tema de los datos probatorios digitales" en J. Burgos Ladrón de Guevara (coord.) *La cooperación judicial entre España e Italia,* Instituto Vasco de Derecho Procesal, San Sebastián 2017, pp. 137-145; MERCADO CABRERA Rafael (dr.), QUESADA LÓPEZ, Pedro, M., y LÓPEZ PICÓ, Ruben (coords.), *L'influenza del diritto processuale europeo negli ordinamenti italiano e spagnolo,* Cedam, Milano, 2018.

463 Vid., CASTELLANETA, Marina, "Ordine europeo di indagine, può essere emesso anche dalla procura di uno Stato Membro", *Guida al diritto,* 2021, n. 3, pp. 112 e ss.

464 Publicado en el BOE el 12 de junio de 2018, n. 142, pp. 60161-60206.

465 Publicado en la G.U. el 13 de julio de 2017, n. 162, disponible en https://www.gazzettaufficiale.it/eli/gu/2017/07/13/162/sg/pdf (fecha de última consulta: el 23 de abril de 2025).

466 En este sentido, MANGIARACINA, Annalisa, "L'acquisizione "europea" della prova cambia volto: l'Italia attua la Direttiva relativa all'ordine europeo d'indagine", *Diritto penale e processo,* 2018, n. 2, pp. 158-180.

467 Vid. DANIELE, Marcello e KOSTORIS, Roberto E. (eds.), *L' ordine europeo di indagine penale. Il nuovo volto della raccolta transnazionale delle prove nel d.gls. n. 198 del 2017,* Giappichelli, Torino, 2018.

En el mismo Capítulo se examinará la mencionada Ley 3/2018 del 11 de junio[468]. De manera similar, a través el estudio del texto de la ley de transposición, destacaremos las características de esta nueva herramienta y sus "limitaciones". Por último, precisaremos la "relación" existente entre la OEI y los procedimientos relacionados con la criminalidad organizada en el ordenamiento jurídico español.

1. LA TRASPOSICIÓN EN EL ORDENAMIENTO JURÍDICO ITALIANO DE LA OEI

Al implementar la directiva, el D.lgs. n. 108/2017[469] se ha conformado sustancialmente a su contenido[470].

Figura n. 12. Esquema Decreto Legislativo 21 de junio de 2017, n. 108.
Fuente: Elaboración propia.

---

468 Así, LÓPEZ JIMENEZ, Raquel, "La trasposición de la orden europea de investigación en España por la Ley 3/2018, de 11 de junio", *Justicia*, 2018, n. 2, pp. 269-352.

469 Así DANIELE, Marcello, "L'ordine europeo d'indagine penale entra a regime. Prime riflessioni sul d.lgs. n. 108 del 2017", *Diritto Penale Contemporaneo*, 2017, n. 7-8, pp. 208-215, esp. p. 208, además de BELFIORE, Rosanna, "Su alcuni aspetti del decreto di attuazione dell'ordine europeo di indagine penale", *Cassazione penale*, 2018, n. 1, pp. 400-410.

470 Vid. MONTALDO, Stefano, "A caccia di… prove. L'ordine europeo di indagine penale tra complesse stratificazioni normative e recepimento nell'ordinamento italiano", *Giurisprudenza Penale*, 2017, n. 11, pp. 1-10.

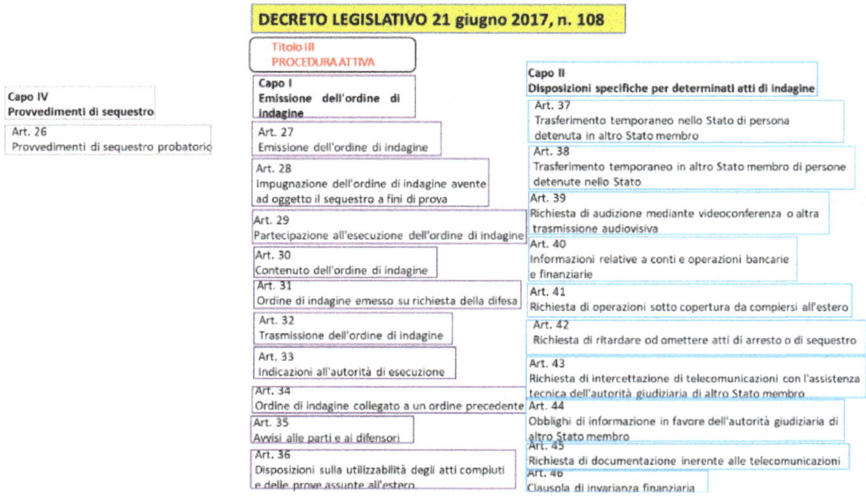

Figura n. 13. Esquema Decreto Legislativo 21 de junio de 2017, n. 108.
Fuente: Elaboración propia.

La OEI es comúnmente clasificada como un instrumento de reconocimiento mutuo de decisiones judiciales, principio este último que ya ha sido tratado en los Capítulos anteriores. Sin embargo, en realidad, no puede ser considerada como una herramienta "pura" de reconocimiento mutuo, ya que retoma algunas soluciones típicas de la tradicional asistencia judicial, aunque revisadas a través de algunas soluciones efectivas (una aplicación más amplia de la *lex fori* y con la participación de los magistrados del Estado emisor en la fase de obtención de pruebas)[471].

El objetivo perseguido por el D.Lgs. n. 108/2017 ha sido superar las incoherencias de la tradicional comisión rogatoria en cuanto a la identificación de la autoridad competente para responder a una solicitud extranjera[472]. El mecanismo incorporado en el ordenamiento jurídico

---

[471] Vid. CAIANIELLO, Michele, "L'attuazione della direttiva sull'ordine europeo di indagine penale e le sue ricadute nel campo del diritto probatorio", *Cassazione Penale*, 2018, n. 6, pp. 2197-2221, esp. p. 2198 (traducción propia), véase también FALATO, Fabiana, "La proporzione innova il tradizionale approccio al tema della prova: luci ed ombre della nuova cultura probatoria promossa dall'ordine europeo d'indagine", *Archivio Penale*, 2018, n. 1, pp. 1-46.

[472] BARROCU, Giovanni, *La cooperazione investigativa in ambito europeo, Da Eurojust all'ordine di indagine,* Cedam, Milano, 2017, esp. p. 252 (traducción propia); vid. también GALANTINI, Novella, "Sentenze penali e trasferimento dei procedimenti penali nella riforma dei rapporti giurisdizionali con autorità straniere", *Rivista italiana di diritto e procedura penale,* 2018, n. 2, pp. 595-605; así como DI PAOLO, Ga-

italiano[473] se basa en la confianza mutua entre los Estados miembros; a tal fin, la transmisión de una OEI, su reconocimiento y ejecución no implican que el Ministerio de Justicia desempeñe una función de toma de decisiones en relación con la solicitud de cooperación[474], sino más bien que sea "beneficiario de deberes de información"[475].

A este respecto, cabe señalar que la normativa interna, de conformidad con el texto europeo, no sigue "totalmente" la lógica del reconocimiento mutuo. Por el contrario, esto implicaría el deber de dar curso a las medidas de los Estados miembros sin ninguna verificación o formalidad adicional; en cambio, la autoridad interna deberá "evaluar" la OEI también en función de los principios de proporcionalidad[476] (artículo 7 del D.Lgs. 108/2017) y adecuación (artículo 9 del D.Lgs. 108/2017). En el fondo, el juez nacional deberá salvaguardar las potencialidades de este instrumento, así como preservar los principios fundamentales de su ordenamiento jurídico y las normas de admisibilidad de las normas procesales en materia probatoria.

En el plano estructural, el texto normativo está compuesto por tres títulos y contiene cuarenta y seis artículos. En orden, el primer título contiene las disposiciones de principio, las definiciones y la cláusula de protección de datos personales; el segundo regula el procedimiento pasivo y el tercero el procedimiento activo[477]. El artículo 2 (letra a) del D.Lgs. n. 108/2017

---

briella "La riforma della disciplina rogatorie internazionali (D.LG. 3 OTTOBRE 2017, N. 149)", *Cassazione Penale*, 2018, n. 10, pp. 3425-3449.

473 A este respecto CAPPARELLI, Bruna, "L'attuazione dell'ordine d'indagine europeo nell'ordinamento italiano", en J. Ballesteros, Sánchez (coord.), L. Zúñiga Rodríguez (dra.) *Nuevos desafíos frente a la criminalidad organizada transnacional y el terrorismo*, Dykinson, Madrid, 2021, pp. 411-425.

474 Sobre la cooperación judicial y las novedades introducidas, entre otros, RUGGERI, Stefano, "Horizontal cooperation, obtaining evidence overseas and the respect for fundamental rights in the EU. From the European Commission's proposals to the proposal for a directive on a European Investigation Order: Towards a single tool of evidence gathering in the EU?", en S. Ruggeri Id. (eds.), *Transnational Inquiries and the Protection of Fundamental Rights in Criminal Proceedings*, Springer, Switzerland 2013, pp. 279-310, véase también DI CHIARA, Giuseppe, *Cooperazione tra Stati ed assunzione della prova in territorio straniero*, Lo Scarabeo, Bologna, 1994.

475 Vid. MONTALDO, Stefano, "A caccia di... prove. L'ordine europeo di indagine penale tra complesse stratificazioni normative e recepimento nell'ordinamento italiano", *op. cit.*, esp. p. 9 (traducción propia).

476 Al respecto, GATTO, Cosimo Emanuele, "Il principio di proporzionalità nell'ordine europeo di indagine penale", *Diritto Penale contemporaneo*, 2019, n. 2, pp. 69-103.

477 MANGIARACINA, Annalisa, "L'acquisizione "europea" della prova cambia volto: l'Italia attua la Direttiva relativa all'ordine europeo d'indagine", *op. cit.*, esp. p. 158.

enuncia la definición de OEI, aunque con algunas diferencias respecto al texto de la directiva. En concreto, se trata de la medida emitida (resolución dictada) por la autoridad judicial o la autoridad administrativa y validada por la autoridad judicial de un Estado miembro de la UE, para llevar a cabo actos de investigación o de obtención de las pruebas que tengan por objeto personas o cosas que se encuentran en el territorio del Estado o de otro Estado miembro, o para obtener información o pruebas que ya estén disponibles.

Del texto del decreto legislativo se desprende el propósito de favorecer el contacto directo entre las autoridades judiciales de los países miembros[478], tanto desde el punto de vista de la transmisión de la orden, como para posibles comunicaciones, con el fin de reducir el excesivo formalismo propio de los instrumentos de cooperación judicial transnacional y afectar a los plazos de ejecución. El diálogo entre las autoridades judiciales involucradas, sobre los requisitos que la OEI debe cumplir para ser reconocida en el Estado miembro, así como las condiciones vinculadas a su ejecución[479], constituye el principal valor añadido de este instrumento. Desafortunadamente, el texto de la directiva y, por lo tanto, la normativa interna, no contempla la noción de *atto d'indagine*[480], es decir la medida de investigación, dejando así la elección en la práctica a cada Estado miembro.

El artículo 3 del D.lgs. 108/2017 regula la protección de datos personales en relación con las actividades de emisión, transmisión, reconocimiento y ejecución de la OEI. Los datos personales se rigen de acuerdo con las disposiciones legislativas que regulan el tratamiento de datos judiciales y de conformidad con los actos normativos de la UE y los Convenios del

---

478 Así, PELOSO, Caroline, "L'implementazione dell'ordine europeo di indagine penale nell'ordinamento italiano: il d. l. vo n. 108/2017 tra principi fondanti e recenti apporti giurisprudenziali (parte seconda) (*)", *Archivio della nuova procedura penale,* 2020, n. 1, pp. 9-18, véase también SELVAGGI, Eugenio, "Le nuove forme di cooperazione: un ponte verso il futuro", en G. La Greca e M.R., Marchetti (coords.) *Rogatorie penali e cooperazione giudiziaria internazionale,* Giappichelli, Torino, 2003, pp. 464 e ss.

479 RUGGIERI, Francesca, "Le nuove frontiere dell'assistenza penale internazionale: l'ordine europeo d'indagine penale", *Processo Penale e Giustizia,* 2018, n. 1, pp. 131-142, esp. p. 132.

480 Al respecto, MANGIARACINA, Annalisa, "A new and controversial scenario in the gathering of evidence at the European Union level: the Proposal for a Directive on the European Investigation Order", *Utrecht Law Review,* 2014, n. 1, pp. 113-133, disponible en https://www.utrechtlawreview.org/articles/abstract/10.18352/ulr.260/ (fecha de última consulta: el 23 de julio de 2025).

Consejo de Europa. Esta norma remite al contenido del D.lgs. del 30 de junio de 2003, n. 196[481], conocido como "*Codice in materia di protezione dei dati personali*", y a la Directiva 2016/680 del Parlamento Europeo y del Consejo de 27 de abril de 2016[482], relativa a la protección de las personas físicas en lo que respecta al tratamiento de datos personales por parte de las autoridades competentes a efectos de prevención, investigación, detección y enjuiciamiento de delitos o ejecución de sanciones penales, así como a la libre circulación de dichos datos (en adelante, Directiva 2016/680).

La "Propuesta de Directiva del Parlamento Europeo y del Consejo por la que se modifica la DOEI en lo que respecta a su alineamiento con las normas de la UE sobre protección de datos personales"[483] se basa en el artículo 16, párrafo 2, del TFUE[484] y se limita a lo necesario para adecuar la DOEI con la legislación de la Unión en esta materia, sin modificar de ninguna manera el ámbito de aplicación de la directiva. Esto nos permitirá aclar que los datos obtenidos en virtud de la DOEI pueden ser tratados para fines diferentes a los que fueron recopilados, solo bajo las condiciones establecidas en la Directiva 2016/680 o en el Reglamento General de Protección de Datos[485].

El artículo 20, párrafo 1, de la DOEI establece que: "los datos personales estén protegidos y solo puedan tratarse de acuerdo con la Decisión Marco 2008/977/JAI del Consejo (...)"; la mencionada Directiva 2016/680 ha dero-

---

481 Publicado en G.U., el 29 de julio de 2003, n. 174, pp. 1-208. Disponible en https://www.gazzettaufficiale.it/eli/gu/2003/07/29/174/so/123/sg/pdf (fecha de última consulta: el 20 de junio de 2025).

482 Disponible en https://eur-lex.europa.eu/legal-content/IT/TXT/PDF/?uri=CELEX:32016L0680&from=RO (fecha de última consulta: el 20 de junio de 2025).

483 COM (2021) 21 final, el 20 de enero de 2021, disponible en https://eur-lex.europa.eu/legal-content/IT/TXT/?uri=CELEX%3A52021PC0021 (fecha de última consulta: el 20 de junio de 2025).

484 Literalmente, "El Parlamento Europeo y el Consejo establecerán, con arreglo al procedimiento legislativo ordinario, las normas sobre protección de las personas físicas respecto del tratamiento de datos de carácter personal por las instituciones, órganos y organismos de la Unión, así como por los Estados miembros en el ejercicio de las actividades comprendidas en el ámbito de aplicación del Derecho de la Unión, y sobre la libre circulación de estos datos. El respeto de dichas normas estará sometido al control de autoridades independientes". Vid. https://eur-lex.europa.eu/LexUriServ/LexUriServ.do?uri=CELEX:12012E/TXT:it:PDF (fecha de última consulta: el 20 de junio de 2025).

485 COM (2021) 21 final, el 20 de enero de 2021, disponible en https://eur-lex.europa.eu/legal-content/IT/TXT/?uri=CELEX%3A52021PC0021 (fecha de última consulta: el 20 de junio de 2025).

gado la Decisión Marco en cuestión, ya que las alusiones a la misma aparecen de forma explícita en la directiva sobre protección de datos en el ámbito de la cooperación policial y judicial. Además, la referencia a la Decisión Marco podría generar confusión; el artículo 20, párrafo 2 de la DOEI establece que el acceso a los datos personales estará limitado, salvo los derechos del interesado, y que solo las personas autorizadas tendrán acceso a dichos datos[486]. La Directiva 2016/680 y el Reglamento General de Protección de Datos establecen un marco completo y exhaustivo sobre los derechos de los interesados y las obligaciones del responsable del tratamiento. Por las razones expuestas, sería más adecuado suprimir el artículo 20 de la DOEI[487].

1.1. Aspectos generales del Decreto Legislativo 21 giugno 2017 n. 108

El D.lgs. n. 108/2017 presenta su fortaleza en la clara identificación de los órganos competentes para la emisión y ejecución de la OEI[488], mientras que se puede identificar su punto débil en la posición de la defensa. Aunque no son los únicos puntos críticos de la normativa italiana, el estudio se centrará en estos dos aspectos, también a la luz de las entrevistas a profesionales y expertos en materia de cooperación judicial penal.

En la identificación de los órganos competentes, el decreto legislativo en cuestión es bastante preciso. Con la adopción de nuevos criterios y principios y siguiendo las indicaciones de la Ley 21 de julio de 2016, n. 149[489], que revisó el sistema tradicional de asistencia judicial penal[490] (artículo 4 letra c,

---

486 Así, DI PAOLO, Gabriella, "Novità. Verso una nuova architettura di gestione dei dati contenuti nei sistemi di informazione dell'Unione", *Cassazione Penale*, 2019, n. 9, pp. 3380- 3384.

487 El 16 de septiembre de 2021, el Parlamento Europeo mediante una decisión, remite la cuestión a la comisión competente para iniciar negociaciones interinstitucionales sobre la base de la propuesta no modificada de la directiva del Parlamento Europeo y del Consejo que modifica la Directiva 2014/41/UE en lo que respecta a la alineación con las normas de la UE en materia de protección de datos personales, disponible en https://www.europarl.europa.eu/doceo/document/TA-9-2021-0380_IT.pdf (fecha de última consulta: el 20 de mayo de 2025).

488 Al respecto SELVAGGI, Eugenio, "La circolare del Ministero della Giustizia sul c.d. ordine europeo d'indagine", *Diritto penale contemporaneo*, 2017, n. 11, disponible en https://www.penalecontemporaneo.it/ (fecha de última consulta: el 20 de mayo de 2025).

489 Publicado en G.U., el 4 de agosto de 2016, n. 181 pp. 1-45.

490 En estos términos PONTI, Christian, "Riforma dell'assistenza giudiziaria penale e tutela dei diritti fondamentali nell'ordinamento italiano. Dalla legge n. 149 del 2016 al recepimento della direttiva 2014/41/UE", *La legislazione penale*, 2017, n. 1,

n. 2). En el plano pasivo, se otorgó al *procuratore della Repubblica* (Fiscal) la facultad de recibir la OEI "*presso il tribunale del capoluogo del distretto nel quale devono essere compiuti gli atti richiesti*" (artículo 4, párrafo 1 del D.lgs. 108/2017). En la fase de la recepción de la OEI, el fiscal deberá proceder al reconocimiento con decreto motivado, dentro de los treinta días o dentro del plazo establecido por la autoridad emisora (en cualquier caso, no más allá de los sesenta días); esta fase de "reconocimiento"[491] debe considerarse distinta y separada de la posterior fase de ejecución. Esta última, es la fase más peculiar en previsión de la futura admisión de la prueba en el Estado de destino.

Esto justifica, en línea con lo previsto por el Convenio Europeo de Asistencia Judicial en Materia Penal[492], la aplicación de las modalidades indicadas por el Estado requirente, sin perjuicio de los principios fundamentales del Estado de ejecución. Además, la ejecución de una OEI podría afectar el derecho a la privacidad, expresamente establecido en el artículo 19 de la directiva. Por consiguiente, al comunicar a la autoridad emisora la recepción de la OEI, es necesario indicar las modalidades de ejecución cuando resulte imposible garantizar la confidencialidad de los hechos y el contenido de la propia orden (artículo 6.1), como en el caso de adoptar medidas como la recopilación de información o destinadas a terceros[493]. Continuando con el análisis del decreto legislativo[494], el párrafo 4 del artículo 4 establece que el "decreto di reconocimiento" emitido por el mismo Fiscal debe ser comunicado, en las formas previstas por la legislación procesal[495], por la secretaría del *pubblico ministero* al abogado defensor de la

---

pp. 1-36. Esta modificación fue aceptada a través del D.lgs. 3 ottobre 2017, n. 149 que prevé la modificación del Libro XI del *Codice di procedura penale* en materia de relaciones jurisdiccionales con autoridades extranjeras.

491 El artículo 4, apartado 3, del d.lgs. 108/2017 establece el reconocimiento y la ejecución de la OEI en el plazo más breve posible indicado por la autoridad de emisión cuando existan motivos de necesidad y urgencia.

492 Convenio Europeo de Asistencia Judicial en Materia Penal, hecho en Estrasburgo el 20 de abril de 1959. Disponible en https://rm.coe.int/1680065702 (fecha de última consulta: el 20 de mayo de 2025).

493 CACCIATORE, Serena, "La adaptación de la Orden Europea de Investigación en Italia. Aspectos generales del decreto legislativo del 21 de junio de 2017, núm. 108", *op. cit.*, esp. p. 432.

494 Así, CAMALDO, Lucio, "La normativa di attuazione dell'ordine europeo d'indagine penale: le modalità operative del nuovo strumento di acquisizione della prova all'estero", *Cassazione Penale*, 2017, n. 11, pp. 4196-4210.

495 Para un perfil más crítico en términos generales DI CHIARA, Giuseppe, CERAMI, Pietro; MICELI, Maria, *Profili processualistici dell'esperienza giuridica europea. Dall'esperienza romana all'esperienza moderna*, Giappichelli, Torino, 2003.

persona investigada, para que pueda presentar su oposición ante el *Giudice per le indagini preliminari* (GIP) es decir el juez de instrucción, de acuerdo con el artículo 13.

En líneas generales, en los procedimientos de asistencia judicial pasiva y activa, existe el problema del abogado "extranjero". Se trata del abogado que asiste a la parte en el procedimiento de reconocimiento y ejecución de una OEI que debe llevarse a cabo en Italia, así como del abogado "extranjero" que las partes deberán valerse en el caso de una OEI solicitada por el Estado italiano[496]. El silencio normativo en este ámbito ha provocado "las primeras desorientaciones interpretativas en tema de OEI"[497]. En este sentido, cabe señalar una sentencia penal[498] que tuve por objeto los plazos en los cuales el "decreto de reconocimiento" de la OEI debe ser comunicado a la defensa, aunque sin mencionar a qué sujeto debe hacerse la comunicación. En concreto, la jurisprudencia de legitimidad se pronunció y el fallo se refería a una OEI con la cual la autoridad judicial alemana había solicitado a la autoridad judicial italiana que realizara "actos de registro y secuestro contra una persona acusada de evasión fiscal"[499]. En el presente asunto, se consideró que la comunicación había tenido lugar con retraso, cuando los actos de investigación solicitados por el Estado emisor ya habían sido ejecutados. A tal fin, se subraya que la oportuna comunicación del "decreto de reconocimiento" de la OEI tiene por objetivo permitir a la

---

496 PELOSO, Caroline, "L'implementazione dell'ordine europeo di indagine penale nell'ordinamento italiano: il d. l. vo n. 108/2017 tra principi fondanti e recenti apporti giurisprudenziali (parte seconda) (*)", *op. cit.*, p.12 (traducción propia).

497 En estos términos GERACI, Rosa, Maria, "Primi disorientamenti interpretativi in tema di OEI: la Cassazione interviene sulle corrette modalità del giudizio di riconoscimento", *Processo Penale e Giustizia*, 2019, n. 5, pp. 1157-1164 (traducción propia).

498 Cass., Sez. VI, sent. del 31 enero 2019, n. 8320. Disponible en https://archiviodpc.dirittopenaleuomo.org/upload/7254-cass-8320-19.pdf (fecha de última consulta: el 11 de septiembre de 2025). Para profundizar la temática, GERACI, Rosa, M., "I presupposti per il riconoscimento e l'esecuzione di un ordine di indagine europeo. Sez. VI, 31 gennaio 2019, (DEP. 25 FEBBRAIO 2019) n. 8320", *Cassazione Penale*, 2019, pp. 3178-3184.

499 DANIELE, Marcello, "Ordine europeo di indagine e ritardata comunicazione alla difesa del decreto di riconoscimento: una censura della cassazione. Cass., Sez. VI, sent. 31 gennaio 2019 (dep. 25 febbraio 2019), n. 8320, Pres. Paoloni, Est. De Amicis, in proc. Creo", *Diritto penale contemporaneo*, 2019, disponible en https://archiviodpc.dirittopenaleuomo.org/d/6532-ordine-europeo-di-indagine-e-ritardata-comunicazione-alla-difesa-del-decreto-di-riconoscimento-una (fecha de última consulta: el 20 de mayo de 2025).

parte interesada la posibilidad de protegerse alegando la presencia de posibles motivos de denegación del reconocimiento o la ejecución, o la falta de proporcionalidad de la actividad solicitada. Para obtener así, en caso de anulación del decreto, el bloqueo de la ejecución de la orden de investigación (según el artículo 13, párrafo 6), o en todo caso, la transmisión de los resultados de las pruebas adquiridas, si la ejecución sigue en curso.

El desarrollo del procedimiento de ejecución de la OEI, en ausencia de una comunicación adecuada del decreto de reconocimiento de acuerdo con el artículo 4, párrafo 4, del D.lgs., ha determinado, según la opinión de los jueces, un doble efecto negativo, en violación del derecho de defensa. El primero, coincide con la imposibilidad por la parte de impugnar posibles motivos que impiden la ejecución de los actos solicitados con la OEI; el segundo, en el supuesto de que el procedimiento de recurso se hubiera resuelto rápidamente con la aceptación de la oposición, evitar la transmisión de la totalidad o de una parte de los resultados de las pruebas así obtenidos en el territorio del Estado por la autoridad solicitante del Estado miembro de emisión.

El artículo 1, párrafo 3, de la DOEI legitima al sospechoso acusado y a su defensor a actuar para la emisión de la OEI, en el marco de los derechos de defensa aplicables de conformidad con el derecho y el procedimiento nacional; esto significa que los Estados deberían asegurar que la defensa pueda solicitar la OEI, con plena discrecionalidad para regular las formas de ejercicio de este derecho. A este respecto, la legislación italiana atribuye al defensor de la persona investigada, al acusado y a la persona propuesta para la aplicación de una medida de prevención, la posibilidad de solicitar al fiscal o al juez que procede, la emisión de una OEI. La solicitud deberá incluir bajo pena de admisibilidad la indicación de la medida de investigación o prueba y los motivos que justifican su realización (artículo 31 del D.lgs. 108/2017, apartado 1 y apartado 2).

Aunque la disposición constituye un paso adelante en comparación con la jurisprudencia desarrollada en el contexto de las comisiones rogatorias, presenta algunos perfiles críticos. En primer lugar, no se concede a la persona ofendida por el delito ni a otras partes privadas el derecho a solicitar la emisión de la OEI. Por otro lado, en lo que respecta a las partes legitimadas, la carga de indicar los motivos que justifican el acto dará lugar al *discovery* de su estrategia de defensa, lo que perjudicará a la investigación. En segundo lugar, si el fiscal rechaza la solicitud (apartado 3 del artículo 31), dictará una resolución judicial motivada; el juez procederá por auto, previa audiencia de las partes. Sin embargo, aunque existe la obligación de motivar la orden de denegación, no se prevé ninguna vía específica de recurso contra las medidas respectivas.

Sobre el tema, se señala una sentencia[500] en la que se pronunció la jurisprudencia, sobre la falta de motivación en relación con la solicitud de emisión de una OEI, de conformidad con el artículo 31 del D.lgs. 108/2017, para obtener la citación de un testigo en el marco de un juicio abreviado sujeto a la práctica de pruebas suplementarias (*integrazione probatoria*)[501]. El Tribunal, dispone la anulación de la sentencia, con remisión al Tribunal de Apelación para que adopte las medidas necesarias para la admisión de la prueba testifical, censuró, entre otras cosas, la falta de pronunciamiento sobre la solicitud de activación de la OEI presentada por la defensa.

El tema de las investigaciones defensivas[502] en el extranjero siempre ha sido una "cuestión abierta" de las comisiones rogatorias y el mismo D.lgs. 108/2017 de hecho, no regula las actividades defensivas, reglamentadas en el ámbito de los artículos 391-bis y ss. del *codice di procedura penale* que coincide con la nuestra Ley de enjuiciamiento criminal, tanto en lo que se refiere a los actos que se pueden realizar como a los métodos de documentación.

Un abogado defensor que pretenda obtener las informaciones en el extranjero tendría que cumplir las mismas normas que en el derecho nacional. Sin embargo, su postura sería desventajosa, ya que no podría recurrir al fiscal en el caso de que la persona informada de los hechos se negara a responder[503].

---

500 Cass., Sez. II, sent. del 29 octubre de 2019, n. 49506.

501 R. A., solicita la anulación de la sentencia en apelación por varios motivos: — falta de prueba decisiva, ya que la persona ofendida no ha sido examinada (sometida a un juicio abreviado); — vicio de motivación derivado de la falta de renovación de la *istruzione dibattimentale*, justificada por la imposibilidad de encontrar el testigo; — falta de motivación con respecto a la solicitud OEI (ex art. 31), en realidad la defensa había presentado una instancia para examinar a la persona ofendida; — etc., véase en detalle D'ANGELO, Massimo, *De Jure: Banca dati editoriali GFL*, Giuffré, Milano, 2021.

502 Para saber más sobre la cuestión, v. CENNAMO, Alice, "Le investigazioni difensive alla luce della L. 397/2000", *Rivista di Criminologia, Vittimologia e Sicurezza* 2011, n. 1, pp. 57-68, así como GRIFANTINI, Fabio, M., "Ordine europeo di indagine penale e investigazioni difensive", *Processo Penale e Giustizia* 2018, n. 6, disponible en http://www.processopenaleegiustizia.it/HomePage (fecha de última consulta: el 11 de septiembre de 2025).

503 CACCIATORE, Serena, "La adaptación de la Orden Europea de Investigación en Italia. Aspectos generales del decreto legislativo del 21 de junio de 2017, núm. 108", *op. cit.*, esp. p 431.

La falta de una disciplina global que permita a los abogados llevar a cabo sus actividades de investigación en el extranjero, valiéndose también de la cooperación de compañeros extranjeros, marca un fuerte desequilibrio entre los derechos de la defensa y los derechos de la acusación.

De las entrevistas realizadas se desprende que el juez de instrucción[504], aunque garante de los derechos del investigado, no siempre es capaz de compensar esta proporción que se señala entre los derechos mencionados. El sistema italiano se enfrenta a problemas de difícil solución: por ejemplo, la falta de comunicación por parte del abogado sobre la inutilidad de ciertos actos en casos particulares, o el problema del filtrar las pruebas obtenidas en el extranjero en violación de las normas internas[505].

1.2. Autoridades judiciales competentes

En cuanto a la identificación de las autoridades judiciales competentes en materia de OEI, como se ha destacado en el apartado anterior, la legislación italiana parece linear. El apartado 7 del artículo 4 contempla los casos en los cuales el fiscal es responsable del reconocimiento y ejecución de una OEI destinada a completar o suplementar una anterior OEI, por necesidades de la investigación. La legislación italiana distingue, aunque no siempre de forma específica, el reconocimiento y la ejecución de una OEI.

A diferencia del sistema tradicional, si la solicitud de asistencia se refiere a actos que deben ejecutarse en varios Distritos, intervendrá el fiscal del Distrito en el que deba ejecutarse el mayor número de actos, o en caso de igual número "aquel en cuyo distrito debe realizarse el acto de mayor importancia de investigación" (artículo 4, aparatado 5).

En lo que respecta la determinación de la "mayor importancia" en las investigaciones (artículo 4.6) requiere una referencia a las disposiciones contenidas en los artículos 54, 54 *bis* y 54 *ter* del *codice di procedura penale* (re-

---

504 Para saber más, interesante artículo de DEL COCO, Rosita, "Ordine europeo di indagine e poteri sanzionatori del giudice", *Diritto Penale contemporaneo* 2015, n. 4, pp. 1-21.

505 El juez, que se supone debe ser el *gate keeper* de la legalidad procesal, podría encontrarse, ante la OEI, con pruebas cuya ritualidad es incapaz de valorar, poniendo en riesgo todo el proceso. Entrevista en línea por parte de Serena Cacciatore a Zancani, Simone, el 15 de octubre de 2021.

cordamos que nos referimos a la Ley de Enjuiciamiento Criminal italiana). Se refiere a las normas sobre los contrastes "negativos y positivos" relativos a la competencia entre fiscales en la fase de las investigaciones preliminares. El artículo 54 *ter* del *codice di procedura penale* establece que si el conflicto se refiere a los delitos indicados en el artículo 51, en los apartados *3 bis* e *3-quater* del *codice di procedura penale*[506], si la decisión es competencia del Fiscal ante el Tribunal de Casación, éste tomará la decisión tras oír al fiscal nacional antimafia y antiterrorista. Por otra parte, si es competencia del Fiscal General ante el Tribunal de Apelación, para una mayor coordinación de las investigaciones, será necesario informar al fiscal nacional antimafia y antiterrorista.

Tras la recepción de la OEI, el Fiscal General, mediante la transmisión del formulario indicado en el mismo decreto (Anexo B), deberá informar al Fiscal Nacional Antimafia y Antiterrorista en el caso de investigaciones relativas al artículo 51, apartados 3-*bis* y 3-*quáter* del *codice di procedura penale.* Por lo que se refiere a su ejecución, además de preverla dentro de los noventa días siguientes, deberán respetarse las formas indicadas por la autoridad emisora, siempre que no sean contrarias a los principios del ordenamiento jurídico del Estado italiano (artículo 4, apartado 2); "sólo algunos

---

[506] Artículo 51, apartado 3 *bis* del *codice di procedura penale*: "*Quando si tratta di procedimenti per i delitti, consumati o tentati, di cui agli articoli 416, sesto e settimo comma, 416, realizzato allo scopo di commettere taluno dei delitti di cui all'articolo 12, commi 3 e 3-ter, del testo unico delle disposizioni concernenti la disciplina dell'immigrazione e norme sulla condizione dello straniero, di cui al decreto legislativo 25 luglio 1998, n. 286, 416, realizzato allo scopo di commettere delitti previsti dagli articoli 473 e 474, 600, 601, 602, 416-bis, 416-ter, 452-quaterdecies e 630 del codice penale, per i delitti commessi avvalendosi delle condizioni previste dal predetto articolo 416-bis ovvero al fine di agevolare l'attività delle associazioni previste dallo stesso articolo, nonché per i delitti previsti dall'articolo 74 del testo unico approvato con decreto del Presidente della Repubblica 9 ottobre 1990, n. 309, dall'articolo 291-quater del testo unico approvato con decreto del Presidente della Repubblica 23 gennaio 1973, n. 43, e [dall'articolo 260 del decreto legislativo 3 aprile 2006, n. 152,] le funzioni indicate nel comma 1, lettera a), sono attribuite all'ufficio del pubblico ministero presso il tribunale del capoluogo del distretto nel cui ambito ha sede il giudice competente.*" Artículo 51, apartado 3-*quater* del *codice di procedura penale*: "*Quando si tratta di procedimenti per i delitti consumati o tentati con finalità di terrorismo le funzioni indicate nel comma 1, lettera a), sono attribuite all'ufficio del pubblico ministero presso il tribunale del capoluogo del distretto nel cui ambito ha sede il giudice competente.*" Disponible en https://www.gazzettaufficiale.it/atto/serie_generale/caricaArticolo?art.progressivo=0&art.idArticolo=51&art.versione=15&art.codiceRedazionale=088G0492&art.dataPubblicazioneGazzetta=1988-10-24&art.idGruppo=13&art.idSottoArticolo1=10&art.idSottoArticolo=1&art.flagTipoArticolo=0 (fecha de última consulta: el 11 de septiembre de 2025).

actos están exentos expresamente de este régimen (véanse los artículos 21 y 22, es decir, las operaciones encubiertas y las órdenes de detención y embargo)"[507] que, en cualquier caso, se rigen por la ley italiana[508].

A diferencia del decreto legislativo examinado, la DOEI, en su artículo 6, no precisa el alcance específico del principio de proporcionalidad[509]. A este respecto, el artículo 7 del D.lgs. n. 108/2017 indica los criterios con arreglo a los cuales debe evaluarse la proporcionalidad. La proporcionalidad es pertinente en el sentido de que, si la OEI no parece proporcionada, previo acuerdo con la autoridad de emisión, la ejecución se llevará a cabo mediante uno o varios actos diferentes que, en cualquier caso, sean adecuados para alcanzar la finalidad.

La participación de la autoridad de emisión en la ejecución del acto puede ser útil para el fin que se persigue.

En el artículo 14, apartado 1, del D.lgs. n. 108/2017 se puede encontrar un hito en relación con el reconocimiento y la ejecución de la OEI. En este sentido, el fiscal puede ordenar el aplazamiento del reconocimiento por el plazo necesario en el caso de que, pueda derivarse de la ejecución, un "perjuicio para la investigación preliminar o en el juicio ya en curso". El apartado siguiente del mismo artículo 14 también prevé el aplazamiento de la ejecución cuando las cosas, documentos o datos obje-

---

507 CAMALDO, Lucio, "La normativa di attuazione dell'ordine europeo d'indagine penale: le modalità operative del nuovo strumento di acquisizione della prova all'estero", *op. cit.*, esp. p. 4202.

508 Se hace referencia al modelo transpuesto por la DOEI, es decir, del Convenio de 2000 sobre las relaciones de asistencia judicial. De hecho, la disposición se refiere al cumplimiento de los procedimientos indicados, como ya se ha mencionado, por la autoridad de emisión y no a la plena aplicación de la *lex fori*. En este sentido, la forma de ejecución de la OEI está condicionada por el principio de proporcionalidad, ya que la aplicación del principio de reconocimiento mutuo implicaría la aplicación de la *lex fori*, mientras que la DOEI exige el cumplimiento de los procedimientos indicados por la autoridad de emisión de la OEI, si bien con el "*limite dei diritti fondamentali del diritto dello Stato di esecuzione*"; vid. PELOSO, Caroline, "L'implementazione dell'ordine europeo di indagine penale nell'ordinamento italiano: il d.l.vo n. 108/2017 tra principi fondanti e recenti apporti giurisprudenziali (parte seconda) (*)", *op. cit.*, p. 11.

509 Literalmente: *"L'ordine di indagine non è proporzionato se dalla sua esecuzione può derivare un sacrificio ai diritti e alle libertà dell'imputato o della persona sottoposta alle indagini o di altre persone coinvolte dal compimento degli atti richiesti, non giustificato dalle esigenze investigative o probatorie del caso concreto, tenuto conto della gravità dei reati per i quali si procede e della pena per essi prevista".*

to de la solicitud de embargo ya sean objeto de limitación, hasta la revocación de la orden correspondiente. La OEI se ejecuta inmediatamente "tan pronto como desaparezca la causa del aplazamiento" (apartado 4 del artículo 14).

Siguiendo con el análisis del procedimiento pasivo y, en concreto, en referencia al artículo 10 del D.lgs. n. 108/2017, no se reconocerá ni ejecutará la OEI en los siguientes casos: en primer lugar, cuando sea incompleto o incluya información errónea o no equivalente al tipo de acto solicitado. En caso de que la persona contra la que se dirige el procedimiento goce de inmunidades reconocidas por el Estado italiano; cuando la ejecución de la investigación pueda perjudicar la seguridad nacional; si, de la información enviada, se desprende que se ha producido una violación del *ne bis in idem*; cuando la ejecución del acto solicitado en la OEI no sea compatible con las obligaciones y los derechos fundamentales de la UE etc. Por último, la denominada "doble incriminación" representa otro motivo de denegación, es decir, "el hecho por el que se dicta la orden de investigación no puede ser reconocido si no está sancionado penalmente por la legislación italiana"[510] (apartado f del artículo 10); con una excepción para el amplio catálogo de hipótesis derogatorias contempladas en el artículo 11, de forma similar a lo previsto en materia de ODE (artículo 8, Ley n. 69 de 2005)[511]. El artículo 11 del D.lgs. n. 108/2017 enumera treinta y dos delitos para los que "no opera esta causa que impide el doble reconocimiento, siempre que el hecho sea punible en el Estado de emisión con una pena no inferior a un máximo de tres años"[512]. Para concluir con el análisis del artículo 10, este, en su apartado tercero, especifica que la OEI expedida por una autoridad distinta de la judicial[513] (o que no haya sido validada por ésta), deberá ser devuelta a la autoridad de expedición.

---

510 Traducción propia, más detalles D'ANGELO, Salvatore, "L'ordine europeo di indagine in materia di cooperazione giudiziaria e le garanzie difensive del destinatario", *Salvis Juiribus*, 2019, disponible en http://www.salvisjuribus.it/lordine-europeo-di-indagine-in-materia-di-cooperazione-giudiziaria-e-le-garanzie-difensive-del-destinatario/ (fecha de última consulta: el 11 de septiembre de 2025).

511 Publicado en G.U., el 29 de abril de 2005, n. 98 pp. 1-128.

512 D'ANGELO, Salvatore, "L'ordine europeo di indagine in materia di cooperazione giudiziaria e le garanzie difensive del destinatario", *op. cit.*, p.1 (traducción propia).

513 Para más información, MILAGROS LÓPEZ, Gil, "La autenticidad de las comunicaciones interceptadas al amparo de la orden europea de investigación", *Revista General de Derecho Procesal*, 2021, n. 55, disponible en http://www.iustel.com (fecha de última consulta: el 11 de septiembre de 2025).

1.3. Italia como Estado requirente y como Estado requerido

ITALY	
ISSUING AUTHORITIES	An European Investigation Order may be issued only by Italian Judicial Authorities (a Public Prosecutor or a Judge in charge of the proceedings). **EPPO** (in the exercise of its competences, as provided for in Articles 22, 23 and 25 of Council Regulation (EU) 2017/1939)
VALIDATING AUTHORITIES	N/A
RECEIVING AUTHORITIES	The Public Prosecutor is the only Receiving Authority
EXECUTING	The authority executing an European Investigation Order shall be the Public Prosecutor attached to the Court of the main
AUTHORITIES	city of the district where the requested activity shall be carried out. When the aim of the request for legal assistance is to carry out activities which need to be executed in various districts, they shall be executed by the Public Prosecutor of the district where the higher number of activities shall be performed or, if their number is the same, by the Public Prosecutor of the district where the most significant investigative measure needs to be taken. When the issuing authority asks for the activity to be carried out by a judge or when the requested activity shall be carried out by a judge pursuant to Italian law, the Public Prosecutor shall recognize the Europen Investigation Order and ask the Pre-Trial Investigation Judge to execute it **EPPO** furthermore is competent to act as executing authority as defined in Article 2(d) of the EIO Directive for the purpose of providing information or evidence which the EPPO has obtained already or may obtain following the initia-tion of an investigation within its competence
CENTRAL/SPECIFIC AUTHORITIES	Ministry of Justice, Directorate General for International Affairs and Judicial Cooperation, Office 1 (International Judicial Cooperation). Where a European Investigation Order is addressed to the **EPPO as executing authority**, it should be transmitted to the Central Office of the EPPO. In urgent cases it may be transmitted directly to a Delegated European Prosecutor in the Italian Republic. In this case a copy should be sent to the Central Office of the EPPO.
URGENT MATTERS	N/A
SCOPE	All the investigative measures, except the setting up of a JIT.
ACCEPTED LANGUAGES	Italian. This choice satisfies the need that the recognition and execution of the EIO will be carried out within the time frame laid down in the Directive.
ENTRY INTO FORCE	28 July 2017

Figura n. 14 Autoridades competentes, lenguas aceptadas, cuestiones urgentes y ámbito de aplicación de la Directiva OEI. Fuente: European Judicial Network. The Secretariat (disponible en https://www.ejn-crimjust.europa.eu/ejn/EJN_Home.aspx) (fecha de última consulta: el 11 de septiembre de 2025).

El D.lgs n. 108 del 2017 introduce avances importantes, en comparación con el sistema de comisiones rogatorias, en lo que respecta a la competencia y el procedimiento para el reconocimiento y la ejecución de la OEI emitida por una autoridad de otro Estado miembro de la UE.

Se eclipsa el Tribunal de Apelación como órgano interno encargado de verificar la admisibilidad y ejecución de las comisiones rogatorias procedentes del extranjero[514], sustituido por el Ministerio Fiscal del Juzgado del *capoluogo del distretto* en el que deban realizarse los actos solicitados (artículo 4)[515]. Esta premisa, es fundamental para definir los conceptos de Italia como "Estado requirente" y como "Estado requerido".

En este sentido, un aspecto que merece una mayor consideración es el control sobre el reconocimiento de una OEI.

El artículo 13 establece normas específicas para los "recursos". En un plazo de cinco días a partir de la comunicación del *decreto di riconoscimento* de una OEI, puede interponerse un recurso ante el juez de instrucción (GIP en Italia)[516]. Las partes legitimadas son el investigado y su abogado defensor (la persona ofendida no comparece), con el fin de impugnar los motivos de la oposición. La oposición no tiene efectos suspensivos, por la razón de que no debe afectar a la utilidad y eficacia del acto de investigación, ni está previsto por la ley que la persona investigada tenga la facultad de impedir el traslado de las pruebas, de conformidad con el artículo 12, a la autoridad judicial del Estado emisor. No obstante, el fiscal puede suspender el traslado si considera que la ejecución del acto puede causar un perjuicio grave e irreparable al sospechoso o a la persona interesada. Si se estima la oposición, el decreto queda anulado y la OEI no puede ejecutarse. El juez, en la fase de oposición, se encarga de verificar los motivos de denegación enumerados en el artículo 10 —y mencionados en el párrafo anterior—, así como verificar las condiciones para el reconocimiento de la

---

514 Para mayor detalle, DE AMICIS, Gaetano, "Dalle rogatorie all'ordine europeo di indagine verso un nuovo diritto della cooperazione giudiziaria penale", *Cassazione penale* 2018, n. 1, pp. 22-43.

515 Página oficial del Ministerio de Justicia italiano, *Circolare 26 ottobre 2017—Attuazione della direttiva 2014/41/UE relativa all'ordine europeo di indagine penale — Manuale operativo.* Disponible en https://www.giustizia.it/giustizia/it/mg_1_8_1.page?facetNode_1=1_1(2017)&facetNode_2=1_1(201710)&facetNode_3=1_1(20171026)&facetNode_4=0_0&contentId=SDC58426&previsiousPage=mg_1_8#ra44 (fecha de última consulta: el 11 de septiembre de 2025).

516 CALAVITA, Oscar, *L'ordine europeo d'indagine penale, Presente e futuro della cooperazione probatoria nell'Unione Europea,* Cedam, Milano, 2025.

OEI, conforme con los demás criterios de evaluación deducibles de los artículos 7 y 9 del D.lgs n. 108 del 2017. En relación con el *decreto di riconoscimento* y la oportunidad de la comunicación, algunos principios importantes han sido establecidos por el Tribunal de Casación.

No obstante, el fiscal puede suspender el traslado si considera que la ejecución del acto puede causar un perjuicio grave e irreparable al sospechoso o a la persona afectada. Si se estima la oposición, el decreto queda anulado y la OEI no puede ejecutarse. El juez, en el marco de la oposición, le corresponde de verificar los motivos de denegación enumerados en el artículo 10 —y mencionados en el párrafo anterior—, así como de constatar las condiciones para el reconocimiento de la OEI sobre la base de los demás criterios de evaluación deducibles de los artículos 7 y 9, D.lgs n. 108 del 2017. En relación con el decreto de reconocimiento y la oportunidad de la comunicación, algunos principios importantes han sido establecidos por el Tribunal de Casación. El juez, en oposición, es responsable de verificar los motivos de denegación enumerados en el artículo 10 —y mencionados en el párrafo anterior—, así como de determinar las condiciones para el reconocimiento de la OEI sobre la base de los demás criterios de evaluación deducibles de los artículos 7 y 9, D.lgs n. 108 del 2017. En relación con el *decreto di riconoscimento* y la comunicación de este, han sido establecidos algunos principios importantes por el Tribunal de Casación[517] .

Como se ha señalado el *decreto di riconoscimento* sólo debe comunicarse al abogado del sospechoso en los casos en que las leyes procesales italiana prevean la notificación de la realización del acto dentro de los plazos establecidos para dicha notificación. De ello se desprende, por tanto, que no es necesaria la comunicación en el caso de actos de investigación que no requieran la participación del sospechoso o que, por motivos de secreto, ni siquiera prevean en la ley italiana la notificación de su realización al sospechoso o a su abogado.

Cuando se trate de actos de investigación para cuya realización se prevea el derecho del abogado defensor a ser notificado previamente o sólo a asistir sin previo aviso, la norma prevé que el *decreto di riconoscimento* se comunique en el plazo establecido a efectos de la notificación para la realización del acto o, para la segunda hipótesis referida a los denominados *atti a sorpresa* (literalmente: actos sorpresa), en el momento de la realización del acto o inmediatamente después de este. Este es el caso de los registros e incautaciones, en cumplimiento de lo dispuesto en el artículo 356 de la

---

517 Cass., Sez. VI, sent. 15 settembre 2020, n. 30885.

Ley de Enjuiciamiento Criminal italiana, en materia de asistencia del abogado defensor para tales tareas procesales.

El incumplimiento del plazo para la comunicación del *decreto di riconoscimento* al sospechoso no invalida la fase de instrucción realizada en ejecución de la OEI, en el caso de un reconocimiento previo motivado por el Fiscal de la ausencia de causas de denegación, ya que la eficacia del *decreto di riconoscimento* nunca está condicionada en su validez a la comunicación al sospechoso[518].

En cuanto a las competencias del GIP, se indica que sólo puede revisar la inexistencia de los motivos de denegación relacionados con la protección de los derechos fundamentales del sospechoso, que podrían verse directamente afectados por el reconocimiento y la ejecución del acto dictado por la autoridad judicial de un Estado miembro de la UE[519]. Esto en consonancia con el artículo 14 de la DOEI (apartado 2: Vías de recurso), según el cual los

---

518 En este sentido, destaca una sentencia (Tribunal de Casación, Sec. IV, sentencia de 2 de julio de 2020, n. 24800) relativa a la notificación de actos procesales. En la que se declaró inadmisible el recurso (interpuesto por N.S.) contra el auto dictado por el GIP del Tribunal de Nápoles. El Tribunal de Nápoles en la fase de revisión confirmó la *ordinanza de libertate*, "con la cual se ordenó la medida de prisión provisional" del sujeto N.S. por haber participado en una organización criminal y en una de las más considerables importaciones de cocaína y marihuana desde Holanda. La excepción procesal planteada por la defensa tenía por objeto invalidar los resultados de la interceptación de la información ordenada en violación de los D.lgs n. 52/2017 y n. 108/2017. El sujeto en cuestión recurrió ante el Tribunal de Casación contra la decisión del *Tribunale del Riesame* indicando entre los motivos que "el uso de la línea interceptada en territorio holandés en violación de las directivas comunitarias relativas a las interceptaciones telefónicas en régimen de extraterritorialidad", implementadas por los decretos legislativos anteriores, requiere la notificación al Estado miembro. El *Tribunale del Riesame* declaró que el usuario interceptado se había desplazado al extranjero durante un breve período de tiempo y que el constante control de las líneas era efectuado por la policía judicial, que a continuación facilitaba información al Ministerio Fiscal, rechazando así la hipótesis de que el Ministerio Fiscal pudiera tener la "representación directa del aparato interceptado" fuera del Estado italiano. El motivo del recurso en casación es inadmisible, ya que, entre otras cosas, no debe compararse con las argumentaciones del acto impugnado.

519 Como antes, véase página oficial del Ministerio de Justicia, Circular 26 de octubre de 2017 — Aplicación de la Directiva 2014/41/UE sobre la orden europea de investigación en materia penal — Manual operativo. Disponible en https://www.giustizia.it/giustizia/it/mg_1_8_1.page?facetNode_1=1_1(2017)&facetNode_2=1_1(201710)&facetNode_3=1_1(20171026)&facetNode_4=0_0&contentI-

motivos de fondo sólo pueden impugnarse mediante un recurso interpuesto en el Estado de emisión, “sin perjuicio de las garantías de los derechos fundamentales en el Estado de ejecución”[520]. La revisión no puede extenderse a la verificación de posibles vicios formales o procedimentales en el reconocimiento de la OEI por la autoridad judicial competente, salvo que dichos vicios hayan afectado de manera decisiva el ejercicio de los derechos fundamentales, que el Estado de ejecución está obligado a proteger.

El Tribunal de Casación intervino de nuevo sobre el *decreto di riconoscimento*[521], en la decisión n. 14413 de 7 de febrero de 2019[522]. En ese supuesto, el *decreto di riconoscimento* no había sido comunicado, por lo que ni siquiera se había adoptado[523]. El Tribunal de Casación reitera que el reconocimiento debe ser ante todo motivado y la defensa debe tener tiempo de tomar nota a través de la oposición al GIP[524]. El reconocimiento no coincide con la recepción de la OEI, ya que, como señala el Tribunal de Casación: “se concreta en la redacción de un documento con un contenido predefinido y una finalidad informativa sobre los datos orientativos de la OEI y de la autoridad emisora y receptora”[525].

El GIP en este caso, depreció el valor del reconocimiento afirmando que el D.lgs n. 108 del 2017 no sanciona su ausencia con ninguna invalidez. En efecto, en ausencia de indicaciones explícitas, se aplican “las normas de carácter general que pertenecen a los actos procesales (entre estos el reconocimiento de la OEI realizada por las autoridades nacionales)”, como

---

d=SDC58426&previsiousPage=mg_1_8#ra44 (fecha de última consulta: el 11 de septiembre de 2025).

520 En este contexto, SCEVI, Paola, “Diritto penale e terrorismo. Il difficile equilibrio tra sicurezza nazionale e diritti fondamentali”, *Archivio Penale*, 2018, n. 1, pp. 49-65.

521 Cass., Sez. VI, sent. 31 enero de 2019, n. 8320.

522 Cass., Sez. VI, sent. 7 febrero de 2019, n. 14413.

523 DANIELE, Marcello, “Il riconoscimento “di fatto” dell’ordine europeo di indagine: un’altra censura della Cassazione”, *Diritto Penale contemporaneo*, 2019, disponible en https://archiviodpc.dirittopenaleuomo.org/d/6626-il-riconoscimento-di-fatto-dell-ordine-europeo-di-indagine-un-altra-censura-della-cassazione (fecha de última consulta: el 11 de septiembre de 2025).

524 MANGIARACINA, Annalisa, “Il procedimento di esecuzione dell’OEI e i margini nazionali di rifiuto”, in M. Daniele — R.E. Kostoris (dir.), *L’ordine europeo di indagine penale. Il nuovo volto della raccolta transnazionale delle prove nel d.lgs n. 108 del 2017*, Giappichelli, Torino 2018, pp. 108 e ss.

525 V. documento sentencia, esp. p. 7, disponible en https://archiviodpc.dirittopenaleuomo.org/upload/7517-cass-14413-19.pdf (fecha de última consulta: el 11 de septiembre de 2025).

prevé el artículo 125 apartado 3 del *codice di procedura penale*, es decir, la nulidad en ausencia de motivación de los *provvedimenti giudiziari*[526]. La causa de esta “confusión” entre reconocimiento y recepción o, más bien, de la falta de atención en la aplicación de la OEI, deriva en primer lugar de la necesidad de rapidez en la obtención de pruebas y, en segundo lugar, del enfoque al anterior sistema rogatorio.

1.4. Particularidades de la relación entre criminalidad organizada y OEI en Italia

En los últimos años, la delincuencia organizada ha ampliado también su ámbito de interés al tráfico de obras de arte, un mercado que ha resultado ser especialmente lucrativo. El caso de la “phiale d’oro”[527] se ha hecho célebre tras el descubrimiento de un importante artefacto arqueológico[528] que había sido trasladado ilegalmente al extranjero[529].

---

526 Así, DANIELE, Marcello, “Il riconoscimento “di fatto” dell’ordine europeo di indagine: un’altra censura della Cassazione”, *Diritto Penale contemporaneo,* 2019, disponible en https://archiviodpc.dirittopenaleuomo.org/d/6626-il-riconoscimento-di-fatto-dell-ordine-europeo-di-indagine-un-altra-censura-della-cassazione (fecha de última consulta: el 21 de mayo de 2025).

527 GUZZO, Giovanni P., SPATAFORA, Francesca, e VASSALLO, Stefano, “Una phiale d’oro iscritta dall’entroterra di Himera. Dalla Sicilia a New York, e ritorno”, *Open Edition Journals,* 2010, n. 122-2, pp. 451-477. Disponible en https://journals.openedition.org/mefra/303 (fecha de última consulta: el 23 de abril de 2025).

528 BARBARA, Mariano, “La phiale aurea di Caltavuturo”, *Beni ambientali e culturali imeresi,* 2016, disponible página web https://beniambientalieculturaliimeresi.wordpress.com/2016/10/18/la-phiale-aurea-di-caltavuturo/ (fecha de última consulta: el 11 de septiembre de 2025).

529 En 1989, aparece la primera noticia y documentación fotográfica de G. Manganaro, que afirma haber visto algunos años antes el artefacto (una copa) en una colección privada siciliana. En 1994, la Fiscalía de Termini Imerese inicia una investigación basada en algunos indicios relativos a una investigación sobre “objetos de arte robados del Museo de Termini Imerese”. Se trata de un hallazgo no programado en la ciudad de Caltavuturo durante las obras de construcción de una torre de la línea eléctrica. Al parecer, el artefacto se compró y luego se vendió a W. T. Veres, el propietario de una empresa comercial con sede en Zurich. La “phiale d’oro” salió entonces clandestinamente de Sicilia y fue trasladada a Suiza. Veres consiguió colocar el artefacto en Estados Unidos. Para más detalles, véase SPATAFORA, Francesca, e VASSALLO, Stefano, “La phiale aurea di Caltavuturo”, Soprintendenza Beni Culturali e Ambientali di Palermo, 2005, Palermo, disponible online https://www2.regione.sicilia.it/beniculturali/dirbenicult/musei/guide_brevi/Phiale%20Aurea%20(Guida%20Breve).pdf , (fecha de última consulta: el 11 de septiembre de 2025).

A este respecto, la operación "Demetra"[530] presenta perfiles interesantes relacionados a un asunto similar (el de la "phiale d'oro"), en el que participaron los siguientes Estados: Italia, Reino Unido, Alemania y España. La investigación, iniciada en 2014, se refería a dos ejes principales: la primera, el saqueo de zonas arqueológicas sicilianas (en concreto, de la ciudad de Caltanissetta y Agrigento), cuyos objetos se destinaban a coleccionistas del norte de Italia, conocedores de su procedencia ilícita. La segunda, de "alcance internacional"[531] se desarrolló profundizando los primeros elementos surgidos en la primera fase de la investigación. La *Procura della Repubblica di Caltanissetta* (Fiscalía de la ciudad de Caltanissetta) coordinó la investigación, que implicó a veintitrés personas en una asociación delictiva transnacional. Esta operación requirió la cooperación entre los *Carabinieri del Comando tutela patrimonio culturale* (su equivalente en España la Guardia Civil) con Europol y Eurojust. Se comprobó que los sujetos sicilianos estaban relacionados con un *holding* criminal transnacional dirigida por el mismo comerciante de arte W.T. Veres, implicado en el asunto anteriormente mencionado de la phiale d'oro[532].

Se recuperaron más de tres mil objetos por valor de 20 millones de euros. Aún más grave fue la exportación clandestina de estos artefactos, procedentes también de excavaciones clandestinas en Alemania. Los hallazgos, provistos de certificados falsos, se incluyeron en el circuito de casas de subastas que operaban en Múnich. Los ingresos llegaban a Londres, donde W. T. Veres, a través de algunos contactos, los redistribuía también en Italia y España con sistemas de transferencia de dinero o en efectivo[533].

En este contexto, se detuvo a tres sujetos en ejecución de una ODE. Los investigadores de la *Metropolitan Police*, de la Policía Criminal de Baden Württemberg y de la Guardia Civil[534]; sobre la base de las OEI emitidas por

---

530 Davide Spina, *Sostituto Procuratore presso Procura della Repubblica presso il Tribunale di Caltanissetta*, mayor información en https://www.procura.caltanissetta.giustizia.it/it/Content/Index/55698, primera entrevista realizada el 4 de septiembre de 2020.

531 GRECO, Federica, "Operazione Demetra: recuperati reperti archeologici per 40 milioni di euro", Revista online 2018, disponible https://www.arte.it/notizie/caltanissetta/operazione-demetra-recuperati-reperti-archeologici-per-40-milioni-di-euro-14713 (fecha de última consulta: el 11 de septiembre de 2025).

532 Vid. página web oficial del *Ministero della Cultura italiano*, 2018, disponible en https://www.beniculturali.it/ (fecha de última consulta: el 20 de enero de 2025).

533 IACONO, Silvia, "Traffico di beni archeologici siciliani: 23 coinvolti, recuperati oltre 3mila reperti", *Giornale di Sicilia,* 2018, n. 103, disponible in https://gds.it/ (fecha de última consulta: el 11 de septiembre de 2025).

534 STANI, Pasqualina, L., "Carabinieri: operazione "Demetra" contro il traffico internazionale di beni archeologici siciliani", *Report Difesa*, 2018, disponible en https://www.reportdifesa.it/ (fecha de última consulta: el 11 de septiembre 2025).

la Fiscalía de Caltanissetta, incautaron varios objetos, documentación útil para la investigación, dinero en Alemania (30.000 euros en efectivo). En Italia, para algunos sujetos, se ordenó la prisión preventiva[535].

En este caso, la autoridad competente para emitir la OEI fue la Fiscalía de Caltanissetta, siendo Italia el Estado emisor. En cuanto a la ejecución, la operación implicó la participación de varios Estados, en cuyos territorios se llevaron a cabo al mismo tiempo medidas cautelares y registros personales y domiciliarios. Esto dio lugar a la emisión de tres OEI traducidas al inglés, alemán y español respectivamente. La primera dificultad encontrada fue la falta de un sistema centralizado que permitiera traducir de forma automática el documento en tres lenguas diferentes sin que la autoridad competente tuviera que encontrar con urgencia un intérprete disponible en tiempo real para traducir la OEI.

La principal diferencia entre las tres OEI se encuentra en los motivos de la emisión de la OEI que se examinarán más adelante.

SECCIÓN A

Estado de emisión: Italia

Estado de ejecución: Reino Unido, Alemania y España.

Sección B: **Urgencia**

Por favor, indique si existe una urgencia debida:

[x] **Ocultación o destrucción de pruebas**

En relación con los plazos de ejecución de la OEI, fue necesario señalar un plazo de ejecución porque, como se ha mencionado anteriormente, se estaba ejecutando una orden de medida cautelar contra una pluralidad de personas.

SECCIÓN C: Medida o mediadas de investigación que deben realizarse

1. Describa la medida o medidas de asistencia o investigación requeridas E indique, en su caso, si se trata de una de las medidas de investigación siguientes:

Auto de registro y secuestro (adquisición de *copia forense* de ordenadores, tablets, pen drives, smartphones y otros) adecuados para almacenar datos de relevancia investigativa. El análisis de estos podría permitir la obtención de pruebas sobre los hechos por los que se está procediendo.

Medida(s) provisional(es) para prevenir la destrucción, transformación, traslado, transferencia o eliminación de objetos que puedan utilizarse como pruebas

535 Véase la página web sito web oficial del *Ministero della Cultura italiano*, disponible en https://www.beniculturali.it/ (fecha de última consulta: el 11 de septiembre de 2025).

La OEI en cuestión no incorpora una OEI anterior, por lo que por una parte no se cumplimentó la SECCION D: "Relación con una OEI anterior". Por la otra, la "identidad de la persona afectada" es a decir, la SECCION E no se expone por motivos de privacidad.

SECCIÓN F: Tipos de procedimientos para los cuales puede emitirse la OEI:

[x] **a) a efectos de procedimientos penales incoados por una autoridad judicial o que puedan entablarse ante una autoridad judicial por hechos constitutivos de delito con arreglo al Derecho interno del Estado de emisión**

La SECCIÓN G se refiere a los "Motivos de la emisión de la OEI", éstos incluyen: un resumen de los hechos, la naturaleza y tipificación jurídica del delito o delitos por los que se emite la OEI y las normas legales aplicables.

La investigación "Demetra" tiene su origen a partir de elementos adquiridos por el *Nucleo investigativo dei Carabinieri di Caltanissetta* durante actividades de interceptaciones telefónicas y ambientales llevadas a cabo en el marco de un procedimiento diferente a cargo de la *Direzione Distettuale Antimafia di Caltanissetta*[536].

En referencia al grupo que opera en el panorama internacional, es central la figura de W.T. VERES, sujeto que disponía de canales de distribución seguros; de hecho, los hallazgos arqueológicos han sido exportados clandestinamente al extranjero por correos y repartidores, después de realizar operaciones para obstaculizar la identificación de su procedencia delictiva.

Sobre la calificación jurídica del delito y las disposiciones legales aplicables:

SECCIÓN G: Motivos de la emisión de la OEI

— artículo 416, apartados 1, 2, 3 e 5, *código penal italiano* (*associazione a delinquere, in numero superiore a dieci persone, finalizzata a commettere più delitti in materia di beni culturali e contro il patrimonio*).

— artículo 174 del D. Lgs. De 22 enero de 2004, n. 42 (*uscita o esportazioni illecite*).

— artículo 648 cod. pen. (*ricettazione*).

3. El delito para el que se ha emitido la OEI:

[x] pertenencia a organización delictiva

[x] falsificación de moneda, incluida la falsificación del euro

[x] tráfico ilícito de bienes culturales, incluidas las antigüedades y las obras de arte

536 Entrevista a Davide Spina *Sostituto Procuratore presso Procura della Repubblica presso il Tribunale di Caltanissetta,* el 3 de octubre del 2020.

Además, con referencia a W.T. Veres se señalan otras disposiciones legales, en primer lugar, el artículo 176 del D.lgs n. 42, de 22 de enero de 2014, en relación con la conducta de apropiación ilícita de bienes culturales pertenecientes al Estado. En segundo lugar, el artículo 178 del citado D.lgs n. 42, de 22 de enero de 2014[537], que se refiere a la falsificación de obras de arte; y en fin el artículo 648 bis del código penal italiano (blanqueo de capitales). Por este motivo, se añade otro delito para el sujeto W. T. Veres, el *riciclaggio di proventi di reato* (se trata de blanqueo de capitales procedentes del delito).

La SECCIÓN H se refiere a los "Requisitos adicionales para determinadas medidas", en cuyo caso sólo se señala, como se prevé en la SECCIÓN H3 (Medidas cautelares) que "cuando se haya solicitado una medida cautelar a fin de prevenir la destrucción, transformación traslado o eliminación de un objeto que pueda utilizarse como prueba", se indica que los elementos en cuestión deben transferirse al Estado de emisión. No examinaremos las Secciones siguientes, ya que se refieren a formalidades (SECCIÓN I) o a información privada, mientras que no se hace mención alguna a los recursos (SECCIÓN J).

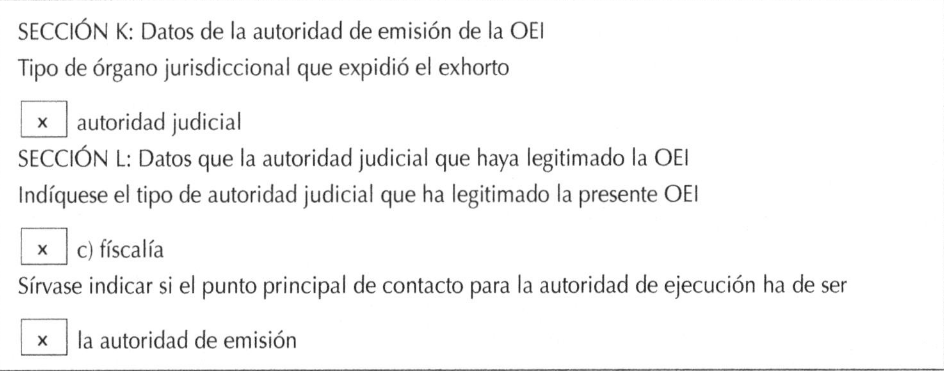
SECCIÓN K: Datos de la autoridad de emisión de la OEI
Tipo de órgano jurisdiccional que expidió el exhorto

[x] autoridad judicial

SECCIÓN L: Datos que la autoridad judicial que haya legitimado la OEI
Indíquese el tipo de autoridad judicial que ha legitimado la presente OEI

[x] c) físcalía

Sírvase indicar si el punto principal de contacto para la autoridad de ejecución ha de ser

[x] la autoridad de emisión

La operación "Demetra" constituyó una importante respuesta del Estado italiano al "nuevo" fenómeno delictivo del tráfico ilícito inherente los bienes arqueológicos.

537 "Codice dei beni culturali e del paesaggio, ai sensi dell'articolo 10 della legge 6 luglio 2002, n. 137", pubblicato nella G. U. del 24 de febrero de 2004, n. 45 — Supplemento Ordinario n. 28., pp. 1-184, disponible en https://www.gazzettaufficiale.it/atto/serie_generale/caricaDettaglioAtto/originario?atto.dataPubblicazioneGazzetta=2004-02-24&atto.codiceRedazionale=004G0066&elenco30giorni=false (fecha de última consulta: el 11 de septiembre de 2025).

2. LA TRANSPOSICIÓN EN EL ORDENAMIENTO JURÍDICO ESPAÑOL DE LA OEI

En España, como adelantamos, la DOEI ha sido objeto de transposición por medio de la LRM, dando nueva redacción al Título X, artículos 186 a 223 que ahora contemplan la OEI. La LRM se aplica a las resoluciones transmitidas o recibidas por las autoridades competentes españolas a partir del 11 de diciembre de 2014, independientemente de que hubieran sido dictadas con anterioridad o de que se refieran a hechos anteriores a la misma, tal y como se especifica en la Disposición Transitoria primera de la norma[538].

Hasta el 22 de mayo de 2017, (fecha final del plazo transposición de la Directiva, conforme el artículo 36.1 DOEI)[539] España no disponía de texto de transposición. En efecto, el 14 de julio de 2017 que se ha discutido en el Consejo de Ministros el anteproyecto transmitido desde el ministerio[540].

---

538 Textualmente: "Esta Ley será aplicable a las resoluciones que se transmitan por las Autoridades competentes españolas o que se reciban por esas Autoridades con posterioridad a su entrada en vigor, con independencia de que hubieran sido dictadas con anterioridad o de que se refieran a hechos anteriores a la misma". Más ampliamente GÓMEZ-RODULFO DE SOLÍS, Ángela, "Interpretación de los principios de confianza y reconocimiento mutuos. Aplicación práctica de los mismos por los tribunales españoles y extranjeros", en J., M. Cortés Martín, y F.G. Ruiz Yamuza (coords.), *Retos actuales de la cooperación penal en la Unión Europea*, Dykinson, Madrid, 2020, pp. 159-192.

539 Textualmente: "1. Los Estados miembros tomarán las medidas necesarias para dar cumplimiento a lo dispuesto en la presente Directiva a más tardar el 22 de mayo de 2017. 2. Cuando los Estados miembros adopten dichas disposiciones, estas incluirán una referencia a la presente Directiva o irán acompañadas de dicha referencia en su publicación oficial. Los Estados miembros establecerán las modalidades de la mencionada referencia. 3. A más tardar el 22 de mayo de 2017, los Estados miembros transmitirán a la Comisión el texto de las disposiciones que incorporen a su Derecho nacional las obligaciones derivadas de la presente Directiva". En efecto, hay que precisar que ha operado automáticamente, incluso para aquellos Estados miembros que no lo han implementado, la posibilitad de aplicar las disposiciones directamente. Tradicionalmente el grado de transposición nacional de las disposiciones de la Unión en materia de cooperación judicial en materia penal ha sido limitado. El Tratado de Lisboa ha llevado a un cambio gradual con el reconocimiento otorgado a la Comisión Europea para iniciar procedimientos de infracción también en esta materia. Vid. CACCIATORE, Serena, "La adaptación de la Orden Europea de Investigación en Italia. Aspectos generales del decreto legislativo del 21 de junio de 2017, núm. 108", *op. cit.*, esp. p. 425.

540 De ahí la adopción del mencionado Dictamen 1/2017, sobre el régimen legal aplicable, como consecuencia del incumplimiento por España de los plazos de

La Comisión Europea ya había remitido un ultimátum a España junto a otros tres países (Austria, Bulgaria y Luxemburgo), dando un plazo para cumplir su compromiso con la Unión, de incorporar a su legislación la normativa europea. De lo contrario, advertía la Comisión, se elevaría el caso al TJUE mediante la fórmula de la interposición de un recurso de incumplimiento conforme al artículo 258 TFUE. En el lapso temporal desde la promulgación de la OEI hasta su transposición al ordenamiento español, la fiscalía española recibió 645 OEI, dándoles curso conforme al Dictamen 1/2017 de 19 de mayo[541], de la Fiscal de Sala de cooperación penal internacional. De hecho, la Unidad de Cooperación Internacional de la Fiscalía General del Estado estableció, con tal Dictamen un régimen transitorio hasta la implementación de la DOEI.

La Fiscalía, en dicha Instrucción, propuso la aplicación del principio de interpretación conforme, de forma tal que, con anterioridad a la transposición de la DOEI, las comisiones rogatorias u OEI emitidas por otros Estados miembros para su ejecución en España, tenían que atenerse a lo estipulado en los convenios y el marco normativo tradicional, si bien la ejecución sí debía ya adecuarse a las previsiones de la DOEI[542]. Del mismo modo, de acuerdo con AGUILERA MORALES, "*habría que actuarse una vez transpuesta la Directiva OEI en España, cuando el Estado requirente no lo hubiera hecho aún*"[543].

En la aplicación de la DOEI, la LRM se ha alineado con fidelidad al texto de la Directiva[544] incorporando algunas novedades. El objeto coincide, como

---

transposición de la DOEI y sobre el significado de la expresión "disposiciones correspondientes" que sustituye dicha Directiva. En este Dictamen, se recogen las actuaciones de los Fiscales en relación con las comisiones rogatorias u OEI que se emita o ejecuten en España respecto de los Estados miembros vinculados por la Directiva 2014/41/UE, véase página web disponible en http://www.migrarconderechos.es/legislationMastertable/legislacion/Dictamen_1_2017 (fecha de consulta: el 11 de septiembre de 2025). En particular, ARANGÜENA FANEGO, Coral, "Orden europea de investigación: próxima implementación en España del nuevo instrumento de obtención de prueba penal transfronteriza", *op. cit.*, esp. p. 911.

541 Más información en la página oficial disponible en https://www.fiscal.es/ (fecha de última consulta: el 11 de septiembre de 2025).

542 CACCIATORE Serena, "La aplicación práctica de la orden europea de investigación como mecanismo de obtención transnacional de pruebas", *op. cit.*, esp. p. 308.

543 AGUILERA MORALES, M. "La orden europea de investigación: el dolor de la lucidez", en F. Bueno de Mata (dir.) y I. González Pulido (coord.), *La cooperación procesal internacional en la sociedad del conocimiento*, Atelier, Barcelona, 2019, pp. 209-224, p. 215.

544 A este propósito, se expresa Jaime Campaner Muñoz, abogado penalista en Palma de Mallorca: "(...) *Que en el 2015 hubiera problemas interpretativos, es decir que no se*

hemos explicado en los anteriores epígrafes, con la realización de una o varias medidas de investigación en otro Estado miembro para su uso en un proceso penal, a condición de que se respetan los principios fundamentales y derechos procesales del ordenamiento jurídico español para que dichos actos de investigación sean válidos. El Tribunal Supremo atribuye plena validez a las pruebas obtenidas en el extranjero siempre que la normativa del Estado de ejecución sea compatible con los valores constitucionales del Estado español. En este sentido, nos referimos a las sentencias del Tribunal Supremo 456/2013, de 9 de junio, 259/2005, de 4 de marzo, 480/2009, de 22 de mayo o 4777/2013, de 8 de octubre; esta coincidencia representa la base del Derecho de la Unión, tal y como se establece en el artículo 2 del TUE[545].

La OEI se define en el Título X de la LRM[546], dedicado íntegramente a la orden, en concreto en su artículo 186.1, utilizando un vocabulario parecido a como la define el artículo 1 DOEI[547]. Por lo tanto, el ámbito de aplicación material de la OEI en el ordenamiento español se corresponde con el de la DOEI, en el sentido de que, sea España el Estado de emisión o el de ejecución, puede obtenerse, bien como medida de investigación dirigida a la obtención de pruebas existentes o inexistentes en el Estado en cuestión[548], bien como medida de aseguramiento de la prueba, es decir

---

conociera mucho (la LRM) *me puede parecer incluso razonable, pero que en 2021 sigamos teniendo problemas de implementación ya me parece un problema de base, por esto me parece muy desaprovechado (…)*". Entrevista en línea por parte de Serena Cacciatore el 15 de septiembre de 2021. En este sentido CARRIZO GONZÁLEZ-CASTELL, Adán, "Ley 23/2014 de reconocimiento mutuo de resoluciones penales en la Unión Europea", *Revista General de Derecho Europeo,* 2015, n. 36, disponible en http://www.iustel.com (fecha de consulta: el 11 de septiembre de 2025).

545 Como, también la STJUE de 6 de marzo de 2018, *Achmea,* C-284/16 ECLI:EU-:C:2018:158 (TOL6.526.031); más información en VILLODRE LÓPEZ, José, "La Orden Europea de investigación penal: transposición de la Directiva 2014/41 del Parlamento Europeo y del Consejo de 3 de abril de 2014 (I)", *Diario la Ley,* 2018, pp. 1-10, esp. p. 3.

546 Entre las modificaciones, se reemplazó su Título X, dedicado al "Exhorto europeo de obtención de pruebas", por otro asignado a la Orden Europea de Investigación. Más ampliamente BURGOS LADRÓN DE GUEVARA, Juan, "La Orden Europea de Investigación Penal en España: aplicación y contenido. Posible relación con la Orden Europea de Protección", *Diario de la Ley,* 2015, n. 8660, disponible en https://diariolaley.laleynext.es/content/Inicio.aspx (fecha de última consulta: el 11 de septiembre de 2025).

547 GARRIDO CARRILLO, Francisco J., "Debilidades de la orden europea de investigación en la lucha contra la delincuencia organizada", *op. cit.,* esp. p. 38.

548 Con carácter general ANDRÉS IBÁÑEZ, Perfecto, *Justicia penal De principios y prácticas,* Eolas Ediciones, León, 2022, así como VELILLA, Natalia, *Así funciona la Justicia-Verdades y mentira en la Justicia española,* Arpa Editores, Barcelona, 2021.

para "impedir de forma cautelar la destrucción, transformación, desplazamiento, transferencia o enajenación de un objeto que pudiera emplearse como medio de prueba" (artículo 203.1 LRM).

La LRM descarta explícitamente del ámbito de aplicación de la OEI la creación de un equipo conjunto de investigación y la obtención de pruebas en dicho equipo, en la línea ya afirmada en referencia a la DOEI, independientemente de que, cuando dicho equipo requiera la realización de las diligencias de investigación en el territorio de un Estado miembro que no forme parte del mismo, pueda emitirse una OEI dirigida a las autoridades competentes de dicho Estado (conforme expresa en el artículo 186.3 LRM). Asimismo, no hay alguna referencia a la vigilancia transfronteriza, no obstante, el artículo 186. 4 LRM contiene una exclusión no prevista expresamente en el DOEI, cual es "el régimen de transmisión de los antecedentes penales, que se regirá por su normativa específica".

Además del régimen general de obtención de pruebas, la LRM asimismo se ocupa en parte de regular las medidas de investigación para las que la Directiva identifica normas determinadas. En particular, el legislador español se ocupa del régimen de tales medidas cuando España es el Estado de emisión (en particular en los artículos 188-204 LRM) y cuando España es el Estado de ejecución en los artículos 241-222 LRM[549].

2.1. Aspectos generales de la OEI en la Ley 23/2014 sobre el reconocimiento mutuo

El artículo 186.2 LRM está directamente relacionado con el artículo 4 DOEI y establece que la OEI puede abarcar los procedimientos iniciados por las autoridades competentes de otros Estados miembros de la UE, ya sean administrativas o judiciales, por la comisión de hechos calificados como infracciones administrativas según su legislación, cuando la decisión pueda dar lugar a un procedimiento ante un tribunal, en particular en el ámbito penal.

Sin embargo, esta disposición hay que relacionarla con el artículo 187.1 LRM, que regula las Autoridades competentes en España para emitir y ejecutar una OEI así en primer lugar las autoridades de emisión son los jueces o tribunales que conozcan del proceso penal en el que se debe adoptar la medida de investigación o que hayan admitido la prueba si el procedimiento se encuentra en fase de enjuiciamiento. Así, por primera vez en

---

549 DOMÍNGUEZ RUIZ, Lidia, *La orden europea de investigación, Análisis legal y aplicaciones prácticas, op. cit.*, esp. pp. 64-65.

la regulación de los instrumentos de reconocimiento mutuo en materia penal en España, se permite que los fiscales puedan emitir la OEI en los procedimientos que dirijan. No obstante, esta facultad se limita a medidas que no restrinjan derechos fundamentales o, en su caso, a aquellas que, aun incluyéndolos, puedan ser sustituidas por otras que no impliquen tal restricción. Esta previsión implica, por tanto, que el propio Ministerio Fiscal será competente para acordar dicha sustitución[550].

Por su parte el artículo 186.2 LRM en segundo lugar, se supone que está conectado a "*aquellos casos en los que la emisión de la OEI se realiza por un Estado miembro distinto a España, es decir, cuando España es el Estado de ejecución*"[551].

Pues bien, la autoridad receptora es el fiscal competente indicado para recibir la OEI. Incluso aunque sean limitativas de derechos, se remiten al fiscal, que a su vez deberá transmitirla al juez o tribunal competente en materia de medidas limitativas de derechos fundamentales[552] junto con el informe preceptivo del fiscal sobre la admisión o denegación de dicha OEI[553]. Lo mismo ocurre cuando la autoridad emisora declara expresamente en la OEI que la medida de investigación debe ser ejecutada por un órgano judicial. En el caso de que no implique medidas limitativas de derechos fundamentales, la representación del ministerio público procederá directamente a su reconocimiento y ejecución, dictando al efecto el correspondiente decreto conforme señala el artículo 205.1 LRM[554].

---

550 GRANDE SEARA, Pablo, "Presupuestos para el reconocimiento y ejecución en España de una Orden Europea de investigación", *op. cit.*, esp. p. 589.

551 DOMÍNGUEZ RUIZ, Lidia, *La orden europea de investigación, Análisis legal y aplicaciones prácticas*, *op. cit.*, esp. p. 68.

552 Al respecto y con conocimiento de causa GÓMEZ-RODULFO DE SOLÍS añade: "*Habrán de ser judicializadas dichas órdenes ante el Juez de Instrucción o de Menores del lugar donde deban practicarse las medidas, o subsidiariamente ante el de cualquier otro lugar que tenga una conexión territorial con el delito, con el investigado o con la víctima, o si no constará ningún elemento de conexión territorial, ante el Juez central de instrucción, siendo también competente la Audiencia Nacional para conocer de estas órdenes europeas de investigación si han sido emitidas por delitos de terrorismo o cualesquiera otros cuyo enjuiciamiento le corresponda, o si se trata de la notificación que prevé el artículo 222 de la LRM*". GÓMEZ-RODULFO DE SOLÍS, Ángela, "Interpretación de los principios de confianza y reconocimiento mutuos. Aplicación práctica de los mismos por los tribunales españoles y extranjeros", *op. cit.*, p. 168.

553 RUEDA NEGRI, José M., "Decomiso, sanciones pecuniarias, embargo, orden europea de investigación", *op. cit.*, esp. p. 278.

554 VILLODRE LÓPEZ, José, "La Orden Europea de investigación penal: transposición de la Directiva 2014/41 del Parlamento Europeo y del Consejo de 3 de abril de 2014 (II)", *Diario la Ley*, 2018, pp. 1-15, esp. pp. 1-2.

VILLODRE LÓPEZ se expresa en este sentido "*el decreto del ministerio fiscal se aparta del régimen general al no tener posibilidad de recurso*". Frente a este panorama, no sería extraño que este particular indujese a un recurso de amparo o una cuestión de inconstitucionalidad en relación con la eventual vulneración del derecho a la tutela judicial efectiva enunciado en el artículo 24.1 de la Constitución Española. Cabe señalar que el decreto del fiscal no es una mera formalidad en este caso: sin embargo, autoriza o rechaza la práctica de una diligencia de investigación que podría perjudicar los intereses de la acusación o de la defensa. Continúa afirmando el mismo autor: "*La representación del ministerio público actúa así de segundo filtro de legalidad (el primero lo protagoniza la autoridad de emisión), sin que quepa su impugnación por parte de las direcciones letradas. El legislador español se apoya para validar esta notable excepción en la eventual y ulterior impugnación en el procedimiento penal (artículo 13.4 LRM)*"[555].

Además, hay que señalar que nunca será obligatoria la validación a la que se alude en el supuesto contemplado en el artículo 2. c) ii) DOEI, es decir, en los casos en que las autoridades policiales o administrativas[556] tengan competencia para la emisión. Es decir, jueces o fiscales, en cualquier caso, serán las autoridades judiciales en los términos del instrumento, ya que no será necesaria la "validación" judicial que proporciona la DOEI para las órdenes emitidas por autoridades no judiciales (policiales o administrativas)[557]. Ade-

---

555 VILLODRE LÓPEZ, José, "La Orden Europea de investigación penal: transposición de la Directiva 2014/41 del Parlamento Europeo y del Consejo de 3 de abril de 2014 (II)", *op. cit.*, esp. pp. 2-3. Esta posición es compartida por otra Literatura en España, también en este sentido muy crítica Aguilera Morales, Marien, por lo que respecta la ampliación de la emisión de la OEI por el Ministerio Fiscal.

556 Así tiene lugar al hilo de la Decisión Marco 2005/214/JAI, de 24 de febrero de 2005, sobre la aplicación del principio de reconocimiento mutuo de sanciones pecuniarias, que concede ejecutar en España y remitir a otros países de la UE en su caso, la resolución que impone una sanción pecuniaria como consecuencia de una infracción administrativa, siempre que fuese susceptible de recurso ante un órgano jurisdiccional penal. Siguiendo a GÓMEZ-RODULFO DE SOLÍS, Ángela, "*La Decisión Marco permite que las Autoridades judiciales y administrativas transfieran estas resoluciones de forma directa a una autoridad de otro Estado miembro y que dichas sanciones sean reconocidas y ejecutadas sin más trámites*", en "Interpretación de los principios de confianza y reconocimiento mutuos. Aplicación práctica de los mismos por los tribunales españoles y extranjeros", *op. cit.*, esp. p. 162.

557 Otra cosa, según LARO GONZÁLEZ, es que la policía "*solicite al juez de instrucción que ordene una medida de investigación, como por ejemplo se prevé para las medidas de investigación tecnológicas*". En este sentido, dispone el artículo 588 bis b) apartado 1 de la LECRIM que "el juez podrá acordar las medidas reguladas en este capítulo de oficio o a instancia del Ministerio Fiscal o de la Policía Judicial". LARO

más hay que especificar que el Instrumento de Ratificación del Convenio del Consejo de Europa sobre la Asistencia Judicial en Materia Penal del 20 de abril de 1959 n. 30, "*reconoce al Ministerio Fiscal español como autoridad judicial en materia de cooperación internacional, concretamente en el art. 24 del mismo que declara expresamente que "A los efectos del presente Convenio serán consideradas como autoridades judiciales: Los Jueces y Tribunales de la jurisdicción ordinaria; los miembros del Ministerio Fiscal y las autoridades judiciales militares" habiéndose mantenido dicha declaración en el Convenio de asistencia judicial en materia penal entre los Estados miembros de la Unión Europea de 29 de mayo de 2000*"[558].

Por otra parte, antes de proseguir con el análisis del texto de la LRM, una puntualización que se debe hacer es la referente al artículo 206.1 LRM. Para que se ejecute en España una OEI, la medida de investigación solicitada ha de existir en el Derecho español y prevista para un caso interno similar, lo que implica un doble control de legalidad. La problemática que puede surgir está directamente relacionada con la autoridad de ejecución española que debe evaluar "*la pertinencia, la proporcionalidad y necesidad de la medida solicitada por la autoridad judicial extranjera, desde la perspectiva de nuestro propio ordenamiento*"[559]. En ello se aprecia cierta similitud con el ordenamiento italiano, en cuanto se acerca el contenido del D.lgs. n. 108/2017 examinado con anterioridad.

Por lo que concierne al artículo 188 LRM, éste regula el contenido de la OEI de forma paralela al artículo 5 DOEI. Se determina la exigencia de completar el formulario de la propia Ley, contenido en el anexo XIII.

Asimismo, reflexionamos sobre la recepción de una OEI. Es decir, si una vez recibida una OEI, la autoridad receptora puede practicar diligencias complementarias que no existan o que no han sido solicitadas por la autoridad judicial remitente. Puesto que a menudo aparecen testigos u otras fuentes de prueba que no han sido solicitadas por la autoridad

---

GONZÁLEZ Elena, "Espacio Europeo de Justicia Penal, Cooperación judicial y principio de reconocimiento mutuo", *op. cit.*, esp. p. 122.

558 LARO GONZÁLEZ Elena, "Espacio Europeo de Justicia Penal, Cooperación judicial y principio de reconocimiento mutuo", *op. cit.*, esp. p. 122. En particular, ARANGÜENA FANEGO, Coral, "Orden europea de investigación: aspectos generales del nuevo instrumento de obtención de prueba penal transfronteriza", *op. cit.*, esp. p. 315.

559 DE HOYOS SANCHO, Montserrat, "Algunas dificultades en la aplicación práctica de la OEI", en V. Moreno Catena y M. I. Romero Pradas (dres.), *Nuevos postulados de la cooperación judicial en la Unión Europea. Libro homenaje a la Profa. M. Isabel González Cano,* Tirant Lo Blanch, Valencia, 2021, pp. 511-536, esp. p. 514.

remitente y de las que la autoridad de ejecución tiene conocimiento en el curso de una investigación, rutinariamente la autoridad de remisión deberá ser informada de la existencia de nuevas fuentes probatorias y líneas de investigación, a menos que se presente un asunto de urgencia que requiera la decisión inmediata de la autoridad de ejecución.

Continua el autor RUEDA NEGRI, además fiscal, "*en mi práctica habitual cuando surgen nuevas pruebas siempre me comunico con la autoridad judicial de emisión vía correo electrónico y en inglés para que quede constancia de lo que se le está comunicando, ya que cualquier conversación por teléfono y en inglés sería problemática en cuanto a problemas de entendimiento*"[560].

La autoridad judicial española que reciba la OEI deberá confirmar e informar, en el plazo de 10 días y conforme al modelo previsto en su Anexo, a la autoridad judicial del Estado remitente si el mismo resultado pudiera lograrse mediante medidas menos restrictivas, conforme al principio de proporcionalidad. En tal caso, la autoridad remitente debe ser informada de esta sugerencia y de la facultad de proceder a otra medida de investigación similar a la solicitada[561].

2.2. Autoridades judiciales competentes

El legislador español desde el primer momento favoreció un modelo de competencia compartida entre Jueces y Fiscales, en función de si en la OEI se solicitan medidas limitativas de derechos fundamentales o medidas no restrictivas de los mismos respectivamente[562]. Esta es, en efecto, la lectura que debe hacerse en detalle del contenido del artículo 187 LRM.

---

560 RUEDA NEGRI, José M., "Decomiso, sanciones pecuniarias, embargo, orden europea de investigación", *op. cit.*, esp. pp. 278-279. Sobre la cuestión del idioma, que ya hemos comentado, es importante la opinión expresada por Jorge A. Espina Ramos; en sus propias palabras "*es verdad que el régimen lingüístico no se ha cumplido como se debería haber cumplido, pero la Comisión Europea ha tenido conocimiento y tiene el mecanismo para llamar la atención a los Estados Miembros que no están cumpliendo. Ha sido un beneficio y eso siempre lo decimos a nuestras autoridades. Creo que fue un paso valiente el que se dio con el régimen lingüístico, porque, cuando se manda a traducir la OEI se puede hacer sobre la plantilla del formulario en la lengua que se va a traducir.* Eso *facilita tiempo, dinero y claridad para la autoridad que recibe la OEI. En esto insistimos mucho, en que se haga así*". Entrevista en línea por parte de Serena Cacciatore a Jorge Á. Espina Ramos, el 29 de octubre de 2021.

561 RUEDA NEGRI, José M., "Decomiso, sanciones pecuniarias, embargo, orden europea de investigación", *op. cit.*, esp. p. 279.

562 AGUILERA MORALES, Marien, "Nuevas competencias para el Ministerio Fiscal con ocasión de la Orden Europea de Investigación" en M. I. González Cano, *Orden*

Hay que remarcar que estamos frente al primer instrumento de reconocimiento mutuo que prevé en España la emisión y ejecución por parte del Ministerio Fiscal según dispone textualmente el artículo 187, 2 y 3. El Ministerio Fiscal es así la autoridad competente para recibir todas las OEI emitidas por las autoridades competentes de otros Estados miembros, que deben registrarlas y acusar recibo a la autoridad emisora.

Conviene precisar, en términos generales, que la competencia del Fiscal como autoridad de emisión y ejecución. La competencia del Fiscal como autoridad de emisión es más limitada, pues "desde una perspectiva material, las únicas medidas de investigación que puede ordenar el Fiscal a través de la OEI son (…) medidas no limitativas de derechos fundamentales con la salvedad de la detención que el Fiscal sí puede decretar"[563]. Mientras que la "recepción de las OEI es función confiada al Ministerio Fiscal, así como su registro y de acusar recibo a la autoridad de emisión (...), el Fiscal ha de decidir si le compete a él la ejecución de la OEI o si, corresponde a un Juez"[564].

Por ello, Jorge Á. Espina Ramos,[565] argumenta que lo que tenemos que subrayar desde el principio es que fue una muy buena solución centrar la OEI en la Fiscalía pero que, sin embargo, fue un error no permitir a la misma que

---

Europea de Investigación y prueba transfronteriza en la Unión Europea, Tirant lo Blanch, Valencia, 2019, pp. 457-471. Al respecto, y para hacer una comparación con la ODE, JIMENO BULNES, Mar, afirma "*In Spain, only judges and courts are recognized as judicial authorities in order to issue an EAW (prior Article 2 (1) LOEDE, and present Article 35 (1) LRM). This is generally the rule in Spain for the issuance of all mutual recognition instruments in criminal matters with exception of the European Investigation Order, which issuance can take also place by prosecutors when the EIO does not include any measure restricting fundamental rights (Art. 187 LRM)*". JIMENO BULNES, Mar, "First Periodic Country Report: Spain", *Strengthening Trust in the European Criminal Justice Area through Mutual Recognition and the Streamlined Application of the European Arrest Warrant*, 2020, pp. 1-26, esp. p. 3, disponible en https://stream-eaw.eu/country-reports/ (fecha de última consulta: el 11 de septiembre de 2025).

563 AGUILERA MORALES, M. "Nuevas competencias para el Ministerio Fiscal con ocasión de la Orden Europea de Investigación", *op. cit.*, esp. p. 460.

564 CACCIATORE Serena, "La aplicación práctica de la orden europea de investigación como mecanismo de obtención transnacional de pruebas", *op. cit.*, esp. p. 307.

565 En la actualidad (mayo 2025), Adjunto al Miembro Nacional de España en Eurojust. Espina Ramos durante la entrevista en línea afirmó que, en su opinión, la DOEI resulta completa en su conjunto, lo que implica que los problemas están en la Ley de trasposición. Por lo tanto, en España, en la LRM hay varias cosas que son mejorables. Entrevista en línea por parte de Serena Cacciatore el 29 de octubre de 2021 a Jorge Á. Espina Ramos.

pudiera "dividir" la OEI a la hora de remitirla a los órganos de ejecución. En palabras de Espina Ramos:

> *"(...) Cuando una OEI incluye diversas medidas, de las cuales una requiere necesariamente la intervención de un órgano judicial para su ejecución, no es imperativo remitir la totalidad de las medidas al juzgado. En aquellos casos en que sea más eficiente, debido a la celeridad, la disponibilidad de recursos o la especialización de la Fiscalía, es preferible que ésta ejecute las medidas que le corresponden, reservando al juzgado únicamente aquellas que, por su naturaleza, requieren una intervención judicial, como la entrada y registro, la intervención telefónica u otras medidas equivalentes. Considero que una reforma en este sentido sería fundamental para incrementar la eficacia de la OEI, optimizando los recursos y especializaciones disponibles (...)"*[566].

A la fecha, esta posibilidad mencionada por parte de Jorge Á. Espina Ramos parece hacerse realidad con el Reglamento (UE) 2022/850 del Parlamento Europeo y del Consejo de 30 de mayo de 2022 relativo a un sistema informatizado para el intercambio electrónico transfronterizo de datos en el ámbito de la cooperación judicial en materia civil y penal (sistema e-CODEX)[567]. En su artículo 3.2, el Reglamento en cuestión define tal sistema como el "(sistema de comunicación para la justicia digital mediante intercambio electrónico de datos): un sistema descentralizado e interoperable para la comunicación transfronteriza con el fin de facilitar el intercambio electrónico de datos, en particular cualquier contenido transmisible en formato electrónico, de manera rápida, segura y fiable en el ámbito de la cooperación judicial en materia civil y penal".

A este respecto es esencial citar la Memoria del Ministerio Fiscal presentada al inicio del año judicial 2024[568] que, mediante un sistema de registro de actividades de cooperación internacional (llamado CRIS), ha permitido unos estudios estadísticos que han contribuido a la consolidación del uso de la OEI[569].

---

566 Entrevista en línea por parte de Serena Cacciatore el 29 de octubre de 2021 a Jorge Á. Espina Ramos.

567 DOUE de 1 de junio de 2022, n. 150, pp. 1 a 19; Reglamento (UE) 2022/850 del Parlamento Europeo y del Consejo, de 30 de mayo de 2022, relativo a un sistema informatizado para el intercambio electrónico transfronterizo de datos en el ámbito de la cooperación judicial en materia civil y penal (sistema e-CODEX).

568 Memoria elevada al Gobierno de S. M. presentada al inicio del año judicial 2024 por la Fiscal General Del Estado, disponible en https://www.fiscal.es/memorias/memoria2024/FISCALIA_SITE/index.html (fecha de consulta: el 23 de abril de 2025).

569 CACCIATORE, Serena, "El reconocimiento mutuo como principio clave para la lucha contra el crimen organizado", *op. cit.*, esp. p. 182.

Así empezando por la Memoria del Ministerio Fiscal de 2018 "se hacía un breve recorrido por la problemática de la cooperación internacional desde la perspectiva de la actuación de esta Fiscalía"; además, durante los primeros meses de funcionamiento de la OEI, la fiscalía española recibió 1.744 solitudes de reconocimiento y ejecución de la OEI. Entre las dificultades que han surgido se evidenciaron aquellas relativas a la cumplimentación del formulario multilingüe, junto con la insuficiencia de los datos que se deben incluir en el formulario[570].

Durante el ejercicio anual de 2019, según prevé el artículo 9 del Estatuto Orgánico del Ministerio Fiscal[571] (en adelante EOMF), se ha mejorado la especialización de la fiscalía[572] "a través de los/as fiscales delegados/as y especialistas, ha ido adaptando su actividad a las características y exigencias del nuevo instrumento y sobre todo asumiendo la nueva responsabilidad, aun poco conocida desde el punto de vista nacional, tras la atribución de la competencia exclusiva para la recepción y la principal —compartida con el juzgado de instrucción cuando hay afectación de derechos fundamentales— para la ejecución de las OEI"[573].

---

570 Más ampliamente Memoria elevada al Gobierno de S. M. presentada al inicio del año judicial 2018 por la Fiscal General Del Estado, esp. p. 711.

571 Ley 50/1981, de 30 de diciembre, por la que se regula el Estatuto Orgánico del Ministerio Fiscal. BOE de 13 de enero de 1982, n. 11, pp. 708 a 714, disponible en https://www.boe.es/eli/es/l/1981/12/30/50/con (fecha de última consulta: el 11 de septiembre de 2025). Textualmente: "El Fiscal General del Estado elevará al Gobierno una memoria anual sobre su actividad, la evolución de la criminalidad, la prevención del delito y las reformas convenientes para una mayor eficacia de la Justicia. En ella se recogerán las observaciones de las memorias que, a su vez, habrán de elevarle los fiscales de los distintos órganos, en la forma y tiempo que reglamentariamente se establezca. De esta memoria se remitirá copia a las Cortes Generales y al Consejo General del Poder Judicial. En todo caso, la citada memoria será presentada por el Fiscal General del Estado a las Cortes Generales en el período ordinario de sesiones más próximo a su presentación pública. 2. El Fiscal General del Estado informará al Gobierno, cuando éste lo interese y no exista obstáculo legal, respecto a cualquiera de los asuntos en que intervenga el Ministerio Fiscal, así como sobre el funcionamiento, en general, de la Administración de Justicia. En casos excepcionales podrá ser llamado a informar ante el Consejo de ministros".

572 GUTIÉRREZ ZARZA, María Ángeles, "La protección de las personas físicas en lo que respecta a su derecho a la intimidad y los datos personales por las autoridades de emisión y ejecución de las Órdenes Europeas de investigación", en C. Arangüena Fanego y M. de Hoyos Sancho (dres.) y B. Vidal Fernández (coord.), *Garantías procesales de investigados y acusados. Situación actual en el ámbito de la Unión Europea*, Tirant lo Blanch, Valencia, 2018, pp. 421-460.

573 Memoria elevada al Gobierno de S. M. presentada al inicio del año judicial 2019 por la Fiscal General Del Estado, disponible en https://www.fiscal.es/documentaci%-

Los datos de las OEI recibidas y emitidas clasificadas por tipo de órgano judicial han sido en los últimos cinco años en base a los datos de Justicia contenidos en el Boletín de Información Estadística del Consejo Generale del Poder Judicial de 2024:

	Emitidas					Recibidas				
	2019	2020	2021	2022	2023	2019	2020	2021	2022	2023
J. Penal	58	64	67	66	91					
Audiencias provinciales	30	40	46	56	21					
Juzgados de instrucción y mixtos	729	738	1.177	1.357	1.248	177	141	257	234	241
Juzgados violencia contra la mujer	22	26	46	30	31					
J. Menores	7	0	0	1	0	0	0	0	0	0
Audiencia Nacional. Sala Penal	11	9	14	16	6					
Juzgados centrales de instrucción	69	98	168	61	84	146	138	239	235	237
J. Central penal	0	0	0	1	1	0	0	0	0	0
J. Central de menores	0	0	0	0	0	0	0	0	0	0
TOTAL	**926**	**975**	**1.518**	**1.588**	**1.482**	**323**	**279**	**496**	**469**	**478**

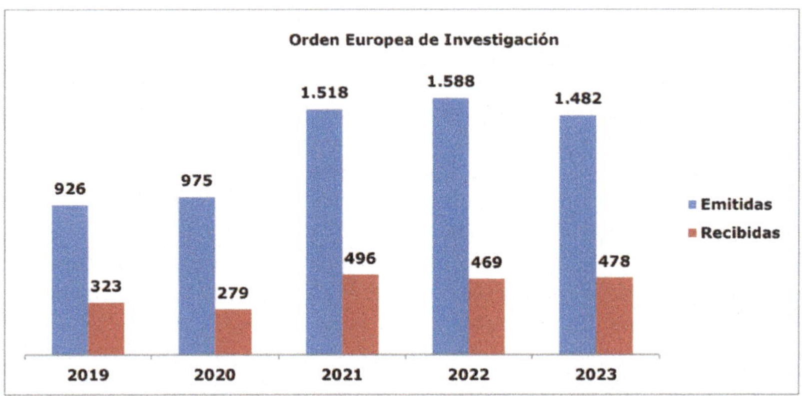

Figura n. 15-16
Fuente: elaboración propia en base a la información contenida en el Boletín de Información Estadística del Consejo General del Poder Judicial de 2024. Disponible en https://www.poderjudicial.es/cgpj/ (fecha de última consulta: el 11 de septiembre de 2025).

C3%B3n (fecha de consulta: el 11 de septiembre de 2025). Documento elaborado por la Fiscal General del Estado Excma. Sra. Doña Dolores Delgado García, esp. p. 964.

Así, también Rosa A. Morán Martínez, afirma que el Estado español con respecto a la especialización de los fiscales ha mejorado:

> "(...) *nuestra organización se ha revelado idónea más en la ejecución, mientras que para la emisión el problema es la dispersión de las autoridades investigadoras*"[574].

La Fiscal Morán Martínez manifiesta, además, la necesidad de proceder a la modificación de la Ley de Enjuiciamiento Criminal vigente, a la luz del Anteproyecto de Ley de Enjuiciamiento Criminal 2020. Desde hace tiempo hay algunos proyectos, para que sean los fiscales lo que instruyan y eso permitiría de alguna forma especializar a los fiscales en los distintos tipos de investigación. Continúa afirmando que en la actualidad hay muchos jueces en España y por eso es imposible que todos sepan cometer una investigación[575]. Se han detectado ciertas dificultades en la práctica, que podrían deberse, en parte, a un conocimiento aún limitado de los instrumentos de cooperación judicial, en particular de la OEI[576]. Además, entre los abogados[577], algunos afirman que la OEI

---

574 Entrevista en línea por parte de Serena Cacciatore el 10 de septiembre de 2021 a Rosa A. Morán Martínez.

575 Entrevista en línea por parte de Serena Cacciatore el 10 de septiembre de 2021 a Rosa A. Morán Martínez. La misma afirmó que procura la celebración de reuniones anuales presenciales en la ciudad de Murcia para aquellos miembros de la Red Judicial Española de Cooperación Judicial Internacional.
Además siguiendo a JIMENO BULNES, instituciones como el Consejo General del Poder Judicial se ocupan de incluir el plan de formación continua proporcionado desde la Escuela Judicial, (Información disponible en enlace https://www.poderjudicial.es/cgpj/es/Temas/Escuela-Judicial/ (fecha de última consulta: el 11 de septiembre de 2025). JIMENO BULNES, Mar, "La prueba transfronteriza y su incorporación al proceso penal español", op. cit., esp. p. 733.

576 En opinión de Luis De Arcos Pérez, citado anteriormente, lo más importante que se hizo por parte del Consejo General del Poder Judicial ha sido empezar a especializar los órganos. En sus palabras: "*A modo de ejemplo, en Madrid antes llegaban 100 OEI y hay 50 juzgados de ejecución, uno iba al uno, otro iba al tres etc.. el juzgado número tres hacía una cosa, otro hacía otra. Entonces hemos empezado, en abril 2021, con la especialización, es decir, que haya órganos especializados en cooperación penal internacional de tal manera que las OEI que desde abril vienen a Madrid van solo a dos órganos judiciales, los cuales están dando muy buen resultado. Igual pasa en Barcelona, Valencia, Sevilla. En varios sitios donde se ha instaurado este sistema de especialización. En Marbella, en Torremolinos está funcionando. Vamos siguiendo al Consejo en esta línea. El juzgado de instrucción número 51 de Madrid está especializado por ejemplo en ejecución en general de competencia exclusiva en materia de ejecución de solicitudes internacionales*". Entrevista en línea por parte de Serena Cacciatore el 19 de noviembre de 2020 a Luis De Arcos Pérez.

es un instrumento no suficientemente familiar para algunos Jueces y Fiscales, lo que puede generar obstáculos, sobre todo para un abogado que interviene en favor de la acusación particular (especialmente, acusación de las víctimas que sea una empresa o persona física) que tiene la necesidad de investigar más allá de las fronteras de su país. Si bien sabemos que la LMR ha sido modificada, al fin de introducir la OEI, no deja de ser curioso que sigamos teniendo problemas de implementación o interpretativos[578].

Tras haber analizado España como Estado de emisión y de ejecución de la OEI, el artículo 182.3 LRM regula los Tribunales competentes para la ejecución de la OEI, numerando de forma concreta las siguientes:

- Jueces de Instrucción / Jueces de Menores, del lugar donde deban practicarse las medidas de investigación o, subsidiariamente, donde exista alguna otra conexión territorial con el delito, con el investigado o con la víctima;
- Jueces Centrales de Instrucción, si la orden europea de investigación se emitió por delito de terrorismo u otro de los delitos cuyo enjuiciamiento competa a la Audiencia Nacional, o si se trata de la

[577] Entrevista en línea por parte de Serena Cacciatore el 15 de septiembre de 2021 a Jaime Campaner Muñoz.

[578] Sobre la necesidad de modificación de la Ley de Enjuiciamiento Criminal, RODRÍGUEZ PADRÓN, Celso, "El anteproyecto de Ley de Enjuiciamiento Criminal", *Diario La Ley*, 2021, n. 9826, disponible en https://diariolaley.laleynext.es/content/Inicio.aspx (fecha de última consulta: el 11 de septiembre de 2025), así como GARCIMARTÍN MONTERO, Regina, "Transposición en Derecho español: las reformas de la legislación legal procesal penal", en M. Jimeno Bulnes (dir.) y R. Miguel Barrio (coord.), *Espacio judicial europeo y proceso penal*, Tecnos, Madrid, 2018, pp. 275-297; ALCOCEBA GIL, Juan "Consideraciones generales sobre el nuevo anteproyecto de ley de enjuiciamiento Criminal", en I. Flores Prada (dir.), J. A. Montero Sánchez y A. Sánchez Rubio, *Discapacidad y riesgo de los sujetos pasivos con trastorno mental en la justicia penal*, Aranzadi, Cizur Menor, 2022, pp. 25-33, esp. p. 27. No podemos dejar de mencionar algunas consideraciones expresadas por Luis De Arcos Pérez a la hora de afirmar que el Consejo General del Poder Judicial del que forma parte desde el punto de vista de la emisión se ocupa de asesorar al cliente del servicio: "*tenemos alrededor de 700 consultas, pues por la mañana las consultas más complicadas me las pasan a mí yo hablo con el juez. Los jueces damos apoyo a otros jueces normalmente jueces de instrucción que son los que emiten la mayoría de las OEI. Normalmente los supuestos más comunes están conectados con causas penales transnacionales de estafas, pero son muy variados, muy diversos*". Entrevista en línea por parte de Serena Cacciatore el 19 de noviembre de 2020 a Luis De Arcos Pérez.

"notificación" prevista en el artículo 222 LRM. A este respecto, hay que destacar que la competencia de la Audiencia Nacional se ha ampliado, ya que además de la ejecución de las OEI que tengan por objeto delitos de su competencia, podrá comprobar también otros casos cuando no exista un elemento de conexión territorial que lo especifique. Incluso en los casos contemplados en el artículo 222 LRM como en la notificación a España de la intervención de telecomunicaciones con interceptación de la dirección de comunicación de una persona investigada o encausada que se encuentre en España y cuya asistencia técnica no sea necesaria. En la circunstancia de que no se autorice en un caso nacional similar, se informará a la autoridad requirente en un plazo máximo de 96 horas. Y se advierte la competencia del Juez Central de lo Penal o Central de Menores para los casos de traslado al Estado de emisión de personas privadas de libertad en España;

- Jueces Centrales de lo Penal / Juez Central de Menores; en caso de traslado al Estado de emisión de personas privadas de libertad en España.

Volviendo al mencionado CRIS, a través de este sistema de registro de actividades de cooperación internacional, han sido elaboradas novedosas versiones de registro de actividades de cooperación, "diseñadas por el Ministerio de Justicia en directa coordinación con la Unidad de Cooperación Internacional de la Fiscalía General del Estado -UCIF-"[579]. El objetivo ha sido su transformación desde "registro" a "aplicación", lo que permite la tramitación electrónica de operaciones. En línea con los dos últimos años, en 2023 se constata un crecimiento progresivo de la carga de trabajo operativo en las secciones de cooperación internacional de las fiscalías y, significativamente, en la propia UCIF y se puso en producción una nueva versión: la 4.6.

De este modo concuerdan CRIS y e-CODEX de la UE[580], mencionado anteriormente "de forma que sea la principal vía de recepción, pero tam-

[579] Memoria elevada al Gobierno de S. M. presentada al inicio del año judicial 2019 por la Fiscal General Del Estado, esp. p. 965.

[580] Hay que resaltar, como se puede ver en la página oficial disponible en https://eur-lex.europa.eu/IT/legal-content/summary/e-codex-computerised-system-for-the-cross-border-electronic-exchange-of-data-in-the-area-of-judicial-cooperation-in-civil-and-criminal-matters.html?fromSummary=23 (fecha de última consulta: el 11 de septiembre de 2025), que la e-CODEX UE nace como un proyecto de la UE

bién de gestión completa de un expediente que en el futuro será principalmente electrónico y compatible con el resto de los sistemas europeos"[581].

España ha puesto en marcha el sistema de transmisión electrónica de OEI, siendo el primer Estado miembro de la UE que ha remitido una orden fuera de la fase de prueba mediante este sistema. El primer intercambio tuvo lugar el 18 de mayo de 2022 entre el Juzgado Central n. 5 de la Audiencia Nacional y la Fiscalía de Colonia (Alemania). Ello representa un avance significativo en la actualización de la comunicación en el entorno de los procedimientos judiciales transfronterizos entre sistemas nacionales, pues facilitará a las autoridades judiciales competentes el envío y recepción de documentos e información por vía electrónica de forma inmediata, protegida y secreta.

El plan experimental para el intercambio electrónico de OEI entre las autoridades judiciales de distintos Estados miembros se inauguró a principios del año 2022, recurriendo para ello a la plataforma e-CODEX. La tramitación de las OEI se lleva a cabo a través del portal e-EDES[582] que pertenece a la Comisión Europea[583]. La puesta en práctica de este portal ha sido impulsada por España, que ha proporcionado soporte a otros países. La digitalización del proceso de intercambio de

---

y que por cuestiones bien operativas y técnicas, el mismo estará gestionado por una agencia, es decir, se transfiere el control del mismo a una agencia.

581 Memoria elevada al Gobierno de S. M. presentada al inicio del año judicial 2019 por la Fiscal General Del Estado, *cit.*, esp. p. 965. Forma parte de un proyecto internacional desarrollado por el Ministerio de Justicia para realizar la transmisión de la OEI a través de un canal seguro. Este proyecto involucra a la *"Unidad de la Fiscalía de Cooperación Jurídica Internacional, el Juzgado Central n. 5 de la Audiencia Nacional, el Juzgado de Instrucción n. 4 de Torremolinos y el Juzgado de Instrucción n. 32 de Madrid"*, más detenidamente, "España inaugura el sistema de transmisión electrónica de Órdenes Europeas de Investigación", *Iustel*, 2022, disponible en https://www.iustel.com/diario_del_derecho/noticia.asp?ref_iustel=1222765 (fecha de última consulta: el 11 de septiembre de 2025).

582 Antes la implantación del portal e-EDES, la OEI se venía tramitando por correo postal o electrónico. "*Incluso en los casos definidos "sensibles y excepcionales", requerían el desplazamiento físico de una persona*", según afirma así noticia de prensa "España inaugura el sistema de transmisión electrónica de Órdenes Europeas de Investigación", *op. cit.*, disponible en https://www.iustel.com/diario_del_derecho/noticia.asp?ref_iustel=1222765 (fecha de última consulta: el 11 de septiembre de 2025).

583 Disponible en servidor https://ec.europa.eu/info/strategy/eu-budget/how-it-works/annual-lifecycle/implementation/anti-fraud-measures/edes/database_en (fecha de última consulta: el 11 de septiembre de 2025).

OEI conectará a los 27 Estados miembros, con la cofinanciación de los fondos de la UE.

Entre los aspectos positivos que presenta el nuevo portal e-EDES se destacan los principales:

- Es un instrumento elaborado y sostenido por la Comisión Europea, que asegura la coherencia con las leyes europeas existentes; implementa el sistema legal por lo que se refiere a los tiempos de respuesta legales y resulta fundamental en la identificación del destinatario.
- "Inmediatez de la entrega y la recepción y uso de un canal seguro y cifrado.
- La creación de un historial que refleje todo el proceso y las acciones realizadas"[584].

A nivel europeo, hasta el momento son 11 los Estados miembros que forman parte del plan piloto: Austria, Alemania, Letonia, Polonia, Portugal, España, Luxemburgo, Francia, Bélgica, Hungría y Eslovenia. Dentro de las autoridades judiciales competentes, solo la UCIF, los Juzgados Centrales de Instrucción, el Juzgado de Instrucción n.º 4 de Torremolinos y el Juzgado de Instrucción n.º 32 de Madrid, tienen acceso a *e-Edes*. Durante el año 2023, se han recibido en la UCIF a través de *e-Edes*, un total de 12 OEIs (1 de Francia, 3 de Portugal y 8 de Hungría), lo que supone un número absolutamente insignificante, en relación con el volumen total tramitado[585].

---

584 Más información, "España inaugura el sistema de transmisión electrónica de Órdenes Europeas de Investigación", *op. cit.*, disponible en https://www.iustel.com/diario_del_derecho/noticia.asp?ref_iustel=1222765 (fecha de última consulta: el 11 de septiembre de 2025).

585 Memoria elevada al Gobierno de S. M. presentada al inicio del año judicial 2024 por la Fiscal General Del Estado, disponible en https://www.fiscal.es/memorias/memoria2024/FISCALIA_SITE/index.html (fecha de consulta: el 11 de septiembre de 2025).

2.3. España como Estado requirente y como Estado requerido

Orden Europea de Investigación

	Emitidas					Recibidas				
	2019	2020	2021	2022	2023	2019	2020	2021	2022	2023
Andalucía	83	95	179	231	177	38	28	90	66	106
Aragón	21	17	41	62	18	0	0	3	0	1
Asturias	9	26	7	25	22	1	0	0	1	0
Illes Balears	50	63	70	89	67	19	11	13	13	4
Canarias	55	29	60	63	47	6	3	18	6	5
Cantabria	13	10	14	2	17	0	1	6	0	0
Castilla y León	40	48	79	132	88	4	1	4	3	2
Castilla-La Mancha	3	3	4	14	20	1	2	0	4	0
Cataluña	198	173	254	262	410	59	35	43	59	67
C. Valenciana	172	182	217	212	204	21	35	42	29	16
Extremadura	7	13	17	19	11	1	0	1	5	1
Galicia	31	65	95	95	112	6	9	5	3	7
Madrid	64	41	108	73	59	6	4	11	22	21
Murcia	2	7	13	23	15	1	1	5	2	2
Navarra	19	30	43	45	29	7	5	3	4	3
País Vasco	79	63	135	162	95	7	5	13	16	6
La Rioja	0	3	0	1	0	0	1	0	1	0
TOTAL	**846**	**868**	**1336**	**1510**	**1391**	**177**	**141**	**257**	**234**	**241**

Figura n. 17. Estadísticas de 2023-2024 referidas a las órdenes europeas emitidas y recibidas en España. Información contenida en el en el Boletín de Información Estadística del Consejo Generale del Poder Judicial de 2024. Disponible en https://www.poderjudicial.es/cgpj/ (fecha de última consulta: el 22 de mayo de 2025).

Como hemos visto, en España es la Fiscalía la que recibe las OEI, y los jueces intervienen cuando estas afectan a derechos fundamentales, normalmente cuando en casos de entrada y registro o cuando se solicita una intervención de comunicaciones. En estos supuestos, interviene el juez, por lo que las cifras son mucho más bajas[586].

---

[586] Por ejemplo, en 2020 hubo 279 OEI, y en el 2021, 217. Esto como explica De Arcos Pérez, no significa que se han recibido 217 OEI. Significa que de los miles que han recibido sólo en 217 han tenido que intervenir jueces porque han sido entrada en registro o intervención de comunicaciones u otra medida que afecta los derechos fundamentales. Sin embargo, OEI emitidas, en 2020: se han emitido 966 y, en 2021, 798, y de estas la mayoría son de juzgados de instrucción, es decir en fase de investigación del delito; solamente muy pocas son de los juzgados de lo penal porque son en fase ya de ejecución de sentencia o en fase de juicio oral.

Pone de relieve VILLODRE LÓPEZ que el legislador español ha sido criticado por el papel que le atribuye al ministerio fiscal[587]. A partir del informe preliminar al Proyecto de ley elaborado por el Consejo General del Poder Judicial el 28 de septiembre de 2017[588], se pueden deducir algunos "defectos" al papel de liderazgo reconocido a la fiscalía. Entre los más relevantes: el mecanismo de obtención de pruebas articulado mediante la OEI exige que lo que se transmite a la autoridad requirente sea válido con arreglo a la legislación del Estado requerido. VILLODRE LÓPEZ y según se ha dicho, textualmente "*(...) difícilmente se podrá cumplir con este cometido si se parte del hecho de que las diligencias de investigación del fiscal no hacen prueba por sí mismas en nuestro propio país (vid. página 43 de la Circular 4/2013, de 30 de diciembre, sobre diligencias de investigación)*"[589].

Otro de las criticas señaladas por la doctrina respecto al papel del Ministerio Fiscal es la relativa al marco legal empleado por el legislador español, en la medida en que la atribución a los fiscales de competencias en materia de reconocimiento y ejecución de OEI debiera haber implicado una modificación de los artículos 773.2 LECrim y 5 EOMF[590]. No es por lo tanto suficiente la previsión del artículo 187 LRM al respecto en favor del reconocimiento del Ministerio Fiscal como autoridad judicial competente para emitir y recibir las OEI. Ello puede plantear no pocos problemas, pues hay autores que sostienen que la no modificación de los artículos antedichos puede interpretarse en el sentido de que, una vez que el fiscal recibe una OEI, no procede la incoación, por su parte, de diligencias de investigación, sino simplemente de un expediente de cooperación internacional en virtud del artículo 3.15 EOMF.

Entrevista en línea por parte de Serena Cacciatore el 19 de noviembre de 2020 a Luis De Arcos Pérez.

587 Así, GARRIDO CARRILLO, Francisco J., "Insuficiencias y limitaciones de la orden europea de investigación (OEI)", *Revista de Estudios Europeos*, 2019, n. 1, pp. 206-224.

588 Informe sobre el Anteproyecto de Ley por la que se modifica la Ley 23/2014, de 20 de Noviembre, de reconocimiento mutuo de resoluciones penales en la Unión Europea, para regular la Orden Europea de Investigación, Consejo General del Poder Judicial, pp. 1-117, disponible en https://www.poderjudicial.es/stfls/CGPJ/COMISI%C3%93N%20DE%20ESTUDIOS%20E%20INFORMES/INFORMES%20DE%20LEY/FICHERO/009.17.pdf (fecha de última consulta: el 23 de mayo de 2025).

589 VILLODRE LÓPEZ, José, "La Orden Europea de investigación penal: transposición de la Directiva 2014/41 del Parlamento Europeo y del Consejo de 3 de abril de 2014 (II)", *op. cit.*, esp. pp. 2-3.

590 Disponibles, respectivamente en https://www.boe.es/buscar/act.php?id=BOE-A-1882-6036 y en https://www.boe.es/buscar/act.php?id=BOE-A-1982-837 (fecha de última consulta: el 23 de mayo de 2025).

Para AGUILERA MORALES, lo que preocupa es la posibilidad de que, en el marco del reconocimiento y ejecución de una OEI, el fiscal desempeñe las funciones de un juez de instrucción, es decir, que investigue y juzgue. "*¿O es que acaso no se juzga cuando, en el ámbito de las atribuciones que le son propias, el Ministerio Fiscal decide denegar o suspender la ejecución o cuando decreta llevar a cabo esta última? No nos cabe duda de que así es*"[591]. Por lo tanto, estamos de acuerdo con la visión de que, en el ámbito de la OEI, se alteran los tradicionales —y actuales— papeles del Ministerio Fiscal y del Juez en la investigación delictiva.

Asimismo, de acuerdo con la LeCrim, con la excepción de la jurisdicción del menor, es objeto de régimen legal, Ley Orgánica 5/2000, de 12 de enero, reguladora de la responsabilidad penal de los menores, la determinación de los delitos corresponde sólo y exclusivamente a los jueces instructores. Por ello no hay razón para que este sistema cambie en materia de cooperación internacional. Adicionalmente el artículo 213 LRM regula la "confidencialidad en la ejecución de una orden europea de investigación". El CGPJ subraya, en el apartado 74 del informe[592] que este orden entra en conflicto con la condición de las diligencias de investigación dirigidas por el ministerio público que no pueden ser declaradas secretas. Sin embargo, VILLODRE no está conforme con el fundamento sostenido en el informe, "*(..) la norma española y la directiva, incluso en su versión original en inglés, utilizan el término confidencialidad y no el adjetivo «secreto»*"[593].

Más aún, se desprende del TJUE que este se ocupa de interpretar las competencias de los/as fiscales en relación con su grado de autonomía e independencia, como afirmó en las Sentencias de los Asuntos Poltorak C-452/16 y Kovalkovas C-453, de 10 de noviembre de 2016. En ellas se señala que el concepto de autoridad judicial es un concepto autónomo del derecho europeo que comprende no solo a jueces y tribunales sino también a otros órganos, como el Ministerio Fiscal, que participan, con un grado suficiente de autonomía, en las tareas de la Administración de Justicia. Sin embargo, para la adopción de decisiones con más impacto en los derechos fundamentales, como la emisión de una ODE, esta condición de partici-

---

591 AGUILERA MORALES, M. "La orden europea de investigación: el dolor de la lucidez", *op. cit.*, p. 14.

592 Informe sobre el Anteproyecto de Ley por la que se modifica la Ley 23/2014, de 20 de Noviembre, de reconocimiento mutuo de resoluciones penales en la Unión Europea, para regular la Orden Europea de Investigación, *op. cit.*, p. 24.

593 VILLODRE LÓPEZ, José, "La Orden Europea de investigación penal: transposición de la Directiva 2014/41 del Parlamento Europeo y del Consejo de 3 de abril de 2014 (II)", *op. cit.*, p. 3.

pación autónoma en la administración de justicia no será suficiente; más bien, el TJUE impone garantías específicas de independencia del poder ejecutivo, y el concepto principal es el de "instrucciones particulares"[594].

Hay que subrayar que, del mencionado Informe del CGPJ, se desprende que los requisitos necesarios para que la autoridad de ejecución española dicte una resolución sobre el reconocimiento y la ejecución de una OEI emitida por las autoridades de otro Estado miembro, y para que dicha ejecución tenga lugar, son las dos siguientes:

- Según el artículo 205.2 LRM (en consonancia con el artículo 9.3 DOEI), que no proceda la devolución de la OEI a la autoridad de emisión porque no ha sido emitida por la autoridad competente o validada por el juez, tribunal, o el fiscal competente del Estado de emisión, o porque la autoridad de emisión no cumplió con los requisitos de traducción del formulario OEI, de conformidad con los artículos 17.1 LRM y el artículo 5 DOEI.
- De conformidad con el artículo 205. 1 LRM (en consonancia con el artículo 9.1 DOEI), que no se proceda a la denegación o suspensión del reconocimiento y ejecución del OEI por uno de los motivos previstos para ello en los artículos 207 y 209 LRM.

En consecuencia, siguiendo a GRANDE SEARA, "*si no concurre ninguno de tales motivos, la autoridad de ejecución española dictará, en los plazos estipulados en el artículo 208 LRM (…), y sin más trámites que los establecidos en la Ley, un auto (si se trata de autoridad judicial), o decreto (si es el Ministerio Fiscal) reconociendo la concurrencia de los requisitos legalmente exigidos y ordenado la ejecución de la OEI*"[595].

---

[594] En especial, textualmente: "*A estos efectos el TJUE excluye aquellas fiscalías que pueden recibir instrucciones particulares directamente del poder ejecutivo. Las sentencias clave se tomaron en los casos C508/18 y 82/19 de 27 de mayo de 2019, conocidas caso «Fiscalías de Lübeck y de Zwickau» en las que el Tribunal considera que el Ministerio Público alemán no puede incluirse en el concepto «autoridad judicial» a los efectos del artículo 6, apartado 1, de la Decisión Marco 2002/584/JAI de 13 de junio de 2002, relativa a la orden de detención europea y a los procedimientos de entrega entre Estados miembros ya que no se puede «descartar plenamente que la decisión de la Fiscalía de emitir una OEDE pueda estar sujeta en un caso individual a una instrucción del Ministro de Justicia»*". Vid. Memoria III Capítulo, disponible en su reasumen en enlace https://www.fiscal.es/memorias/memoria2020/FISCALIA_SITE/capitulo_III/cap_III_7_1.html (fecha de consulta: el 23 de mayo de 2025).

[595] GRANDE SEARA, Pablo, "Presupuestos para el reconocimiento y ejecución en España de una Orden Europea de investigación", *op. cit.*, esp. p. 595.

La amplia regulación de los motivos de denegación contenidos en la DOEI no parece haberse resuelto en el momento de su transposición en la LRM, notoriamente compleja precisamente en este punto. Como ya hemos adelantado, la ley española convierte tales motivos facultativos en la norma europea, en obligatorios en la norma española y esto evita que el juez o fiscal competente puedan apreciar las circunstancias concretas del caso. Realmente, no era éste el objetivo y presupuesto del legislador europeo, por cuanto ello atento, que en cambio genera algunos problemas al rendimiento del principio de reconocimiento mutuo. Entrando ya en el análisis de los motivos, se subrayan los motivos generales, lo motivos propios de la OEI, y los aplicables a una OEI con medidas concretas.

Por lo que respecta a la regulación española de tales motivos de denegación, señalamos que, en cuanto a los motivos generales, dispuestos en el artículo 32. 1. LRM, se contemplan expresamente determinados supuestos: a) vulneración del principio *non bis in idem,* es decir, se denegará cuando se haya dictado en España o en otro Estado distinto al de emisión una resolución firme —condenatoria o absolutoria—, contra la misma persona y respecto a los mismos hechos, y la ejecución de la orden vulnere el principio *non bis in idem* en los términos previstos en las leyes y en los convenios y tratados internacionales en que España sea parte y aun cuando el condenado hubiese sido indultado (artículo 11.1 DOEI); b) prescripción del delito o de la pena conforme al Derecho español[596], c) incorrecciones relevantes del formulario de la OEI; d) existencia de inmunidad que impida la ejecución de resolución[597].

Por su parte nos centramos en los motivos propios, es decir específicos de denegación del reconocimiento y ejecución de la OEI se enumeran así:

---

596 Pone de relieve LARO GONZÁLEZ: "(...) *el precepto se pronuncia sobre la prescripción del delito o la sanción, pero guarda silencio sobre la prescripción de la pena. Por otro lado, cuestión relevante resulta el hecho que la DOEI no haya incluido en las causas de denegación enumeradas en el art. 11 la prescripción como una de las causas que permiten denegar el reconocimiento y ejecución de una OEI, aunque ello supone una yuxtaposición de los motivos generales de denegación de aplicación a cualquier instrumento de reconocimiento mutuo con los previstos en la Directiva*". Vid. LARO GONZÁLEZ, Elena, "Motivos de denegación del reconocimiento y la ejecución de la orden europea de investigación. ¿reconocimiento mutuo mitigado o crisis de la confianza recíproca?", *Revista de Estudios Europeos,* 2020, n. 75, pp. 206-224, p. 214.

597 LARO GONZÁLEZ, Elena, "Motivos de denegación del reconocimiento y la ejecución de la orden europea de investigación. ¿reconocimiento mutuo mitigado o crisis de la confianza recíproca?", *op. cit,* esp. p. 215.

- Existencia de un privilegio procesal que haga imposible ejecutar la OEI (normas sobre determinación y limitación de la responsabilidad penal en relación con la libertad de prensa y la libertad de expresión en otros medios de comunicación) en el Derecho del Estado de ejecución, pese a la falta de precisión de este concepto la DOEI *"no define qué debe entenderse por privilegio a estos efectos, y como se indica en su Considerando 20, corresponde al Derecho nacional del Estado de ejecución definir los privilegios que se pueden considerar como motivo de denegación, aunque pone como ejemplo de los mismos manifestaciones de "secreto profesional" aplicables a determinadas profesiones, como la de médico, abogado, traductor e intérprete judicial (...)"*[598].
- Posible lesión de intereses esenciales de la seguridad nacional, comprometer a la fuente de información o implicar la utilización de información clasificada relacionada con determinadas actividades de inteligencia[599].
- Cuando la resolución se refiera a hechos que se hayan cometido fuera del Estado emisor y total o parcialmente en territorio español, y la conducta en relación con la cual se emite la OEI no sea constitutiva de delito en España.
- Incompatibilidad de la ejecución de la OEI, es decir, cuando existan motivos fundados para creer que la ejecución de la medida de investigación indicada en la OEI es incompatible con las obligaciones derivadas del artículo 6 TUE y la CDFUE[600]. Esto es el motivo cifrado en la posible vulneración de derechos fundamentales.

De acuerdo con el artículo 206 LRM en consonancia con el artículo 10. 2.1 DOEI, analizado anteriormente, textualmente: "la autoridad competente española llevará a cabo la ejecución de la medida de investigación

598 GRANDE SEARA, Pablo, "Presupuestos para el reconocimiento y ejecución en España de una Orden Europea de investigación", *op. cit.*, esp. pp. 602-603.

599 LARO GONZÁLEZ, Elena, "Motivos de denegación del reconocimiento y la ejecución de la orden europea de investigación. ¿reconocimiento mutuo mitigado o crisis de la confianza recíproca?", *op. cit.*, esp. p. 216.

600 Considera DE HOYOS SANCHO que *"Este motivo de denegación de la cooperación judicial, al que en otros instrumentos se aludía solamente en los "Considerandos", como genérica declaración de principios, ahora se incluye ya expresamente como causa de denegación del reconocimiento o ejecución de la OEI; vid. art. 11.1 f) de la Directiva 2014/41/CE"*, en "La Orden Europea de Investigación: reflexiones sobre su potencial efectividad a la vista de los motivos de denegación del reconocimiento y ejecución en España", *op. cit.*, esp. p. 24.

solicitada si dicha medida de investigación existiera en Derecho español y estuviera prevista para un caso interno similar", o, en otro caso, exista otra medida de investigación con la que se puede obtener el mismo resultado que con la medida solicitada en la OEI[601].

2.4. Particularidades de la relación entre criminalidad organizada y OEI en España

Centrándonos en la relación entre criminalidad organizada y OEI en España[602] y atendiendo a la información proporcionada desde los operadores jurídicos, podríamos señalar que las causas principales que conciernen al crimen organizado en España se refieren a delitos contra a la salud pública, delitos de drogas y delitos de blanqueo de capital, así como aquellos relacionados con organizaciones u grupos criminales. Se señala también definiéndola como "delincuencia moderna" en cuanto está vinculada a la tecnología, que normalmente requiere la emisión y ejecución de más de una OEI[603].

Antes de la transposición de la OEI en España, se señalaba que era un país muy proactivo en la cooperación judicial, especialmente en determinados órganos, debido a la centralización de órganos jurisdiccionales en materia de criminalidad organizada. La perspectiva es favorable a la cooperación judicial, sobre todo a la cooperación directa entre jueces, considerándola más eficaz en la práctica que el uso exclusivo de instrumentos

---

601 Al respecto GRANDE SEARA, Pablo, "Presupuestos para el reconocimiento y ejecución en España de una Orden Europea de investigación", *op. cit.*, esp. p. 592.

602 Sobre la bibliografía, PÉREZ VILLALOBOS María C., "La corrupción en las estrategias europea y española de lucha contra el crimen organizado y la delincuencia grave", *Cuadernos de política criminal segunda época*, 2022, n. 136, pp. 229-270, así como DE LUCCHI LÓPEZ, Yolanda T. y JIMÉNEZ LÓPEZ, M. Nieves, (dres.), A. Spada Jiménez, (coord.), *The Criminal Justice System in Spain*, Atelier, Barcelona, 2022, disponible en https://atelierlibrosjuridicos.com/ (fecha de última consulta: el 23 de mayo de 2025) y de carácter general BAKER, Estella, "Talking about Crime, Criminal Law and Criminal Justice in Europe: A Case for More Interdisciplinary Dialogue", *European Journal of Crime, criminal law and criminal justice*, 2019, n. 27, pp. 195-205.

603 En palabras de Jaime Campaner: "*En la práctica sin embargo uno se da cuenta de que, si no lo pides tú como acusación particular como abogado de la víctima, lo más probable es que te encuentres el asunto en el juzgado ya archivado, por falta de autor conocido. Porque el juzgado de oficio no está interesado en investigar ni la fiscalía impulsa la investigación. Si no lo pides y si no tienes la suerte de que el abogado de la acusación particular sepa que existe este mecanismo OEI, hay varios casos archivados porque no hay autor*". Entrevista en línea por parte de Serena Cacciatore el 15 de septiembre de 2021 a Jaime Campaner Muñoz.

legales formales[604]. No obstante, se señala que en España en comparación con Italia, hay menos experiencias que trasladar en el campo de la criminalidad organizada.

En el último informe de la Fiscalía General del Estado[605], el equipo de evaluación identificó una posible necesidad de revisar la Directiva OEI. En su opinión, los puntos clave en los que el legislador de la UE debería considerar la posibilidad de modificar la Directiva son los siguientes: - hacer más eficaz el anexo A; - aclarar la aplicabilidad de las normas de protección de datos; - aclarar si la noción de interceptación de telecomunicaciones en virtud de los artículos 30 y 31 de la Directiva OEI también incluyen otras medidas de vigilancia, como el espionaje de automóviles y el seguimiento GPS.

Con respecto a las pruebas que se solicitan a otros Estados miembros de la UE, más a menudo en procesos penales, de ordinario parece se solicitan en la práctica, tres tipos de pruebas: entrada y registro en domicilio, las medidas de interceptación de las comunicaciones, es decir, intervenciones telefónicas, colocación de balizas en vehículos o colocación de micros en casa. Desde luego, lo que más nos interesa es si la prueba ha sido obtenida o no con vulneración de derechos fundamentales[606].

---

604 "OEI será un instrumento fortalecedor y facilitador de la cooperación judicial. La OEI permitirá el empleo de esta cooperación judicial a la luz de la experiencia de la OEDE a diferencia de otras DM excesivamente formales. Tampoco será una panacea y será necesaria una buena implementación legislativa y judicial en todos los países", fruto de una entrevista desarrollada por parte de la Profesora Mar Jimeno Bulnes el 16 de marzo de 2017 a José Ricardo de Prada Soalesa, un magistrado español, de la Sala de lo Penal de la Audiencia Nacional de España.

605 Evaluation Report on the 10th round of mutual evaluations on the implementation of the European Investigation Order (EIO) REPORT on SPAIN, Brussels, 8 October, 2024, pp. 1-75, disponible en ST-13641-2024-REV-1_en.pdf (fecha de última consulta: el 26 de mayo de 2025).

606 A este respecto se transcribe una experiencia práctica del abogado Salvador Guerrero Palomares:
"*Solicité una vez la OEI, y el resultado no fue del todo satisfactorio porque se trataba de conseguir la declaración de una investigada que estaba en Escocia. Lo que sucedió es que finalmente conseguimos su declaración, pero una vez allí ella se acogió a su derecho a no declarar. Según la normativa escocesa, quien la interrogó fue la policía, y no era necesaria la asistencia letrada. Cuando llegó aquí, la no declaración de la señora, que se acogió a su derecho de no declarar, yo pretendí continuar con el procedimiento, pero fue el fiscal quien dijo que no podíamos continuar porque esa declaración se había hecho con una vulneración de los derechos fundamentales de la investigada. Porque según nuestra legislación es necesaria la asistencia letrada, con lo cual tuve que volver a mandar otra vez la OEI, esta vez, ya con la asistencia letrada, se acogió a su derecho a no declarar de nuevo y eso ya fue válido.*

A fortiori, en este caso debemos considerar la posibilidad de que se hayan violado los derechos fundamentales, tanto en el país de ejecución que en el país de origen. En efecto, si la diligencia, consecuencia de una OEI, se lleva a cabo en uno u otro Estado en violación de los derechos fundamentales, los actos practicados serán nulos, de conformidad con el ordenamiento jurídico español, que es el aplicable. Esta es una cuestión que puede plantearse en la sesión plenaria correspondiente.

Es esencial citar un breve extracto de la sentencia *Vera-Fernández-Huidobro c. España*, dictada por el TEDH el 6 de enero de 2010[607], que hace referencia a la transcendencia de la prueba obtenida en la fase de instrucción, para su posterior enjuiciamiento, y los efectos de su "envenenamiento"[608], que sólo puede conducir a la violación de los derechos fundamentales de la persona investigada. A este respecto, la sentencia afirma que: "El Tribunal destacó la relevancia de la fase de investigación para la preparación del procedimiento, ya que las pruebas reunidas en esta fase determinan el contexto en el que se examinará la infracción acusada en el curso del proceso (...). Además, el Tribunal sobre la cuestión de si el procedimiento se ha tramitado de conformidad con las exigencias de un juicio justo, incluidas las establecidas en el artículo 6 del Convenio, debe responderse sobre la base de una valoración conjunta del procedimiento en cuestión. Asimismo, no recae en la competencia del Tribunal sustituir con su propia apreciación de los hechos y de las pruebas la realizada por las jurisdicciones nacionales, ya que dicha apreciación atiende al derecho nacional y a las jurisdicciones nacionales"[609].

Como hemos visto en esta resolución, y siguiendo a GARCÍA DAVID, se considera que se ha violado el artículo 6 del Convenio. Por lo tanto, las pruebas sujetas a las OEI deben ser objeto de revisión de oficio por los

---

Entre que iba, venía, hemos estado como un año y medio". Entrevista en línea por parte de Serena Cacciatore el 8 de septiembre de 2021 a Salvador Guerrero Palomares.

607 STEDH de 6 de enero de 2010, asunto *Vera Fernández-Huidobro c. España*, demanda núm. 25242/06, disponible en https://www.mjusticia.gob.es/es/AreaInternacional/TribunalEuropeo/Documents/1292427040251-Vera_Fern%C3%A1ndezHuidobro.pdf (fecha de última consulta: el 26 de mayo de 2025).

608 El uso de esta expresión deriva de la doctrina de los "fruits of the poisonous tree". La doctrina del fruto del árbol envenenado es una derivación de la doctrina de las reglas de exclusión, que consiste en rechazar todas las pruebas obtenidas por medios ilícitos.

609 Más información en https://www.mjusticia.gob.es/va/area-internacional/tribunal-europeo-derechos/jurisprudencia-tedh/asuntos-espana-sido-parte/convenio-europeo-derechos/articulo-derecho-proceso (fecha de última consulta: el 26 de mayo de 2025), Vid. documento en pdf disponible en https://www.mjusticia.gob.es/va/AreaInternacional/TribunalEuropeo/Documents/1292427040251-Vera_Fern%C3%A1ndezHuidobro.pdf (fecha de última consulta: el 26 de mayo de 2025).

tribunales y garantizar su plena legitimidad "*pues lo contrario, conllevaría no solo su nulidad, sino también aquellas que, aun no teniendo tal naturaleza comunitaria, puedan ser resultado de las ilegítimamente obtenidas*"[610].

Cabe señalar, con respecto a la formación continua, todos los planes de formación aprobados anualmente por decreto del Fiscal General incluyen conferencias o talleres en diferentes áreas de especialización. La OEI se aborda en al menos una sesión del curso anual para la red de fiscales especializados en cooperación internacional. En concreto, el plan de formación para fiscales de 2024, aprobado por Decreto del Fiscal General de 2 de octubre de 2023, prevé un curso sobre este tema, titulado 'Cinco años de la orden europea de investigación en España'. El curso está dirigido por la UCIF y destinado a 40 fiscales. En los últimos cinco años, las siguientes actividades de formación han abordado este tema:

Year	Training activity	Target audience
2021	EIO and freezing order (online)	Public prosecutors
2021	EIO (online)	Judicial officers
2020	Practical workshop on the recognition of judicial decisions in criminal matters in the EU (6th edition), recognition of judicial decisions, victim status, EAW, EIO, confiscation, the ORGA (in person)	Judicial officers
2019	Practical workshop on the recognition of judicial decisions in criminal matters in the EU (5th edition) recognition of judicial decisions, victim status, EAW, EIO, confiscation, the ORGA (in person)	Judicial officers
2019	EIO (in person)	Public prosecutors

Figura n. 18
Fuente: EVALUATION REPORT ON THE 10TH ROUND OF MUTUAL EVALUATIONS on the implementation of the European Investigation Order (EIO) REPORT on SPAIN, Brussels, 8 October, 2024, pp. 1-75, disponible en ST-13641-2024-REV-1_en.pdf (fecha de última consulta: el 23 de abril de 2025).

---

610 GARCÍA DAVID, Alejandro J., "Las garantías procesales y la orden europea de investigación", *op. cit.* contenido disponible en https://noticias.juridicas.com/conocimiento/articulos-doctrinales/15480-las-garantias-procesales-y-la-orden-europea-de-investigacion/ (fecha de última consulta: el 26 de mayo de 2025).

V. El papel de Eurojust en la aplicación de la OEI

Consideramos que el funcionamiento de los órganos y estructuras de cooperación y coordinación que operan a nivel supranacional tienen una importante repercusión en la configuración organizativa y en las actividades de los órganos de coordinación nacionales. En relación con el crimen organizado, la aportación de la UE ha sido particularmente significativa, no solo mediante la promulgación de actos legislativos específicos, sino también a través del establecimiento de órganos *ad hoc* para la creación de una función de coordinación entre las autoridades judiciales y de policía de cada Estado miembro.

La Agencia Eurojust (*European Union Agency for Criminal Justice Cooperation*), la RJE, la Oficina Europea de Lucha contra el Fraude (en adelante OLAF) y Europol[611] constituyen los hitos más destacados de las instituciones europeas desde el Consejo Europeo de Tampere de 15 y 16 de octubre de 1999 y que han llevado al logro de resultados considerables. Con relación a su origen, Eurojust es mencionado en la Conclusión número 46 de dicho Consejo: "para reforzar la lucha contra la delincuencia organizada grave, el Consejo Europeo ha acordado crear una unidad (EUROJUST) integrada por fiscales, magistrados o agentes de policía de competencia equivalente, cedidos temporalmente por cada Estado miembro, con arreglo a su ordenamiento jurídico (...)[612].

---

611 En relación con estas agencias de la UE ha de distinguirse aquellas que tienen un carácter judicial como es el caso de RJE y Eurojust, de aquellas de naturaleza administrativa como OLAF y Europol, véase al respecto LUCHTMAN, Michiel y VERVAELE, John, "European Agencies for Criminal Justice and Shared Enforcement (Eurojust and the European Public Prosecutor's Office)", *Utrecht Law Review*, 2014, n. 5. pp. 132-150. Así como, CARRERA HERNÁNDEZ, Francisco J., *La cooperación policial en la Unión Europea: acervo schengen y europol*, Colex, Madrid, 2003, esp. pp.192-200; así como, FUENTETAJA PASTOR, Jesús Á. y BACIGALUPO SAGGESE Mariano (eds.), *Las políticas de la Unión Europea: la Política Exterior y de Seguridad Común y la Cooperación Policial y Judicial en materia penal*, Colex, Madrid, 2002 y también ESCALADA LÓPEZ, María L., "Instrumentos orgánicos de cooperación judicial magistrados de enlace, red judicial europea y Eurojust", *op. cit.*, esp. p. 96.

612 Textualmente al continuar la lectura de las Conclusiones número 46: "(...) La misión de EUROJUST consistirá en facilitar la adecuada coordinación de las fiscalías

A mayor abundamiento, Eurojust e Interpol, han cooperado activamente en el refuerzo de la cooperación judicial en materia de tráfico ilícito de migrantes[613]. Además, Eurojust desempeñará un papel clave en la coordinación y cooperación entre las autoridades nacionales de investigación y enjuiciamiento en materia de terrorismo transfronterizo.

En efecto, una Europa que quiera asumir una posición "propulsora" no puede prescindir de dotarse de un aparato normativo, de instituciones judiciales capaces de aumentar el peso de una realidad política -europea- aún en construcción.

Mantiene PALMERI que, a fin de contrarrestar el carácter "moderno" de la delincuencia, que se caracteriza cada vez más por una dimensión transnacional, se ha puesto de manifiesto la necesidad de crear un organismo de cooperación horizontal[614]. A este respecto abordaremos en este Capítulo el papel de Eurojust[615], agencia de la UE que tiene como objetivo

---

nacionales y en apoyar las investigaciones penales en los casos de delincuencia organizada, en particular basándose en análisis de Europol, así como en cooperar estrechamente con la red judicial europea, con objeto, en particular, de simplificar la ejecución de comisiones rogatorias. El Consejo Europeo pide al Consejo que adopte el instrumento jurídico necesario antes de que finalice 2001". Al respecto FUENTETAJA PASTOR Jesús Á., "Las agencias europeas de la cooperación policial y judicial", *Revista de Derecho de la Unión Europea,* 2006, n. 10, pp. 51-93, esp. p. 75, así como NILSSON, Hans G., "Eurojust: the beginning or the end of the European Public Prosecutor?", *Europarattslig Tidkrift* 2000, n. 4, pp. 601-621.

613 Concretamente, en noviembre de 2021, Eurojust expresó su voluntad de reforzar la cooperación en este ámbito con los países socios de los Balcanes Occidentales y del sur del Mediterráneo, que participan en *EuroMed Justice, European Commision, Communication from the Commision to the European Parlament and the Council,* más informaciones en la página web https://www.eurojust.europa.eu/euromed-justice#:~:text=The%20EuroMed%20Justice%20project%20aims,Morocco%2C%20Palestine*%20and%20Tunisia (fecha de última consulta: el 11 de septiembre de 2025).

614 En particular, PALMERI, Luigi, "La nascita di *EUROJUST* e l'attuazione della decisione istitutiva nell'ordinamento interno", en L. Palmeri (ed.), *La Riforma di Eurojust e i nuovi scenari in materia di cooperazione giudiziaria,* Cedam, Milano, 2019, pp. 23-48, esp. p. 24.

615 Entre la literatura VENEZIA, Lorenzo, "Il ruolo di Eurojust per la cooperazione giudiziaria penale", *Diritto Consenso,* 2018, disponible en https://www.dirittoconsenso.it/2018/01/07/il-ruolo-di-eurojust-per-la-cooperazione-giudiziaria-penale/ (fecha de última consulta: el 11 de septiembre de 2025), así como, DE LEO, Francesco "Le funzioni di coordinamento di Eurojust", *Cassazione penale,* 2004, n. 3, pp. 1110-1127; y, en España, TIRADO ROBLES, Carmen, *Eurojust: la coordinación de la cooperación judicial penal en la Unión Europea,* Real Instituto de Estudios Europeos, Zaragoza, 2002.

la coordinación eficaz de las investigaciones entre las autoridades nacionales de los Estados miembros. Explicaremos su "valor añadido" previo en el intercambio de información entre los Estados miembros y posterior en la asistencia judicial entre los mismos. A continuación, analizaremos la vinculación (si existe y cuándo) entre Eurojust y las autoridades competentes en la OEI y así cuál es su utilidad en la transmisión de la OEI. Por último, nos detendremos especialmente en la relación entre Eurojust y Red Judicial Europea y el papel de la Fiscalía Europea.

1. ORIGEN Y REGULACIÓN DE EUROJUST

Desde la perspectiva de la integración europea, uno de los temas especialmente beneficiados por el Tratado de Lisboa, fue la cooperación judicial en materia penal. Para que pudiera establecerse un modelo de cooperación horizontal, era necesario que se identificara a nivel europeo una entidad institucional, en suma, un organismo con personalidad jurídica e independiente de otras instituciones europeas a nivel político o administrativo, que fuera el centro de imputación de la acción coordinadora[616].

Eurojust representó la continuación de un camino iniciado tras Tampere como anticipado, para la realización de un espacio europeo de justicia destinado a reforzar la cooperación judicial en materia penal. Se preveía la creación de una unidad compuesta por fiscales, jueces o policías de igual categoría de los Estados miembros de la UE para mejorar la lucha contra la delincuencia organizada[617]. El Consejo de la Unión Europea adoptó en el año 2000 una Decisión de 14 de diciembre de 2000, por la que se creó una Unidad provisional de cooperación judicial[618] cuyo cometido era "mejorar la cooperación entre las autoridades nacionales competentes relativa a las investigaciones y actuaciones judiciales"[619] y estimular y mejorar la coordinación de las investigaciones y de las actuaciones judiciales entre Estados miembros. Eurojust, como Unidad de Cooperación Judicial Penal creada

---

616 LAI, Francesca, *Il contrasto alla criminalità transnazionale nell'Unione Europea. Atti di indagine e regime di acquisizione probatoria, op. cit.*, esp. p. 105.

617 GARRIDO CARRILLO, Francisco J., *Retos en la lucha contra la delincuencia organizada,* Aranzadi, Navarra, 2021.

618 DOUE de 21 de diciembre de 2000, n. L 324, pp. 2-3.

619 Vid. LAI, Francesca, *Il contrasto alla criminalità transnazionale nell'Unione Europea. Atti di indagine e regime di acquisizione probatoria, op. cit.*, esp. p. 105 (traducción propia), para más detalles LOPES DA MOTA José L., "Eurojust — The Heart of the Future European Public Prosecutor's Office", *Eucrim,* 2008, n. 1-2, pp, 62-66.

en el 2002 por la Decisión 187/2002/JAI del Consejo de la UE de 28 de febrero de 2002[620], actúa sobre la base de las operaciones realizadas y la información facilitada por las autoridades de los Estados miembros.

La práctica operativa de Eurojust evidenció gradualmente los límites de la Decisión 187/2002/JAI del Consejo de la UE y sus dificultades conectadas con su atención a nivel nacional. En efecto, la acogida de las disposiciones en algunos Estados miembros retrasó en exceso. Asimismo, el trabajo de la Agencia había aumentado considerablemente, tanto en términos de personal como en relación con el número de casos registrados.

Se realiza aquí una referencia a la iniciativa que presentaron quince Estados miembros[621] con el propósito de adoptar una nueva Decisión del Consejo (sobre la base de los artículos 31 y 34.2 c TUE en su versión de Niza) para modificar todos los puntos de la decisión original de Eurojust a fin de incorporar nuevas y principales propuestas de refuerzo[622].

Y así llegamos a la Decisión 2009/426/JAI del Consejo de 16 de diciembre de 2008[623], por la que se refuerza Eurojust y se modifica la anterior Decisión 2002/187/JAI[624]. El 19 de junio de 2018, el Consejo y el Parlamento alcanzaron un acuerdo político provisional sobre la reforma de Eu-

---

620 DOUE de 6 de marzo de 2002, n. L 63, pp. 1-13, ya no vigente, derogada por el Reglamento (UE) 2018/1727.

621 Reino de Bélgica, el Reino de España, la República Italiana, el Gran Ducado de Luxemburgo la República Checa, la República de Estonia, la República Francesa, la República de Austria, el Reino de los Países Bajos, la República de Polonia, la República Portuguesa, la República de Eslovenia, la República Eslovaca y Reino de Suecia.

622 HERNÁNDEZ LÓPEZ, Alejandro, *El papel de Eurojust en la resolución penal de conflictos de jurisdicción penal en la Unión Europea. Propuestas legislativas,* Aranzadi, Cizur Menor, esp. pp. 66-67.

623 DOUE de 4 de junio de 2009 n. 138, pp. 14-32. Más ampliamente MOREDA ALONSO, Nicolás, "Eurojust, a la vanguardia de la Cooperación judicial en materia penal en la Unión Europea", *Revista de Derecho Comunitario Europeo,* 2012, n. 41, pp. 119-157, así como en SAULINO, Federica, "La cooperazione giudiziaria in materia penale e le funzioni di coordinamento di Eurojust: risultati ottenuti e sfide per il futuro", *Rivista Internazionale di Studi Europei,* 2018, n. 1, pp. 9-14 y también SPIEZIA, Filippo, "Il coordinamento giudiziario sovranazionale: problemi e prospettive alla luce della nuova decisione 2009/426/GAI che rafforza i poteri di Eurojust", *Cassazione Penale,* 2010, n. 5, pp. 1990-2005.

624 Aunque no esté en vigor, véase Decisión Marco 2002/187/JAI del Consejo, de 28 de febrero de 2002 por la que se crea Eurojust para reforzar la lucha contra las formas graves de delincuencia, pp. 1-13, DOUE de 6 de marzo de 2020 n. L. 063, pp. 1-13.

rojust[625]. Así, las negociaciones tuvieron como resultado la aprobación del Reglamento (UE) 2018/1727 del Parlamento Europeo y del Consejo, de 14 de noviembre de 2018, sobre la Agencia de la Unión Europea para la Cooperación Judicial Penal (Eurojust) y por la que se sustituye y deroga la Decisión 2002/187/JAI del Consejo[626].

Empezando con un *excursus* histórico[627] del contexto del Reglamento (UE) 2018/1727, tenemos que especificar que la superación de la estructura de los pilares y la ampliación del procedimiento legislativo ordinario acometido en el Tratado de Lisboa han provocado un cambio. Esto supuso en el sistema de fuentes de Derecho Derivado correspondiente al ELSJ una sustitución de los instrumentos utilizados previamente por los instrumentos propios del antiguo primer pilar, es decir, Directivas y Reglamentos. Sin embargo, la total eficacia jurídica reconocida a la CDFUE y la adquisición de la condición de Derecho Originario, así como la ampliación de la competencia del TJUE en esta temática, determinaron un cambio de panorama; en suma, el respeto de las garantías procesales de los individuos y de los derechos fundamentales ocuparon un papel decisivo.

Este nuevo protagonismo ha tenido repercusiones tanto desde la perspectiva legislativa (sin ir más lejos, la DOEI, junto con otras Directivas específicas sobre garantías procesales) como jurisprudencial[628]; dando lugar a la progresiva adaptación de todas las disposiciones sobre cooperación judicial en materia penal precedente a la entrada en vigor del Tratado de Lisboa a las nuevas necesidades derivadas del nuevo derecho originario[629].

---

625 HERNÁNDEZ LÓPEZ, Alejandro, "El presente y el futuro de Eurojust", en A. López Hernández (ed.), *El papel de Eurojust en la resolución penal de conflictos de jurisdicción penal en la Unión Europea. Propuestas legislativas, op. cit.*, esp. p. 69.

626 DOUE de 21 de noviembre de 2018, n. L 295/138, pp. 138-183.

627 El Considerando 1 del Reglamento (UE) 2018/1727 del Parlamento Europeo y del Consejo, de 14 de noviembre de 2018, establece textualmente: "Eurojust se creó en el marco de la Decisión 2002/187/JAI del Consejo (2) como un organismo de la Unión con personalidad jurídica, para estimular y mejorar la coordinación y cooperación entre las autoridades judiciales competentes de los Estados miembros, en particular en relación con casos graves de delincuencia organizada. El marco legal de Eurojust ha sido modificado por las Decisiones 2003/659/JAI (3) y 2009/426/JAI (4) del Consejo".

628 A modo de ejemplo la mencionada STJUE (Gran Sala) de 5 de abril de 2016, asuntos *Aranyosi y Căldăraru*.

629 HERNÁNDEZ LÓPEZ, Alejandro, "El Reglamento (UE) 2018/1727 sobre la Agencia de la Unión Europea para la cooperación judicial penal (EUROJUST): luces y sombras al amparo de los arts. 85 Y 86 TFUE", *Revista de Estudios Europeos*, 2020, n. 75, pp. 225-241, esp. p. 226.

Eurojust no podía permanecer ajena a este proceso, planteándose una reforma de esta agencia europea, junto con otras como Europol[630], acorde a la nueva realidad post-Lisboa. A este respecto, el Consejo Europeo propuso a través del Programa de Estocolmo explorar y utilizar las alternativas contenidas en los artículos 85 y 86 TFUE. La base legal establecida en los Tratados para Eurojust se dispuso en el artículo 85 TFUE, completada con la predicción de creación de una Fiscalía Europea[631]a partir de Eurojust como se reconoce en el artículo 86.1 TFUE.

La función de Eurojust, según el artículo 85.1. TFUE, es "apoyar y reforzar la coordinación y la cooperación entre las autoridades nacionales encargadas de investigar y perseguir la delincuencia grave que afecte a dos o más Estados miembros o que deba perseguirse según criterios comunes"[632]. En este primer apartado, no se han mostrado modificaciones en el funcio-

---

630 Se destaca el papel desempeñado por parte de Europol haciendo hincapié en las líneas de política criminal contenidas en *Council Conclusion setting up the Euro priorities for the fight against organised crime based on the OCTA (organised crime threat assesmet and the relates action plan).* Se requiere a los Estados miembros y a los organismos de la Unión, creados con el fin de luchar contra la delincuencia transnacional, que tengan en cuenta el resultado de los análisis realizados por Europol, resumidos en la OCTA, a fin de adoptar las iniciativas estratégicas y operativas para abordar la amenaza de la criminalidad organizada.

631 Creada por el Consejo y el Parlamento Europeo en octubre de 2019 y en funcionamiento desde el 1 de junio de 2021, mediante el Reglamento (UE) 2017/1939 del Consejo, de 12 de octubre de 2017, DOUE de 31 de octubre de 2017, L 283/1, pp. 1-71, disponible en la base de datos Eur-Lex https://eur-lex.europa.eu/eli/reg/2017/1939/oj (fecha de última consulta: el 11 de septiembre de 2025). Por lo que aquí, nos interesa, el art. 3 del Reglamento establece que "Eurojust será competente respecto de las formas de delincuencia grave enumeradas en el anexo I. Sin embargo, a partir de la fecha en que la Fiscalía Europea asuma las funciones de investigación y acusación de conformidad con el artículo 120, apartado 2, del Reglamento (UE) 2017/1939, Eurojust no ejercerá su competencia respecto a delitos para los que sea competente la Fiscalía Europea, salvo en aquellos casos que impliquen a Estados miembros que no participen en la cooperación reforzada para la creación de la Fiscalía Europea a petición de dichos Estados miembros o de la propia Fiscalía Europea". Al respecto VERVAELE, John, A.E., "De Eurojust a la fiscalía europea en el espacio judicial europeo. ¿El inicio de un derecho procesal penal europeo?" en J.A., Espina Ramos y I. Vicente Carbajosa (dres.), *La Futura Fiscalía Europea, Ministerio de Justicia-Gobierno de España,* Imprenta Nacional del Boletín del Estado, Madrid, 2009, pp. 133-171, así como LUCHTMANN, Michiel J. y VERVAELE, John, "Agencias europeas de justicia penal y aplicación compartida (Eurojust y Fiscalía Europea)", *Justicia,* 2015, n. 1, pp. 385-434.

632 Sobre la tematica WEYEMBERGH, Anne, "Te Devolopment of Eurojust: Potential and Limitations of Article 85 of the TFUE", *New Journal of European Criminal Law,* 2011, n. 1, pp. 85 y ss.

namiento de la Agencia, por el contrario, analizando el siguiente apartado y así el artículo 85.2 TFUE se declara que "el Parlamento Europeo y el Consejo determinarán, mediante reglamentos adoptados con arreglo al procedimiento legislativo ordinario, la estructura, el funcionamiento, el ámbito de actuación y las competencias de Eurojust". De esto último se desprende que el Reglamento será el instrumento legislativo apto para regular los procedimientos para que el Parlamento Europeo y los parlamentos nacionales controlen las actuaciones de Eurojust[633].

El mismo artículo 85.1 TFUE establece, por lo que respecta a las competencias de Eurojust, siguiendo a HERNÁNDEZ LÓPEZ, "*la posibilidad de reconocer a la Agencia tres competencias especificas: el inicio de diligencias de investigación penal y la proposición de incoación de procedimientos penales (...), su coordinación, y la intensificación de la cooperación judicial mediante, entre otros asuntos, la resolución de conflictos de jurisdicción penal y una estrecha cooperación con la RJE*"[634]. No se trata de competencias realmente nuevas, puesto que la Decisión de Eurojust ya reconocía su competencia para solicitar a las autoridades competentes de los Estados miembros que inicien investigaciones o actuaciones judiciales, pese a que la coordinación de las investigaciones forma parte de sus tareas con carácter general. Continúa el autor afirmando que la redacción de las letras a) y b) artículo 85. 1. TFUE es equívoca por no incluir la totalidad de los escenarios eventuales que los Estados miembros están dispuestos a asumir. A partir del régimen actual, Eurojust puede, además de fomentar la integración, iniciar por su cuenta una investigación, plantear la iniciación y coordinar los procedimientos penales. En todo caso, el artículo 85.2 TFUE exige, para todas las acciones penales, que los actos formales con carácter procesal deben desarrollarse por funcionarios nacionales competentes. Así, se determina una limitación a la autonomía de Eurojust para cualquier acción penal que pueda emprender en virtud del artículo 85.1 TFUE.

Para terminar este epígrafe, en suma, Eurojust se ocupa de detectar casos de delincuencia grave y organizada[635], con el apoyo de unidades opera-

---

633 Recuérdese que los actos de derecho derivado son de aplicabilidad inmediata, a diferencia del Derecho Originario, conforme al art. 288 TFUE, así GUTIÉRREZ ZARZA María Angeles, "Fuentes comunitarias del derecho procesal español", *La Ley: Revista jurídica española de doctrina, jurisprudencia y bibliografía*, 2002, n. 3, pp. 1626-1633.

634 HERNÁNDEZ LÓPEZ, Alejandro, "El presente y el futuro de Eurojust", *op. cit.*, p. 69.

635 ŠKRLEC, Boštjan, "Eurojust and External Dimension of EU Judicial Cooperation", *Eucrim: the European Criminal Law Associations fórum*, 2019, n. 3, pp. 188-193, PÉREZ SOUTO, Gemma, "Eurojust ¿un instrumento eficaz en la lucha contra el crimen organizado?", Revista General de Derecho Europeo, 2013, n. 30, pp. 1-20.

tivas específicas como analizaremos posteriormente, así como de "mediar" entre las autoridades nacionales, tanto de los Estados miembros de la UE como de terceros países. En otras palabras, Eurojust facilita la cooperación y la coordinación en las investigaciones paralelas que tienen lugar en varios Estados miembros[636], en muchos casos deliberando cuál es la jurisdicción y/o fuera territorial más adecuada para la resolución del caso concreto.

1.1. El intercambio de información entre Estados miembros y Eurojust

El principal interrogante que impulsa la presente investigación se basa en la finalidad de Eurojust[637]. A la luz de las entrevistas realizadas a los profesionales que en este ámbito desarrollan su papel, como los mencionados a lo largo de esta monografía, para nuestros intereses destaca la siguiente reflexión. Podemos afirmar que Eurojust existe para dos fines esenciales. El primero está directamente relacionado con el principio de reconocimiento mutuo que, tiene como base y presupuesto la confianza mutua[638]. Este principio debe ser fomentado mediante el conocimiento de los ordenamientos jurídicos de los distintos Estados miembros y a través la conexión de los operadores (profesionales del derecho) para facilitar el diálogo entre las autoridades judiciales que son las protagonistas directas del reconocimiento mutuo. Para ello, cada Estado miembro participante de la UE selecciona un miembro nacional a Eurojust[639], los cuales formarán parte del Colegio de Eurojust, que será responsable del trabajo operativo de la Agencia. El Colegio en cuestión cuenta con el apoyo de la administración de Eurojust, que incorpora entre otros, analistas de casos, asesores jurídicos y expertos en datos. El segundo fin prefijado coincide con el apoyo, es

---

636 VERVAELE, John, A.E., "The shaping and Reshaping of Eurojust and OLAF: Investigative Judicial Powers in the European Judicial Area", *Journal of National Prosecutors College*, 2010, n. 5. pp. 153-159.

637 CACCIATORE, Serena, "El papel de Eurojust en la aplicación de la OEI", investigación presentada en el seno de los Seminarios de Investigación organizados por el Área de Derecho Procesal, Grupo CAJI, de la Universidad de Burgos el día 22 de junio de 2020 de forma telemática, información disponible en https://www.ubu.es/vii-seminario-el-papel-de-eurojust-en-la-aplicacion-de-la-oei (fecha de última consulta: el 11 de septiembre de 2025).

638 Entrevista presencial por Serena Cacciatore el 25 de noviembre del 2019 a Francisco Jiménez-Villarejo Fernández en el año 2019, miembro nacional español Eurojust hasta aquel momento, para más información ver https://www.boe.es/diario_boe/txt.php?id=BOE-A-2020-15300 (fecha de última consulta: el 11 de septiembre de 2025).

639 Para más información, véase página oficial mencionada anteriormente https://www.eurojust.europa.eu/about-us/who-we-are (fecha de última consulta: el 26 de mayo de 2025).

decir, estimular y asegurar la coordinación de las investigaciones de carácter transnacional para mejorar los diferentes aspectos de la cooperación judicial en materia penal.

Hay que destacar en la memoria histórica y origen muy probable de los actuales órganos de cooperación judicial europea[640], a Giovanni Falcone[641], magistrado siciliano de Palermo. La dimensión concreta de la delincuencia organizada transnacional ha sido detectada por los jueces antimafia, Giovanni FALCONE y Paolo BORSELLINO, en el contexto de los años ochenta en Italia, y de la instrucción del "Maxi proceso de Palermo", que terminó con la condena de un importante número de "capi" (jefes) y miembros de la organización mafiosa siciliana -Cosa Nostra-. En el curso de la investigación, los magistrados FALCONE y BORSELLINO observaron dos aspectos fundamentales que persisten en la actualidad en referencia a la delincuencia transnacional, uno entre ellos es en la institución de Eurojust.

Giovanni Falcone, *magistrato italiano, una delle personalità più importanti e prestigiose nella lotta alla mafia in Italia e a livello internazionale. È stato assassinato dalla criminalità organizzata a Palermo il 23 maggio 1992.*

---

640 Al respecto, JIMENO BULNES, Mar, "La administración de justicia en la cooperación judicial Europea", in P. Martín Ríos e M.A. Pérez Márin (dres.), E. C. Pérez-Lunos Robleado e M. L. Domínguenz Barragáan (coords.), *La administración de justicia en España y en América*, Astigi, Sevilla, 2021, pp. 1019- 1058, esp. p. 1024.

641 Fue un juez italiano conocido por desmantelar la "Cosa Nostra", el grupo mafioso más extendido en Italia; fue asesinado en un atentado. Una explosión provocada en una carretera de Palermo. En el atentado murieron el juez, su esposa y tres escoltas. Más información véase "La bomba que sacudió Italia", recogido por el periódico El País, disponible en https://elpais.com/internacional/2017/05/20/actualidad/1495267024_359932.html (fecha de última consulta: el 26 de mayo de 2025). Sobre su vida ejemplar vid. la interesante novela juridica FALCONE, Maria y BARRA, Francesca, *Giovanni Falcone un eroe solo. Il tuo lavoro, il nostro presente. I tuoi sogni, il nostro futuro,* BUR Biblioteca Università Rizzoli, Milano, 2013.

Giovanni Falcone fue un pionero y precursor de la "coordinación" traduciéndolo en un esquema normativo del cual nacerá luego, en Italia, la *Direzione Investigativa Antimafia* y desde 2015 antiterrorismo. La *Direzione Investigativa Antimafia* (conocida con su acrónimo: DIA) es un órgano de investigación compuesto por personal especializado, con el cometido de garantizar la realización, de actividades de investigación preventiva. Así como de llevar a cabo investigaciones de forma coordinada y de policía judicial relacionadas exclusivamente con los delitos de asociación mafiosa o en cualquier caso relacionados con la propia asociación. La DIA ha visto recientemente ampliadas sus competencias a la lucha contra el terrorismo[642].

Según Filippo Spiezia, Eurojust representa la proyección en clave supranacional de ese modelo que había imaginado Giovanni Falcone[643].

Definimos Eurojust, como organismo *ad hoc* que desempeña una función de coordinación entre las autoridades judiciales de cada Estado Miembro[644], y además representa el principio de una "obra de fortalecimiento" del sistema, iniciada antes con la creación de los magistrados de enlace y después con la RJE[645], que trataremos más adelante.

La correspondencia y el diálogo directos entre autoridades judiciales ha sido una característica introducida a nivel europeo con el Convenio de asistencia judicial en materia penal entre los Estados miembros de la UE, hecho en Bruselas el 29 de mayo de 2000. Esto plantea una pregunta:

---

642 Para un estudio más en profundidad, véase la página oficial https://direzioneinvestigativaantimafia.interno.gov.it/ (fecha de última consulta: el 23 de abril de 2025).

643 Ideas referidas por Filippo Spiezia en la Conferencia "*La cooperazione giudiziaria all'interno dell'Unione Europea e il ruolo di Eurojust*" organizado por la *Scuola Superiore della Magistratura (Distretto della Corte d'Appello di Caltanissetta- Italy)* el 22 de Mayo de 2019. También participaron la Pr. Dr. Annalisa Mangiaracina de la *Università degli studi di Palermo,* y Federica la Chioma, *Sostituto Procuratore della Repubblica presso il Tribunale di Palermo.*

644 Sobre este asunto SUÁREZ XAVIER, Paulo, R., "Policía predictiva y Eurojust: Un análisis de la postura de la Únion Europea" en L. Fontestad Portalés (dr.) M. De Las Nieves Jiménez López (coord.), *La transformación digital de la cooperación jurídica penal internacional,* Aranzadi, Cizur Menor 2021, pp. 289-315.

645 Vid. ALONSO MOREDA, Nicolás, *La dimensión institucional de la cooperación judicial en materia penal en la Unión Europea: magistrados de enlace, Red Judicial Europea y Eurojust,* Servicio Editorial de la Universidad del País Vasco, Bilbao, 2010. En línea similar LUCHTMAN, Michiel y VERVAELE, John, "European Agencies for Criminal Justice and Shared Enforcement (Eurojust and the European Public Prosecutor's Office)", *op. cit,* pp. 132 y ss.

¿Por qué un organismo como Eurojust tiene una centralidad tal en los procedimientos de cooperación? Por un lado, esto da lugar a "asimetrías normativas" que siguen siendo grandes tanto en el Derecho Procesal como en el derecho sustantivo entre los organismos de la UE. En este sentido, se expresa Filippo Spiezia:

> *"Cuanto más se acentúan los perfiles de intromisión de las medidas de investigación que pedimos a nuestros socios europeos, más surgen las diferencias procesales, las diferencias de umbrales circunstanciales que pueden dificultar el uso de algunas medidas, pensemos en las medidas de intervención de comunicaciones, por ejemplo. Esto hace que el papel de Eurojust, que regula las relaciones entre las autoridades judiciales, sea indispensable desde este punto de vista de la facilitación de las cooperaciones. Las autoridades nacionales perciben la necesidad de Eurojust"*[646].

Por otro lado, la operatividad de Eurojust en los últimos años resulta mayor y esto deriva de un considerable cambio de la delincuencia organizada, la cual tiene cada vez más características transnacionales, y esto se confirma en el último análisis de Europol bajo título *Serious and Organised Crime Threat Assessment* (SOCTA) el 14 de diciembre 2021[647], que prepara la base para la identificación de las prioridades a nivel europeo. La connotación de la "transnacionalidad" está ahora presente en todas las formas graves de delincuencia tales como mafia, trata de seres humanos, terrorismo doméstico. Nos encontramos en un contexto en el cual la cooperación y el consentimiento entre las autoridades competentes de cada Estado Miembro, son fundamentales al tiempo que las organizaciones implicadas muestran una evolución en su *modus operandi.*

1.2. Asistencia judicial en materia penal entre los Estados miembros de la Unión Europea a través de Eurojust

La cooperación judicial en materia penal tiene su fundamento en el principio de reconocimiento mutuo de las sentencias y resoluciones judi-

---

646 Filippo, Spiezia durante el X Seminario "*L'attività d'indagine della Procura Europea e la cooperazione con Eurojust*", el 22 de mayo de 2022 organizado por la *Università degli studi di Palermo,* celebrado online.

647 Además de SANTOS VARA, Juan, "El desarrollo de las competencias de la Oficina Europea de Policía (Europol): el control democrático y judicial", *Revista de Derecho Comunitario Europeo,* 2003, n. 14, pp. 141-179 así como, BERTHELET, Pierre y CHEVALLIER-GOVERS, Constance "Quelle relation entre Europol et Eurojust?: rapport d"égalité cu rapport d'autorité?»", *Revue du Marché commun et de Union européenne,* 2001, n. 450, pp. 468-474.

ciales e incorpora medidas para armonizar las legislaciones de los Estados miembros en varios ámbitos[648]. Desde el informe titulado "Documento único de programación 2024-2026 del 7 de noviembre de 2023"[649] de Eurojust, consta que la agencia europea en cuestión responde a todas las solicitudes de asistencia práctica de los Estados miembros, desde respuestas rápidas hasta operaciones elaboradas y coordinadas, que pueden durar varios años.

A partir del 2019, Eurojust prestó apoyo especializado a un 40% más de casos respecto a los años pasados, incluyendo asesoramiento jurídico en materia de cooperación judicial y notas analíticas de casos con resúmenes de objetivos o solicitudes de asistencia judicial. En consecuencia, esto significa que Eurojust tiene que enfrentarse a un aumento constante de su carga de trabajo y, en cuanto a nuevas mejoras de eficiencia, lamentablemente ya ha alcanzado sus límites[650]. Sin embargo, el Marco financiero plurianual (2021-2027) impone más limitaciones a sus recursos humanos. Eurojust no podrá impulsar determinados ámbitos operativos.

Desde el informe (Documento único de programación 2024-2026) se señala un cuadro, donde se destacan las acciones y los resultados previstos por parte de Eurojust con el objetivo de ofrecer una experiencia operativa y jurídica adaptadas a las necesidades de cada caso.

---

648 Vid. enlace disponible en https://www.europarl.europa.eu/ftu/pdf/es/FTU_4.2.6.pdf (fecha de última consulta: el 11 de septiembre de 2025).

649 Disponible en https://www.eurojust.europa.eu/sites/default/files/assets/qp-af-23-001-es-n.pdf (fecha de última consulta: el 26 de mayo de 2025), sobre el tema DE AMICIS, Gaetano, "La cooperazione orizzontale", *Manuale di procedura penale europea*, en R. E. Kostoris (ed.) Milano, 2017.

650 El marco jurídico internacional prevé que sea necesaria una OEI o una solicitud de asistencia judicial para entrevistar a una persona situada en otro país por videoconferencia. Así como se identifica en el informe de la RJE, *Conclusions of the 57th Plenary Meeting of the European Judicial Network* (EJN): "*COVID-19 has accelerated the use of videoconference. It has become a necessity not only in the national proceedings, but also in criminal cases with cross-border dimensions. The growing popularity of this measure has led to the question whether there is a legal possibility to organize the videoconference abroad without involving the authorities of the executing state, especially in the cases where a participant (be it an accused, a victim or a witness) has given his/her consent to participate in the trial remotely. The international legal framework foresees that either a European Investigation Order or an MLA request is needed to interview a person located in another country via videoconference*". Slovenia, 18-19 October 2021, documento disponible en https://www.ejn-crimjust.europa.eu/ejn/libdocumentproperties/ES/3650 (fecha de última consulta: 21 de enero de 2025). Sobre el tema, BUZZELLI, Silvia, "Le video conferenze transnazionali", *Processo Penale giustizia*, 2017, n. 2, pp. 326-335, así como DI CHIARA, Giuseppe, ponencia titulada "Partecipazione ed esame a distanza", durante la Conferencia ASPP *Imputazione e prova nel dibattimento tra regole e prassi*, Campobasso 13-14 ottobre 2017.

Objetivo 1.1.1 — Mejorar el apoyo dinámico y de calidad para lograr una mayor remisión de casos complejos de delitos transfronterizos

Acciones

- Proporcionar un apoyo de análisis de casos rápido y eficaz a los miembros nacionales de Eurojust y a los FE[651]
- Proporcionar a los profesionales una asistencia operativa eficaz y adaptada en los casos que gestionan, a través de traducciones, análisis de casos y otros resultados del trabajo de casos.
- Proporcionar apoyo operativo, financiero y jurídico a las medidas de gestión, los países candidatos y los ECI[652] y promover su uso como instrumentos esenciales de cooperación judicial en ámbitos delictivos prioritarios.
- Prestar apoyo específico a los ECI establecidos para investigar los CIC[653] cometidos en Ucrania.
- Analizar los datos probatorios del CICED[654], con el fin de poner de relieve los vínculos entre los casos CIC y la situación de las investigaciones y proporcionar asesoramiento jurídico personalizado, que abarque el intercambio de pruebas, las posibilidades de coordinación y los posibles conflictos de jurisdicciones.
- Responder a las necesidades de los profesionales recogiendo sistemáticamente sus observaciones (p. ej., RC[655]).
- Prestar servicios operativos de introducción y gestión de datos, incluidas revisiones de la calidad de los datos del SGC e informes relacionados con casos

Resultados previstos

- Casos más complejos remitidos a Eurojust
- Mayor número de casos de salvoconducto
- Mayor apoyo operativo a través de RC y CC
- Mayor apoyo a los ECI
- Mayor número de casos resueltos puntualmente, gracias al uso de datos de mayor calidad
- Colaboración de Eurojust en un mayor número de casos CIC
- Aumento de la calidad y la cantidad de datos para fines operativos, de gestión y estratégicos

Indicadores	Base de referencia	Objetivo	Presentación de informes
Número de casos remitidos por los Estados miembros	4922	≥ ↑ 15%	EO[656] mensuales
Número de casos remitidos por países con un FE	291	≥ ↑ 10%	EO mensuales
Número de RC	528	≥ ↑ 15%	EO mensuales

---

651 Fiscal de enlace.

652 Equipo conjunto de investigación.

653 Delitos internacionales graves.

654 Base de datos de pruebas de CIC.

655 Reunión de coordinación.

656 Estadísticas operativas

Indicadores	Base de referencia	Objetivo	Presentación de informes
Número de CC	22	≥ ↑ 8%	EO mensuales
Nivel de satisfacción de los participantes en RC/CC respecto al apoyo operativo de Eurojust (1-4)	3,61	≥ 3,65	Informe de ICR[657] trimestral
Porcentaje de casos en ámbitos delictivos prioritarios	76 %	≥ resultado de 2023	EO mensuales
Número de casos CIC	26	≥ resultado de 2023	EO mensuales
Número de aportaciones de la CICED	N/D	≥ resultado de 2023	Informe de ICR trimestral
Número de entregables en apoyo del análisis de casos	941	≥ ↑ 10%	Informe de ICR trimestral
Número de nuevos ECI a los que se ha prestado apoyo	78	≥ resultado de 2023	EO mensuales
Porcentaje de nuevos ECI a los que se financia	53,8%	≥ resultado de 2023	EO mensuales

Figura n. 19. Objetivo 1.1.1 preestablecido para las actividades de Eurojust en el "Documento único de programación 2021-2023". Última actualización: noviembre 2023. Fuente: Documento único de programación 2024-2026, disponible en https://www.eurojust.europa.eu/sites/default/files/assets/qp-af-23-001-es-n.pdf (fecha de última consulta: el 23 de abril de 2025).

Por último, se señala que las funciones asignadas a Eurojust en relación con las solicitudes de asistencia judicial entre Estados miembros, a través de un sistema de intercambio rápido de información y de una unidad estable de referencia, convierten al magistrado de enlace en una figura destinada a desaparecer o, en todo caso, a ser englobada por el mismo. Aún más si se considera que la evolución en el ámbito europeo de la circulación de pruebas por medio de la OEI, al prever el contacto directo entre autoridades judiciales, requiere menos asistencia en las solicitudes de asistencia judicial que en las comisiones rogatorias, mientras que las necesidades de coordinación entre varios Estados deberían ser facilitadas por el papel de la RJE[658].

657 Indicador clave del rendimiento.

658 BARROCU, Giovanni, *La cooperazione investigativa in ambito europeo. Da Eurojust all'ordine europeo di indagine, op. cit.*, esp. pp. 73-74; así como LORENZETTO, Elisa, "L'ordine europeo di indagine penale: efficienza e garanzie per le acquisizioni probatorie in ambito eurounitario", *Cassazione Penale*, 2020, n. 3, pp. 1302-1313.

2. VINCULACIÓN ENTRE EUROJUST Y AUTORIDADES COMPETENTES EN LA OEI

El Considerando 13 DOEI hace referencia a Eurojust, en particular: "Con objeto de garantizar la transmisión de la OEI a la autoridad competente del Estado de ejecución, la autoridad de emisión puede utilizar cualquier medio de transmisión posible o pertinente, por ejemplo, el sistema de telecomunicaciones seguro de la Red Judicial Europea, Eurojust u otros canales utilizados por las autoridades judiciales o policiales".

Eurojust, como adelantamos, se ocupa de casos multilaterales conectados con la delincuencia grave. La intervención temprana de intercambio de información que ha facilitado Eurojust puede sin duda ayudar mucho al éxito de ejecución de una OEI. El artículo 7 del Convenio del 2000 (Intercambio espontáneo de información) sigue estando vigente al no haber sido sustituido por ningún artículo de la DOEI. Este artículo hace referencia a la implícita actividad de coordinación entre las legislaciones nacionales por parte de Eurojust[659]. Además, Eurojust tiene la posibilidad de abrir casos en delitos que no son especialmente graves pero que por la singularidad o cuestión que se plantea en cooperación judicial[660], sin embargo, merecen la pena[661].

---

659 Instrumento de Ratificación del Convenio de Asistencia Administrativa Mutua en Materia Fiscal, hecho en Estrasburgo el 25 de enero de 1988, BOE de 8 de noviembre de 2010, n. 270 pp. 93575-93615.

660 Vid. ARANGÜENA FANEGO, Coral, *Espacio Europeo de Libertad, Seguridad y Justicia: últimos avances en cooperación judicial penal,* Lex Nova, Valladolid, 2010.

661 Por este motivo me gustaría trasladar un ejemplo muy breve que Francisco Jiménez-Villarejo me transmitió.
"Una señora sueca, explotaba sexualmente a 4 hijos menores. Ha estado viviendo en varios Estados de la UE, cambiando constantemente de domicilio para evitar que alguien la descubra. Llega a la Costa del Sol (en España), y se le comunica a Eurojust. Ya había una sentencia condenatoria en Suecia. ¿Y qué hace Eurojust? Solicita el borrador de la OEI y posteriormente convocan una reunión con el Fiscal sueco, en la Fiscalía de Málaga, porque tenían que comprobar todo. Comprobaron dónde vivía la señora y que efectivamente estaba mandando los videos de los hijos; comprobaron que además estaba cambiando de domicilio cada semana y hablaron con el servicio de protección de la Junta a través del Fiscal de menores. Hubo particularidades y todos estos detalles debían prepararse. Lo que hicieron en estos casos los operadores de Eurojust, fue ayudar a redactar la solicitud de la OEI y preparar la ejecución. Si se trabaja conjuntamente como en este caso (los suecos vinieron sobre el terreno a ejecutar con los españoles) es mucho más fácil. Todo esto se pudo hacer sólo con una intervención de un organismo (una Agencia) como Eurojust." Entrevista presencial por Serena Cacciatore el 25 de noviembre del 2019 a Francisco Jiménez-Villarejo Fernández, a la fecha, como anticipado miembro nacional español.

Otra cuestión que consideramos fundamental evaluar es si la OEI se ha emitido o se va a emitir por parte de las autoridades competentes en un contexto de investigación transnacional. En este caso, bastará transmitirlo, por lo menos para información, al miembro nacional de Eurojust del país en el que se presuma afectado/cometido el delito. Será equivalente a la comunicación que, por regla general, las autoridades deberían comunicar al miembro nacional. Por tanto, se le has pedido a las autoridades competentes que transmitan la OEI a Eurojust cuando se trate de investigaciones transnacionales.

Eurojust se ha visto inundado de OEI y según Filippo Spiezia, (en aquel momento -como adelantado- miembro nacional italiano) la OEI está funcionando bastante bien[662] así como en línea similar Jorge Á. Espina Ramos, quien refiere expresamente:

> *"es el instrumento más utilizado en los casos con los que trabajamos, y también es lógico porque son muy comunes y sinceramente creo que funciona todo lo bien que se podía esperar que fuese a no funcionar. Está muy claro cuando hay que utilizar una Comisión rogatoria y cuando hay que utilizar una OEI. No son intercambiables. O una cosa o la otra y desde luego esa es la valoración que nosotros hacemos, cuando a mí me llega una OEI o una Comisión rogatoria para trasmitir a mi autoridad, si es materia de OEI yo no trasmito la Comisión rogatoria, yo la devuelvo y le digo que tiene que ir por OEI"*[663].

A la luz de todas estas consideraciones, podemos afirmar que la OEI funciona en la práctica. Existe una necesidad de diálogo que se inserta tanto en la fase de reconocimiento y ejecución como en los casos de posible interferencia de la OEI con otros procedimientos de investigación en curso.

A partir del informe publicado por Eurojust en noviembre de 2020[664] que reveló que la OEI estaba funcionando bien; de hecho, en el 2022 Eu-

---

662 La definición en su opinión es un poco engañosa, así se expresa "*la OEI no puede ser vista como una orden perentoria que una autoridad judicial da a otra*". Continua Filippo Spiezia, "*si reflexionamos sobre el contenido, la estructura, la Orden es una petición". La OEI sugiere que sólo la autoridad con poderes de investigación puede emitir, mientras que en realidad los jueces también pueden emitir la OEI. No pido a la autoridad política o gubernamental, o central de otro Estado que me ayude, pero dirijo mi petición inmediata, operativa y preceptiva (salvo las causas de rechazo) a otra autoridad judicial*" (traducción propia). Entrevista presencial por Serena Cacciatore el 25 de noviembre del 2019 a Filippo Spiezia.

663 Entrevista en línea por parte de Serena Cacciatore a Jorge Á. Espina Ramos, el 29 de octubre de 2021.

664 Eurojust, *Report on Eurojust's casework in the field of the European Investigation Order*, del 24 de Noviembre 2020, pp. 1-58. disponible en https://www.eurojust.europa.

rojust ha registrado 1529 casos, la mayoría de ellos definidos con éxito[665]. Así como en el informe anual del 2023, donde se afirma que Eurojust prestó asistencia a las autoridades judiciales nacionales en más de 6 000 casos relacionados con una OEI en 2023. En comparación con el 2022, el número de nuevos casos relacionados con una OEI tramitados por la Agencia aumentó un 10 %. En general, el número de casos relacionados con una OEI remitidos a Eurojust aumentó un 16 % en 2023 en comparación con el año anterior.

Año	Nuevos casos relacionados con OEI	Activos desde años anteriores	TOTAL
2023	2 972	3 327	6 299
2022	2 707	2 708	5 415

Figura n. 20. Informe anual Eurojust 2023, pp. 1-96, esp. 93, disponible en https://www.eurojust.europa.eu/sites/default/files/assets/files/ar2023-final-digital-es.pdf (fecha de última consulta: el 23 de abril de 2025).

2.1. *¿Qué papel desempeña Eurojust en la transmisión de la OEI?*

Cabe señalar en términos reasumidos, las propuestas señaladas en el Informe publicado por Eurojust en noviembre de 2020, ya que resultaron fundamentales para llevar a cabo una mejora de la actuación de Eurojust, en materia de OEI.

En la determinación del ámbito de la OEI ha sido aclarado el ámbito de su aplicación y posibles orientaciones adicionales sobre el uso exclusivo o combinado de la OEI cuando ciertas solicitudes están vinculadas a

eu/sites/default/files/assets/2020_11_eio_casework_report_corr.pdf (fecha de última consulta: el 23 de abril de 2025).

665 En este ámbito se han detectado, la sentencia del TJUE del 11 de noviembre de 2021, *Ivan Gavanozov*, (véase *supra* Cap. II. 2.2) que se refiere a las peculiaridades del procedimiento penal búlgaro. Se solicitó una interpretación con respecto al art. 14 DOEI, que establece que los Estados miembros velarán porque se apliquen a la investigación recursos jurídicos equivalentes a los disponibles en un asunto nacional similar medidas indicadas en la OEI (art. 14. 1). Las razones de fondo para emitir la OEI sólo podrán impugnarse mediante recurso interpuesto en el Estado de emisión, sin perjuicio, a las garantías de los derechos fundamentales en el Estado de ejecución (art. 14 (2). CACCIATORE, Serena "European Investigation order as an instrument for the fight against organised crime", *op. cit.*, esp. p. 35, (traducción propia).

solicitudes dirigidas a la obtención de pruebas[666]. A veces, las autoridades competentes tuvieron problemas con los límites entre la cooperación policial -recopilación de información de este carácter- y la cooperación judicial - recopilación de fuentes de pruebas-. En algunos casos, las autoridades se preguntaban por qué los documentos que ya se habían facilitado de *police-to-police* debían facilitarse nuevamente en el marco de una OEI. No se entendía si una solicitud podía meramente ejecutarse de policía a policía o si era necesario una OEI.

Eurojust proporcionó una orientación sobre cuándo "podía" o "debía" utilizarse una OEI. A pesar del Considerando 9 DOEI[667], la vigilancia transfronteriza sigue siendo un punto de mira entre algunos Estados miembros, que consideran que esta medida debería considerarse una medida de cooperación policial, y otros que la consideran de cooperación judicial. En varios casos, las autoridades de ejecución se negaron a ejecutar un OEI de vigilancia transfronteriza, argumentando que la vigilancia transfronteriza entra dentro de la cooperación policial[668].

Por medio del Informe mencionado se desprende que Eurojust tuvo algunos casos en los que surgieron dificultades al tratar con otros instrumentos jurídicos. En otros, no consideró que la OEI fuera el instrumento adecuado y, con éxito, sugirió a las autoridades que utilizaran otra medida o que combinaran una OEI con otros instrumentos jurídicos como las ODE o, por ejemplo, las órdenes de embargo preventivo.

Para una visión general de las mejores prácticas, Eurojust remite a la Nota conjunta Eurojust-RJE[669] respecto a la aplicación práctica del OEI, que con-

---

666 Eurojust, Resumen ejecutivo (ES): *Report on Eurojust's casework in the field of the European Investigation Order*, del 10 de noviembre de 2020, pp. 1-2, esp. p. 1 (traducción propia), disponible en https://www.eurojust.europa.eu/sites/default/files/2020-11/Executive%20summary%20EIO%20ES.pdf (fecha de última consulta: el 27 de mayo de 2025).

667 Textualmente, "La presente Directiva no se debe aplicar a la vigilancia transfronteriza a la que se refiere el Convenio de aplicación del Acuerdo de Schengen".

668 Además, en relación con las investigaciones encubiertas, surgieron cuestiones similares sobre la cooperación judicial frente a la policial debido a los diferentes enfoques de los Estados miembros. Vid. Eurojust, *Report on Eurojust's casework in the field of the European Investigation Order, op. cit.*, esp. p. 15. Sobre el tema, VLASTNIK, Jirí, "Eurojust — A cornerstone of the federal criminal justice system in the EU?" en E., GUILD y GEYER, F. (eds.), *Security versus Justice? Police and Judicial Cooperation in the European Union*, Aldershot, Ashgate Publishing, 2008, pp. 35-49.

669 Eurojust y RJE, *Joint Note of Eurojust and the European Judicial Network on the practical application of the European Investigation Order*, junio 2019, pp. 1-19, disponible en ht-

tiene algunos consejos para completar las diferentes secciones del OEI[670]. Eurojust ayudó a aclarar cuestiones relacionadas con el contenido y/o la forma de la OEI. Las OEI generalmente carecían de claridad en los datos y estaban redactadas de forma vaga o poco clara, lo que dio lugar a solicitudes de información adicional. Algunos problemas se resolvieron fácilmente, (como la falta de un sello y/o una firma, una errata en la firma, la corrección de una casilla mal marcada). Algunas OEI, según la autoridad de ejecución, no eran lo suficientemente específicas y requerían información adicional o aclaraciones. Otras veces, se "olvidaron" o se borraron por accidente partes importantes de las OEI, por lo que éstas carecían de información importante. A mayor abundamiento, la falta de reconocimiento transfronterizo de las firmas electrónicas a nivel europeo creó no pocas dudas[671].

A partir desde la perspectiva de la UE, sería útil aclarar más la magnitud y el significado de algunos conceptos esenciales, en lugar de dejarlos a la interpretación autónoma de cada Estado miembro. Por ejemplo, en lo que respecta el principio de especialidad, hay que destacar la opinión de Jorge Á. Espina Ramos. El principio de especialidad de la OEI en su opinión se está respectando en la práctica, podría estar "mucho más fijado" en el texto de la Directiva, pero él defiende mucho este principio[672].

---

tps://www.ejn-crimjust.europa.eu/ejnupload/news/2019-06-Joint_Note_EJ-EJN_practical_application_EIO_last.pdf (fecha de consulta: el 27 de mayo de 2025), objeto de posterior examen.

670 Eurojust, Resumen ejecutivo (ES): *Report on Eurojust's casework in the field of the European Investigation Order*, cit., esp. pp. 1-2.

671 Subrayamos en aquel momento se habló "Modernizar la cooperación judicial" el camino para una mayor digitalización de los sistemas judiciales de la UE, más información disponible en https://ec.europa.eu/commission/presscorner/detail/es/ip_21_6387 (fecha de última consulta: el 27 de mayo de 2025).

672 Con sus palabras: *"No se puede utilizar la prueba que se recibe más que para el procedimiento en el cual se ha emitido; lo contrario, sería absurdo porque contradecíría la propia base de la OEI, es decir el artículo 6 DOEI que exige una proporcionalidad, que ha de ser analizada en cada caso concreto. Si hago este análisis, pero después quien lo recibe puede repartirlo libremente entre otros procedimientos, ese control desaparece completamente. Creo que interpretando la totalidad de la Directiva yo no tengo ninguna duda, pero en la práctica no siempre se respeta. En la práctica no hay ningún caso -del que yo tenga conocimiento por el trabajo aquí ni de otros compañeros- en el que no se haya respetado este principio de especialidad. En algunas ocasiones hemos tenido el problema de algunos compañeros que planteaban utilizar otros instrumentos distintos de la OEI precisamente para evitar la aplicación del principio de especialidad, lo cual yo creo que tampoco es posible porque la aplicación de la OEI conforme al artículo 34 de la DOEI es obligatoria salvo que concurran algunas de las circunstancias que establece el art. 34, que la regula y te permite utilizar otro instrumento. Pero uno de los requisitos que hay que cumplir para poder utilizar otro instrumento es que se respete el mismo nivel de salvaguarda.*

El trabajo de Eurojust advierte que, aunque como ya hemos repetido en otras ocasiones, la OEI se basa en el reconocimiento mutuo y, como punto de partida, persigue una mayor simplicidad pues algunas OEI pueden acabar siendo a veces bastante extensas, sobre todo debido a las diferencias en los sistemas jurídicos nacionales. Comúnmente la intervención de Eurojust ayuda a las autoridades competentes en la emisión y ejecución a comprender y superar los problemas propios de sus respectivas legislaciones nacionales.

Cuando se hace referencia al concepto esencial de: transferencia temporal al Estado de emisión, los principales problemas que Eurojust ha detectado se relacionan con el uso del instrumento legal correcto y, seguidamente, con la base legal para la privación de libertad en el Estado miembro emisor[673]. Se plantearon preguntas sobre la base legal en la que estas personas podrían ser privadas de su libertad en el Estado miembro de emisión. En algunos Estados miembros, las autoridades penitenciarias se mostraron reticentes a privar de libertad a alguien en ausencia de una orden de detención nacional, pero, al mismo tiempo, los tribunales se mostraban reticentes a emitir dicha orden, argumentando que el artículo 22. 6 DOEI[674] no constituía una base jurídica suficiente para hacerlo. Como mejor práctica, se sugirió que la autoridad de ejecución tal vez debería pedir una garantía de que la persona se mantendría ciertamente bajo custodia durante el traslado temporal.

Luego si no se respeta el principio de especialidad, tampoco se respeta ese mismo nivel de salvaguarda, por tanto, por definición sería imposible utilizar una comisión rogatoria basada en el Convenio de Budapest. Por esto, algunos pensamos que el principio de especialidad no solo sigue jugando, sino que además en la práctica temo que efectivamente es así y nadie que yo haya visto pretende utilizar pruebas recibidas sin previamente obtener la autorización de quien ha transmitido esta prueba". Entrevista en línea por parte de Serena Cacciatore a Jorge Á. Espina Ramos, el 29 de octubre de 2021.

673 Sobre este segundo punto, se ha argumentado que, para asegurar la presencia de la persona en el procedimiento en el Estado miembro emisor, es necesario emitir una orden de detención nacional. Podrían surgir problemas si las personas primero dieran su consentimiento y luego lo retiraran una vez que estuvieran en el territorio del Estado miembro emisor. Eurojust, *Report on Eurojust's casework in the field of the European Investigation Order, op. cit.*, esp. p. 37. Al respecto, PUENTE ABA, Luz M., *Criminalidad organizada, terrorismo e inmigración. Retos contemporáneos de la política criminal*, Comares, Granada, 2008 y STEIN, Sibyl, "Combating crime in the European Union: The development of the EU Policy", *European Journal of Crime, Criminal Law & Criminal Justice* 2004, n. 4, pp. 337-247.

674 Textualmente: "La persona trasladada permanecerá detenida en el territorio del Estado de emisión y, cuando proceda, en el territorio del Estado miembro de tránsito en relación con los hechos o condenas por los que ha estado detenida en el Estado de ejecución, a menos que el Estado de ejecución pida su puesta en libertad".

Entre los objetivos, prefijados por Eurojust figura agilizar la ejecución de las OEI, y se propone que, al marcar la casilla de "urgencia" en una OEI, se explique por qué la ejecución de la medida exigida es urgente. En efecto, para que un caso se califique como urgente, pueden verificarse distintas razones. Las autoridades judiciales remitieron esta tipología de casos "urgentes" a Eurojust cuando la persona investigada estaba en prisión preventiva; cuando había una audiencia judicial próxima en el Estado miembro de emisión; o cuando había un riesgo inminente de que las pruebas fueran destruidas o cuando el delito "exigía" (por su gravedad) una ejecución rápida. En algunos casos, la información o las pruebas debían obtenerse en pocos días o incluso en pocas horas. En la gran mayoría de estos casos, Eurojust consiguió que las OEI se ejecutaran dentro del plazo establecido[675].

Se ha comprobado manifiestamente que contactar con Eurojust en una fase anticipada tiene un impacto favorable en la ejecución rápida y sin errores de las OEI. Lo que se ha constatado ha sido la falta de formulario del Anexo B (urgencia) y/o falta de respuesta. Las autoridades judiciales emisoras se pusieron en contacto con Eurojust cuando no recibieron ninguna respuesta o reacción a los OEI que habían emitido, o a los correos electrónicos y/o llamadas telefónicas relacionadas con ellos a la autoridad competente del Estado miembro de ejecución. A menudo, la autoridad emisora recibe un formulario del Anexo B, pero no recibe ninguna otra información sobre el seguimiento o el progreso relacionado con la ejecución de la OEI y, cuando de hecho, lo había solicitado explícitamente, y no tuve ninguna respuesta de la autoridad de ejecución. Otras veces, las autoridades emisoras explicaron que nunca habían recibido un formulario del Anexo B (de la autoridad de ejecución) ni ningún otro acuse de recibo. Por lo tanto, no estaban seguros de si la autoridad de ejecución se ocupaba realmente de la ejecución de la OEI o no[676].

La DOEI requiere que la OEI se traduzca a una de las lenguas reconocidas por el Estado miembro de ejecución, de conformidad de su propio artículo 5.2. Por lo tanto, la autoridad judicial de ejecución puede, en principio, negarse a dar efecto a la OEI hasta que haya recibido la versión traducida de la OEI. Mientras que, en los casos no urgentes, como adelantamos, las autoridades de ejecución insistieron en recibir la traducción antes de empezar a ejecutar la OEI, en general fueron menos estrictas en los

---

675 Eurojust, *Report on Eurojust's casework in the field of the European Investigation Order, cit.*, esp. p. 12.

676 Más ampliamente, *Report on Eurojust's casework in the field of the European Investigation Order, op. cit.*, esp. p. 10.

casos urgentes[677]. Eurojust en varias ocasiones fue testigo de una práctica en la que las autoridades de emisión emitían inmediatamente la OEI en la lengua del Estado miembro de ejecución y, a continuación, firmaban sólo esta versión y la enviaban a la autoridad de ejecución. Por lo tanto, estas OEI no estaban disponibles en la lengua original. Eurojust advirtió a las autoridades implicadas que esto es una mala práctica, pues lo obligatorio es que las OEI se emitan y firmen en la lengua original. Sólo después de que la OEI esté disponible en su idioma original, debe utilizarse el formulario/ plantilla oficial de la OEI en una de las lenguas aceptadas por el Estado miembro de ejecución para su traducción.

Eurojust apoyó varios casos en los que surgieron cuestiones jurídicas o prácticas, como en relación con la audiencia por videoconferencia. De varios casos se desprendió que existen diferentes disposiciones nacionales en relación con la audiencia por videoconferencia de un acusado en el marco de una ODE (solicitudes múltiples) durante la fase de juicio o diferencias en los procedimientos en función de la condición de una persona (testigo, sospechoso o acusado). Eurojust también siguió apoyando los casos relacionados con plataformas de comunicación cifradas y el intercambio transfronterizo de este tipo de pruebas. A lo largo de 2023, la Agencia hizo un seguimiento de la jurisprudencia pertinente del TJUE.

La 10ª Ronda de evaluaciones mutuas, evaluó el uso de la OEI. Durante el año 2023, Eurojust participó como observador en todas las visitas de evaluación organizadas, contribuyó a la redacción de los informes de los países. Aunque la OEI se utiliza con frecuencia, las visitas realizadas hasta la fecha han puesto de manifiesto la necesidad de abordar varios problemas prácticos y jurídicos para mejorar su funcionamiento fluido y coherente. Estas cuestiones también se reflejan en el trabajo de Eurojust y se han seguido debatiendo en el seno de la organización. En particular, Eurojust abordó cuestiones relacionadas con el concepto de interceptación de las telecomunicaciones y las condiciones para utilizar como prueba la información intercambiada espontáneamente[678]. El informe final sobre la 10.ª ronda de evaluaciones mutuas ha sido publicado por el Consejo en octubre 2024[679].

---

677 Eurojust, *Report on Eurojust's casework in the field of the European Investigation Order, op. cit.*, esp. p. 13.

678 Eurojust Consolidated Annual Activity Report 2023, 26 de junio de 2024, pp. 1-93, esp. p. 43 disponible en https://www.europarl.europa.eu/cmsdata/286385/Eurojust%20CAAR%202023.pdf (fecha de consulta: el 27 de mayo de 2025).

679 EVALUATION REPORT ON THE 10TH ROUND OF MUTUAL EVALUATIONS on the implementation of the European Investigation Order (EIO) REPORT on

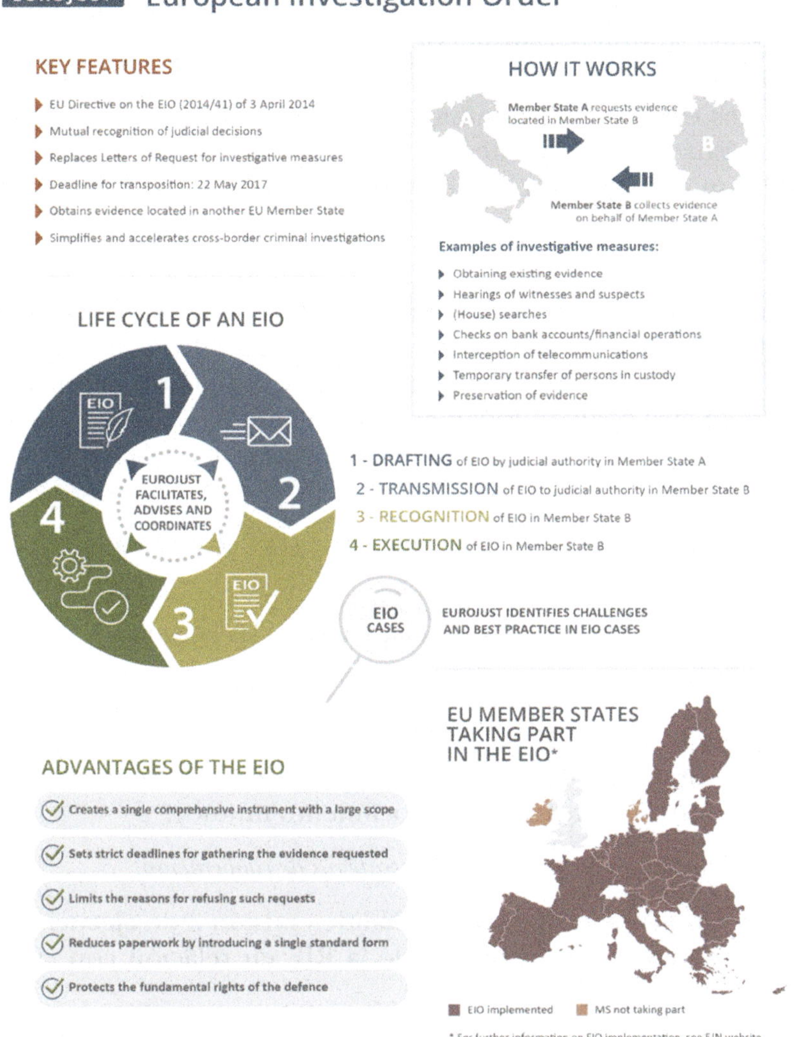

Figura n. 21. Eurojust y las OEI. Fuente: Eurojust disponible en https://www.eurojust.europa.eu/first-depth-analysis-cases-european-investigation-orders (fecha de última consulta: el 23 de abril de 2025).

SPAIN, Brussels, 8 October, 2024, pp. 1-75, disponible en ST-13641-2024-REV-1_en.pdf (fecha de última consulta: el 27 de mayo de 2025).

2.2. *Eurojust y la Red Judicial Europea en la aplicación práctica de la OEI*

El papel de Eurojust se centra en la coordinación multilateral, aunque hemos constatado a lo largo del estudio que los instrumentos de reconocimiento mutuo desempeñan un papel aún más importante, sobre todo en el intercambio de información. Eurojust junto con la RJE[680] son los máximos especialistas que hay en instrumentos de reconocimiento mutuo en Europa. Los primeros pasos para la transposición y la aplicación de un instrumento de reconocimiento mutuo como la OEI no coinciden con la individuación de las "diferencias", sino de los "puntos de unión"[681].

Eurojust y la RJE pueden facilitar y asesorar a los Estados miembros durante las diferentes fases del *ciclo de vida* de la OEI. Incluyendo si necesita: las fases de redacción, transmisión, reconocimiento, ejecución y seguimiento, lo cual resulta fundamental para saber con antelación o mejor ayudar a elegir entre si se debe contactar a Eurojust o a la RJE en un caso concreto[682].

Antes de que se emita una OEI, Eurojust y la RJE pueden, por ejemplo, ayudar en:

- la redacción de la OEI y la aclaración de las cuestiones legales;
- la identificación de la autoridad receptora o de ejecución competente;
- el asesoramiento en la elección del uso de la OEI en relación con otros instrumentos (de reconocimiento mutuo);
- el desarrollo de una posible *estrategia de cooperación*.

Una vez emitida la OEI, la autoridad de emisión o de ejecución puede solicitar la asistencia de Eurojust y de la RJE en relación con cuestiones como:

---

680 PÉREZ ROMER, Manuel J., *La prueba transfronteriza y su eficacia procesal en la Unión Europea*, Dykinson, Madrid, 2021, esp. p. 29, así como GARCÍA VARA Ángela, "El papel Eurojust y la Red Judicial Europea en la lucha contra la delincuencia", *Derecho y Cambio Social*, 2015, n. 41, pp. 1-26.

681 Entrevista presencial por Serena Cacciatore el 25 de noviembre del 2019 a Francisco Jiménez-Villarejo Fernández.

682 Eurojust y RJE, *Joint Note of Eurojust and the European Judicial Network on the practical application of the European Investigation Order, cit.*, esp. p. 17.

— si la OEI está lista, es decir, completa para su ejecución -artículo 9.6, DOEI-; si se han identificado obstáculos "en relación con la transmisión o autenticidad de algún documento necesario" -artículo 7.7 DOEI-; y si se requiere información o documentos adicionales -artículo 11.4, DOEI-[683].

Siempre que se ponga en marcha un procedimiento de consulta, o siempre que se necesite una información adicional, Eurojust y la RJE pueden desempeñar el papel de intermediarios. La OEI prevé varios procedimientos de consulta, mediante los cuales se puede presentar una solicitud a las dos Agencias Europeas para pedir su ayuda, por ejemplo, para:

- aclarar cualquier obstáculo o comprobar la autenticidad de cualquier documento (artículo 7.7. DOEI);
- facilitar el reconocimiento y la ejecución de las OEI (artículo 9.6. DOEI);
- consultar sobre la posibilidad de recurrir a otro tipo de medidas de investigación y sobre la opción de retirar la OEI (artículo 10.4. DOEI);
- consultar la información necesaria, es decir, si existen motivos para denegar el reconocimiento o la ejecución de una OEI antes de tomar una decisión (artículo 11.4. DOEI);
- debatir el momento adecuado para llevar a cabo la medida de investigación en los casos en que no sea posible cumplir los plazos (artículo 12.6. DOEI)
- consultar sobre la transferencia temporal de pruebas (artículo 13.4. DOEI);
- intercambiar opiniones sobre los recursos jurídicos (artículo 14.5. DOEI);
- decidir si y cómo compartir los costes (artículo 21.2 DOEI), y aclarar cuestiones relacionadas con la cumplimentación del formulario, incluido en el anexo C (artículo 31 DOEI).

---

683 Es decir, antes de decidir la denegación total o parcial del reconocimiento o ejecución de la OEI, "la autoridad del Estado de ejecución consultará a la autoridad del Estado de emisión por los cauces adecuados y, en su caso, le solicitará a la autoridad de emisión que facilite sin demora la información necesaria".

Además, advertimos que el sitio web de la RJE contiene información y herramientas para la aplicación práctica de los instrumentos jurídicos de la UE, incluido la DOEI. En esta página web en concreto, los profesionales pueden encontrar la DOEI en todas las lenguas de la UE, así como información sobre el estado de la transposición de la misma (por ejemplo, la fecha de entrada en vigor en los respectivos Estados miembros), autoridades competentes, lenguas aceptadas en los respectivos Estados miembros y los anexos A, B y C en todas las lenguas de la UE en formato Word, etc.

Por último, indicamos que ponerse en contacto con los puntos de contacto de la RJE ha resultado especialmente conveniente en casos "urgentes". Otra situación en la que se recomienda ponerse en contacto con los puntos de contacto de la RJE se da cuando existen varias posibilidades de adoptar medidas en diferentes zonas geográficas de un Estado miembro de ejecución concreto.

Desde el *European Judicial Training Network Annual Report 2023* se identifica que la RJE se centra en mejorar los conocimientos de los profesionales sobre el Derecho penal de la UE mediante la formación de jueces, fiscales y personal de los tribunales para una mejor comprensión y aplicación del mismo. Entre los ámbitos clave cubiertos se encuentran los delitos medioambientales, la ciberdelincuencia, la corrupción y los derechos procesales. La formación hace hincapié en el uso práctico de las herramientas de cooperación judicial de la UE, como la OEI y ODE[684].

---

684 *European Judicial Training Network Annual Report 2023*, pp. 1-76, esp. p. 32, disponible en https://ejtn.eu/wp-content/uploads/2024/05/new_web_EJTN_Annual-Report_2023.pdf (fecha de última consulta el 11 de septiembre de 2025).

3. LA FISCALÍA EUROPEA Y LA AUSENCIA DE LA OEI

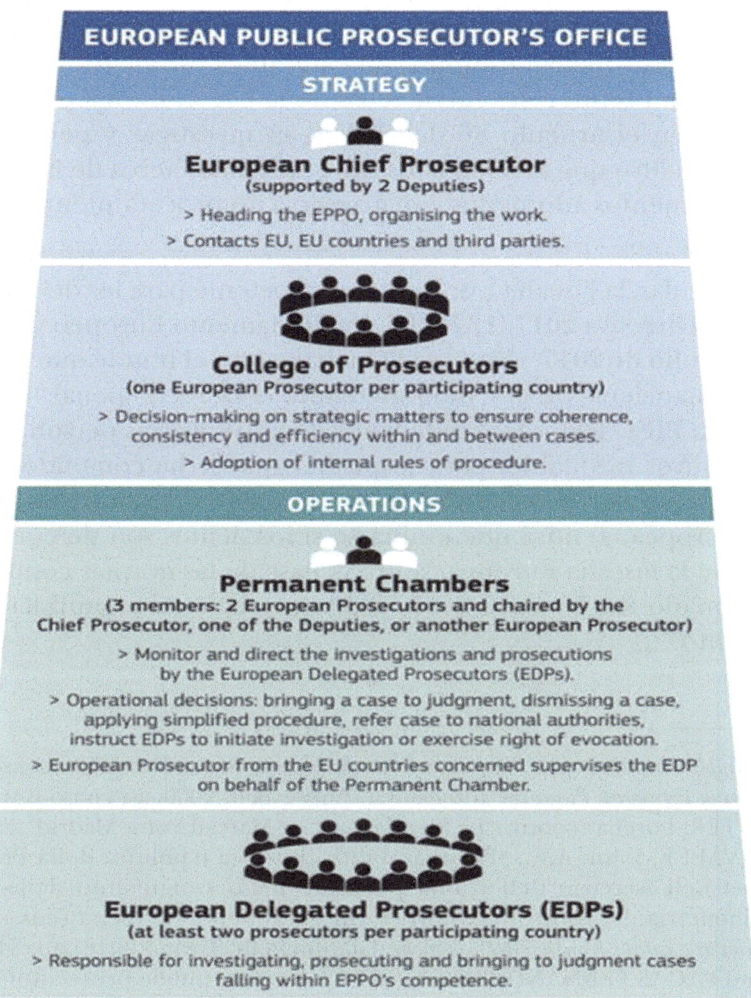

Figura n. 22. Estructura y características: EPPO. Fuente: página oficial de la Comisión Europea, disponible en https://ec.europa.eu/info/law/cross-border-cases/judicial-cooperation/networks-and-bodies-supporting-judicial-cooperation/european-public-prosecutors-office-eppo_it (fecha de última consulta: el 23 de abril de 2025).

En esta perspectiva, resulta fundamental el estudio de la Fiscalía Europea (en su acrónimo en inglés EPPO)[685], creada por el Consejo y el Par-

[685] Página web disponible en https://www.eppo.europa.eu/en (fecha de última consulta: el 29 de mayo de 2025). VERVAELE, John A.E. e DELMAS-MARTY Mireille,

lamento Europeo en octubre de 2019 y operativa a partir del 1 de junio de 2021. En efecto, el 12 de octubre de 2017 se aprobó el Reglamento 2017/1939 por el que se aplica la cooperación reforzada para la creación de la Fiscalía Europea que supuso una auténtica estrategia europea en la protección de los intereses financieros de la UE[686]. El objetivo principal, establecido en el artículo 86 del TFUE, es investigar y perseguir a los autores de delitos que afecten a los intereses financieros de la Unión mediante reglamentos adoptados con arreglo a un procedimiento legislativo especial.

En particular, la Fiscalía Europea es competente para los delitos enumerados en la Directiva 2017/1371/UE del Parlamento Europeo y del Consejo, de 5 de julio de 2017, relativa a la lucha contra el fraude que afecta a los intereses financieros de la Unión mediante el Derecho penal (denominada Directiva PIF). Todos los ciudadanos de la UE y otras personas, cuando tengan motivos razonables para sospechar que se ha cometido un delito contra los intereses financieros de la UE, pueden denunciar un delito a la Fiscalía Europea. Tendrá que evaluarse si los delitos son de competencia material de la Fiscalía Europea, sobre la base de las normas contenidas en el mencionado Reglamento 2017/1939 que rigen su organización y funcionamiento[687].

The Implementation of the Corpus Juris in the Member States: Penal Provisions for the Protection of European Finances, Intersentia, Antwerpen, 2000, así como BACHMAIER WINTER, Lorena (coord.) *La Fiscalía Europea,* Marcial Pons, Madrid, 2018.

686 VERVAELE, John, A.E., "Responsabilità giuridica e politica della Procura Europea nell'esercizio dell'azione penale e nello svolgimento delle indagini: l'asimmetria dei controlli condivisi", in V. Militello, A. Spena (eds.), *Mobilità, sicurezza e nuove frontiere tecnologiche,* Giappichelli, Torino 2018, pp. 344-369; así como VACAS FERNÁNDEZ Félix, "The european public prosecutor's office: a major step towards political integration or another middle-ground european agency in the name of pragmatism?", *Revista General de Derecho Europeo,* 2020, n. 51, pp. 253-280. Para una vision reasumida v. *Resumen* PIAZZOLLA, Gioacchino, "Novità. Approvato il primo regolamento interno della Procura europea", *Cassazione penale,* 2021, n. 6, pp. 2206-2213, CSÚRI, András, "Towards an inconsistent European Regime of Cross-Border Evidence: The EPPO and the European Investigation Order", en W. Geelhoed, L. H. Erkelens, A. W. H. Meij, *Shifting perspectives on the european public prosecutor's office,* Assere Press, The Hague, 2018, pp. 141-154.

687 SIITAM-NYIRI, Kristel, "EPPO and digital challenges", *Eucrim,* 2021, n. 1, pp. 61-62, así como JIMENO BULNES, Mar, "La Fiscalía Europea: un breve recorrido por la «Institución»", en J.M. Asencio Mellado, O. Fuentes Soriano, *El proceso como garantía,* Atelier, Barcelona, 2023, pp. 59-103.

La creación de la Fiscalía Europea[688] fue un paso importante en el proceso de integración europea comentado en los apartados anteriores. Su creación supone la atribución a un único órgano de las competencias de investigación y persecución de los delitos contra los intereses financieros de la Unión. Sin embargo, se han expresado algunas dudas sobre su capacidad para lograr un auténtico proceso de integración política europea; algunos estudiosos han temido el riesgo de establecer otra agencia europea bajo el control de los Estados miembros[689].

El 1 de marzo de 2024, se ha presentado el informe anual sobre las actividades de la Fiscalía Europea, desarrolladas durante el año 2023[690].

---

688 GÓMEZ COLOMER, Juan L., "La fiscalía europea y el nuevo proceso penal que se está diseñando", in M. Llorente Sánchez-Arjona (dra), J. A. Posada Pérez (coord), *Estudios Procesales sobre el espacio Europeo de Justicia Penal*, Aranzadi, Cizur Menor, 2021, pp. 23-46, esp. p. 23. Sobre sus antecedentes JIMENO BULNES, Mar, "La estrategia de la cooperación judicial penal europea en materia de intereses financieros", in I. Berdugo Gómez de la Torre y N. Rodríguez-García, *Decomiso u recuperación de activos crime doesn't pay*, Tirant Lo Blanch, Valencia, 2020, pp. 267-294.

689 VACAS FERNÁNDEZ, Félix, "The european public prosecutor's office: ¿a major step towards political integration or another middle-ground european agency in the name of pragmatism?", *Revista General de Derecho Europeo*, 2020, n. 51, pp. 252-280, esp. p. 253 (traduzione propria).

690 Disponible en https://www.eppo.europa.eu/sites/default/files/2024-06/EPPO%20Annual%20Report%202023%20PDF_IT.pdf (fecha de consulta: el 29 de mayo de 2025). La Fiscalía Europea, debido a los sistemas sancionadores parcialmente armonizados, opera dentro de la jurisdicción de cada uno de los Estados miembros en lugar de dentro de un espacio jurídico único; esto depende de la diferente aplicación de la ley por parte de cada Estado miembro. Los fiscales europeos delegados tienen que cooperar con las autoridades nacionales competentes, y es difícil identificar una autoridad competente en un Estado miembro que tenga capacidad para hacer cumplir la legislación económica en todos los ámbitos. Hasta la fecha, ha habido 2.500 denuncias de infracciones de los Estados miembros de la UE participantes y de particulares y más de 500 investigaciones. Sobre el tema, v. LOPEZ Rita, "Riparto di giurisdizione e Procura europea", *Processo penale e giustizia*, 2021, n. 3 pp. 700 e ss. Por otra parte, el artículo 31 del Reglamento de Procedimiento prevé, no obstante, que el fiscal encargado del asunto designe a un fiscal europeo delegado, situado en el Estado miembro en el que deba ejecutarse la medida de cooperación, para que lleve a cabo las tareas. V. ERKELENS Leendert, MEIJ Arjen, "Looking back at the Book launch: Shifting Perspectives on the European Public Prosecutor's Office", Report On 9 March 2018, the T.M.C. Asser Instituut organised a book launch event for *Shifting Perspectives on the European Public Prosecutor's Office*, 2018, esp. p. 2 (traduzione propria), disponibile in https://www.asser.nl/media/4437/full-report-9-march-eppo-book-launch.pdf (fecha de última consulta: el 23 de abril de 2025).

En 2023, la EPPO tramitó 4. 187 denuncias de delitos: un 26 % más que en 2022. Este aumento se debió principalmente a las denuncias de particulares (2.494, es decir, un 29 % más que en 2022) y de autoridades nacionales (1.562, es decir, un 24 % más que en 2022). Esta evolución muestra que el nivel de detección del fraude contra los intereses financieros de la UE en los Estados miembros participantes ha seguido mejorando e indica que existe una mayor concienciación pública sobre la Fiscalía Europea y que las expectativas de los ciudadanos europeos siguen siendo altas. Sin embargo, la notificación por parte de las instituciones, órganos y organismos de la UE sigue siendo muy baja (108), lo que significa que no se ha producido ninguna mejora en términos de detección y notificación en este frente[691].

Se destaca el contenido de los artículos 31 y 32 del Reglamento 2017/1939, «Investigaciones transfronterizas», y «Ejecución de las medidas asignadas». La lógica y la metodología de ejecución parecen ser las mismas que las de la OEI en materia penal, instrumento puntero en la cooperación judicial transfronteriza, aunque la Directiva de Órdenes no se mencione en el texto del Reglamento.

En primer lugar, el artículo 31 regula la adopción de investigaciones transfronterizas regidas por el Derecho del Estado miembro del Fiscal Europeo Delegado encargado del asunto. Las similitudes con el ordenamiento europeo se encuentran tanto en las condiciones de admisión de las medidas de investigación, que se rigen por la ley del foro y, por tanto, respectivamente, — la autoridad denominada de emisión (en el caso de la OEI); — y el Fiscal Europeo delegado (EPPO); como en las condiciones de ejecución de las medidas (*lex loci*) es decir, ley de la autoridad de ejecución (OEI), ley del Fiscal Europeo delegado que asiste al EPPO. En cualquier caso, el control de proporcionalidad en la admisión y ejecución se encuentra en la posible consulta, en caso de incertidumbre cuando el Fiscal Europeo encargado de la ejecución «considere que puede haber una medida menos intrusiva disponible, deberá consultar con el Fiscal encargado del caso para encontrar la solución más adecuada»[692]. En este caso, podría hacerse referencia a la Directiva sobre la orden europea.

---

691 EPPO Annual Report 2023, pp. 1-124, disponible en https://www.eppo.europa.eu/sites/default/files/2024-06/EPPO%20Annual%20Report%202023%20PDF_IT.pdf (fecha de última consulta: el 23 de abril de 2025).

692 Report VENEGONI Andrea, "La Procura Europea", Aula virtuale Teams, Roma, 2021, pp. 1-41, esp. pp. 12-23-24, disponible en https://www.cortedicassazione.it/

El artículo 32 del Reglamento, por su parte, se refiere al deber de aplicar los criterios de la *lex fori* (indicados por el PED asignado) salvo que sea incompatible con los principios de la *lex loci* (la ley del ordenamiento jurídico del PED asistente). Un procedimiento que difiere de la regla general[693], en efecto el PED encargado del asunto, exige «al PED asistente que intente seguir los dictados de la *lex fori*, siempre que no entren en conflicto con los principios fundamentales de su ordenamiento»[694]. El legislador europeo espera, como ya se ha mencionado, la armonización de las medidas de investigación y de prueba en el laboratorio de la OEI y de la EPPO, aunque lo que falta es una armonización a priori del derecho probatorio.

Entre los objetivos de la Fiscalía destaca el de un frente común europeo (que incluya también la vertiente judicial junto a las hasta ahora privilegiadas vertientes policial y de intercambio de información de inteligencia) contra la delincuencia grave transfronteriza[695]. «La creación de la Fiscalía Europea supone un paso adelante en la construcción de un espacio europeo de justicia penal, con la creación del primer órgano supranacional de investigación y enjuiciamiento»[696].

Por lo que respecta a los Estados objeto de estudio, se ofrecen las estadísticas de España e Italia en el orden respectivo:

---

cassazione-resources/resources/cms/documents/Report_Procura_europea.pdf (fecha de última consulta: el 29 de mayo de 2025).

693 La regla general a la que se hace referencia es que la *lex fori* se aplica a la admisión y la *lex loci* a la ejecución.

694 VENEGONI Andrea, "La Procura Europea", *op. cit.*, p. 23.

695 SALAZAR, Lorenzo, "Definitivamente approvato il regolamento istitutivo della procura europea (EPPO)", *Diritto Penale Contemporaneo*, 2017, n. 10, pp. 328- 338, esp. p. 338.

696 MONTESINOS GARCÍA, Ana, "Un paso adelante en la construcción de un espacio europeo de justicia penal: la fiscalía europea", *LA LEY Penal*, 2018, n.133, pp. 1-8, esp. p. 6.

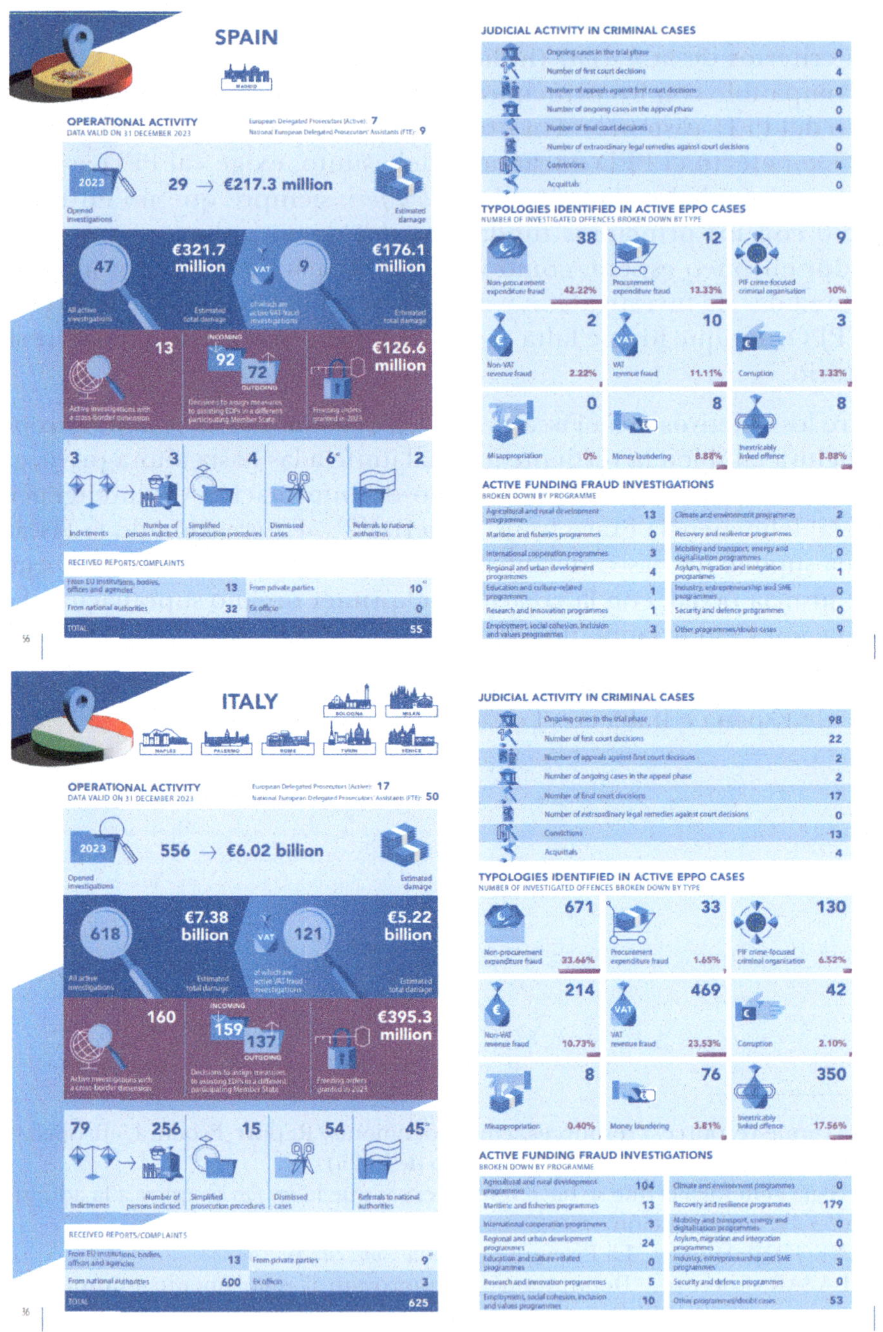

Figura n. 23-24. Estadísticas de actividad operativa de la EPPO en España e Italia. https://www.eppo.europa.eu/en/documents?f%5B0%5D=facet_media_document_category%3A19 (fecha de última consulta: el 23 de abril de 2025).

Conclusiones

I. El principio de reconocimiento mutuo representa el fundamento de la cooperación judicial en materia penal en la UE desde el Consejo Europeo celebrado en Tampere el 15-16 de octubre de 1999. Las diferentes prioridades políticas y la variedad de instituciones de derecho penal sustantivo y procesal de cada Estado miembro pueden representar una limitación para la cooperación judicial. La confianza mutua como base del principio de reconocimiento mutuo presupone que los distintos ordenamientos jurídicos se basan en los mismos valores, principios, y defensa de los derechos fundamentales, lo que caracteriza la unión de los Estados en una institución supranacional como la UE. Todavía la competencia de la UE para aproximar las legislaciones suscita inquietud por la pérdida de soberanía que puede suponer, y, asimismo, los Estados miembros con legislaciones más rígidas pueden manifestar reticencia a seguir la legislación adoptada por la UE. Sin embargo, el principio de reconocimiento mutuo contribuye a la construcción de un ELSJ, donde los diferentes sistemas jurídicos nacionales pueden encontrar puntos en común, ello especialmente cuando la superación, en las formas delictivas, de la dimensión "individual" ha determinado la difusión de la organización criminal compleja, que se estructura cada vez más, en términos de dinámica operativa, en esquemas internacionales y transnacionales.

II. Las aportaciones del principio del reconocimiento mutuo han sido determinantes a la luz de la lucha contra la criminalidad organizada. La necesidad de un tratamiento unificado de estos fenómenos con medidas más capaces de influir en las legislaciones nacionales individuales en este ámbito se ha confirmado también a partir del Tratado de Lisboa. El principio del reconocimiento mutuo debería reforzar el proceso de cooperación en el que participan tanto los organismos de investigación como las autoridades judiciales, policiales e incluso administrativas. La importancia de compartir un espacio de seguridad único a nivel europeo radica en la posibilidad de un control mutuo sobre el cumplimiento de un umbral mínimo de derechos y libertades.

III. La situación normativa preexistente a la DOEI era confusa. Anteriormente existían instrumentos orientados a la asistencia judicial mutua, como el Convenio Europeo de Asistencia Judicial en materia Penal del 20 de abril de 1959 y sus dos Protocolos, el Convenio de Aplicación del Acuerdo de Schengen del 19 de junio de 1990 y el Convenio de Asistencia Judicial en Materia Penal el 29 de mayo de 2000 y su Protocolo de 2001, actualmente en vigor así como herramientas basadas en el principio de reconocimiento mutuo como la Decisión marco 2003/577/JAI de la ejecución de las medidas de embargo preventivo de bienes o de aseguramiento de pruebas y la Decisión marco 2008/978/JAI del Consejo relativa al exhorto europeo de obtención de pruebas. El mérito de la DOEI consiste en haber superado el marco existente para la obtención de pruebas en los casos con dimensión transfronteriza que resultaba demasiado fragmentario y complicado. El nuevo planteamiento introducido en la DOEI se basa en la creación de un instrumento de reconocimiento mutuo que goza de la flexibilidad propia del sistema tradicional de asistencia judicial. La DOEI, crea un instrumento único que lleva a una visión de conjunto a fin de proceder a la práctica de diligencias sumariales y/o probatorias en el seno de los Estados miembros.

IV. La DOEI expone un nuevo enfoque de resolución de los problemas planteados por los instrumentos anteriores de cooperación judicial en materia penal, con el propósito de unificar el procedimiento para las distintas pruebas y los diferentes procedimientos penales. La cooperación judicial en materia de recogida, traslado y admisibilidad de pruebas resulta fundamental en la lucha contra la criminalidad de incidencia transfronteriza, facilitando la investigación de los delitos y mejorando la efectividad de los procesos judiciales con respeto de los derechos y garantías procesales de sospechosos y acusados. Si bien, las principales críticas se centran en la permanencia del respeto por el Derecho interno de cada Estado miembro, reminiscencia con rasgos más de un instrumento de asistencia judicial clásica que de instrumento de reconocimiento mutuo basado en la confianza mutua entre los Estados miembros. Consideramos que la falta de confianza mutua deriva de la ausencia de una previa aproximación legislativa procesal en el ámbito europeo. Sin embargo, defendemos la afirmación de que la OEI es un instrumento en el cual está vigente el principio de reconocimiento mutuo. No obstante, su aplicación para respetar el principio al debido proceso tiene que realizarse con respeto de todas y cada una de las directivas procesales. Los caracteres del reconocimiento mutuo se pueden apreciar en la fase de emisión, pese a que los de asistencia judicial se perciben en la fase de reconocimiento y ejecución con la posibilidad de sustitución de la medida en cuestión.

V. En términos técnicos la OEI es una decisión judicial emitida por la autoridad competente de un Estado miembro de emisión, Juez o Fiscal, para llevar a cabo una o más medidas de investigación determinadas en otro Estado miembro de ejecución con la finalidad de adquirir pruebas en procesos penales iniciados por una autoridad judicial y relacionados con un infracción penal en virtud de la legislación nacional del Estado de emisión, o iniciados por autoridades administrativas por lo que se refiere a hechos punibles en virtud de la ley del Estado de emisión. La primera novedad introducida respecto a los otros instrumentos de reconocimiento mutuo consiste en la posibilidad de emitir una OEI para obtener pruebas que ya obren en poder de las autoridades competentes del Estado de ejecución. Otra novedad que destacamos para promover la eficacia en la obtención de pruebas es la posibilidad de que la autoridad de ejecución observe las formalidades y procedimientos explícitamente indicados por la autoridad de emisión, es decir que aplique la *lex fori,* a condición de que no sean contrarios a los principios fundamentales de su ordenamiento. Además, una de las características ulteriormente novedosas que destacamos se corresponde con la simplificación de los trámites y de los requisitos formales por medio del empleo de un formulario estandarizado.

VI. El objetivo de la OEI debe ser la coordinación entre los órganos competentes en los diferentes Estados miembros en materia de investigación, con el fin de simplificar los procedimientos para la obtención de pruebas, pero cumpliendo con el nivel de garantía dispuesto en la DOEI en materia de derechos fundamentales. Para potenciar una cooperación rápida entre los Estados miembros de forma directa, es necesario promover la comunicación entre los profesionales de emisión y ejecución de las OEI. La OEI incluye todas las medidas de investigación que resultan de aplicación tanto en fase de instrucción (diligencias de investigación) así como en fase de juicio oral fuentes de pruebas, con algunas excepciones. Sobre el ámbito de aplicación de la DOEI, la RJE ha publicado un documento aclaratorio titulado "Autoridades competentes, lenguas aceptadas, cuestiones urgentes y ámbito de aplicación de la Directiva relativa a la orden europea de investigación", para una mejor comprensión en este ámbito. Se desprende que la redacción empleada en los anexos del Derecho interno por el que se transpone la DOEI no siempre se corresponde íntegramente con la redacción empleada en los anexos oficiales de la OEI. Esta circunstancia puede provocar confusión y retrasos; en consecuencia, se aconseja utilizar el formulario que figura en la DOEI.

VII. Debe optarse por la utilización de la OEI cuando la ejecución de una medida de investigación se considere proporcionada, adecuada y aplicable al caso concreto de conformidad con el Considerando 11 DOEI. La proporcionalidad es una condición para emitir y transmitir una OEI, principio que, a diferencia de lo que ocurre con la ODE, se menciona aquí ya explícitamente. Sin embargo, señalamos la falta de una definición adecuada de tal proporcionalidad e inferimos que la misma se debe evaluar en el sentido positivo. Por consiguiente, aunque la medida de investigación se considere adecuada y aplicable al caso concreto, la autoridad de emisión se debe asegurar de que tanto la fuente de prueba como la medida de investigación escogida son necesarias y proporcionadas.

VIII. La dimensión teórica es fundamental para analizar la aplicación concreta de la OEI. En este estudio se han utilizado todos los resultados obtenidos mediante el trabajo de campo realizado en el seno de la investigación. De las entrevistas efectuadas hemos llegado a la conclusión de que uno de los temas más debatidos es el referente a quiénes son las autoridades competentes en la obtención transnacional de pruebas; ello se refleja asimismo en las cuestiones prejudiciales planteadas en este sentido al hilo de la ODE. Por este motivo, es necesario destacar el aspecto relativo a la validez de garantías específicas de independencia en su actuación, excluyendo que las fiscalías puedan recibir instrucciones concretas de forma directa del poder ejecutivo.

IX. Se entiende por autoridades competentes en la emisión y transmisión de la OEI tanto el juez de instrucción o el fiscal, así como otra autoridad competente que ejerce, de acuerdo con la legislación nacional, la función de autoridad investigadora en los procesos penales y es competente para ordenar la obtención de pruebas de acuerdo con su ordenamiento jurídico. Resulta cuestionable la facultad otorgada a una autoridad diferente de las especificadas para solicitar una medida de investigación, si dicha autoridad es competente para hacerlo en el Estado de emisión en cuestión. Si bien se permite a una autoridad administrativa o policial emitir la OEI como autoridad competente, dicha orden, emitida de este modo, tiene que ser "validada" tras comprobar que cumple los requisitos para emitir una OEI en virtud de esta Directiva. En particular, deben cumplirse las condiciones establecidas en el artículo 6.1 DOEI. La validación de la OEI por una autoridad judicial *stricto sensu* cuando la emisión es realizada por una autoridad diferente, ha de tener en cuenta la posibilidad de que una persona investigada o acusada (o un abogado en su nombre) pueda solicitar la emisión de una OEI en el marco de los derechos de defensa aplicables de acuerdo con los procedimientos penales nacionales. Así, la OEI puede ser emitida por las autoridades competentes en el sentido indicado, tanto de oficio como a instancia de parte. Por lo que respecta a su transmisión, resalta la prioridad de la comunicación directa entre autoridad de emisión y autoridad de ejecución; se ha advertido que la autoridad central desempeña en este caso una función únicamente de asistencia a las mismas.

X. Entendemos que las autoridades competentes para el reconocimiento y la ejecución de una OEI aseguran su aplicación de acuerdo con el régimen interno del Estado de ejecución. La decisión de reconocimiento y ejecución se adoptará en vista de los trámites y procedimientos indicados por la autoridad de emisión, siempre que no sean contrarios a los principios fundamentales del Derecho del Estado de ejecución. Conforme al artículo 9.2 DOEI, la autoridad de ejecución observará las formalidades y procedimientos expresamente indicados por la autoridad de emisión, salvo que la presente Directiva disponga lo contrario y siempre que tales formalidades y procedimientos no sean contrarios a los principios jurídicos fundamentales del Estado de ejecución.

XI. Se pone de manifiesto a la luz de la práctica judicial que se han planteado aspectos problemáticos a la hora de ejecutar una OEI. En concreto, la identificación del abogado al que debe notificarse la resolución de reconocimiento, es decir, el abogado del investigado que podría haber sido designado en el Estado de emisión, donde se inició el proceso penal. En la práctica, es difícil que el abogado defensor intervenga planteándose como supuesto el interrogatorio de una persona en el extranjero. A menudo, el caso está relacionado con el hecho de que la persona afectada no se encuentra en el país de ejecución y que se toman medidas que conciernen a la persona acusada pero que no está allí en ese momento y el juez debe sin embargo resolver. A ello se suma, junto con la dificultad de designar el abogado defensor en otro lugar. Todo ello nos lleva a afirmar que la garantía procesal consistente en la asistencia letrada es la más perjudicada de las que conforman el derecho de defensa, a pesar de la aplicación de la Directiva 2013/48/UE del Parlamento Europeo y del Consejo de 22 de octubre de 2013 (asistencia letrada).

XII. La OEI es una herramienta adecuada para la adopción de diligencias especiales, tales como el uso de la videoconferencia y la intervención de las telecomunicaciones. La directiva no solo prevé la posibilidad de adoptar estas diligencias, sino que también incorpora una regulación especial. La videoconferencia es una de las diligencias que más se practica, a raíz también de la pandemia de la COVID-19. Hemos detectado que es un instrumento técnicamente funcional y estamos a favor de su uso con todas las garantías que conlleva en su caso. Se ha trasformado en un instrumento necesario para los casos de dimensión transnacional y trasfronteriza. Advertimos un desconocimiento por parte de algunos operadores jurídicos, por lo que consideramos necesarios la formación específica para los mismos, que resulta imprescindible para manejar un instrumento novedoso, en este caso la OEI, siendo necesario su conocimiento. En la misma línea se señala la diligencia de intervención de comunicaciones, una herramienta que definimos como un medio eficaz para obtener datos que permiten obtener información relevante sobre un delito, destacamos asimismo su alto nivel de eficiencia en la investigación de fenómenos delictivos complejos como el crimen organizado o el terrorismo. No obstante, debe tenerse en cuenta que es una de las medidas más intrusivas, ya que implica la restricción de los derechos fundamentales, en particular el secreto de las comunicaciones.

XIII. La transposición de la DOEI en Italia ha sido anterior a España. En efecto, entró en vigor el 28 de julio de 2017, mientras que en España con la reciente Ley 3/2018 de 11 de junio, por la que se modifica la Ley 23/2014 de 20 de noviembre de reconocimiento mutuo de las resoluciones penales en la UE. En la aplicación de la DOEI, subrayamos que tanto el D.lgs. n. 108/2017 como la LRM se han alineado con fidelidad al texto de la Directiva. Se aprecia otra similitud entre los dos Estados, que coincide con la voluntad de favorecer el contacto directo entre las autoridades judiciales de los Estados miembros, tanto desde el punto de vista de la transmisión de la orden como de las posibles comunicaciones, con el fin de reducir el excesivo formalismo y reducir al tiempo de ejecución. A ello, se añade otra analogía: para que una OEI pueda ejecutarse tanto en Italia como en España, el acto de investigación solicitado debe existir en el Derecho español, así como en el Derecho italiano y estar previsto en un caso nacional similar, lo que implica un doble control de legalidad. La cuestión que se ha planteado en la práctica está directamente relacionada con la autoridad de ejecución que tiene que valorar la proporcionalidad, pertinencia, y necesidad de la medida solicitada por la autoridad judicial extranjera, desde el punto de vista de su propio ordenamiento.

XIV. El D.lgs. n. 108/2017 presenta su punto fuerte en la clara identificación de los organismos competentes para la emisión y ejecución de la OEI. La competencia para recibir, reconocer y ejecutar la OEI se atribuye al Fiscal territorialmente competente. El reconocimiento y la ejecución de una orden emitida (en el mismo u otro procedimiento) para complementar o completar una anterior compete al fiscal general del Estado (*Procuratore della Repubblica*). Cuando la solicitud se refiera a actos de investigación que deban llevarse a cabo en varios distritos territoriales, el fiscal general deberá especificar la circunscripción territorial en la que debe ejecutarse el mayor número de medidas de investigación. Si este número es igual, la competencia se atribuirá a la circunscripción territorial donde deba realizarse la medida de "mayor importancia investigadora". Se entiende por tales aquellos supuestos en los existe un conflicto entre fiscales en el seno de las investigaciones preliminares, entre oficinas de la fiscalía o entre fiscales competentes en delincuencia organizada. Detectamos como punto débil en el D.lgs. n. 108/2017 la posición de la defensa. La falta de una normativa que permita a los abogados llevar a cabo su actividad de investigación en el extranjero, incluso con la colaboración de colegas extranjeros, marca un fuerte desequilibrio entre los derechos de la defensa y los de la acusación.

XV. En España hay que remarcar que estamos frente al primer instrumento de reconocimiento mutuo que prevé la emisión y ejecución por parte del Ministerio Fiscal. El Estado español ha mejorado en términos de especialización de los fiscales, pero los problemas principales se concentran en la fase de emisión sobre todo por el desconocimiento del instrumento. Somos conscientes de que estamos frente a la necesidad de modificación de la Ley de Enjuiciamiento Criminal, tal y como ha quedado reflejado en el actual Anteproyecto de 2020, otorgando las instrucciones al Ministerio Fiscal como aquí se propone. Ello permitiría especializar a los fiscales en los diferentes tipos de investigación. A ello se une un aspecto positivo fundamental para la transmisión de OEI: el sistema de transmisión electrónica OEI, pues en España ha sido el primer Estado miembro de la UE que envía una orden fuera de la fase de prueba. Esto representa un avance en la mejora de la comunicación en el contexto de los procedimientos judiciales transfronterizos entre sistemas nacionales, ya que facilita el envío y la recepción electrónicos de documentos e información por parte de las autoridades judiciales competentes de forma inmediata, segura y confidencial.

XVI. La OEI está funcionando bien, incluso funcionó en el contexto de la pandemia. Eurojust y la RJE han recopilado información de los Estados miembros sobre "El impacto de la COVID-19 en la cooperación judicial en la materia penal". Mientras que, en algunos Estados, el instrumento se ha seguido emitiéndose y traduciéndose, sin embargo, su transmisión al Estado de ejecución se ha visto perjudicada, aplazada o suspendida, salvo cuando era urgente. Cuando sucede esta situación, los principales criterios utilizados, además de la urgencia, son, por ejemplo, la gravedad del delito, el peligro de que se pierdan las pruebas y la fase del procedimiento en la que se van a reunir las pruebas. En principio, se adopta una evaluación caso por caso.

XVII. Eurojust, se ocupa de casos multilaterales conectados con la delincuencia grave. Su tarea es detectar estos casos, con el apoyo de unidades operativas específicas, así como "mediar" entre las autoridades nacionales tanto de los Estados miembros de la UE como de terceros países. La intervención temprana de intercambio de información que facilita Eurojust también en el caso de OEI ayuda mucho al éxito de su ejecución.

XVIII. En definitiva, la OEI se presta como instrumento idóneo para la lucha contra la criminalidad organizada. Eurojust, que se ocupa de los casos multilaterales de delitos graves, defiende el intercambio oportuno de información por parte de los Estados miembros con esta agencia, ya que contribuye en gran medida al éxito de la ejecución de una OEI. El diálogo es necesario tanto en la fase de reconocimiento y ejecución como en los casos en que la OEI pueda interferir con otros procedimientos de investigación en curso.

XIX. La fiscalía europea supuso un paso importante en el proceso de integración europea. Su creación supone atribuir a un único organismo las competencias de investigación y de persecución de los delitos contra los intereses financieros de la Unión. Desde que empezaron sus actividades de investigación a fecha de 1 de junio de 2021 y, hasta la fecha, se han recibido 2.500 denuncias de infracciones penales de los Estados miembros de la UE participantes y de particulares. Además, se han iniciado más de 500 investigaciones. La fiscalía europea constituye un paso adelante en la construcción de un espacio europeo de justicia penal, con la creación del primer órgano supranacional de investigación y de ejercicio de la acción penal.

Anexos

ANEXO N. 1

L 130/24 ES Diario Oficial de la Unión Europea 1.5.2014

ANEXO A

ORDEN EUROPEA DE INVESTIGACIÓN (OEI)

Esta OEI ha sido emitida por una autoridad competente. La autoridad de emisión certifica que la emisión de la presente OEI es necesaria y proporcionada a efectos de los procedimientos que en él se especifican teniendo en cuenta los derechos del investigado o acusado y que las medidas de investigación solicitadas podrían haberse ordenado en las mismas condiciones en un caso interno similar. Solicito la realización de la medida o medidas de investigación especificadas a continuación teniendo debidamente en cuenta la confidencialidad de la investigación y el traslado de la prueba obtenida como resultado de la ejecución de la OEI.

SECCIÓN A

Estado de emisión: ....

Estado de ejecución: ....

SECCIÓN B: **Urgencia**

Sírvase indicar si existe alguna urgencia debida a

☐ Ocultación o destrucción de pruebas

☐ Fecha inminente del juicio

☐ Otro motivo

Especifíquese:

Los límites temporales para la ejecución de la OEI se establecen en la Directiva 2014/41/UE. Con todo, si fuese necesario un plazo más breve o específico, sírvase indicar la fecha y explicar los motivos para ello:

....

....

....

SECCIÓN C: Medida o medidas de investigación de deben realizarse

1. Describa la medida o medidas de asistencia o de investigación requeridas E indique, en su caso, si se trata de una de las medidas de investigación siguientes:

....

....

....

....

....

....

....

....

☐ Obtención de información o de pruebas que ya están en posesión de la autoridad de ejecución

☐ Obtención de información contenida en bases de datos de las autoridades policiales o judiciales

☐ Vista oral

- ☐ testigos
- ☐ peritos
- ☐ investigado o acusado
- ☐ víctima
- ☐ terceros

☐ Identificación de personas que sean titulares de un número de teléfono o una dirección IP determinados

☐ Traslado provisional del detenido al Estado de emisión

☐ Traslado provisional del detenido al Estado de ejecución

☐ declaración por videoconferencia u otros medios de transmisión audiovisual
 ☐ testigos
 ☐ peritos
 ☐ investigado o acusado
☐ Comparecencia por conferencia telefónica
 ☐ testigos
 ☐ peritos
☐ Información sobre cuentas bancarias y otro tipo de cuentas financieras
☐ Información sobre operaciones bancarias y otro tipo de operaciones financieras
☐ Medidas de investigación que impliquen la obtención de pruebas en tiempo real, de manera continua y durante un determinado período de tiempo
 ☐ supervisión de operaciones bancarias o financieras de otro tipo
 ☐ entregas vigiladas
 ☐ otros
☐ Investigaciones encubiertas
☐ Intervención de telecomunicaciones
☐ Medida(s) provisional(es) para prevenir la destrucción, transformación, traslado, transferencia o eliminación de objetos que puedan utilizarse como pruebas.

SECCION D: Relación con un una OEI anterior

Indíquese si la presente OEI completa otra OEI anterior. Facilítese, en su caso, la información pertinente para identificar la OEI anterior (fecha de su emisión, autoridad a la que se transmitió y, de ser posible, fecha de transmisión de la OEI, así como los números de referencia utilizados por las autoridades de emisión y de ejecución):

....

....

Si procede, sírvase indicar si la OEI se ha remitida ya a algún otro Estado miembro para el mismo caso:

....

SECCION E: Identidad de las personas afectadas

1. Indíquese toda la información, en la medida en que se conozca, sobre la identidad de la(s) persona(s) i) física(s) o ii) jurídica(s) afectadas por la medida de investigación (cuando esté afectada más de una persona sírvase indicar la información correspondiente a cada una de ellas):

i) Para las personas físicas

Apellidos: ....

Nombre(s): ....

Otro(s) nombre(s), si procede: ....

Apodo, si ha lugar: ....

Sexo: ....

Nacionalidad: ....

Número del documento de identidad o de seguridad social: ....

Tipo y número del documento o documentos de identidad de la persona (documento de identidad, pasaporte), si procede:

....

Fecha de nacimiento: ....

Lugar de nacimiento: ....

Residencia y dirección conocida; si no se conoce, la última dirección conocida:

....

Idiomas(s) que la persona comprende:

....

ii) Para las personas jurídicas

Denominación: ....

Forma de la persona jurídica: ....

Denominación abreviada, nombre comúnmente utilizado o nombre comercial, si ha lugar:

....

Domicilio social: ....

Número de matrícula: ....

Dirección de la persona jurídica: ....

Nombre del representante de la persona jurídica: ....

Sírvase describir qué posición ocupa actualmente en los procedimientos la persona en cuestión:

☐ sospechoso o acusado

☐ víctima

☐ testigo

☐ perito

☐ terceros

☐ otra (especifíquese): ....

2. De ser distinta de la dirección mencionada más arriba, sírvase indicar el lugar donde debe efectuarse la medida de investigación:

....

....

3. Facilítese, en su caso, otra información que ayude a la ejecución de la OEI:

....

....

SECCIÓN F: Tipos de procedimientos para los cuales puede emitirse la OEI

☐ a) a efectos de procedimientos penales incoados por una autoridad judicial o que puedan entablarse ante una autoridad judicial por hechos constitutivos de delito con arreglo al Derecho interno del Estado de emisión, o

☐ b) procedimientos incoados por autoridades administrativas respecto a hechos tipificados en el Derecho interno del Estado miembro de emisión por ser infracciones de la normativa legal, y cuando la decisión pueda dar lugar a un procedimiento ante un órgano jurisdiccional competente, en particular, en materia penal, o

☐ c) procedimientos incoados por una autoridad judicial por actos o hechos delictivos conforme al Derecho interno del Estado de emisión por estar tipificados en sus leyes, y cuando la decisión pueda dar lugar a un procedimiento ante un órgano jurisdiccional competente, en particular, en materia penal;

☐ d) en relación con los procedimientos mencionados en las letras a), b) y c) que se refieran a delitos o infracciones por los cuales una persona jurídica pueda ser considerada responsable o ser castigada en el Estado de emisión.

SECCIÓN G: Motivos de la emisión de la OEI

1. Resumen de los hechos

Indíquense los motivos por los que se ha emitido la OEI, con inclusión de un resumen de los hechos subyacentes, la descripción de los delitos imputados o investigados, la fase a que ha llegado la investigación, las razones de todo factor de riesgo y demás información pertinente.

....

....

....

2. Naturaleza y tipificación jurídica del delito o delitos para los que se emite la OEI y norma legal o código aplicables:

....

....

....

3. El delito para el que se ha emitido la OEI ¿es punible en el Estado de emisión con una pena privativa de libertad u orden de detención de un máximo de tres años como mínimo, tal como se define en el Derecho del Estado de emisión, enumerado en la lista de delitos que figura a continuación? (Se ruega marcar la casilla correspondiente)

☐ pertenencia a organización delictiva

☐ terrorismo

☐ trata de seres humanos

☐ explotación sexual de niños y pornografía infantil

☐ tráfico ilícito de estupefacientes y sustancias psicotrópicas

☐ tráfico ilícito de armas, municiones y explosivos

☐ corrupción

☐ fraude, incluido el que afecta a los intereses financieros de la Unión Europea con arreglo al Convenio de 26 de julio de 1995 relativo a la protección de los intereses financieros de las Comunidades Europeas

☐ blanqueo del producto del delito

☐ falsificación de moneda, incluida la falsificación del euro

☐ delitos informáticos

☐ delitos contra el medio ambiente, incluido el tráfico ilícito de especies animales protegidas y de especies y variedades vegetales protegidas,

☐ ayuda a la entrada y a la residencia en situación ilegal

☐ homicidio voluntario, agresión con lesiones graves

☐ tráfico ilícito de órganos y tejidos humanos

☐ secuestro, detención ilegal y toma de rehenes

☐ racismo y xenofobia

☐ atraco organizado o a mano armada,

☐ tráfico ilícito de bienes culturales, incluidas las antigüedades y las obras de arte,

☐ estafa

☐ chantaje y extorsión

☐ violación de derechos de propiedad industrial y falsificación de mercancías

☐ falsificación de documentos administrativos y tráfico de documentos administrativos falsos

☐ falsificación de medios de pago

☐ tráfico ilícito de sustancias hormonales y otros factores de crecimiento

☐ tráfico ilícito de materiales radiactivos o sustancias nucleares

☐ tráfico de vehículos robados

☐ violación

☐ incendio provocado

☐ delitos incluidos en la jurisdicción de la Corte Penal Internacional

☐ secuestro de aeronaves y buques

☐ sabotaje

SECCION H: Requisitos adicionales para determinadas medidas

Rellénense las secciones correspondientes a la(s) medida(s) de investigación solicitada(s):

SECCION H1: Traslado de detenidos

1) Si se hubiese solicitado el traslado temporal al Estado de emisión de la persona detenida a efectos de la investigación, sírvase indicar si esa persona dio su consentimiento para la medida:

☐ Sí ☐ No ☐ Solicito que se pida el consentimiento de la persona en cuestión

2) Si se hubiese solicitado el traslado temporal al Estado de ejecución de la persona detenida a efectos de la investigación, sírvase indicar si esa persona dio su consentimiento para la medida:

☐ Sí ☐ No

SECCION H2: Videoconferencia o conferencia telefónica u otros medios de transmisión audiovisual

Cuando la comparecencia se efectúe por videoconferencia, conferencia telefónica u otros medios de transmisión audiovisual

Sírvase indicar el nombre de la autoridad que tomará la declaración (detalles de contacto o lengua)

....

Sírvase indicar los motivos para solicitar esta medida: ....

....

☐ a) comparecencia por videoconferencia u otros medios de transmisión audiovisual

☐ el sospechoso o acusado ha dado su consentimiento

☐ b) comparecencia por conferencia telefónica

SECCION H3: Medidas cautelares

Cuando se haya solicitado una medida cautelar a fin de prevenir la destrucción, transformación, traslado o eliminación de un objeto que pueda utilizarse como prueba sírvase indicar si:

☐ el objeto se transferirá al Estado de emisión.

☐ el objeto permanecerá en el Estado de ejecución; indíquese la fecha estimada:

para levantar la medida cautelar: ....

para la presentación de una solicitud posterior relativa al objeto ....

SECCION H4: Información bancaria y de otras cuentas financieras

1) Cuando se solicite información relativa a cuentas bancarias u otro tipo de cuentas financieras de que la persona sea titular o que controle, sírvase indicar, para cada una de ellas, los motivos por los que considera conveniente la medida a efectos del procedimiento penal y por qué motivos supone que la cuenta se encuentra en algún banco del Estado de ejecución:

☐ Información sobre cuentas bancarias de las que la persona sea titular o respecto de las cuales tenga poder

☐ Información sobre otro tipo de cuentas financieras de las que la persona sea titular o respecto de las cuales tenga poder

....

....

....

....

2) Cuando se solicite información sobre operaciones bancarias u otro tipo de operaciones financieras, sírvase indicar, para cada una de ellas, los motivos por los que considera conveniente la medida a efectos del procedimiento penal:

☐ información sobre operaciones bancarias

☐ información sobre otro tipo de operaciones financieras

....

....

....

....

Indíquense el período en cuestión y las cuentas correspondientes

....

....

SECCIÓN H5: Medidas de investigación que impliquen la obtención de pruebas en tiempo real, de manera continua y durante un determinado período de tiempo

Cuando se solicite ese tipo de medida de investigación sírvase indicar por qué motivos estima que la información solicitada es pertinente a efectos del procedimiento penal

....

....

SECCIÓN H6: Investigaciones encubiertas

Cuando se solicite una investigación encubierta sírvase indicar por qué motivos estima que la medida de investigación en cuestión es pertinente a efectos del procedimiento penal

....

....

SECCIÓN H7: Intervención de telecomunicaciones

1) Cuando se solicite la intervención de telecomunicaciones sírvase indicar por qué estima que la medida de investigación es conveniente a efectos del procedimiento penal

....

....

2) Sírvase facilitar la información siguiente:

a) información para identificar a la persona objeto de la intervención

....

b) duración deseada de la intervención

....

c) datos técnicos (en particular identificadores del objeto de la intervención, como teléfono móvil, fijo, dirección de correo electrónico, conexión de internet), para garantizar que pueda ejecutarse la OEI:

....

3) Sírvase indicar su preferencia respecto del método de ejecución

☐ transmisión inmediata

☐ grabación y posterior transmisión

Sírvase indicar si requiere también la transcripción, descodificación o desencriptado del material intervenido (*):

....

....

(*) Adviértase que los costes de transcripciones, descodificaciones o desencriptados serán por cuenta del Estado de emisión.

SECCIÓN I: Trámites y procedimientos solicitados para la ejecución

1. Marcar y cumplimentar, cuando proceda

☐ Se solicita a la autoridad de ejecución que cumpla los trámites y procedimientos siguientes (...):

....

....

2. Marcar y cumplimentar, cuando proceda

☐ Se solicita la asistencia de uno o varios funcionarios del Estado de emisión en la ejecución de la OEI para apoyar a las autoridades competentes del Estado de ejecución.

Datos de contacto de los funcionarios:

....

....

Lenguas que pueden utilizarse: ....

....

SECCIÓN J: Recursos

1. Sírvase indicar si ya se ha interpuesto algún recurso contra la emisión de la OEI, y de ser así facilítense datos adicionales (descripción del recurso, con inclusión de los pasos necesarios que deban darse, así como plazos):

....

....

2. Autoridad del Estado de emisión que puede dar más información sobre procedimientos para interponer recurso en dicho Estado y sobre la posibilidad de obtener asistencia letrada y traducción e interpretación:

Denominación: ....

Persona de contacto (si procede): ....

Dirección: ....

Teléfono: (prefijo país) (prefijo local) ....

Número de fax: (prefijo país) (prefijo local) ....

Correo electrónico: ....

SECCIÓN K: Datos de la autoridad de emisión de la OEI

Marque el tipo de órgano jurisdiccional que expidió el exhorto:

☐ autoridad judicial

☐ (*) cualquier otra autoridad competente, tal como se defina en el Derecho del Estado de emisión

(*) Sírvase asimismo cumplimentar la sección (L)

Denominación

....

Nombre del representante o punto de contacto:

....

Expediente n°: ....

Dirección: ....

Teléfono: (prefijo país) (prefijo local) ....

Número de fax: (prefijo del país) (prefijo local): ....

Correo electrónico: ....

Lenguas en que es posible comunicar con la autoridad de emisión:

....

Si fuesen distintos de los anteriores, datos de contacto de la(s) persona(s) con las que se deba ponerse en contacto para obtener información adicional o acordar las modalidades prácticas del traslado de las pruebas:

Nombre/Función/Organismo:..

Dirección:...

Correo electrónico/Teléfono de contacto:...

Firma de la autoridad de emisión o de su representante, por la que se certifica la exactitud y corrección del contenido de la OEI:

Denominación:..

Función (título/grado):...

Fecha:..

Sello oficial (si lo hay):

SECCIÓN L: Datos de la autoridad judicial que haya legitimado la OEI

Indíquese el tipo de autoridad judicial que ha legitimado la presente OEI:

- ☐ a) juez o tribunal
- ☐ b) juez de instrucción
- ☐ c) fiscalía

Denominación oficial de la autoridad validadora:

....

Nombre de su representante:

....

Función (título/grado):

....

Expediente n°: ....

Dirección:...

....

Teléfono: (prefijo país) (prefijo local) ....

Número de fax: (prefijo país) (prefijo local)...

Correo electrónico: ....

Lenguas en que es posible comunicar con la autoridad validadora:

....

Sírvase indicar si el punto principal de contacto para la autoridad de ejecución ha de ser:

- ☐ la autoridad de emisión
- ☐ la autoridad validadora

Firma y datos de la autoridad validadora

Denominación:..

Función (título/grado):...

Fecha:..

Sello oficial (si lo hay):

ANEXO B

CONFIRMACIÓN DE LA RECEPCIÓN DE UNA OEI

Este formulario deberá ser cumplimentado por la autoridad del Estado de ejecución tras la recepción de la OEI descrito a continuación.

A) OEI Autoridad que ha emitido la OEI:

....

Referencia del expediente: ....

Fecha de emisión: ....

Fecha de recepción: ....

B) AUTORIDAD RECEPTORA DE LA OEI ([1])

Denominación oficial de la autoridad competente:

....

Nombre de su representante:

....

Función (título/grado):

....

Dirección:

....

....

....

Teléfono: (prefijo país) (prefijo local) ....

Número de fax: (prefijo país) (prefijo local) ....

Correo electrónico: ....

Referencia del expediente: ....

Lenguas en que es posible comunicar con la autoridad:

....

C) (CUANDO PROCEDA) LA AUTORIDAD COMPETENTE A LA QUE LA AUTORIDAD A LA QUE SE REFIERE LA SECCIÓN B) TRANSMITIÓ LA OEI

Denominación oficial de la autoridad:

....

Nombre de su representante:

....

Función (título/grado):

....

Dirección:

....

....

Teléfono: (prefijo país) (prefijo local) ....

Número de fax: (prefijo país) (prefijo local) ....

Correo electrónico: ....

Fecha de transmisión: ....

Referencia del expediente: ....

Lengua(s) que puede(n) utilizarse:

....

([1]) Esta sección deberá ser cumplimentada por cada autoridad receptora de la OEI. Esta obligación incumbe a la autoridad competente para reconocer y ejecutar la OEI y, cuando proceda, a la autoridad central o a la autoridad que transmitió la OEI a la autoridad competente.

D) TODA OTRA INFORMACIÓN QUE PUDIERA SER PERTINENTE PARA LA AUTORIDAD DE EMISIÓN:

....

....

....

E) FIRMA Y FECHA

Firma:

Fecha: ....

Sello oficial (si lo hay):

ANEXO C

NOTIFICACIÓN

Se utilizará este formulario para notificar a un Estado miembro las intervenciones de telecomunicaciones que se vayan a efectuar, se estén efectuando o se hayan efectuado en su territorio sin su asistencia técnica. Por la presente se informa a .... (Estado miembro notificado) de la intervención.

A) ([1]) LA AUTORIDAD COMPETENTE

Denominación oficial de la autoridad competente del Estado miembro de intervención:

....

Nombre de su representante:

....

Función (título/grado):

....

Dirección:

....

....

....

Teléfono: (prefijo país) (prefijo local) ....

Número de fax: (prefijo país) (prefijo local)..

Correo electrónico: ....

Referencia del expediente:...

Fecha de emisión: ....

Lenguas en que es posible comunicar con la autoridad:

....

B) INFORMACIÓN RELATIVA A LA INTERVENCIÓN

I) Información sobre la situación: La presente notificación se realiza (sírvase marcar la casilla correspondiente)

- ☐ antes de la intervención
- ☐ durante la intervención
- ☐ después de la intervención

II) Duración (estimada) de la intervención (según conoce la autoridad de emisión):

...., comenzando a partir de ....

III) Objeto de la intervención: (número de teléfono, dirección IP o correo electrónico)

....

IV) Identidad de las personas afectadas

Indíquese toda la información conocida sobre la identidad de la(s) persona(s) i) física(s) o ii) jurídica(s) contra las que se realizan/podrán realizarse/se están realizando los procedimientos:

i) Para las personas físicas

Apellidos: ....

Nombre(s): ....

Otro(s) nombre(s), si procede: ....

Apodo, si ha lugar: ....

Sexo: ....

Nacionalidad: ....

Número del documento de identidad o de seguridad social: ....

([1]) La autoridad aquí mencionada es con la que habrá de ponerse en contacto en la correspondencia adicional con el Estado de emisión.

Fecha de nacimiento: ....

Lugar de nacimiento: ....

Residencia y dirección conocida; si no se conoce, la última dirección conocida:

....

Idiomas(s) que la persona comprende:

....

ii) Para las personas jurídicas

Denominación: ....

Forma de la persona jurídica: ....

Denominación abreviada, nombre comúnmente utilizado o nombre comercial, si ha lugar:

....

Domicilio social: ....

Número de matrícula: ....

Dirección de la persona jurídica: ....

Nombre y datos de contacto del representante de la persona jurídica: ....

V) Información relativa a la finalidad de esta intervención:

Indíquese toda la información necesaria, incluida la descripción del caso, tipificación jurídica del delito o delitos y norma legal o código aplicables, a fin de permitir a la autoridad notificada evaluar lo siguiente:

☐ si la intervención de autorizaría en casos internos similares; y si el material obtenido puede utilizarse en los procedimientos legales

☐ cuando la intervención ya se haya realizado, si ese material puede utilizarse en los procedimientos legales

....

....

....

....

....

....

Obsérvese que toda objeción respecto de la intervención o la utilización de material ya intervenido deberá presentarse antes de transcurridas 96 horas de la recepción de la presente notificación.

C) FIRMA Y FECHA

Firma:

Fecha: ....

Sello oficial (si lo hay):

ANEXO D

CATEGORÍAS DE DELITOS CONTEMPLADOS EN EL ARTÍCULO 11

- pertenencia a organización delictiva,
- terrorismo,
- trata de seres humanos,
- explotación sexual de menores y pornografía infantil,
- tráfico ilícito de estupefacientes y sustancias psicotrópicas,
- tráfico ilícito de armas, municiones y explosivos,
- corrupción,
- fraude, incluido el que afecte a los intereses financieros de la Unión Europea con arreglo al Convenio de 26 de julio de 1995 relativo a la protección de los intereses financieros de las Comunidades Europeas,
- blanqueo del producto del delito,
- falsificación de moneda, incluida la falsificación del euro,
- delitos informáticos,
- delitos contra el medio ambiente, incluido el tráfico ilícito de especies animales protegidas y de especies y variedades vegetales protegidas,
- ayuda a la entrada y residencia no autorizadas,
- asesinato, lesiones graves,
- tráfico ilícito de órganos y tejidos humanos,
- secuestro, detención ilegal y toma de rehenes,
- racismo y xenofobia,
- robo organizado o a mano armada,
- tráfico ilícito de bienes culturales, incluidas las antigüedades y las obras de arte,
- estafa,
- chantaje y extorsión,
- falsificación y piratería de mercancías,
- falsificación y tráfico de documentos administrativos,
- falsificación de medios de pago,
- tráfico ilícito de sustancias hormonales y otros factores de crecimiento,
- tráfico ilícito de materiales radiactivos o sustancias nucleares,
- tráfico de vehículos robados,
- violación,
- incendio,
- delitos incluidos en la jurisdicción de la Corte Penal Internacional,
- secuestro de aeronaves y buques,
- sabotaje.

ANEXO N. 2
ENTREVISTA CON FINES DE INVESTIGACIÓN

INFORMACIÓN:

El coloquio se realiza con fines de investigación para conocer la práctica judicial española sobre la cooperación judicial internacional y europea en materia penal, en particular por lo que respecta a la transmisión de pruebas y a su admisibilidad.

Sus respuestas serán anónimas y nunca serán atribuidas personalmente o descritas de forma tal que puede producirse su identificación. Usted puede elegir si participar o no en cualquier pregunta en particular.

Solicitud de permiso para grabar la entrevista:

Preguntas de carácter general:

1. ¿Cuál es su posición (nacional, internacional) y durante cuánto tiempo ha trabajado como abogado/juez/ fiscal?

Número de años de experiencia:

2. ¿Tiene práctica en los casos penales transnacionales y de cooperación judicial internacional y/o europea?

— No

— SÍ

2.1. ¿En caso afirmativo, ¿en qué tipo de causas penales transnacionales?

3. En relación con la duración del proceso penal y según su experiencia, ¿cómo influye la dimensión internacional/europea del caso y la emisión de solicitudes de cooperación judicial internacional en la duración del proceso? ¿Cuál es el período general de cumplimiento desde su solicitud hasta su ejecución?

4. ¿Considera que el grado de cumplimiento de las solicitudes de cooperación judicial internacional es en general satisfactorio? ¿Cuáles son las principales dificultades a las que se enfrenta en este sentido?

5. ¿Qué tipo de pruebas se solicitan más a menudo a otros Estados miembros de la UE en procesos penales? ¿Algunos ejemplos?

6. ¿Cree usted que existe (o puede existir) una reducción de las garantías procesales en los casos en que la cooperación judicial internacional tiene lugar en la recopilación de pruebas?

6.1. En su opinión, ¿cuáles son los derechos procesales más perjudicados y por qué? En tal caso, ¿cómo podría superarse?

7. Se informará de antemano a los abogados de la defensa de la aplicación de medidas transnacionales de investigación para que puedan aparecer en el país de ejecución. En caso afirmativo, ¿en qué casos? ¿Se le ha concedido la posibilidad de participar en la ejecución de esta medida en el Estado extranjero?

8. ¿Considera que las garantías procesales y los derechos de defensa están plenamente atendidos en el extranjero en los casos en que su sistema nacional solicita medidas coercitivas?

9. ¿Alguna vez ha solicitado la recogida de pruebas en el extranjero en procesos penales? En caso afirmativo, ¿se le ha concedido?

10. ¿Cómo cree usted que la aplicación del EIO ha contribuido hasta ahora a mejorar las prácticas de cooperación judicial internacional/europea?

— ¿Considera que la aplicación del EIO ha mejorado o mejorará los derechos de defensa en los casos penales transfronterizos en el marco de la recopilación de pruebas?

— ¿Cómo cree usted que la aplicación del EIO ha contribuido a mejorar las prácticas de cooperación judicial internacional/europea?

¿Desea añadir más comentarios?

Gracias,

ANEXO N. 3
INTERVISTA AI FINI DELLA REDAZIONE DELLA TESI

INFORMAZIONI: Il colloquio viene condotto a scopo di ricerca per conoscere la pratica giudiziaria spagnola / italiana sulla cooperazione giudiziaria internazionale ed europea in materia penale, in particolare relativa alla trasmissione di prove e alla sua ammissibilità. Le risposte saranno anonime o personali in base al suo consentimento. Inoltre, può scegliere se rispondere o meno a qualsiasi domanda in particolare.

Autorizzazione per registrare l'intervista:

Domande di carattere generale

1. Qual è la sua posizione / studio legale (di medie dimensioni, nazionale, internazionale)?

Numero di anni di esperienza:

2. In relazione alla durata del procedimento penale e in base alla sua esperienza, in che modo la dimensione internazionale/europea del caso e l'emissione di richieste di cooperazione giudiziaria internazionale incidono sulla durata del procedimento? Qual è il periodo generale di conformità dalla sua richiesta alla sua esecuzione?

3. Ritiene che il grado di conformità alle richieste di cooperazione giudiziaria internazionale sia generalmente soddisfacente? Quali sono le principali difficoltà che si incontrano al riguardo?

4. Qual è il tipo di prova spesso richiesta ad altri Stati membri dell'UE nei procedimenti penali? Potrebbe fornire degli esempi?

5. Come avviene nella pratica l'esecuzione e il trasferimento di prove elettroniche e l'intercettazione di comunicazioni?

6. Gli avvocati difensori sono informati anticipatamente sull'esecuzione di misure investigative transnazionali, in modo che possano comparire nel paese di esecuzione? In caso affermativo, in quali casi? Le è stata concessa la possibilità di prendere parte all'esecuzione di tale misura nello stato straniero?

7. La difesa nei procedimenti penali transnazionali si trova in una posizione svantaggiata rispetto ai casi riguardanti solo il sistema giudiziario penale nazionale? Le disposizioni per l'assistenza legale sono sufficienti?

8. Ritiene che le tutele procedurali e i diritti della difesa siano pienamente assistiti all'estero, nei casi in cui le misure coercitive sono richieste dal vostro sistema nazionale?

9. Lei ha richiesto l'acquisizione probatoria all'estero in procedimenti penali? Se sì, Le è stato concesso?

— Per quanto riguarda l'assunzione delle prove all'estero, ritiene che vi siano meccanismi sufficienti per contestarne la validità e la ricevibilità?

10. Quali sono i principali vantaggi /punti di forza e gli svantaggi della cooperazione giudiziaria internazionale nella raccolta/trasferimento/ammissibilità transfrontaliera delle prove attualmente in Italia/Spagna? È possibile identificare una certa evoluzione?

— Secondo Lei, in che modo l'attuazione dell'OEI contribuirà/o ha contribuito a migliorare le prassi della cooperazione giudiziaria internazionale/europea?

— Ritiene che l'attuazione dell'EIO migliorerà o ha migliorato i diritti della difesa nei casi penali transnazionali nell'ambito della raccolta di prove?

— Desidera aggiungere ulteriori commenti?

Grazie

ANEXO N.4

En general mí *Research question* del Capítulo con respecto a Eurojust es:

¿EUROJUST FACILITA LA TRANSMISIÓN DE LA OEI Y HAY VINCULACIÓN ENTRE LAS AUTORIDADES COMPETENTES A NIVEL NACIONAL?

INFORMACIÓN:

El coloquio se realiza con fines de investigación para conocer la práctica judicial EUROPEA, sobre la cooperación judicial internacional y europea en materia penal, en particular por lo que respecta a la transmisión de pruebas y a su admisibilidad.

Sus respuestas serán anónimas y nunca serán atribuidas personalmente o descritas para permitir la identificación. Usted puede elegir si participar o no en cualquier pregunta en particular.

Solicite permiso para registrar la entrevista:

Il colloquio viene condotto a scopo di ricerca per conoscere la pratica giudiziaria spagnola / italiana sulla cooperazione giudiziaria internazionale ed europea in materia penale, in particolare relativa alla trasmissione di prove e alla sua ammissibilità. Le risposte saranno anonime o personali in base al suo consentimento. Inoltre, può scegliere se rispondere o meno a qualsiasi domanda in particolare.

Autorizzazione per registrare l'intervista:

1. ¿Cuál es su posición (nacional, internacional) y durante cuánto tiempo ha trabajado en este ámbito?

Qual'è il ruolo (nazionale, internazionale) e da quanto tempo lavora in questo settore?

Número de años de experiencia:

Numero di anni di esperienza:

2. ¿En qué medida Eurojust (en términos prácticos) refuerza la lucha contra las formas graves de delincuencia según la Decisión 2009/426/JAI del Consejo de 16 de diciembre de 2008 por la que se refuerza Eurojust y se modifica la Decisión 2002/187/JAI?

In che misura Eurojust rafforza (in termini pratici) la lotta contro le forme gravi di criminalità secondo la Decisione 2009/426/GAI del Consiglio del 16 dicembre 2008 relativa al rafforzamento dell'Eurojust e che modifica la decisione 2002/187/GAI che istituisce l'Eurojust per rafforzare la lotta contro le forme gravi di criminalità?

2.1. ¿El intercambio de información con Eurojust es importante para el reconocimiento y ejecución de la OEI? ¿Y hay vinculación entre las autoridades competentes a nivel nacional?

Lo scambio di informazioni con Eurojust è importante per il riconoscimento e l'esecuzione della OEI? C'è un vincolo tra le autorità competenti a livello nazionale?

2.2 El objetivo de los miembros nacionales de Eurojust es asistir a las autoridades nacionales en todas las fases de la investigación y del enjuiciamiento. También resuelven cuestiones jurídicas y problemas "prácticos" derivados de las diferencias entre los sistemas jurídicos de los Estados miembros. ¿Cómo se concreta esta ayuda?

L'obiettivo dei membri nazionali di Eurojust è assistere le autorità competenti nella fase dell'indagine e dei procedimenti penali. Eurojust risolve inoltre questioni giuridiche e problemi "pratici" derivanti tra i diversi ordinamenti giuridici degli Stati membri. Come si svolge concretamente tale aiuto?

4 ¿Qué puede decirme sobre la vinculación entre Eurojust y las autoridades competentes españoles?

Può dirmi qualcosa del vincolo tra Eurojust e le autorità competenti italiane?

5 ¿Qué papel desempeña Eurojust en la transmisión de la OEI?

Che ruolo svolge Eurojust nella trasmissione o all'esecuzione dell'OEI?

6. ¿Cómo cree usted que la aplicación de la OEI ha contribuido a mejorar las prácticas de cooperación judicial internacional/europea?

Lei come crede che l'applicazione dell'OEI abbia contribuito a migliorare la cooperazione giudiziale internazionale/europea?

7. ¿Desea añadir más comentarios?

Desidera aggiungere un ulteriore commento

Gracias,

Grazie

Serena Cacciatore.

Bibliografía

AGOSTINI, Bianca, “La disciplina delle intercettazioni preventive nel sistema antiterrorismo”, *Diritto Penale Contemporaneo*, 2017, n. 1, pp. 141-148.

AGUILERA MORALES, M. “La orden europea de investigación: el dolor de la lucidez”, en F. Bueno de Mata (dir.) y I. González Pulido (coord.), *La cooperación procesal internacional en la sociedad del conocimiento*, Atelier, Barcelona, 2019, pp. 209-224.

AGUILERA MORALES, M. “Nuevas competencias para el Ministerio Fiscal con ocasión de la Orden Europea de Investigación” en M. I. González Cano, *Orden Europea de Investigación y prueba transfronteriza en la Unión Europea*, Tirant lo Blanch, Valencia, 2019, pp. 457-471.

AGUDO ZAMORA, Miguel, “La protección de los Derechos en la Unión Europea. Claves para entender la evolución histórica desde el Tratado constitutivo de la Comunidad Económica Europea al Tratado por el que se establece una Constitución para Europa”, *Revista de Derecho Comunitario Europeo*, 2005, n. 4, pp. 373-427.

ALCOCEBA GIL, Juan “Consideraciones generales sobre el nuevo anteproyecto de ley de enjuiciamiento Criminal”, en I. Flores Prada (dir.), J. A. Montero Sánchez y A. Sánchez Rubio, *Discapacidad y riesgo de los sujetos pasivos con trastorno mental en la justicia penal*, Aranzadi, Cizur Menor, 2022, pp. 25-33.

ALLEGREZZA, Silvia, “Collecting Criminal Evidence Across the European Union: The European Investigation Order Between Flexibility and Proportionality”, en S. Ruggeri (ed.), *Transnational Inquiries and the Protection of Fundamental Rights in Criminal Proceedings. A Study in Memory of Vittorio Grevi and Giovanni Tranchina*, Springer, Heidelberg, 2013, pp. 51-67.

ALONSO MOREDA, Nicolás, *La dimensión institucional de la cooperación judicial en materia penal en la Unión Europea: magistrados de enlace, Red Judicial Europea y Eurojust*, Servicio Editorial de la Universidad del País Vasco, Bilbao, 2010.

ALONSO MOREDA Nicolás, “El fiscal como autoridad judicial de emisión de «euroórdenes» a la luz de las sentencias del Tribunal de Justicia de 27 de mayo de 2019 en el asunto c-509/18 y en los asuntos acumulados c-508/18 y c-82/19 ppu ¿un paso definitivo en su concreción?”, *Revista General de Derecho Europeo*, 2019, n. 49, pp. 225-249.

ÁLVAREZ DE NEYRA KAPPLER, Susana, “Doctrina del Tribunal Supremo con relación a la protección de la relación de confidencialidad abogado-cliente”, en L. Bachmaier Winter, *Investigación penal, secreto profesional del abogado, empresa, y nuevas tecnologías*, Aranzadi, Cizur Menor (Navarra), 2022, pp. 171-207.

AMALFITANO, Chiara, “Spazio giudiziario europeo e libera circolazione delle decisioni penali” en Carbone, S.M. y Chiavario, M. (eds.), *Cooperazione giudiziaria civile e penale nel diritto dell'Unione europea*, Giappichelli, Torino, 2008, pp. 1-56.

AMATO, Giuliano e PACIOTTI, Elena, “Verso l'Europa dei diritti: lo spazio europeo di libertà, sicurezza e giustizia”, *Cadmus EUI Research Repository*, 2005, http://hdl.handle.net/1814/3847

AMBOS Kai, "Sobre las fiscalías alemanas como autoridad de emisión de la orden europea de detención y entrega", *Revista Española de Derecho Europeo,* 2019, n. 71, pp. 1-12.

AMBOS, Kai, y RACKOW, Peter, "Desarrollos y adaptaciones del principio de reconocimiento mutuo- reflexiones sobre los orígenes de la orden europea de investigación con vistas a una comprensión práctica del principio de reconocimiento mutuo", en M. Llorente Sánchez-Arjona (dir.), J. A. Posada Pérez (coord.), *Estudios procesales sobre el espacio europeo de justicia penal,* Aranzadi, Cizur Menor, 2021, pp. 141-166.

ANAGNOSTOPOULOS, Ilias, "Criminal justice cooperation in the European Union after the first few "steps": A defence view", *ERA Forum* 2014, n. 15, pp. 9-24.

ANDRÉS IBÁÑEZ, Perfecto, *Justicia penal De principios y prácticas,* Eolas Ediciones, León, 2022.

ANGELONI, Cristina, "L'inammissibilità di investigazioni difensive all'estero: una ricostruzione plausibile?", *Rivista italiana di diritto e procedura penale,* 2008, n. 3, pp. 1384 y ss.

APRILE, Ercole, e SPIEZIA Filippo, *Cooperazione giudiziaria penale nell'Unione Europea prima e dopo il trattato di Lisbona,* Ipsoa, Assago, 2009.

ARANGÜENA FANEGO, Coral, *Espacio Europeo de Libertad, Seguridad y Justicia: últimos avances en cooperación judicial penal,* Lex Nova, Valladolid, 2010.

ARANGÜENA FANEGO, Coral y FONSECA MORILLO, Francisco, "Espacio de libertad, seguridad y justicia", en A. Calonge Velázquez y R. Martín de Laguardia (coords.), *Políticas comunitarias. Bases jurídicas,* Tirant lo Blanch, Valencia, 2013, pp. 143-213.

ARANGÜENA FANEGO, Coral, "Orden europea de investigación: próxima implementación en España del nuevo instrumento de obtención de prueba penal transfronteriza", *Revista General de Derecho Europeo,* 2017, n. 58, pp. 905-939.

ARANGÜENA FANEGO, Coral, "Orden europea de investigación: aspectos generales del nuevo instrumento de obtención de prueba penal transfronteriza", en I. González Cano, *Orden europea de investigación y prueba transfronteriza en la Unión Europea,* Tirant lo Blanch, Valencia, 2019, pp. 297-326.

ARANGÜENA FANEGO, Coral, "Orden Europea de Investigación: régimen de sustitución de la medida solicitada", *InDret,* 2021, n. 1, pp. 377- 401.

ARANGÜENA FANEGO, Coral "Orden Europea de investigación: recurso a una medida alternativa a la solicitada", en V. Moreno Catena y M. I. Romero Pradas (dres.), E. Laro González (ed.), *Nuevos postulados de la cooperación judicial en Unión Europea,* Tirant lo Blanch, Valencia, 2021, pp. 477-510, esp. p. 481.

ARIAS RODRÍGUEZ, José M., "La cooperación judicial penal y policial", *Estudios de derecho judicial* 2007, n. 117, pp. 15-144.

ARMADA, Inés, "The European Investigation Order and the Lack of European Standards for Gathering Evidence: Is a Fundamental Rights-Based Refusal the Solution?", *New Journal of European Criminal Law,* 2015, n. 6, pp. 8-31.

ARMENTA DEU, Teresa, "Europeización del proceso penal y derechos fundamentales: guía y condicionante" en F. Gutiérrez-Alviz Conradi, *El derecho procesal en el Espacio Judicial Europeo,* Atelier, Barcelona, 2013, pp. 67- 81.

ARIZA COLMENAREJO, Jesús M., "Investigaciones encubiertas y cooperación judicial penal europea", en V. Moreno Catena y M. I. Romero Pradas (dres.), E. Laro González (ed.), *Nuevos postulados de la cooperación judicial en Unión Europea,* Tirant lo Blanch, Valencia, 2021, pp. 641- 673.

AUKE, Willems, *The Principle of Mutual Trust in EU Criminal Law,* Hart Publishing, Oxford, 2021.

ÁVILA RODRÍGUEZ, Eduardo, "Mundo digital", *El notario del siglo XXI,* 2022, n. 102, pp. 62- 65.

BACHMAIER WINTER, Lorena, "El exhorto europeo de obtención de pruebas en el proceso penal. Estudio y perspectivas de la propuesta de decisión marco" en T. Armenta Deu, F. nuevos y M. Cedeño Hernán, (coords.), *El derecho procesal penal en la Unión Europea,* Colex, 2006, pp. 131- 177.

BACHMAIER WINTER, Lorena, "European Investigative Order for Obtaining Evidence in the Criminal Proceedings: Study of the proposal for an European Directive", *ZIS* 2010, Madrid, n. 41, pp. 580-589.

BACHMAIER WINTER, Lorena, "La cooperación judicial en asuntos penales en Europa: consideraciones prácticas, situación actual y propuestas de futuro", en J.L. Gómez Colomer, S., Barona Vilar, y P., Calderón Cuadrado, (coords.), *El Derecho Procesal español del siglo XX a golpe de tango. Juan Montero Aroca: Liber Amicorum, en homenaje y para celebrar su LXX cumpleaños,* Tirant lo Blanch, Valencia, 2012, pp. 1203-1223.

BACHMAIER WINTER, Lorena, "La propuesta de Directiva europea sobre la orden europea de investigación penal: valoración crítica de los motivos de denegación", *Diario La Ley,* 2012, n. 7992, pp. 3 y ss.

BACHMAIER WINTER, Lorena, "Prueba transnacional penal en Europa: la Directiva 2014/41/CE relativa a la orden europea de investigación", *Revista General de Derecho Europeo,* 2015, n. 36, http://www.iustel.com

BACHMAIER WINTER, Lorena, "La cooperación judicial penal", en J. M., Beneyto Pérez (dr.), J. M., González-Orús, B., Becerril Atienza (coords.), Tratado de derecho y políticas de la Unión Europea, 2016, Aranzadi, Universidad San Pablo, pp. 329-386.

BACHMAIER WINTER, Lorena (coord.) *La Fiscalía Europea,* Marcial Pons, Madrid, 2018.

BACHMAIER WINTER, Lorena, "Diálogo entre tribunales cinco años después de Melloni. Reacciones a nivel nacional", *Revista General de Derecho Europeo,* 2018, n. 45, pp. 209-231.

BACHMAIER WINTER, Lorena, *Code of Best Practices for Investigation Order in criminal proceedings,* Proyecto "Best practices for EUROpean COORDination on investigative measures and evidence gathering — EUROCOORD' ('action ')" (Public Law) https://www3.ubu.es/eurocoord/

BAKER, Estella, "Talking about Crime, Criminal Law and Criminal Justice in Europe: A Case for More Interdisciplinary Dialogue", *European Journal of Crime, criminal law and criminal justice,* 2019, n. 27, pp. 195-205.

BALSAMO, Antonio y MATTARELLA Andrea, "Le intercettazioni mediante virus informatico tra processo penale italiano e Corte Europea", *Cassazione Penale,* 2015, n. 5, pp. 2274 y ss.

BANACH-GUTIÉRREZ, Joanna B., "Supranational integration in criminal matters within the European Union: what could the future bring?", en J. B. Banach-Gutierrez y C. Harding (eds.), *EU Criminal Law and Policy. Values, Principles and Metodhs*, Routledge, Nueva York, 2017, pp.12-20.

BANACH-GUTIÉRREZ, Joanna B. y HARDING, Christopher. "EU Criminal Law: national boundaries and the European penal rainbow", en J. B. Banach-Gutiérrez y C. Harding (eds.), *EU Criminal Law and policy. Values, principles and methods*, Abingdon & New York, Routledge, 2018, pp. 37-55.

BARBARA, Mariano, "La phiale aurea di Caltavuturo", Beni ambientali e culturali imeresi, 2016, https://beniambientalieculturaliimeresi.wordpress.com/2016/10/18/la-phiale-aurea-di-caltavuturo/

BARGIS, Marta, "Mandato di arresto europeo e principio di specialità in una recente pronuncia della corte di giustizia", *Sistema Penale*, 2020, n. 11, pp. 43-67.

BARRIENTOS PANCHO, Jesús, M. (dr.), *La nueva Ley para la eficacia en la Unión Europea de las resoluciones de embargo y aseguramiento de pruebas en los procedimientos penales*, Consejo general del Poder Judicial, Madrid, 2007.

BARROCU, Giovanni, *La cooperazione investigativa in ambito europeo. Da Eurojust all'ordine di indagine*, Cedam, Milano, 2017.

BARROCU, Giovanni, "Le speciali tecniche di investigazione nel contesto europeo", *Cassazione penale*, 2020, n. 3, pp. 1325-1343.

BASSI, Nicola, *Mutuo riconoscimento e tutela giurisdizionale — la circolazione degli effetti del provvedimento amministrativo straniero fra diritto europeo e protezione degli interessi del terzo*, Milano, Giuffré, 2008.

BELFIORE, Rosanna, "Riflessioni a margine della direttiva sull'ordine europeo d'indagine", *Cassazione Penale*, 2015, n. 9, pp. 3288-3296.

BELFIORE, Rosanna, "The European Investigation Order in Criminal Matters: Developments in Evidence-gathering across the EU", *European Criminal Law Review*, 2015, n. 3, pp. 312-324.

BELFIORE, Rosanna, "Su alcuni aspetti del decreto di attuazione dell'ordine europeo di indagine penale", *Cassazione penale*, 2018, n. 1, pp. 400-410.

BENE, Teresa, LUPARÍA, Luca, y MARIAFIOTI, Luca, *L'Ordine europeo di indagine*, G. Giappichelli, Torino, 2016.

BERNARDI, Alessandro, "Il difficile rapporto tra fonti interne e fonti sovranazionali", AA.VV., *La crisi della legalità. Il "sistema vivente" delle fonti penali*, Edizioni scientifiche italiane, Napoli, 2016, pp. 7-92.

BERNARDONI, Pietro, "Nuova pronuncia della Corte di Giustizia sul ne bis in idem: un chiarimento sulla nozione di "sentenza definitiva" e un'occasione persa per definire lo status delle riserve ex art. 55 CAAS", *Diritto Penale Contemporaneo*, 2016, https://archiviodpc.dirittopenaleuomo.org/

BERTHELET, Pierre y CHEVALLIER-GOVERS, "Constance Quelle relation entre Europol et Eurojust?: rapport d"égalité cu rapport d'autorité?»", *Revue du Marché commun et de Union européenne*, 2001, n. 450, pp. 468-474.

BIASIOTTI, Maria, A. "A proposed electronic evidence Exchange across the European Union", *Digital Evidence and Electronic Signature Law Review*, 2017, n. 14, pp. 23-52.

BIASIOTTI, Maria Angela y TURCHI Fabrizio (dirs.), *European Investigation Order Where the Law Meets the Technology*, Springer, Milano, 2023.

BLASCO LOZANO, Ignacio "Armonización del Derecho penal material y procesal: la aproximación de las legislaciones nacionales en el ámbito de la Unión Europea", en A. Galgo Peco (coord.), *Derecho penal internacional y cooperación jurídica internacional,* Cuadernos de Derecho Judicial, Madrid, 2004, pp. 257-280.

BLOKS, Suzanne, A. y VAN DEN BRINK, Ton, "The impact on national sovereignity of mutual recognition in the AFSJ. Case-study of the European Arrest Warrant", *German Law Journal*, 2021, n. 1, pp. 45-64.

BOISTER, Neil, *An Introduction to Transnational Criminal Law,* OUP Oxford, Oxford, 2018.

BOLOGNARI, Massimo, "Ordine europeo di indagine penale ed esame a distanza", *Rivista di diritto processuale*, 2018, n. 4-5, pp. 1100-1119.

BOLOGNARI Massimo, "Le videoconferenze transnazionali nell'ordine europeo di indagine penale", *Rivista di diritto processuale,* 2022, n. 2, pp. 513-524.

BORGIA, Gianluca, "Mandato d'arresto europeo e ordine europeo di indagine penale a confronto: così simili (?), eppure così diversi", *Archivio Penale*, 2021, n. 1, pp. 1-13.

BRIÉRE Chloé, y WEYEMBERGH, Anne, *The Needed Balances in EU Criminal Law,* Bloomsbury, Oxford and Portland, 2018.

BRODERSEN, Hannah, K., GLERUM, Vincent y KLIP, André, *The European Arrest Warrant and in absentia judgments,* Eleven International Publishing, The Hague, The Netherlands & Chicago, USA, 2020.

BUENO DE MATA, Federico, *Las diligencias de investigación penal en la cuarta revolución industrial*, Aranzadi, Cizur Menor, 2019.

BUJOSA VADELL, Lorenzo M., "El reconocimiento y la ejecución de sentencias penales privativas de libertad en la Unión Europea. Comentario a la Decisión Marco 2008/909/JAI, del Consejo, de 27 de noviembre de 2008", *Iustel*, 2009, n. 18, pp. 1-30.

BUJOSA VADELL, Lorenzo, M., "Cooperación procesal internacional y prueba", AA. VV. II Conferencia Internacional & XXVI Jornadas Iberoamericanas de Derecho Procesal, *La prueba en proceso Evidence in the process,* Atelier, Barcelona, 2018, pp. 525-553.

BURGOS LADRÓN DE GUEVARA, Juan, "La Orden Europea de Investigación Penal en España: aplicación y contenido. Posible relación con la Orden Europea de Protección", *Diario de la Ley*, 2015, n. 8660, https://diariolaley.laleynext.es/content/Inicio.aspx

BUZZELLI, Silvia, "Le video conferenze transnazionali", *Processo Penale giustizia,* 2017, n. 2, pp. 326-335.

CACCIATORE, Serena, "La adaptación de la Orden Europea de Investigación en Italia. Aspectos generales del decreto legislativo del 21 de junio de 2017, núm. 108" en M. I. González Cano (dra.), *Orden Europea de Investigación y Prueba Transfronteriza en la Unión Europea,* Tirant lo Blanch, Valencia 2019, pp. 425-432.

CACCIATORE, Serena, "Intervención de telecomunicaciones en la OEI, Adaptación en el contexto europeo y adaptación en España e Italia" en I. M Villar Fuentes (dra.), *Investigación y prueba en los procesos penales de España e Italia*, Aranzadi, Cizur Menor, 2019, pp. 311-320.

CACCIATORE, Serena y JIMENO BULNES, Mar, "Emergenza giudiziaria ai tempi del Covid-19 in Spagna", *Cassazione Penale*, 2020, n. 10, pp. 3864-3871.

CACCIATORE, Serena, "Líneas principales de la investigación sobre la Orden Europea de investigación y lucha contra la criminalidad organizada", IV Taller del Programa de Doctorado en Ciencias Jurídicas, Económicas y Sociales, organizado por la Universidad de Burgos el 8 de mayo de 2020.

CACCIATORE Serena, Reseña del libro de José Manuel Cortés Martín y Florentino-Gregorio Ruiz Yamuza (coords): "Retos actuales de la cooperación penal en la Unión Europea", Dykinson, Madrid, 2020, *Revista de Derecho Comunitario Europeo*, 2020, n. 67, pp. 1161-1170.

CACCIATORE, Serena, "European Investigation Order as instrument for the fight against organised crime", ECLAN Seminar papers, as a special edition, Vilnius University Press, Vilnius, 2021, pp. 34-38.

CACCIATORE, Serena, "El reconocimiento mutuo como principio clave para la lucha contra el crimen organizado", en F. Javier Garrido Carrillo (ed.), V. Faggiani (coord.), *Lucha contra la criminalidad organizada y cooperación judicial en la UE: instrumentos, límites y perspectivas en la era digital*, Aranzadi, Cizur Menor, 2022, pp. 171-186.

CACCIATORE, Serena, "La aplicación práctica de la orden europea de investigación como mecanismo de obtención transnacional de pruebas", en M. Jimeno Bulnes (dra.) y C. Ruiz López (coord.), *La evolución del Espacio judicial europeo en materia civil y penal: su influencia en el proceso español*, Tirant lo Blanch Valencia, 2022, pp. 299-313.

CACCIATORE Serena, "Nuevos retos en la cooperación judicial y policial en ma teria penal: La Estrategia para una Unión de la Seguridad", en A. Sánchez Rubio (dir.), P. Arrabal Platero y J. Caro Catalán (coords.), *Más allá de la justicia: nuevos horizontes del derecho Procesal*, Tirant lo Blanch, Valencia, 2024, pp. 437-454.

CAIANELLO, Michele, "La nuova direttiva UE sull'ordine europeo d'indagine penale tra mutuo riconoscimento e ammissione reciproca delle prove", *Processo penale e giustizia*, 2015, n. 3, pp. 1-11.

CAIANIELLO, Michele, "L'attuazione della direttiva sull'ordine europeo di indagine penale e le sue ricadute nel campo del diritto probatorio", *Cassazione Penale*, 2018, n. 6, pp. 2197-2221.

CAIANIELLO, Michele y TESORIERO, Salvatore, "Diritto di difesa e appello penale vecchie e nuove coordinate dalla giurisprudenza della Corte EDU (a proposito di maestri e altri contro Italia)", *Cassazione penale*, 2021, n. 12, pp. 4089-4103.

CALAVITA, Oscar, *L'ordine europeo d'indagine penale, Presente e futuro della cooperazione probatoria nell'Unione Europea*, Cedam, Milano, 2025.

CALAZA LÓPEZ, Sonia, "Fortalecimiento de las garantías procesales y agilización de la Justicia", *Revista General de Derecho Procesal*, 2017, n. 41, http://www.iustel.com

CALAZA LÓPEZ, Sonia, "La investigación tecnológica en el proceso penal española a la vanguardia europea", en M. Llorente Sánchez-Arjona (dir.), J. A. Posada Pérez, *Estudios procesales sobre el espacio europeo de justicia penal*, Aranzadi, Cizur Menor 2021, pp. 171-191.

CALVANESE, Ersilia, "La cooperazione giudiziaria in materia di sequestro", *Cassazione Penale*, 2003, n. 12, pp. 3894-3900.

CAMALDO, Lucio e CERQUA, Federico, "La direttiva sull'ordine europeo di indagine penale: le nuove prospettive per la libera circolazione delle prove", *Cassazione penale*, 2014, pp. 3511 ss., https://shop.giuffre.it/070119999-cassazione-penale.html

CAMALDO, Lucio, "La normativa di attuazione dell'ordine europeo d'indagine penale: le modalità operative del nuovo strumento di acquisizione della prova all'estero", *Cassazione Penale*, 2017, n. 11, pp. 4196-4210.

CAMPANER MUÑOZ Jaime, y HERNÁNDEZ CEBRÍAN, Nuria, "Guía de buenas prácticas relativas al derecho a la traducción y la interpretación de investigados y acusados", en C. Arangüena Fanego, M. de Hoyos Sancho (dras.) y A. Hernández López (coord.), *Garantías procesales de investigados y acusados en procesos penales en la Unión Europea. Buenas prácticas en España*, Aranzadi, Cizur Menor, 2020, pp. 15-33.

CAMPILONGO, Valentina, "La circolazione della prova nel contesto europeo, tra mutuo riconoscimento delle decisione giudiziarie ed armonizzazione normativa", *Cassazione Penale*, 2014, n. 2, pp. 707-717.

CANTONE Raffaele, "La riforma della documentazione antimafia: davvero solo un restyling?", *Giornale di diritto amministrativo*, 2013, n. 8-9, pp. 888-899.

CAPPARELLI, Bruna, "L'attuazione dell'ordine d'indagine europeo nell'ordinamento italiano", en J. Ballesteros, Sánchez (coord.), L. Zúñiga Rodríguez (dra.) *Nuevos desafíos frente a la criminalidad organizada transnacional y el terrorismo*, Dykinson, Madrid, 2021, pp. 411-425.

CAPRIOLI, Francesco, "La procedura di filtro delle comunicazioni rilevanti nella legge di riforma della disciplina delle intercettazioni", *Cassazione Penale*, 2020, pp. 1384-1416.

CARRER, Stefania, "Mandato di Arresto Europeo e principio di specialità: l'interpretazione della Corte di Giustizia", *Giurisprudenza Penale*, 2020, https://www.giurisprudenzapenale.com

CARRERA HERNÁNDEZ, Francisco J., *La cooperación policial en la Unión Europea: acervo schengen y europol*, Colex, Madrid, 2003.

CARRIZO GONZÁLEZ-CASTELL, Adán, "Ley 23/2014 de reconocimiento mutuo de resoluciones penales en la Unión Europea", *Revista General de Derecho Europeo*, 2015, n. 36, http://www.iustel.com

CASANOVA MARTÍ, Roser, y CERRATO GURI, Elisabet, "La emisión de una orden europea de investigación para la obtención de prueba transfronteriza y su introducción en el proceso penal español", *Revista de Derecho Comunitario Europeo*, 2019, n. 62, pp. 197-232.

CASSESE, Sabino, "La Costituzione Europea", *Quaderni costituzionali*, 1991, n. 3, pp. 487-508.

CASTELLANETA, Marina, "Ordine europeo di indagine, può essere emesso anche dalla procura di uno Stato Membro", *Guida al diritto*, 2021, n. 3, pp. 112 ss.

CASTILLEJO MANZANARES, Raquel, "Exhorto europeo de medios de prueba", *Diario La Ley*, 2007, n. 6684, https://diariolaley.laleynext.es/

CAVADINO Michael y DIGNAN James (eds.), *Penal systems a comparative approach,* SAGE Publications, London, 2006

CENNAMO, Alice, "Le investigazioni difensive alla luce della L. 397/2000", *Rivista di Criminologia, Vittimologia e Sicurezza,* 2011, n. 1, pp. 57-68.

CEDEÑO HERNÁN, Marina, "La Orden de detención y entrega europea. Especial consideración del *NON BIS IDEM* como motivo de denegación", en T. Armenta Deu, F. Gascón Inchausti y M. Cedeño Hernán, (coords.), *El derecho procesal penal en la Unión Europea,* Colex, Madrid, 2006, pp. 75-99.

CHANO REGAÑA, Lorena, "Igualdad y principio de proporcionalidad en el Derecho Europeo: Espacial referencia a los derechos fundamentales", *Revista Universitaria Europea,* 2015, n. 23, pp. 153.

CIVELLO CONIGLIARO, Silvio e LO FORTE, Silvia, "Cooperazione giudiziaria in materia penale e tutela dei diritti fondamentali nell'unione europea", *Diritto Penale Contemporaneo,* 2013, pp. 1-11.

COLOMER HERNÁNDEZ, Ignacio, y OUBIÑA BARBOLLA Sabela (dres.), *La transmisión de datos personales en el seno de la cooperación judicial penal y policial en la Unión Europea,* Aranzadi, Cizur Menor (Navarra), 2015.

COOLS Marc, DE RUYVER Brice, EASTON Marleen, PAUWELS Lieven, PONSAERS Paul, VANDE WALLE Gudrun, VANDER BEKEN Tom., VANDER LAENEN Freya, VERMEULEN Gert (dres.), *Contemporary Issues in the Empirical Study of Crime, Governance of Security Research Paper Series,* Maklu Publishers, The Netherlands, 2009.

CORDERO ZÁRRAGA, Esther, "30 años del Acuerdo de Schengen", *Unión Europea Aranzadi,* 2015, n. 7, pp. 109-114.

CORTÉS MARTÍN, José, M., "Sobre los límites a la confianza mutua y la equivalencia *intersistémica* de la orden europea de detención", en J., M., Cortés Martín, y F.-G. Ruiz Yamuza (coords.), *Retos actuales de la cooperación penal en la Unión Europea,* Dykinson, Madrid, 2020, pp. 61-94.

COSTA RAMOS, Vânia, "Medios procesales de impugnación de la orden europea de investigación: aportaciones a la interpretación del art. 14 de la Directiva" en C. Arangüena Fanego, M. de Hoyos Sancho (dras.), B. Vidal Fernández (coord.), *Garantías procesales de investigados y acusados: situación actual en el ámbito de la Unión Europea,* Tirant lo Blanch, Valencia, 2018, pp. 337 y ss.

COSTA RAMOS, Vânia, "Notas sobre novos desafios da cooperação judiciária internacional em matéria penal", *Revista de estudios europeos,* 2019, n. Extra 1, pp. 184-205.

COUTTS, Stephen, "An Area of Justice: Shared Enforcement and Shared Recognition of National Wrongs", en S. Coutts, *Citizenship, Crime and Community in the European Union,* Hart, Oxford, 2021, pp. 121,124.

COVOLO, Valentina, "Mutual recognition and absolute standards of effective judicial protection", en S., Allegrezza, y V., Covolo (eds.), *Effective defence rights in criminal proceedings. A European and Compative Study on Judicial Remedies,* Cedam, Milano, 2018, pp. 183-201.

COVOLO Valentina, "Ensuring the effectiveness of defence rights: remedial obligations under the ABC Directives", en S., Allegrezza, y V., Covolo (eds.), *Effective de-*

fence rights in criminal proceedings. A European and Compative Study on Judicial Remedies, Cedam, Milano, 2018, pp. 83-95.

CSÚRI, András, "Towards an inconsistent European Regime of Cross-Border Evidence: The EPPO and the European Investigation Order", en W. Geelhoed, L. H. Erkelens, A. W. H. Meij, *Shifting perspectives on the european public prosecutor's office,* Assere Press, The Hague, 2018, pp. 141-154.

CUPELLI, Cristiano, "Hobbes europeista? Diritto penale europeo, *auctoritas* e controlimiti", *Europa e diritto penale* 2013, pp. 340-360, https://discrimen.it/wp-content/uploads/Criminalia-2013.pdf

D'ANGELO, Massimo, *De Jure: Banca dati editoriali GFL,* Giuffré, Milano, 2021.

D'ANGELO, Salvatore, "L'ordine europeo di indagine in materia di cooperazione giudiziaria e le garanzie difensive del destinatario", *Salvis Juiribus,* 2019, http://www.salvisjuribus.it/lordine-europeo-di-indagine-in-materia-di-cooperazione-giudiziaria-e-le-garanzie-difensive-del-destinatario/

DANIELE, Marcello, "Intercettazioni ed indagini informatiche, in Manuale di procedura penale europea"en R. E. Kostoris (ed.), *Manuale di procedura penale europea,* Milano, 2017, pp. 429 y ss.

DANIELE, Marcello, "Il controllo giurisdizionale sull'emissione dell'ordine europeo di indagine: la necessaria simmetria con la disciplina nazionale nei casi interni analoghi", *Sistema Penale* 2022, https://www.sistemapenale.it/it/scheda/corte-giustizia-ue-2021-c-724-19-controllo-giurisdizionale-ordine-europeo-indagine?out=print

DANIELE, Marcello, "La metamorfosi del diritto delle prove nella direttiva sull'ordine europeo di indagine penale", *Diritto Penale Contemporaneo,* 2015, n. 4, pp. 86-99.

DANIELE, Marcello, "L'ordine europeo d'indagine penale entra a regime. Prime riflessioni sul d.lgs. n. 108 del 2017", *Diritto Penale Contemporaneo,* 2017, n.7-8, pp. 208-215.

DANIELE, Marcello, "Il riconoscimento "di fatto" dell'ordine europeo di indagine: un'altra censura della Cassazione", *Diritto Penale contemporaneo,* 2019, https://archiviodpc.dirittopenaleuomo.org/d/6626-il-riconoscimento-di-fatto-dell-ordine-europeo-di-indagine-un-altra-censura-della-cassazione

DANIELE, Marcello, e KOSTORIS, Roberto E. (eds.), *L'ordine europeo di indagine penale. Il nuovo volto della raccolta transnazionale delle prove nel d.gls. n. 198 del 2017,* Giappichelli, Torino, 2018.

DANIELE, Marcello, "Ordine europeo di indagine e ritardata comunicazione alla difesa del decreto di riconoscimento: una censura della cassazione. Cass., Sez. VI, sent. 31 gennaio 2019 (dep. 25 febbraio 2019), n. 8320, Pres. Paoloni, Est. De Amicis, in proc. Creo" *Diritto penale contemporaneo,* 2019, https://archiviodpc.dirittopenaleuomo.org/d/6532-ordine-europeo-di-indagine-e-ritardata-comunicazione-alla-difesa-del-decreto-di-riconoscimento-una

DARAIO, Girolamo, "La circolazione della prova nello spazio giudiziario europeo", AA.VV. *Spazio europeo di giustizia e procedimento penale italiano. Adattamenti normativi e approdi giurisprudenziali,* Torino, Giappichelli, 2012, pp. 503-587.

DE AMICIS, Gaetano, "La cooperazione orizzontale", *Manuale di procedura penale europea,* en R. E. Kostoris (ed.) Milano, 2017.

DE AMICIS, Gaetano, "Dalle rogatorie all'ordine europeo di indagine verso un nuovo diritto della cooperazione giudiziaria penale", *Cassazione penale*, 2018, n. 1, pp. 22-43.

DE AMICIS, Gaetano, "La Corte di giustizia si pronuncia sull'acquisizione dei tabulati telefonici e sull'accesso ai dati delle comunicazioni elettroniche nel processo penale, Corte di giustizia UE (Grande Sezione), 2 marzo 2021, C-746/18, H.K.", *Cassazione penale*, 2021, n. 7-8, pp. 2556-2579.

DE AMICIS, Gaetano, "Ancora sull'acquisizione dei tabulati telefonici e sull'accesso ai dati delle comunicazioni elettroniche nel processo penale, Corte di giustizia UE (Grande Sezione), 2 marzo 2021, C-746/18 — H.K", *Cassazione penale*, 2021, n. 12, pp. 4104-4128.

DE AMICIS, Gaetano, "Sull'ambito di applicazione della nozione di "vittima" nel processo penale Corte di giustizia UE, Sezione III, 1° ottobre 2020, TG, UF, C-603/19", *Cassazione penale*, 2021, n. 1, pp. 373-376.

DE DOMINGO, PÉREZ Tomás, "La lucha contra el «Discurso del Odio» desde el respeto a los derechos fundamentales", en F. Miró Llinares (dir.), *Cometer delitos en 140 caracteres- El Derecho penal ante el odio y la radicalización en Internet,* Madrid, Marcial Pons, 2017, pp. 275-296.

DE HOYOS SANCHO, Montserrat, "Armonización de los procesos penales, reconocimiento mutuo y garantías esenciales", en M. de Hoyos Sancho (coord.), *El proceso penal en la Unión Europea: garantías esenciales,* Lex Nova, Valladolid, 2008, pp. 41-78.

DE HOYOS SANCHO, Montserrat, "La Orden Europea de Investigación: reflexiones sobre su potencial efectividad a la vista de los motivos de denegación del reconocimiento y ejecución en España", *Revista General de Derecho Procesal,* 2019, n. 47, pp. 1-44.

DE HOYOS SANCHO, Montserrat, "El principio de reconocimiento mutuo de resoluciones penales en la Unión Europea ¿asimilación automática o corresponsabilidad?", *Revista de Derecho Comunitario Europeo,* 2005, n. 22, pp. 807-842.

DE HOYOS SANCHO, Montserrat, "La Orden Europea de Investigación: reflexiones sobre su potencial efectividad a la vista de los motivos de denegación del reconocimiento y ejecución en España", *Revista General de Derecho Procesal,* 2019, n. 47, pp. 1-44.

DE HOYOS SANCHO, Montserrat, "Reconocimiento y ejecución de la Orden Europea de investigación", en I. González Cano, *Orden europea de investigación y prueba transfronteriza en la Unión Europea,* Tirant lo Blanch, Valencia, 2019, pp. 595-632.

DE HOYOS SANCHO, Montserrat, "Algunas dificultades en la aplicación práctica de la OEI", en V. Moreno Catena, M. I. Romero Pradas (dres.), *Nuevos postulados de la cooperación judicial en la Unión Europea. Libro homenaje a la Profa. M. Isabel González Cano,* Tirant Lo Blanch, Valencia, 2021, pp. 511-536.

DE JORGE MESAS, Luis F., "La cooperación judicial penal en la Unión Europea: aproximación a una teoría general del reconocimiento mutuo", *Revista Aranzadi Unión Europea,* 2015, n. 4, pp. 47-59.

DE JORGE MESAS, Luis F., *Reconocimiento de las resoluciones penales en la Unión Europea,* Tirant lo Blanch, Valencia, 2016.

DE LA OLIVA SANTOS, Andrés, *La Justicia y la Carta de Derechos Fundamentales de la Unión Europea,* Colex, Madrid, 2008.

DE LEO, Francesco "Le funzioni di coordinamento di Eurojust", *Cassazione penale,* 2004, n. 3, pp. 1110-1127.

DE LUCA, Carlotta, "Il Restyling della cooperazione giudiziaria penale: nuovi istituti e vecchi problemi", *Cassazione Penale,* 2019, n. 11, pp. 4110-4114.

DE LUCA, Carlotta, "La Corte di giustizia si pronuncia nuovamente sull'ordine europeo di indagine penale: la tutela dei diritti fondamentali prevale sull'efficienza", *Sistema Penale,* 2022, pp. 1-7.

DE LUCCHI LÓPEZ, Yolanda T. y JIMÉNEZ LÓPEZ, M. Nieves, (dres.), A. Spada Jiménez, (coord.), *The Criminal Justice System in Spain,* Atelier, Barcelona, 2022.

DEL COCO, Rosita, "Ordine europeo di indagine e poteri sanzionatori del giudice", *Diritto Penale contemporaneo,* 2015, n. 4, pp. 1-21.

DEL MAR GARCÍA RICO, Elena y MARTÍN MARTÍNEZ Magdalena (dres.), *Cooperación internacional penal, una aproximación criminológica,* Tirant lo Blanch, Valencia, 2021.

DEL MORAL GARCÍA, Antonio, "Prueba ilícita, entorno digital y derechos fundamentales: divergencias entre la jurisprudencia social y penal", en O., Fuentes Soriano (dir.), *Era digital, sociedad y Derecho,* Tirant lo Blanch, Valencia, 2020, pp. 343-363.

DELMAS-MARTY, Mireille y SPENCER John R., *European Criminal Procedures,* Cambridge University Press, Cambridge, 2002.

DÍAZ PITA, Paula M., "La orden europea de investigación en materia penal (OEI) y la lucha contra la criminalidad organizada transnacional en la Unión Europea" en *Observatorio de Criminalidad Organizada Transnacional de la Universidad de Salamanca* 2015, pp.1-14.

DI CHIARA, Giuseppe, *Cooperazione tra Stati ed assunzione della prova in territorio straniero,* Lo Scarabeo, Bologna, 1994.

DI CHIARA, Giuseppe, CERAMI, Pietro y MICELI, Maria, *Profili processualistici dell'esperienza giuridica europea. Dall'esperienza romana all'esperienza moderna,* Giappichelli, Torino, 2003.

DI CHIARA, Giuseppe, "The protection of the right of freedom on the Europen Union level: the European Arrest Warrant and non-custodial pretrial measures. The guideline of the principle of proportionality: an interpretative perspective", en S. Ruggeri (ed.), *Transnational inquiries and the Protection of Fundamental Rights in Criminal Proceedings,* Springer, Berlin Heidelberg, 2013, pp. 241-252.

DIEDE-JAN, Dieben, DIEBEN, Thom, *A challenge for European Law: The merging of internal and external security, When does war become crime? Aspects of the criminal case against Eric O.,* Wolf Legal Publishers, The Netherlands, 2005.

DI FRANCESCO MAESA, Costanza, "Balance between Security and Fundamental Rights Protection: An Analysis of the Directive 2016/680 for data protection in the police and justice sectors and the Directive 2016/681 on the use of passenger name record (PNR)", *eurojus.it* 2016, http://rivista.eurojus.it/

DIOTALLEVI, Giovanni, "L'impugnabilità con istanza di riesame davanti al giudice italiano di una richiesta di sequestro probatorio all'estero. Spunti di riflessione dopo la sentenza Sezioni Unite", *Cassazione penale,* 2003, n. 12, pp. 3900-3911.

DI PAOLO, Gabriella, "Lo spazio di Libertà, Sicurezza e Giustizia dell'UE: recenti novità sul fronte domestico e a livello europeo", *Cassazione Penale*, 2016, pp. 3018-3027.

DI PAOLO, Gabriella, "Novità. Verso una nuova architettura di gestione dei dati contenuti nei sistemi di informazione dell'Unione", *Cassazione Penale*, 2019, n. 9, pp. 3380- 3384.

DI PAOLO, Gabriella "La riforma della disciplina rogatorie internazionali (D.LG. 3 OTTOBRE 2017, N. 149)", *Cassazione Penale*, 2018, n. 10, pp. 3425-3449.

DOMÍNGUEZ RUIZ, Lidia, "La orden europea de investigación; el camino hacia un régimen europeo uniforme en materia de prueba penal", en F. Jimenez Conde (dir.), *Adaptación del Derecho Procesal español a la normativa europea y a su interpretación por los tribunales*, Tirant lo Blanch, Valencia, 2018, pp. 337-345.

DOMÍNGUEZ RUIZ, Lidia, *La orden europea de investigación, Análisis legal y aplicaciones prácticas*, Tirant lo Blanch, Valencia, 2019.

DONAIRE VILLA, Francisco, J., "Confianza recíproca y reconocimiento mutuo de resoluciones judiciales en el espacio europeo de libertad, seguridad y justicia", en J. I., Ugartemendía Eceizabarrena, y Sáiz Arnaiz, (dres.), *El futuro jurisdiccional de Europa*, Instituto Vasco de Administración Pública, Vitoria-Gasteiz, pp. 223-345.

DONDI, Angelo, "Vittorio Denti, un gran intelectual y su atención hacia a las otras culturas. Comparación y perspectiva de las reformas procesales", en M., Cachón Cadenas, J. Franco Arias, y J. Picó i Junoy, (dres.), *Revista de Derecho Procesal*, 2020, n. 1, pp. 29-40.

EFRAT, Asif, "Assessing mutual trust among EU Member States: evidence from the European Arrest Warrant", *Journal of European Public Policy*, 2019, n. 5, pp. 656-675.

ENÉRIZ OLAECHEA, Francisco, J., "Hacia un nuevo Derecho de la Unión Europea", *Unión Europea Aranzadi*, 2007, n. 7, pp. 5-8.

ERJON, Hitaj, "L'allargamento dell'Unione Europea verso i balcani occidentali. Stabilità politica della regione oltre i criteri di Copenaghen", *Rivista della cooperazione giuridica internazionale*, 2017, n. 57, pp. 49-65.

ERVO, Laura, GRÄNJ, Minna y JOKELA, Antti, *Europeanization of Procedural Law and the new challenges to fair trial*, Europa Law Publishing, Groningen, 2009.

ESCALADA LÓPEZ, María L. "Los instrumentos de cooperación judicial europea: hacia una futura fiscalía europea", *Revista de Derecho Comunitario Europeo*, 2014, n. 33, pp. 89-127.

ESCOBAR HERNÁNDEZ, Concepción, "El Tribunal Europeo de Derechos Humanos, una jurisdicción en pemanenete reforma", *Revista de Derecho Comunitario Europeo*, 2020, n. 67, pp. 771-793.

ESCUDERO LOPEZ, Manuel, "Reconocimiento mutuo, armonización de legislaciones y elemento transfronterizo en la cooperación judicial penal en la UE", en J. M. Cortés Martín y F.-G. Ruiz Yamuza (coords.), *Retos actuales de la cooperación penal en la Unión Europea*, Dykinson, Madrid, 2020, pp. 23-36.

ESPINA RAMOS, Jorge, A., "The European Investigation Order and its relationship with other judicial cooperation instruments", *Eucrim*, 2019, n. 1, pp. 53-60.

ESPINA RAMOS Jorge Á., y POZA CISNEROS, María del Carmen, "La orden europea de investigación: elementos novedosos y coexistencia con otros instrumentos de cooperación", en J. M. Cortés Martín y F.-G. Ruiz Yamuza (coords.), *Retos actuales de la cooperación penal en la Unión Europea,* Dykinson, Madrid, 2020, pp. 293-328.

ESTEVÉZ MENDOZA, Lucana, "El traslado temporal de personas de libertad al amparo de la Orden europea de investigación: especialidades según la regulación española", en M. I. González Cano (dra.), *Orden Europea de Investigación y Prueba Transfronteriza en la Unión Europea,* Tirant lo Blanch, Valencia, 2019, pp. 352-367.

FAGGIANI, Valentina, "Le direttive sui diritti processuali verso un «modello europeo di giustizia penale»?", *Freedom, Security & Justice: European Legal Studies,* 2017, n.1, pp. 84-103.

FALATO, Fabiana, "La proporzione innova il tradizionale approccio al tema della prova: luci ed ombre della nuova cultura probatoria promossa dall'ordine europeo d'indagine", *Archivio Penale,* 2018, n. 1, pp. 1-46.

FABBRINI, Federico, "The conference on the future of Europe: process and prospects", *European Law Journal,* 13 de agosto de 2021, https://doi.org/10.1111/eulj.12401

FALCONE, Maria y BARRA, Francesca, *Giovanni Falcone un eroe solo. Il tuo lavoro, il nostro presente. I tuoi sogni, il nostro futuro,* BUR Biblioteca Università Rizzoli, Milano, 2013.

FAUCHON, Chloé, "European Investigation Order Directive: What About Defence Rights?", Vilnius University Press, Vilnius, 2021, pp. 42- 48.

FERNÁNDEZ LIESA, Carlos R., DÍAZ BARRADO, Cástor M., ALCOCEBA GALLEGO, María A. y MANERO SALVADOR, Ana (coords.), *El Tratado de Lisboa: análisis y perspectivas,* Dykinson, Madrid, 2008.

FERNÁNDEZ-BERMEJO, Utrilla D., "El reconocimiento mutuo y el Derecho primario del mercado interior", en L. Arroyo Jiménez y A., Nieto Martín, *El reconocimiento mutuo en el Derecho español y europeo,* Marcial Pons, Madrid, 2018, pp. 11-47.

FERNÁNDEZ LIESA, Carlos, DÍAZ BARRADO, Cástor. M., ALCOCEBA GALLEGO, María y MANERO SALVADOR, Ana, (coords.), *El Tratado de Lisboa: análisis y perspectivas,* Dykinson, Madrid, 2008.

FERNÁNDEZ RODRÍGUEZ, Manuela, "La creación de una nueva organización internacional: la Comunidad Europea del Carbón y del Acero", *Ihering Cuadernos de Ciencias Jurídicas y Sociales,* 2018, n. 1, pp. 45-73.

FIORDOROVA, Anna, "Emisión de la Orden Europea de Investigación desde la perspectiva del derecho a solicitarla", en I. M. González Cano, *Orden Europea de Investigación y Prueba Transfronteriza en la Unión Europea,* Tirant lo Blanch, Valencia 2019, pp. 535-545.

FIORDOROVA, Anna, "La orden europea de investigación", en E. Ortega Burgos (dir.), *Actualidad Penal,* Tirant lo Blanch, Valencia, 2019, pp. 197-219.

FIORENZA, Katia, "El principio de proporcionalidad como instrumento de protección de los derechos fundamentales en el marco de la orden europea de investigación reflexiones sobre el sistema juridico italiano" en M. L. Sánchez-Arjona (dir.), J. A. Posada Pérez (coord.), *Estudios Procesales sobre el espacio Europeo de Justicia Penal,* Aranzadi, Cizur Menor, 2021, pp. 193-208.

FONTESTAD PORTALÉS, Leticia, "International Legal Cooperation and The Principle of Reciprocity: Lessons from Extradition Law", *Revista Juris Poiesis*, 2020, n. 32, pp. 580-592.

FONTESTAD PORTALÉS, Leticia, *Perspectiva crítica de la orden europea de detención y entrega a la luz de la Decisión Marco 2002/584/JAI y la Ley 23/2014 de reconocimiento mutuo de resoluciones penales en la Unión Europea (análisis comparativo con la ley 3/2003)*, Aranzadi, Cizur Menor, 2022.

FONTESTAD PORTÁLES, Leticia "La digitalización de la cooperación judicial en la Unión Europea", en L. Fontestad Portáles (dir.), *A vueltas con la transformación digital de la cooperación jurídica penal internacional*, Aranzadi, Cizur Menor, 2022, pp. 29-52.

FONTESTAD PORTALÉS, Leticia (dir.), PÉREZ TORTOSA, Francesc (coord.), *La justicia en la sociedad 4.0nuevos retos para el siglo XXI*, Colex, A Coruña, 2023.

FORCADA MIRANDA Javier, F., "La importancia de las comunicaciones judiciales directas en el ámbito de la coopración internacional", en J. F. Forcada Miranda (ed.), *Las comunicaciones judiciales directas en la cooperación jurídica internacional*, Tirant lo Blanch, Madrid, 2017, pp. 31-39.

FRANSSEN, Vanessa, y HARDING, Christopher, (eds.), *Criminal and Quasi-criminal Enforcement Mechanisms in Europe*, Bloomsbury, London, 2022.

FRIEYRO ELÍCEGUI, "Interpretación de la legislación sobre la orden europea de investigación y su aplicación práctica. Jurisprudencia del Tribunal de Justicia de la Unión Europea: Asunto C-324/2017", *Diario La Ley*, 2020, n. 9723, pp. 1-33.

FREMUTH Michael, ""Cassis de Dijon" — Zu der dogmatischen Einordnung zwingender Erfordemisse", *Europarecht*, 2006, n. 6, pp. 866-878.

FUENTETAJA PASTOR, Jesús Á. y BACIGALUPO SAGGESE Mariano (eds.), *Las políticas de la Unión Europea: la Política Exterior y de Seguridad Común y la Cooperación Policial y Judicial en materia penal*, Colex, Madrid, 2002.

FUENTETAJA PASTOR Jesús Á., "Las agencias europeas de la cooperación policial y judicial", *Revista de Derecho de la Unión Europea*, 2006, n. 10, pp. 51-93.

FUENTES VILLAR, Isabel (dra.), *Investigación y prueba en los procesos penales de España e Italia*, Aranzadi, Cizur Menor, 2019.

GALÁN MUÑOZ, Alfonso, "La protección de datos de carácter personal en los tratamientos destinados a la prevención, investigación y represión de delitos: hacia una nueva orientación de la política criminal de la Unión Europea" en I., Colomer Hernández (dir.), *La transmisión de datos personales en el seno de la cooperación judicial penal y policial en la Unión Europea*, Aranzadi, Cizur Menor, 2015.

GALANTINI, Novella, "Sentenze penali e trasferimento dei procedimenti penali nella riforma dei rapporti giurisdizionali con autorità straniere", *Rivista italiana di diritto e procedura penale*, 2018, n. 2, pp. 595-605.

GALGO PECO, Ángel, "La Red Judicial Europea y los nuevos instrumentos de agilización y coordinación", *Estudios Jurídicos. Ministerio Fiscal*, 2002, n. 4, pp. 391-398.

GALLO, Daniele, "Effetto diretto del Diritto dell'Unione Europea", *Osservatorio sulle fonti*, 2019, n. 3, pp. 1-42.

GALLO, Nunzio, "Procedimento di consegna in esecuzione di un mandato di arresto europeo: la Corte sbarra l'accesso alla persona offesa nel caso Puidgemont", *Archivio penale,* 2022, n. 1, pp. 1-20.

GARCÍA VARA Ángela, "El papel Erojust y la Red Judicial Europea en la lucha contra la delincuencia", *Derecho y Cambio Social,* 2015, n. 41, pp. 1-26.

GASCÓN INCHAUSTI, Fernando, *Infiltración policial y agente encubierto,* Comares, Granada, 2016.

GASCÓN INCHAUSTI, Fernando, "¿Hacia una cláusula implícita de orden público como límite a los instrumentos de reconocimiento mutuo en la Unión europea?", en V. Moreno Catena y M. I. Romero Pradas (dres.), E. Laro González (ed.), *Nuevos postulados de la cooperación judicial en Unión Europea,* Tirant lo Blanch, Valencia, 2021, pp. 297-330.

GARCÍA DAVID, Alejandro J., "Las garantías procesales y la orden europea de investigación", *Noticia jurídica,* 2020, https://noticias.juridicas.com/conocimiento/articulos-doctrinales/15480-las-garantias-procesales-y-la-orden-europea-de-investigacion/

GARCIMARTÍN MONTERO, Regina, "The European Investigation Order and the Respect for Fundamental Rights in Criminal Investigations", *Eucrim,* 2017, n. 1, pp. 45-50.

GARCIMARTÍN MONTERO, Regina, "Transposición en Derecho español: las reformas de la legislación legal procesal penal", en M. Jimeno Bulnes (dir.) y R. Miguel Barrio (coord.), *Espacio judicial europeo y proceso penal,* Tecnos, Madrid, 2018, pp. 275-297.

GARCIMARTÍN MONTERO, Regina, "El reconocimiento de resoluciones penales de condena en la UE: la transposición al derecho español del reconocimiento de resoluciones que imponen penas o medidas privativas de libertad y de libertad vigilada", *Revista de Estudios Europeos,* 2021, n. 78, pp. 27-50.

GARRIDO CARRILLO, Francisco J., "Insuficiencias y limitaciones de la orden europea de investigación (OEI)", *Revista de Estudios Europeos,* 2019, n. 1, pp. 206-224.

GARRIDO CARRILLO, Francisco J., *Retos en la lucha contra la delincuencia organizada,* Aranzadi, Navarra, 2021.

GARRIDO CARRILLO, Francisco J., "Debilidades de la orden europea de investigación en la lucha contra la delincuencia organizada", en F. Javier Garrido Carrillo (ed.), V. Faggiani (coord.), *Lucha contra la criminalidad organizada y cooperación judicial en la UE: instrumentos, límites y perspectivas en la era digital,* Thomson Reuters, Aranzadi, 2022, pp. 33-61, esp. p. 38.

GARRIDO CARRILLO, Francisco J. (dir.), *Respuesta institucional y normativa al crimen organizado perfiles estratégicos para una lucha eficaz,* Aranzadi, Navarra, 2022.

GATTO, Cosimo Emanuele, "Il principio di proporzionalità nell'ordine europeo di indagine penale", *Diritto Penale contemporaneo,* 2019, n. 2, pp. 69-103, https://archiviodpc.dirittopenaleuomo.org/upload/5529-gatto2019a.pdf

GENNUSA, Maria E., NINATTI, Stefania, TEGA, Diletta (eds.), "La Carta vent'anni dopo Nizza", *Quaderni costituzionali,* 2020, n. 3, pp. 623-626.

GERACI, Rosa, M., "I presupposti per il riconoscimento e l'esecuzione di un ordine di indagine europeo. Sez. VI, 31 gennaio 2019, (DEP. 25 FEBBRAIO 2019) n. 8320", *Cassazione Penale*, 2019, pp. 3178-3184.

GERACI, Rosa, M., "Primi disorientamenti interpretativi in tema di OEI: la Cassazione interviene sulle corrette modalità del giudizio di riconoscimento", *Processo Penale e Giustizia*, 2019, n. 5, pp. 1157-1164.

GERACI, Rosa, M., *Il mutuo riconoscimento della cooperazione processuale: genesi, sviluppi, morfologie*, Cacucci, Bari, 2020.

GERACI, Rosa M., "Il mutuo riconoscimento dei provvedimenti di congelamento e confisca: il Regolamento (UE) 2018/1805", *Processo penale e giustizia*, 2021, n. 5, http://www.processopenaleegiustizia.it/Article/Archive/index_html?ida=863&idn=67&idi=-1&idu=-1

GIORGI, Eloisa, *Il principio del mutuo riconoscimento nell'ordinamento dell'Unione Europea*, Università degli Studi di Firenze, Firenze, 2018, https://books.fupress.com/catalogue/il-principio-del-mutuo-riconoscimento-nellordinamento-dellunione-europea/4409

GLASER, Sanja, MOTZ, Andreas y ZIMMERMENN, Frank, "Mutual Recognition and its implications for the Gathering of Evidence in Criminal Procedings: A critical Analysis of the Iniciative for a European Investigation Order", *European Criminal Law Review*, 2011, n. 1, pp. 56-80.

GÓMEZ CAMPELO, Esther, "Orden de detención europea y extradición", en M. Jimeno Bulnes (coord.), *Justicia versus seguridad en el espacio judicial europeo: orden de detención europea y garantías procesales*, Tirant lo Blanch, Valencia, 2011, pp. 19-59.

GÓMEZ COLOMER, Juan L., "La fiscalía europea y el nuevo proceso penal que se está diseñando", in M. Llorente Sánchez-Arjona (dra.), J. A. Posada Pérez (coord.), *Estudios Procesales sobre el espacio Europeo de Justicia Penal*, Aranzadi, Cizur Menor, 2021, pp. 23-46.

GÓMEZ DE LIAÑO FONSECA-HERRERO, Marta, "El principio de reconocimiento mutuo como fundamento de la cooperación judicial penal y sus efectos en los ordenamientos de los estados miembros", *Revista de Derecho de la Unión Europea*, 2006, n. 10, pp. 155-178.

GÓMEZ SÁNCHEZ, Raúl, *Emisión, reconocimiento y ejecución de la orden europea de investigación*, Wolters Kluwer, Madrid, 2019.

GÓMEZ-JARA DÍEZ, Carlos, "Modelos del sistema europeo de derecho penal: ¿unificación versus armonización? en M. Bajo Fernández, S. Bacigalupo, C. Gómez-Jara Díez (coords), *Constitución Europea y derecho penal económico*, Centro de Estudios Ramón Areces, Madrid, 2006, pp. 326-345.

GÓMEZ-RODULFO DE SOLÍS, Ángela, "Interpretación de los principios de confianza y reconocimiento mutuos. Aplicación práctica de los mismos por los tribunales españoles y extranjeros", en J., M., Cortés Martín, y F.-G. Ruiz Yamuza (coords.), *Retos actuales de la cooperación penal en la Unión Europea*, Dykinson, Madrid, 2020, pp. 159-192.

GONZÁLEZ CANO, Isabel, *El decomiso como instrumento de la cooperación judicial en la Unión Europea y su incorporación al proceso penal español*, Tirant lo Blanch, Valencia, 2016.

GONZÁLEZ FENÁNDEZ, Ana, I., "La obtención de perfiles genéticos de ADN a través de la orden europea de investigación, en V. Moreno Catena y M. I. Romero Pradas (dres.), E. Laro González (ed.), *Nuevos postulados de la cooperación judicial en Unión Europea,* Tirant lo Blanch, Valencia, 2021, pp. 687-706.

GONZÁLEZ MONJE, Alicia, *Cooperación jurídica internacional en materia penal e intervención de comunicaciones como técnica especial de investigación,* Comares, Granada, 2017.

GONZÁLEZ-MONTES SÁNCHEZ, José L. "La cooperación judicial internacional en el ámbito del proceso penal", *Revista de Derecho Procesal,* 1996, n. 1, pp. 33-80.

GONZÁLEZ PULIDO, Irene, "Perspectivas de futuro respecto a la obtención de pruebas electrónicas transfronterizas y a la cooperación con proveedores de servicios: investigación y prueba de los ciberdelitos graves en la Unión Europea", *Diario LA LEY,* 2023, n. 10266, 2023.

GRANDE SEARA, Pablo, "Presupuestos para el reconocimiento y ejecución en España de una Orden Europea de investigación", en V. Moreno Catena y M. I. Romero Pradas (dres.), E. Laro González (ed.), *Nuevos postulados de la cooperación judicial en Unión Europea,* pp. 585-621.

GRASSO, Giovanni, PICOTTI Lorenzo, SICURELLA, Rosaria (eds.), *L'evoluzione del diritto penale nei settori d'interesse europeo alla luce del trattato di Lisbona,* Giuffré, Milano, 2011.

GRIFANTINI, Fabio, M., "Ordine europeo di indagine penale e investigazioni difensive", *Processo Penale e Giustizia,* 2018, n. 6, http://www.processopenaleegiustizia.it/HomePage

GUERRA, José E. y JANSSENS Christine, "Legal and Practical Challengers in the Application of the European Investigation Order", *Eucrim,* 2019, n. 1, pp. 46-53, https://eucrim.eu/articles/legal-and-practical-challenges-application-european-investigation-order/

GUIMARÃES, Ana P., SERRA CASTILHOS, Daniela y SIMÕES BARATA, Mário (eds.), "Autoridade de Emissão na Decisão Europeia de Investigação", *Revista jurídica Portucalense,* 2021, n. 30, pp. 24-36.

GUTIÉRREZ BERLINCHES, Álvaro, "Reconocimiento de resoluciones penales dictadas en ausencia del acusado: las limitaciones derivadas de la jurisprudencia constitucional a la luz de la legislación de la Unión Europea", *Revista española de Derecho europeo,* 2009, n. 30.

GUTIÉRREZ BARRENENGOA, Ainhoa, "El uso de la videoconferencia en el proceso penal: utilidades, requisitos y limitaciones", *R.E.D.S,* 2019, n. 14, pp. 27-41.

GUTIÉRREZ CASTILLO, Víctor, L., y LÓPEZ JARA, Manuel (eds.), *El desarollo y consolidación del espacio de libertad, seguridad y justicia de la Unión Europea,* Tecnos, Madrid, 2016.

GUTIÉRREZ CASTILLO, Víctor. L., "Espacio de seguridad, libertad y justicia" en V., M., Sánchez, *Derecho de la Unión Europea,* Huygens, Barcelona, 2010, pp. 257-264.

GUTIÉRREZ ZARZA María Angeles, "Fuentes comunitarias del derecho procesal español", *La Ley: Revista jurídica española de doctrina, jurisprudencia y bibliografía,* 2002, n. 3, pp. 1626-1633.

GUTIÉRREZ ZARZA, María, Angeles, "La orden de detención europea y el futuro de la cooperación judicial penal en la Unión Europea. Reconocimiento mutuo, confianza recíproca y otros conceptos clave", *Manuales de formación continuada,* 2007, n. 42, pp. 17-52.

GUTIÉRREZ ZARZA, María Angeles, "La protección de las personas físicas en lo que respecta a su derecho a la intimidad y los datos personales por las autoridades de emisión y ejecución de las Órdenes Europeas de investigación", en C. Arangüena Fanego y M. de Hoyos Sancho (dres.) y B. Vidal Fernández (coord.), *Garantías procesales de investigados y acusados. Situación actual en el ámbito de la Unión Europea,* Tirant lo Blanch, Valencia, 2018, pp. 421-460.

GUZZO, Giovanni P., SPATAFORA, Francesca, e VASSALLO, Stefano (eds.), "Una phiale d'oro iscritta dall'entroterra di Himera. Dalla Sicilia a New York, e ritorno", *Open Edition Journals,* 2010, n. 122-2, pp. 451-477.

HEARD, Catherine., y MANSELL, D., "The European Investigative Order: chaing the fase of evidence-gathering in EU cross-border case, *New Jornal of European Criminal Law,* 2011, n. 4, pp. 354-369.

HERNÁNDEZ LOPEZ, Alejandro, "Reflexiones en torno a la exclusión de los equipos conjuntos de investigación en la Directiva 2014/41/UE", en I. González Cano, *Orden europea de investigación y prueba transfronteriza en la Unión Europea,* Tirant lo Blanch, Valencia, 2019, pp. 209-223.

HERNÁNDEZ LÓPEZ, Alejandro, "El Reglamento (UE) 2018/1727 sobre la Agencia de la Unión Europea para la cooperación judicial penal (EUROJUST): luces y sombras al amparo de los arts. 85 Y 86 TFUE", *Revista de Estudios Europeos,* 2020, n. 75, pp. 225-241.

IACONO, Silvia, "Traffico di beni archeologici siciliani: 23 coinvolti, recuperati oltre 3mila reperti", *Giornale di Sicilia,* 2018, n. 103, https://gds.it/

IBÁÑEZ LÓPEZ-POZAS, Fernando, "La Orden Europea de Investigación y los Derechos Fundamentales: un cambio de paradigma", *Diario La Ley,* 2021, n. 9948, pp. 1-22.

IGLESIAS SÁNCHEZ, Sara y GONZÁLEZ PASCUAL, Maribel (eds.), *Fundamental Rights in the EU Area of Freedom, Security and Justice,* Cambridge University Press, Cambridge, 2021.

IRURZUN MONTORO, Fernando, "Principio de confianza y reconocimiento mutuo. Su reflejo en la ejecución de resoluciones de embargo preventivo y aseguramiento de pruebas en la Unión Europea", *Estudios de derecho judicial,* 2007, n. 117, pp. 145-166.

JANSSENS Christine, "The Principle of Mutual Recognition as Judicial Impetus for Free Movement Provisions", en C., Janssens, *The Principle of Mutual Recognition in EU Law,* Oxford University Press, Oxford, 2013, pp. 11-62.

JIMÉNEZ-VILLAREJO FERNANDEZ, Francisco, "Orden europea de investigación ¿adiós a las comisiones rogatorias?", en C. Arangüena Fanego (coord.), *Cooperación judicial civil y penal en el nuevo escenario de Lisboa,* Comares, Granada, 2011, pp. 175-204.

JIMÉNEZ CRESPO, Luis, M., "Cuestiones prácticas relativas al exhorto europeo de obtención de pruebas" en C. Arangüena Fanego, M. De Hoyos Sancho y C. Rodríguez-Medel Nieto (dres. y coord.), *Reconocimiento mutuo de resoluciones penales en la*

Unión Europea. Análisis teórico-práctico de la Ley 23/2014, de 20 de noviembre, Aranzadi, Cizur Menor, 2015, pp. 521-544.

JIMÉNEZ LÓPEZ, María de la Nieves, "Las medidas de investigación tecnológicas en la orden europea de investigación", en L. Fontestad Portalés (dra.) y M. De la Nieves Jiménez López (coord.), *La trasformación digital de la cooperación jurídica penal internacional*, Aranzadi, Cizur Menor (Navarra), 2021, pp. 187-223.

JIMENO BULNES, Mar, "La cooperación judicial y policial en el ámbito de la Unión Europea", *Revista del Poder Judicial*, 1998, n. 50, pp. 78-118.

JIMENO BULNES, Mar, "Las nuevas tecnologías en el ámbito de la cooperación judicial y policial europea", *Revista de Estudios Europeos*, 2002, n. 31, pp. 97-104.

JIMENO BULNES, Mar (coord.), *La cooperación judicial civil y penal en el ámbito de la Unión Europea: instrumentos procesales*, Bosch, Barcelona, 2007.

JIMENO BULNES, Mar, "El espacio judicial europeo a la luz del Tratado de Lisboa. Especial referencia a la cooperación judicial en materia civil", en M. del Carmen Calvo Sánchez (hom.), A.-J. Pérez-Cruz Martín y L. M. Bujosa Vadell (coords.), *Derecho, eficacia y garantías en la sociedad global. Liber Amicorum I en honor de María del Carmen Calvo Sánchez*, Atelier, Barcelona 2013, pp. 381-405.

JIMENO BULNES, Mar, "El proceso penal en los sistemas de common law y civil law los modelos acusatorio e inquisitivo en pleno siglo XXI", *Justicia revista de derecho procesal*, 2013, pp. 207-310.

JIMENO BULNES, Mar, "El modelo de espacio judicial europeo en materia penal antes y después de Lisboa: ¿justicia *versus* seguridad o seguridad *versus* justicia?", en F. Gutiérrez-Alviz Conradi (dir.), *El derecho procesal en el Espacio Judicial Europeo*, Atelier, Barcelona 2013, pp. 311-321.

JIMENO BULNES, Mar, "Perspectiva actual del Espacio Judicial Europeo en materia civil y penal. Especial incidencia de la Jurisprudencia del Tribunal de justicia", en M. Jimeno Bulnes (coord.), *Nuevas aportaciones al espacio de libertad, seguridad y justicia: hacia un Derecho Procesal europeo de naturaleza civil y penal*, Comares, Granada, 2014, pp. 1-37.

JIMENO BULNES, Mar, "La orden de detención y entrega: análisis normativo", en C. Arangüena Fanego, M. de Hoyos Sancho, C. Rodríguez-Medel Nieto (dres. y coords.), *Reconocimiento mutuo de resoluciones penales en la Unión Europeo*, Aranzadi, Cizur Menor, 2015, pp. 35-76.

JIMENO BULNES, Mar, *Aproximación legislativa versus reconocimiento mutuo en el desarrollo del espacio judicial europeo. Una perspectiva multidisciplinar*, Bosch, Barcelona, 2016.

JIMENO BULNES, Mar, "La ejecución sin exequátur. La eficacia transfronteriza de las resoluciones judiciales en el ámbito europeo", en J.F. Herrero Perezagua (dr.), *Las transformaciones del proceso civil*, Thomson Reuters Aranzadi, Cizur Menor (Navarra), 2016, pp. 265-287.

JIMENO BULNES, Mar, "Orden europea de investigación en materia penal" en Mar Jimeno Bulnes (ed.) *Aproximación legislativa versus reconocimiento mutuo en el desarrollo del espacio judicial europeo. Una perspectiva multidisciplinar*, Bosch, Barcelona, 2016, pp. 151-208.

JIMENO BULNES, Mar, "Perspectiva de la orden de detención y entrega: el principio de reconocimiento mutuo y la cooperación judicial en la Unión Europea", en J. Burgos Ladrón De Guevara (ed.) *La cooperación judicial entre España e Italia,* Instituto Vasco de Derecho Procesal, San Sebastián, 2017, pp. 5-33.

JIMENO BULNES Mar, en *Un proceso europeo para el siglo XXI,* Servicio de Publicaciones e Imagen Institucional, Universidad de Burgos, 2018, pp. 1-68, https://www.ubu.es/sites/default/files/portal_page/files/leccion_inaugural_2018-19_mar.pdf

JIMENO BULNES, Mar, "La prueba transfronteriza y su incorporación al proceso penal español", en M. I. González Cano (dir.), *Orden Europea de Investigación y Prueba Transfronteriza en la Unión Europea,* Tirant lo Blanch, Valencia 2019, pp. 719-766.

JIMENO BULNES, Mar, "La responsabilidad penal de las personas jurídicas y los modelos de compliance: un supuesto de anticipación probatoria", *Revista General de Derecho Penal,* 2019, n. 32, pp. 1-62.

JIMENO BULNES, Mar, "First Periodic Country Report: Spain", *Strengthening Trust in the European Criminal Justice Area through Mutual Recognition and the Streamlined Application of the European Arrest Warrant,* 2020, pp. 1-26.

JIMENO BULNES, Mar, "La estrategia de la cooperación judicial penal europea en materia de interes financieros", in I. B. Gómez de la Torre e N. Rodríguez-García (coords.), *Decomiso y recuperación de activos crime doesn't pay,* Tirant lo Blanch, Valencia, 2020, pp. 267-294.

JIMENO BULNES, Mar, "La orden de detención europea como instrumento procesal en la lucha contra el terrorismo", *Revista Aranzadi Unión Europea,* 2020, n. 12, pp. 51-57.

JIMENO BULNES, Mar, "La administración de justicia en la cooperación judicial Europea", en P. Martín Ríos e M.A. Pérez Márin (dres.), E. C. Pérez-Lunos Robleado e M. L. Dominguenz Barragáan (coords.), *La administración de justicia en España y en América,* Astigi, Sevilla, 2021, pp. 1019- 1058.

JIMENO BULNES, Mar, "La evolución del Espacio judicial europeo en materia civil y penal: su influencia en el proceso español", en M. Jimeno Bulnes (dra.) y C. Ruiz López (coord.) *La evolución del espacio judicial europeo en materia civil y penal: su influencia en el proceso español,* Tirant lo Blanch, Valencia, 2022, pp. 27-68.

JIMENO BULNES, Mar, "La Fiscalía Europea: un breve recorrido por la «Institución»", en J.M. Asencio Mellado, O. Fuentes Soriano, *El proceso como garantía,* Atelier, Barcelona, 2023, pp. 59-103.

JIMENO BULNES, Mar, *La orden europea de detención y entrega,* Tirant lo Blanch, Valencia, 2024.

JORDANA SANTIAGO, Mirentxu E., "La esperada reforma de la agencia de la Unión Europea para la cooperación judicial penal (Eurojust). Comentario al Reglamento (UE) 2018/1727 del Parlamento Europeo y del Consejo de 14 de noviembre de 2018", *Revista General de Derecho Europeo,* 2019, n. 48, pp. 248-276.

JUAN PATRONE, Ignazio, "La dimensione costituzionale del Diritto Penale dell'UE dopo il Trattato di Lisbona", *Diritto penale contemporaneo,* 2013, pp. 1-9.

JUSZCZAK, Adam, y SASON Elisa, "The Use of Electronic Evidence in the European Area of Freedom, Security, and Justice- An Introduction to the New EU Package on E-evidence", *Eucrim*, n. 2, 2023.

KLIMEK, Libor, "Free movement of evidence in criminal matters in the EU", *The Lawyer Quarterly*, 2012, n.4, pp. 250-290.

KLIP, André, *European Criminal Law*, Intersentia, Cambridge, 2012.

KLIP, André, "Eroding mutual trust in an European Criminal Justice Area without added value", *European Journal of Crime, Criminal Law and Criminal Justice*, 2020, n. 2, pp. 109-119.

KLIP, André, "The European Arrest Warrant, from Mutual Recognition to Mutual Supervision?", *European Criminal Law Review*, 2022, pp. 82-100.

KOSTORIS, Roberto E., "Processo penale, diritto europeo e nuovi paradigmi del pluralismo giuridico postmoderno", *Rivista italiana di diritto e procedura penale*, 2015, n. 3, pp. 1177-1204.

KOSTORIS, Roberto, E., "Ordine di investigazione europea e tutela die diritti fondamentali", *Cassazione Penale*, 2018, n. 5, pp. 1437- 1449.

KOSTORIS, Roberto, "Orden europea de investigación y derechos fundamentales", en C. Arangüena Fanego, M. de Hoyos Sancho (dras.), B. Vidal Fernández (coord.), *Garantías procesales de investigados y acusados: situación actual en el ámbito de la Unión Europea*, Tirant lo Blanch, Valencia, 2018, pp. 321-336, esp. p. 321.

KOUTRAKOS, Panos, "Is there more to say about the direct effect of directives?", *European Law Review*, 2018, n. 5, pp. 621-622.

KRAMER, Xandra, "Cross-Border Enforcement in EU: Mutual Trust versus Fair Trail? Towards Principles of European Civil Procedure", *International Journal of Procedural Law*, 2011, n. 2, pp. 202-230, p. 209.

LAI, Francesca, *Il contrasto alla criminalità transnazionale nell'Unione Europea. Atti di indagine e regime di acquisizione probatoria*, Università degli studi di Cagliari, Cagliari, 2018, https://idus.us.es/handle/11441/74756

LARO GONZÁLEZ, Elena, "Motivos de denegación del reconocimiento y la ejecución de la orden europea de investigación. ¿reconocimiento mutuo mitigado o crisis de la confianza recíproca?", *Revista de Estudios Europeos*, 2020, n. 75, pp. 206-224.

LARO GONZÁLEZ Elena, "Espacio Europeo de Justicia Penal, Cooperación judicial y principio de reconocimiento mutuo", en E. Laro González, *La Orden Europea de investigación en el espacio europeo de justicia*, Tirant lo Blanch, Valencia, 2021, pp. 33-60.

LARO GONZÁLEZ, Elena, *La Orden Europea de investigación en el espacio europeo de justicia*, Tirant lo Blanch, Valencia, 2021.

LEMMENS, Paul, y PIRET, Mathilde, "The Charter of Fundamental Rights of the European Union and the European Convention on Human Rights, from the Perspective of the European Court of Human Rights", *Cahiers de droit europeen*, 2021, n. 1, pp. 183-210.

LLORENTE SÁNCHEZ-ARJONA, Mercedes, *La Orden Europea de investigación y su incorporación al derecho español*, Tirant lo Blanch, Valencia, 2020.

LLORENTE SÁNCHEZ-ARJONA Mercedes, "El principio de reconocimiento mutuo y el principio de proporcionalidad en la Orden Europea de investigación" en V. Moreno Catena y M. I. Romero Pradas (dres.), E. Laro González (ed.), *Nuevos postulados de la cooperación judicial en Unión Europea,* Tirant lo Blanch, Valencia, 2021, pp. 559-584.

LONGO, Andrea, "La «massima anticipazione di tutela». Interdettive antimafia e sofferenze costituzionali", *Rivista di diritto pubblico italiano, comparato, europeo,* 2019, n. 19, pp. 1-39.

LOPES DA MOTA José L., "Eurojust — The Heart of the Future European Public Prosecutor's Office", *Eucrim,* 2008, n. 1-2, pp, 62-66.

LÓPEZ JIMENEZ, Raquel, "La trasposición de la orden europea de investigación en España por la Ley 3/2018, de 11 de junio", *Justicia,* 2018, n. 2, pp. 269-352.

LÓPEZ MOLINA, Mariano, "Derecho penal sustantivo en el espacio de libertad, seguridad y justicia posterior al Tratado de Lisboa. ¿Un sistema penal europeo?", *Jueces para la Democracia- información y debate* 2019, n. 94, pp. 96-112.

LÓPEZ ORTEGA, Juan, J. "La orden de detención europea: legalidad y jurisdiccionalidad de la entrega", *Jueces para la democracia,* 2002, n. 45, pp. 28-32.

LOPEZ Rita, "Riparto di giurisdizione e Procura europea", *Processo penale e giustizia,* 2021, n. 3, pp. 700 e ss.

LORENZETTO, Elisa, "L'ordine europeo di indagine penale: efficienza e garanzie per le acquisizioni probatorie in ambito eurounitario", *Cassazione Penale,* 2020, n. 3, pp. 1302-1313.

LUCHTMANN, Michiel J. y VERVAELE, John, "Agencias europeas de justicia penal y aplicación compartida (Eurojust y Fiscalía Europea)", *Justicia,* 2015, n. 1, pp. 385-434.

LUCHTMAN, Michiel y VERVAELE, John, "European Agencies for Criminal Justice and Shared Enforcement (Eurojust and the European Public Prosecutor's Office)", *Utrecht Law Review,* 2014, n. 5. pp. 132-150.

MAGRO SERVET, Vincente, "La necesaria regulación de la prueba digital en la LECrim", *Diario LA LEY,* 2022, n. 7, LA LEY Probatica nº 7, enero-marzo 2022.pdf

MANCANO, Leandro, "Trust Thy Neighbour? Compliance and Proximity to the EU through the Lens of Extradition", *Yearbook of European Law,* 2021, vol. 40, pp. 475-514.

MANDELLI, Malu, "Il concetto di «autorità giudiziaria emittente» nella disciplina del mandato d'arresto europeo alla luce di una recente pronuncia della Corte di giustizia", *Cassazione penale,* 2019, pp. 4512 y ss., https://shop.giuffre.it/070119999-cassazione-penale.html.laro

MANFREDINI, Francesca, "Con la Direttiva 2017/541/UE le Istituzioni Europee rafforzano la lotta contro il terrorismo internazionale", *Cassazione penale,* 2017, n. 9, pp. 3384-3395.

MANGIARACINA, Annalisa, "La circolazione della prova dichiarativa in ambito nazionale ed europeo", *La giustizia penale,* 2010, pp. 427-448.

MANGIARACINA, Annalisa, "A new and controversial scenario in the gathering of evidence at the European Union level: the Proposal for a Directive on the European Investigation Order", *Utrecht Law Review,* 2014, n. 1, pp. 113-133, https://www.utrechtlawreview.org/articles/abstract/10.18352/ulr.260/

MANGIARACINA, Annalisa,"Il procedimento di esecuzione dell'OEI e i margini nazionali di rifiuto", en M. Daniele, R.E. Kostoris (eds.), *L'ordine europeo di indagine penale. Il nuovo volto della raccolta transnazionale delle prove nel d.lgs n. 108 del 2017*, Giappichelli, Torino 2018, pp.108 e ss.

MANGIARACINA, Annalisa, "L'esecuzione nell'U.E. dei provvedimenti di blocco dei beni e di sequestro" en M. Montagna (ed.), *Sequestro e confisca*, Giappichelli, Torino, 2017, pp. 551-572.

MANGIARACINA, Annalisa, "L'acquisizione "europea" della prova cambia volto: l'Italia attua la Direttiva relativa all'ordine europeo d'indagine", *Diritto penale e processo*, 2018, n. 2, pp.158-180.

MAPELLI CAFFARENA, Borja, *Análisis empírico y doctrinal de la ley 23/2014 de reconocimiento mutuo de resoluciones penales*, Aranzadi, Cizur Menor, 2022.

MARANDOLA, Antonella, "Congelamento e confisca dei beni strumentali e dei proventi da reato nell'Unione Europea: la "nuova" direttiva 2014/42/UE", *Archivio Penale*, 2016, n. 1, pp. 1 y ss.

MARCHETTI Maria R., SELVAGGI Eugenio, *La nuova cooperazione giudiziaria penale, Dalle modifiche al codice di procedura penale all'ordine europeo di indagine*, Cedam, Padova, 2019.

MARTÍN DIZ, Fernando, "Propuesta de un modelo procesal penal europeo para delitos transfronterizos", en M. Llorente Sánchez- Arjona (dir.), y J. A. Posada Pérez (coord), *Estudios procesales sobre el Espacio Europeo de Justicia*, Aranzadi, Cizur Menor, 2021, pp. 51-71.

MARTÍN GRACÍA, Antonio L., y BUJOSA VADELL, Lorenzo, *La obtención de prueba en materia penal en la Unión Europea*, Atelier, Barcelona, 2016.

MARTÍN RODRÍGUEZ, Pablo, J., "La emergencia de los límites constitucionales de la confianza mutua en el espacio de libertad, seguridad y justicia en la Sentencia del Tribunal de Justicia Aranyosi y Ca˘lda˘raru", *Revista de derecho Comunitario Europeo*, 2016, n. 55, pp. 859-900.

MARTÍN RODRÍGUEZ, Pablo, "Crónica de una muerte anunciada: comentario a la Sentencia DEL Tribunal DE Justicia (Gran Sala), de 26 de febrero de 2013, Stefano Melloni, C-399/11", *Revista General de Derecho Europeo*, 2013, n. 30, pp. 1-45.

MARTÍN RODRIGUEZ, Pablo, "La insoportable levedad de la confianza mutua en el espacio de libertad, seguridad y justicia", en J. M. Cortés Martín y F.-G. Ruiz Yamuza (coords.), *Retos actuales de la cooperación penal en la Unión Europea*, Dykinson, Madrid, 2020, pp. 95-121.

MARTÍN RODRÍGUEZ, Pablo J., *El Estado de Derecho en la Unión Europea*, Marcial Pons, Madrid, 2021.

MARTÍNEZ GARCÍA, Elena, "La orden europea de investigación. Actos de Investigación, Ilicitud de la Prueba y Cooperación judicial transfronteriza", *Crónica Jurídica Hispalense*, 2016, n. 14, pp. 433-439.

MARTÍNEZ GARCÍA, Elena, "La orden europea de investigación: breve aproximación a la complejidad de la cooperación judicial transfronteriza en materia probatoria", en I. Díez-Picazo Giménez y J. Vegas Torres (coords.), *Derecho, Justicia, Universidad*

Liber amicorum de Andrés de la Oliva Santos, Editorial Universitaria Ramón Areces, Madrid, 2016, pp. 2069- 2084.

MATTERA, Alfonso, "La reconnaissance mutuelle: une valeur historique ancienne, un principe juridique intégrationniste, l'assise politique d'un modèle de société humanisteÀ l'occasion du 30e anniversaire de l'arrêt "Cassis de Dijon"", Revue du droit de l'Union Européenne, 2016, n. 3-4, pp. 457-490.

MAZZA, Olivero, "Il principio del mutuo riconoscimento nella giustizia penale, la mancata armonizzazione e il mito taumaturgico della giurisprudenza europea", *Rivista italiana di Diritto e Procedura Penale,* 2009, n. 64 (2), p. 395.

MAZZA Franco, "Ciberspazio", *La comunicazione. Dizionario di scienze e tecniche,* 2022, www.lacomunicazione.it

MAZZACUVA, Francesco, "La doppia incriminazione e la deroga per i reati di «lista positiva», en M. Daniele e R. Kostoris, *L'Ordine Europeo di indagine penale,* Giappichelli, Torino, 2018, pp. 38-52.

MAZZURI, Jacopo, "L'indipendenza del pubblico ministero nello spettro del mandato di arresto europeo", *Quaderni costituzionali,* 2020, n. 2, pp. 446-450.

MERCADO CABRERA Rafael (dr.), QUESADA LÓPEZ, Pedro, M., y LÓPEZ PICÓ, Ruben (coords.), *L'influenza del diritto processuale europeo negli ordinamenti italiano e spagnolo,* Cedam, Milano, 2018.

MILAGROS LÓPEZ, Gil, "La autenticidad de las comunicaciones interceptadas al amparo de la orden europea de investigación", *Revista General de Derecho Procesal,* 2021, n. 55, http://www.iustel.com

MITSILEGAS, Valsamis, *EU Criminal Law After Lisbon: Rights, Trust and the Transformation of Justice in Europe,* Oxford, Hart Pub Ltd, 2016.

MITSILEGAS, Valsamis (ed.), *EU Criminal Law,* Bloomsbury Publishing, Londres, 2022.

MITSILEGAS Valsamis, CAEIRO, Pedro, GLESS Sabine (eds.), *Elgar Encyclopedia of Crime and Criminal Justice,* Edward Elgar, Massachusetts, 2022.

MONTALDO, Stefano, "A caccia di... prove. L'ordine europeo di indagine penale tra complesse stratificazioni normative e recepimento nell'ordinamento italiano", *Giurisprudenza Penale,* 2017, n. 11, pp. 1-10, http://www.giurisprudenzapenale.com/wp-content/uploads/2017/11/Scarica-il-contributo-1.pdf

MONTEIRO GUEDES, Valente, "La cooperación en materia procesal penal los engaños y las ilusiones formales de los instrumentos jurídicos europeos e internacionales", *Diario La Ley,* 2008, n. 6914, pp. 1 y ss.

MONTESINOS GARCÍA, Ana, "Un paso adelante en la construcción de un espacio europeo de justicia penal: la fiscalía europea", *LA LEY Penal,* 2018, n.133, pp. 1-8.

MORÁN MARTÍNEZ, Rosa A., "El papel del Fiscal como defensor del principio de reconocimiento mutuo de reaolucones judiciales europeas", *Boletín de información del Ministerio de Justicia,* 2008, n. 2054, pp. 175-182.

MORÁN MARTÍNEZ, Rosa A., "Decisión marco de 22 de julio de 2003, relativa a la ejecución en la unión europea de las resoluciones de embargo preventivo de bienes y aseguramiento de pruebas", pp. 167-204.

MORÁN MARTÍNEZ, Rosa Ana, "Prólogo", en C. Arangüena Fanego, M. de Hoyos Sancho (dras.) y B. Vidal Fernández (coord.), Garantías procesales de investigación y acusados. Situación actual en el ámbito de la Unión Europea, Tirant lo Blanch, Valencia, 2018, pp.13-16.

MOREDA ALONSO, Nicolás, "Eurojust, a la vanguardia de la Cooperación judicial en materia penal en la Unión Europea", *Revista de Derecho Comunitario Europeo,* 2012, n. 41, pp. 119-157.

MUÑOZ DE MORALES ROMERO, Marta, "El reconocimiento mutuo en materia penal y los derechos fundamentales: de la confianza 'ciega' a la confianza reservada", en L. Arroyo Jiménez, y A. Nieto Martín, (dres.), *El reconocimiento mutuo en el Derecho español y europeo,* Marcial Pons, Madrid, 2018, pp. 243-304.

MURIEL DIÉGUEZ, Juan A., "La directiva sobre representantes legales para recabar pruebas electrónicas en el proceso penal", en S. Calaza López, L. Fontestad Portalés y P. R. Suárez Xavier (dres.), *Paideia: perspectivas jurídico-procesales en un mundo digital cambiante,* Colex, A Coruña 2024, pp. 99-117.

MURIEL DIÉGUEZ, Juan A., "Implicaciones del Reglamento (UE) 2023/1543 sobre ordenes europeas de entrega y conservación de pruebas electrónicas y la Directiva (UE) 2023/1544 en el proceso penal", *Revista Electrónica de Direito,* n. 3, 2024, pp. 239-259.

NARVÁEZ, VARGAS, Hilda, Gabriela "Schengen: acuerdo y convenio", *El léxico de la Unión Europea,* B. N. Pérez Rodríguez Cuauhtémoc, V. Pérez Llanas, T. Pérez Rodríguez, (coord.), Universidad Autónoma Metropolitana, México, 2023, pp. 382-390.

NEIRA PENA, Ana M., "La Orden Europea de Investigación. Los Derechos fundamentales como límite al principio de reconocimiento mutuo en la investigación transnacional", en F. Bueno de Mata (dir.), I. González Pulido (coord.), *La cooperación procesal internacional en la sociedad del conocimiento,* Atelier, Barcelona, 2019, pp. 237-240.

NIEVA FENOLL, Jordi, "Orden europea de investigación: autoridades competentes en el estado emisor y de ejecución, especial consideración del papel del ministerio fiscal", en M. I. González Cano (dra.), *Orden europea de investigación y prueba transfronteriza en la Unión Europea,* Tirant lo Blanch, Valencia, 2019, pp. 437- 456.

NILSSON, Hans G., "Eurojust: the beginning or the end of the European Public Prosecutor?", *Europarattslig Tidkrift,* 2000, n. 4, pp. 601-621.

NORI, Glauco, "La sovranità degli Stati, il rating e le regole sulla concorrenza", *Rassegna avvocatura dello Stato,* 2013, n. 4, pp. 1-352.

NÚÑEZ PAZ, Miguel, Á., "Blanqueo, corrupción política y función pública. Una nueva agravación penal bajo el umbral de la Unión Europea", *Revista Penal,* 2022, n. 49, pp. 101-115.

ÖBERG, Jacob, "Ytust in the Law? Mutual recognition as a justification to domestic criminal procedure", *European Constitutional Law Review,* 2020, n. 1, pp. 33-62.

ORMAZÁBAL SÁNCHEZ, Guillermo, "La formación del espacio judicial europeo en materia penal y el principio de mutuo reconocimiento. Especial referencia a la extradición y al mutuo reconocimiento de pruebas" en T., Armenta Deu, F., Gascón Inchausti y M., Cedeño Hernán, (coords.), *El derecho procesal penal en la Unión Europea,* Colex, Madrid, 2006, pp. 37-72.

OUWERKERK, Jannemieke, “Balancing mutual trust and fundamental rights protection in the of European Arrest Warrant. What role for the gravity of the underlying offence in CJEU case-law?”, *European Journal of Crime, Criminal Law and Criminal Justice*, 2018, n. 2, pp. 103-109.

PALMERI, Luigi, “La nascita di *EUROJUST* e l’attuazione della decisione istitutiva nell’ordinamento interno”, en L. Palmeri (ed.), *La Riforma di Eurojust e i nuovi scenari in materia di cooperazione giudiziaria,* Cedam, Milano, 2019, pp. 23-48.

PANZAVOLTA, Michele, “Ordine di indagine europeo e indagini bancarie: spunti di riflessione sul concetto di caso interno analogo e atto di indagine alternativo”, en A. Di Pietro y M. Caianiello, *Indagini penali e amministrative in materia di frodi IVA e di imposte doganali,* Cacucci, Bari, 2016, pp. 367-389.

PARISI, Nicoletta, “Il mandato europeo di ricerca delle prove nel sistema della cooperazione giudiziaria penale fra gli Stati membri dell’Unione”, *Rivista di diritto internazionale privato e processuale,* 2009, n. 2, pp. 327- 350.

PARODI, Cesare, “Ordine di indagine europeo: la disciplina delle intercettazioni”, *Cassazione penale,* 2020, pp. 1314-1324.

PEERS, Steve, “Mutual Recognition and Criminal Law: Has the Council got it wrong?”, *Common Market Law Review,* 2004, n. 5, pp. 1-28.

PEITEADO MARISCAL, Pilar, *El reconocimiento mutuo de resoluciones penales definitivas en la Unión Europea,* Madrid, Colex, 2006.

PEITEADO MARISCAL, Pilar, “El reconocimiento mutuo y la eficacia directa de resoluciones penales definitivas sobre procesos penales en tramitación en la UE”, en T. Armenta Deu, F. Gascón Inchausti y M. Cedeño Hernán, (coords.), *El derecho procesal penal en la Unión Europea,* Colex, 2006, pp. 179-207.

PELLEGRINO, Mario, “Cooperazione giudiziaria penale nell’UE”, *Temi europei e internazionali,* 2016, n. 3, pp. 1-192.

PELOSO, Caroline, “L’implementazione dell’ordine europeo di indagine penale nell’ordinamento italiano: il d.l.vo n. 108/2017 tra principi fondanti e recenti apporti giurisprudenziali (parte seconda) (*)”, *Archivio della nuova procedura penale,* 2020, n. 1, pp. 9-18.

PÉREZ DAUDÍ, Vincente “La prueba electrónica”, en V., Pérez Daudi, *De la justicia a la ciberjusticia,* Atelier, Barcelona, 2022, pp. 91-97.

PÉREZ GIL, Julio, “El Convenio de Asistencia Judicial en materia penal entre los Estados miembros de la UE ¿un instrumento anclado en coordenadas superadas?” *La Ley: Revista jurídica española de doctrina, jurisprudencia y bibliografía,* 2005, n. 2, pp.1547-1560.

PÉREZ GIL, Julio, “Convenio de Asistencia Judicial Penal”, en M. Jimeno Bulnes (ed.), *La cooperación judicial civil y penal en el ámbito de la unión europea: instrumentos procesales,* Bosch, Barcelona, 2007, pp. 259-297.

PÉREZ GIL, Julio, “Los equipos conjuntos de investigación penal” en M. Jimeno Bulnes (ed.), *La cooperación judicial civil y penal en el ámbito de la Unión Europea: instrumentos procesales,* Bosch, Barcelona, 2007, pp. 351-369.

PÉREZ GIL, Julio, “Medidas de investigación tecnológica en el proceso penal español: privacidad vs. eficacia en la persecución”, en R. Brighi, M. Palmirani y M.

Sánchez Jordán (eds.), *Informatica giuridica e informatica forense al servizio della società della conoscenza: scritti in onore di Cesare Maioli,* Aracne, Roma, 2018, pp. 187-198.

PÉREZ GIL, Julio, "Orden Europea de Investigación: primeras respuestas del TJUE", *Unión Europea Aranzadi,* 2020, n. 12, pp. 153-164.

PÉREZ SOUTO, Gemma, *La cooperación judicial en la Unión Europea. Eurojust y sus principales desafíos frente a la delincuencia transnacional grave.* Tesis doctoral dirigida por C. Quesada Alcalá, Facultad de Derecho UNED, 2014.

PÉREZ ROMER, Manuel J., *La prueba transfronteriza y su eficacia procesal en la Unión Europea,* Dykinson, Madrid, 2021.

PÉREZ SOUTO, Gemma, "Eurojust ¿un instrumento eficaz en la lucha contra el crimen organizado?", *Revista General de Derecho Europeo,* 2013, n. 30, pp. 1-20.

PÉREZ VILLALOBOS María C., "La corrupción en las estrategias europea y española de lucha contra el crimen organizado y la delincuencia grave", *Cuadernos de política criminal segunda época,* 2022, n. 136, pp. 229-270.

PÉRIGNON, Isabelle, y DAUCÉ, Constance, "The European Arrest Warrant: a growing success story", *ERA Forum,* 2007, n. 2, pp. 203-214.

PERŠAK, Nina, "EU criminalisation, Its Normative Justifications, and Criminological Considerations for EU Criminal Policy and Justice", *The future of EU Criminal Justice Policy and Practice,* Brill Nijhoff, Leiden, 2019, pp. 15-36.

PIAZZOLLA, Gioacchino, "Novità. Approvato il primo regolamento interno della Procura europea", *Cassazione penale,* 2021, n. 6, pp. 2206-2213.

PICCIOTTI, Vincenzo, "La riforma del mandato di arresto europeo. Note di sintesi a margine del D.lgs. 2 febbraio 2021, N. 10", *La legislazione penale,* 2021, n. 4, pp.1-40.

PIERNAS LÓPEZ, Juan J., "La sentencia "Al Barakaat" y "Kadi" del Tribunal de Justicia de las Comunidades Europeas", *Revista española de derecho internacional,* 2008, n. 2, pp 682-689.

PITTIRUTI, Marco, "La cooperación de Italia y España en tema de los datos probatorios digitales" in J. Burgos Ladrón de Guevara (coord.), *La cooperación judicial entre España e Italia,* Instituto Vasco de Derecho Procesal, San Sebastián, 2017, pp. 137-145.

PISANI, María L., "Problemi di prova in materia penale. La proposta di direttiva sull'Ordine europeo di Indagine", *Archivio penale,* 2011, n. 3, pp. 1-35.

PLANCHADELL GARGALLO, Andrea, "Ley Orgánica 9/2021, de 1 de julio, de aplicación del Reglamento (UE) 2017/1939 del Consejo, de 12 de octubre de 2017, por el que se establece una cooperación reforzada para la creación de la Fiscalía Europea (BOE del 2 de julio)", *Revista de derecho y proceso penal,* 2021, n. 63, pp. 207-222.

POLI, Pier Francesco, "Estradizione e primazia del diritto europeo nella sentenza della CGUE Melloni", *Questione e Giustizia, 2013,* https://www.questionegiustizia.it/

POLLY RUTH, Polak, "El diálogo judicial en el espacio jurídico europeo", *Revista de Derecho Comunitario Europeo,* 2022, n. 71, pp. 313-316.

PONTI, Christian, "Riforma dell'assistenza giudiziaria penale e tutela dei diritti fondamentali nell'ordinamento italiano. Dalla legge n. 149 del 2016 al recepimento della direttiva 2014/41/UE", *La legislazione penale,* 2017, n. 1, pp. 1-36.

PUENTE ABA, Luz M., *Criminalidad organizada, terrorismo e inmigración. Retos contemporáneos de la política criminal,* Comares, Granada, 2008.

RAFARACI, Tommaso, *EU Criminal Justice- Fundamental Rights, Transnational Proceedings and the European Public Prosecutor's Office,* Springer, Berlino, 2019.

REMOTTI CARBONELL, José, "El proceso de formación del Espacio de libertad, seguridad y justicia en la Unión Europea. La lucha contra la delincuencia, cooperación policial y judicial y garantías del debido proceso en el ámbito penal" en T. Freixes (coord.), *Garantías del Proceso Debido y Unión Europea,* Agencia Estatal Boletín Oficial del Estado, Madrid, 2020, pp. 21-66.

RIPOLL CARULLA, Santiago, "El diálogo judicial entre el TJUE y los tribunales constitucionales en materia de derechos fundamentales", en J. Martín y Pérez de Nanclares (dres.), *El dialogo judicial internacional en la protección de los Derechos fundamentales,* Tirant Lo Blanch, Valencia, 2019, pp. 579 y ss.

RIZCALLAH, Cecilia, "The challenges to trust-based governance in the European Union: assessing the use of mutual trust as a driver of EU integration", *European Law Journal,* 2019, pp. 37-56.

RIZZO, Alfredo, "La dimensione esterna dello spazio di libertà, sicurezza e giustizia. Sviluppi recenti e sfide aperte", *Freedom, Security & Justice: European Legal Studies,* 2017, n. 1, pp. 147-177.

RODRÍGUEZ GÓMEZ Gregorio, GIL FLORES, JAVIER GARCÍA JIMÉNEZ, Eduardo, *Metodologia de la investigacion cualitativa,* Aljibe, Granada, 1996.

RODRÍGUEZ-MEDEL NIETO, Carmen, *Obtención y admisimilidad en España de la prueba penal transfronteriza. De las comisiones rogatorias a la orden de investigación,* Aranzadi, Cizur Menor, 2016.

RODRÍGUEZ PADRÓN, Celso, "El anteproyecto de Ley de Enjuiciamiento Criminal", *Diario La Ley,* 2021, n. 9826, https://diariolaley.laleynext.es/content/Inicio.aspx

ROMANO, Luisa, "Principio di proporzionalità e mandato d'arresto europeo: verso un nuovo motivo di rifiuto?", *Diritto penale contemporaneo,* 2013, n. 1, pp. 250-267.

ROMEO MALANDA, Sergio, "Un nuevo modelo de Derecho Penal transnacional: el Derecho Penal de la Unión Europea tras el Tratado de Lisboa", *Estudios penales y criminológicos,* 2012, vol. XXXII, pp. 313-386.

ROMERO PRADAS, Maria Isabel. "Reconocimiento y ejecución de la orden europea de investigación: alternativas al reconocimiento o la ejecución" en Mª I. González Cano, *Orden Europea de Investigación y prueba transfronteriza en la Unión Europea,* Tirant lo Blanch, Valencia, 2019, pp. 647-684,

ROSI, Elisabetta, "Libera circolazione e antiterrorismo nell'Unione europea. Strumenti penali comuni", *Rivista giuridica della circolazione e dei trasporti,* 2002, n. 4-5, pp. 479-495.

RUEDA NEGRI, José M., "Decomiso, sanciones pecuniarias, embargo, orden europea de investigación", en J., M., Cortés Martín, y F.-G. Ruiz Yamuza (coords.), *Retos actuales de la cooperación penal en la Unión Europea,* Dykinson, Madrid, 2020, pp. 235-274.

RUGGIERI, Francesca, "Le nuove frontiere dell'assistenza penale internazionale: l'ordine europeo d'indagine penale", *Processo Penale e Giustizia,* 2018, n. 1, pp. 131-142.

RUGGERI, Stefano, "Horizontal cooperation, obtaining evidence overseas and the respect for fundamental rights in the EU. From the European Commission's proposals to the proposal for a directive on a European Investigation Order: Towards a single tool of evidence gathering in the EU?", en S. Ruggeri Id. (eds.), *Transnational Inquiries and the Protection of Fundamental Rights in Criminal Proceedings*, Springer, Switzerland, 2013, pp. 279-310.

RUGGIERO, Vincenzo, "Crimine organizzato e transnazionale in Europa", *Studi sulla questione criminale,* 2015, n. 2-3, pp. 183-202.

RUIZ YAMUZA, Florentino-Gregorio, "¿Réquiem por el principio de confianza mutua? Reconocimiento mutuo y tutela judicial de derechos fundamentales en la jurisprudencia del TJUE a propósito de la Orden de Detención Europea", *Revista General de Derecho Europeo,* 2017, n. 43, pp. 1696-9634.

RUIZ YAMUZA, Florentino-Gregorio, "La doble incriminación en el sistema de la Euroorden o de la necesidad de una exégesis del principio de reconocimiento mutuo: Apuntes en relación con el asunto 'Puigdemont'", *Revista de Derecho Comunitario Europeo,* 2018, n. 61, pp. 1059-1090.

RUZ GUTIÉRREZ, Pablo, R., "La orden europea de detención y entrega: Banco de pruebas del principio de reconocimiento mutuo", en J., M., Cortés Martín, y F.-G. Ruiz Yamuza (coords.), *Retos actuales de la cooperación penal en la Unión Europea,* Dykinson, Madrid, 2020, pp. 193-233.

SALAZAR, Lorenzo, "Definitivamente approvato il regolamento istitutivo della procura europea (EPPO)", *Diritto Penale Contemporaneo,* 2017, n. 10, pp. 328- 338.

SÁNCHEZ DOMINGO, María B., "Instrumentos de carácter material en materia penal lucha contra la delincuencia informática", en M. Jimeno Bulnes (coord.), *Nuevas aportaciones al espacio de libertad, seguridad y justicia: hacia un derecho procesal europeo de naturaleza civil y penal,* 2014, Comares, Granada, pp. 223-253.

SÁNCHEZ GÓMEZ, Raúl, "El ejercicio del derecho de defensa ante la emisión, reconocimiento o ejecución de una orden europea de investigación", en V. Moreno Catena y M. I. Romero Pradas (dres.), E. Laro González (ed.), *Nuevos postulados de la cooperación judicial en Unión Europea,* Tirant lo Blanch, Valencia, 2021, pp. 623-642.

SANTOS VARA, Juan, "El desarrollo de las competencias de la Oficina Europea de Policía (Europol): el control democrático y judicial", *Revista de Derecho Comunitario Europeo,* 2003, n. 14, pp. 141-179.

SATZGER, Helmut, "Mutual Recognition in Times of Crisis-Mutual Recognition in Crisis? An Analysis of the New Jurisprudence of the European Arrest Warrant", *European Criminal Law Review,* 2018, n. 3, pp. 317-331.

SAULINO, Federica, "La cooperazione giudiziaria in materia penale e le funzioni di coordinamento di Eurojust: risultati ottenuti e sfide per il futuro", *Rivista Internazionale di Studi Europei,* 2018, n. 1, pp. 9-14.

SCEVI, Paola, "Diritto penale e terrorismo. Il difficile equilibrio tra sicurezza nazionale e diritti fondamentali", *Archivio Penale,* 2018, n. 1, pp. 49-65.

SELVAGGI, Eugenio, "Le nuove forme di cooperazione: un ponte verso il futuro", en G. La Greca e M.R., Marchetti (coords.) *Rogatorie penali e cooperazione giudiziaria internazionale,* Giappichelli, Torino, 2003, pp. 464 y ss.

SELVAGGI, Eugenio, "La circolare del Ministero della Giustizia sul c.d. ordine europeo d'indagine", in *Diritto penale contemporaneo,* 2017, n. 11, https://www.penalecontemporaneo.it/

SERRANO AMADO, Roberto y VALLESPÍN PÉREZ, David, "La euroorden y el respeto de los derechos fundamentales" en F. J., Donaire Villa y A., Olesti Rayo, *Técnicas y ámbitos de coordinación en el espacio de libertad, seguridad y justicia,* Marcial Pons, Madrid, 2015, pp. 93-106.

SÁNCHEZ DOMINGO, María Belén, "Problemática penal de la orden de detención europea", en M. Jimeno Bulnes (coord.), Justicia versus seguridad en el espacio judicial europeo*: orden de detención europea y garantías procesales,* Tirant lo Blanch, Valencia, 2011, pp. 61-108.

SÁNCHEZ GÓMEZ, Raúl, *Emisión, reconocimiento y ejecución de la orden europea de investigación,* Wolters Kluwer, Madrid, 2019.

SARMIENTO Daniel, "Un paso más en la constitucionalización del tercer pilar de la Unión Europea. La sentencia Maria Pupino y el efecto directo de las decisiones marco", *Revista electrónica de estudios internacionales,* 2005, n. 10, pp. 1-32.

SCEVI, Paola, "Diritto penale e terrorismo. Il difficile equilibrio tra sicurezza nazionale e diritti fondamentali", *Archivio Penale,* 2018, n. 1, pp. 49-65.

SCHROEDER, Werner LL.M., "Limits to European Harmonisation of Criminal Law", *Eucrim,* 2020, n. 2, pp. 144-148.

SELVAGGI, Eugenio, "La circolare del Ministero della Giustizia sul c.d. ordine europeo d'indagine", in *Diritto penale contemporaneo, 2017,* n. 11, https://www.penalecontemporaneo.it/

SIITAM-NYIRI, Kristel, "EPPO and digital challenges", *Eucrim,* 2021, n. 1, pp. 61-62.

SIGNES DE MESA, Juan I., *Derecho Procesal Europeo,* Iustel, Madrid, 2018.

SIMPSON Sally S., *Corporate crime, law, and social control,* Cambridge University Press, New York, 2002.

ŠKRLEC, Boštjan, "Eurojust and External Dimension of EU Judicial Cooperation", *Eucrim,* 2019, n. 3, pp. 188-193.

SPAGNOLO, Paola, "La nuova cooperazione giudiziaria penale: mutuo riconoscimento e tutela dei diritti fondamentali", *Cassazione Penale,* 2020, n. 3, pp. 1290- 1301.

SPATAFORA, Francesca, e VASSALLO, Stefano, "La phiale aurea di Caltavuturo", a cura di Soprintendenza Beni Culturali e Ambientali di Palermo, 2005, Palermo, https://www2.regione.sicilia.it/beniculturali/dirbenicult/musei/guide_brevi/Phiale%20Aurea%20(Guida%20Breve).pdf

SPENCER John, R., "Il principio del mutuo riconoscimento" en R.E., Kostoris, Manuale di procedura penale, 3ª edición, Giuffre, Milano, 2017, pp. 313.

SPIEZIA, Filippo, "Il coordinamento giudiziario sovranazionale: problemi e prospettive alla luce della nuova decisione 2009/426/GAI che rafforza i poteri di Eurojust", *Cassazione Penale,* 2010, n.5, pp. 1990-2005.

STANI, Pasqualina, L., "Carabinieri: operazione "Demetra"contro il trafffico internazionale di beni archeologici siciliani", *Report Difesa,* 2018, https://www.reportdifesa.it/

STAJNKO, Jan, "Request of the defence for the issuing of European investigation orders — a viable instrument or a paper tiger?", Project European Investigation Order — Legal Analysis and Practical Dilemmas of International Cooperation — EIO-LAPD, https://eio-lapd.eu/?fbclid=IwAR2eGVphPL910B2IFE6qeNHn9jShkp-FYY8CoXNwNn4Ct2WDQ60FTTfRcqJk

STEFANO, Pierluigi, "La Corte di giustizia interviene sull'accesso ai dati di traffico telefonico e telematico e ai dati di ubicazione a fini di prova nel processo penale solo un obbligo per il legislatore o una nuova regola processuale?", *Cassazione penale*, 2021, n. 7-8, pp. 2563-2579.

STEIN, Sibyl, "Combating crime in the European Union: The development of the EU Policy", *European Journal of Crime, Criminal Law & Criminal Justice*, 2004, n. 4, pp. 337-247.

SUÁREZ XAVIER, Paulo, R. "Policía predictiva y Eurojust: Un análisis de la postura de la Únion Europea" en L. Fontestad Portalés (dr.) M. De Las Nieves Jiménez López (coord.), *La transformación digital de la cooperación jurídica penal internacional*, Aranzadi, Cizur Menor 2021, pp. 289-315.

SUOMINEN, Annika, "Different implementations of mutual recognition framework decision", *Eucrim*, 2011, n. 1, pp. 24-27.

TAUPIAC NOUVEL, Guillemine, "The principle of mutual recognition in criminal matters: a new model of judicial cooperation within the European Union", *European Criminal Law Review*, 2012, n. 3, pp. 236-251.

TINOCO PASTRANA, Ángel, "L'ordine europeo di indagine penale", *Processo Penale e giustizia*, 2017, n. 2, pp. 346-358.

TINOCO, PASTRANA, Ángel, "El embargo preventivo y el aseguramiento de pruebas en los procesos penales en la Unión Europea. Novedades tras la Ley 23/2014, de reconocimiento mutuo de resoluciones penales en la Unión Europea y la Directiva 2014/41/CE relativa a la orden europea de investigación en materia penal", *Cuadernos Europeos de Deusto*, 2015, n. 52, pp. 121-146.

TIRADO ROBLES, Carmen, *Eurojust: la coordinación de la cooperación judicial penal en la Unión Europea*, Real Instituto de Estudios Europeos, Zaragoza, 2002.

TOPALNAKOS Pavlos G., "Critical Issues in the New EU Regulation on Electronic Evidence in Criminal Proceedings", *Eucrim*, n. 2, 2023, pp. 200-203.

TRAPELLA, Francesco, "Il provvedimento che attua la Convenzione di Bruxelles del 2000: una lunga gestazione e un destino incerto", *Processo Penale e Giustizia*, 2018, n. 1, pp 114-130.

UGARTEMENDIA ECEIZABARRENA, Juan. I., y RIPOLL CARULLA, Santiago, "La euroorden ante la tutela de los derechos fundamentales. Alguna cuestión de soberanía ius fundamental (A propósito de la STJ Melloni, de 26 de febrero de 2013, C-399/11", *Revista española de Derecho europeo*, 2013, n. 46, pp. 151-197.

VACAS FERNÁNDEZ, Félix, "The european public prosecutor's office: a major step towards political integration or another middle-ground european agency in the name of pragmatism?", *Revista General de Derecho Europeo*, 2020, n. 51, pp. 253-280.

VALBUENA GONZÁLEZ, Félix, "La intervención a distancia de sujetos en el proceso penal", *Revista del poder Judicial*, 2007, n. 85, pp. 221-288.

VALBUENA GONZÁLEZ, Félix, "Garantías procesales en la orden de detención europea", en M. Jimeno Bulnes (coord.), *Justicia versus seguridad en el espacio judicial europeo: orden de detención europea y garantías procesales,* Tirant lo Blanch, Valencia, 2011, pp. 201-229, esp. pp. 209-218.

VAN BALLRGOOIJ, Wouter, *The Nature of Mutal Recognition in European Law,* Intersentia, Cambridge, 2015.

VARONA JIMÉNEZ, Alberto, "Captación y grabación de comunicaciones orales mediante la utilización de dispositivos electrónicos. La problemática de su dimensión temporal", *Revista General de Derecho Procesal,* n. 61, 2023.

VELILLA, Natalia, *Así funciona la Justicia-Verdades y mentira en la Justicia española,* Arpa Editores, Barcelona, 2021.

VENEGONI, Andrea, " La Corte di Giustizia gioca di nuovo un ruolo nella creazione del diritto penale europeo: il caso Pupino", https://www.magistraturaindipendente.it/la-corte-di-giustizia-gioca-di-nuovo-un-ruolo-nella-creazione-del-diritto-penale-europeo-i.htm

VENEZIA, Lorenzo, "Il ruolo di Eurojust per la cooperazione giudiziaria penale", Diritto Consenso, 2018, disponible en https://www.dirittoconsenso.it/2018/01/07/il-ruolo-di-eurojust-per-la-cooperazione-giudiziaria-penale/

VERMEULEN G., DE BONDT W., VAN DAMME Y., *EU cross-border gathering and use of evidence in criminal matters. Towards mutual recognition of investigative measures and free movement of evidence?,* Maklu, Antwerpen 2010.

VERNIMMEN-VAN TIGGELEN, Giselé, y SURANO, Laura, "Analysis of the future of mutual recognition in criminal matters in de UE", *Eclan,* 2008, n. 17, pp. 1-93

VERVAELE, John, A.E., "The transnational ne bis in idem principle in the EU. Mutual recognition and equivalent protection of human rights", *Utrecht Law Review,* 2005, vol. 2., pp. 1-19.

VERVAELE, John A. E., "El principio de non bis in idem en Europa", en L. A., Arroyo Zapatero y A. Nieto Martín (dres.), y M., Muñoz de Morales Romero (coord.), *La orden de detención y entrega europea,* Universidad de Castilla-La Mancha, Castilla-La Mancha, 2006, pp. 229-256.

VERVAELE, John, A.E., "De Eurojust a la fiscalía europea en el espacio judicial europeo. ¿El inicio de un derecho procesal penal europeo?" en J.A., Espina Ramos y I. Vicente Carbajosa (dres.), *La Futura Fiscalía Europea, Ministerio de Justicia-Gobierno de España,* Imprenta Nacional del Boletín del Estado, Madrid, 2009, pp. 133-171.

VERVAELE, John A.E, "El espacio de libertad, seguridad y justicia: ¿Hacia una protección equivalente de las partes/participantes en el proceso penal", in Montserrat de Hoyos (dra.), *Garantías y derechos de las víctimas especialmente vulnerables en el marco jurídico de la Unión Europea,* Tirant lo Blanch, Valencia, 2013, pp. 15-30.

VERVAELE, John. A.E., *Derechos Fundamentales en el espacio de libertad, seguridad y justicia: el ne bis in idem praetoriano del Tribunal de Justicia,* Ubijus, Mexico, 2015.

VERVAELE John, A.E., "European Investigation Order and Financial Investigations in the Netherlands" en A. di Pietro y M Caianello (eds.), *Indagini penali e amministra-*

tive in materia di frodi IVA: L'impatto dell'European Investigation Order, Cacucci, Bari, 2017, pp. 383 y ss.

VERVAELE, John A.E., *European Criminal Justice in the Post-Lisbon Area of Freedom, Security and Justice,* Quaderni della Facoltà di Giurisprudenza dell'Università degli studi di Trento, Trento, 2014.

VERVAELE, John A.E. e DELMAS-MARTY Mireille, *The Implementation of the Corpus Juris in the Member States: Penal Provisions for the Protection of European Finances,* Intersentia, Antwerpen, 2000.

VERVAELE, John, A.E., "The shaping and Reshaping of Eurojust and OLAF: Investigative Judicial Powers in the European Judicial Area", *Journal of National Prosecutors College,* 2010, n. 5. pp. 153-159.

VERVAELE, John A.E., "The European Public Prosecutor's Office (EPPO): Introductory Remarks in W. Geelhoed, L. H. Erkelens, A. W. H. Meij, *Shifting perspectives on the european public prosecutor's office,* Assere Press, The Hague, 2018, pp. 11-20.

VERVAELE, John, A.E., "Counterterrorism: Net Widening and Function Creep in Criminal Justice", en R., Wenin, y G. Fornasari (eds.), *Diritto Penale e Modernità: Le nuove sfide fra terrorismo, sviluppo tecnologico,* Università degli Studi di Trento, Trento, 2017, pp. 247-264.

VERVAELE, John, A.E., "Responsabilità giuridica e politica della Procura Europea nell'esercizio dell'azione penale e nello svolgimento delle indagini: l'asimmetria dei controlli condivisi", in V. Militello, A. Spena (eds), *Mobilità, sicurezza e nuove frontiere tecnologiche,* Giappichelli, Torino 2018, pp. 344-369.

VERVAELE John, A. E., *El derecho penal europeo,* Olejnik, Santiago-Chile, 2020.

VIDAL FUEYO, Camino, "El principio de proporcionalidad como parámetro de constitucionalidad de la actividad del Juez", *Anuario de Derecho Constitucional Latinoamericano,* 2005, pp. 427-447.

VIGANÒ, Francesco, "Obblighi di adeguamento al Diritto UE e 'controlimiti': la Corte Costituzionale spagnola si adegua, Bon Gré Mal Gré, alla sentenza dei giudici di Lussemburgo nel Caso Melloni, Tribunal Constitucional de España, sent. 13 febbraio 2014, recurso de amparo 6922/2008, Melloni", *Diritto Penale Contemporaneo,* 2014, https://archiviodpc.dirittopenaleuomo.org/

VILLODRE LÓPEZ, José, "La Orden Europea de investigación penal: transposición de la Directiva 2014/41 del Parlamento Europeo y del Consejo de 3 de abril de 2014 (I)", *Diario la Ley,* 2018, pp. 1-10.

VILLODRE LÓPEZ, José, "La Orden Europea de investigación penal: transposición de la Directiva 2014/41 del Parlamento Europeo y del Consejo de 3 de abril de 2014 (II)", *Diario la Ley,* 2018, pp. 1-15.

VILLODRE LÓPEZ, José, en "La orden europea de investigación penal: transposición de la Directiva 2014/41 DEL Parlamento Europeo y del Consejo de 3 de abril de 2014" (III, 2), *Diario La Ley,* 2018, n. 9273, http://diariolaley.laley.es

VLASTNIK, Jirí, "Eurojust — A cornerstone of the federal criminal justice system in the EU?" en E., GUILD y GEYER, F. (eds.), *Security versus Justice? Police and Judicial Cooperation in the European Union,* Aldershot, Ashgate Publishing, 2008, pp. 35-49.

VOGEL, Joachim R., "La prueba transnacional en el proceso penal: un marco para la teoría y praxis", en V. C. Guzmán Fluja (dir.), *La prueba en el Espacio Europeo de Libertad, Seguridad y Justicia Penal,* Aranzadi, Cizur Menor, 2006, pp. 42-59.

VOGLER, Richard y HUBER, Barbara (eds.), *Criminal Procedure in Europe,* Duncker & Humblot, Berlin, 2008.

WEATHERILL, Stephen, "The principle of mutual recognition; it doesn't work because doesn't exist", *European Law Review,* 2018, n. 2, pp. 224-233.

WEYEMBERGH, Anne, "Te Devolopment of Eurojust: Potential and Limitations of Article 85 of the TFUE", *New Journal of European Criminal Law,* 2011, n. 1, pp. 85 y ss.

WERNER SCHROEDER, LL.M., "Limits to European Harmonisation of Criminal Law", *Eucrim,* 2020, n. 2, pp. 144-148.

WEYEMBERGH, Anne, "Approximation of criminal laws, the constitutional treaty and Hague Programme", *Common Market Law Review,* n. 6, 2005, pp. 1567-1597.

WEYEMBERGH, Anne, "Storia della cooperazione", AA. VV., en R. E. Kostoris (ed.), *Manuale di procedura penale europea,* Milano, Giuffré, 2017.

WISCHMEYER, Thomas, "Generating trust through Law? Judicial cooperation in the European Union and 'the principle of mutual trust'", *German Law Journal,* 2016, n. 3, pp. 339-382.

Legislación y Disposiciones Normativas

— UNIÓN EUROPEA

Reglamento (UE) 2016/95 del Parlamento Europeo y del Consejo de 20 de enero de 2016, por el que se derogan determinados actos en el ámbito de la cooperación policial y judicial en materia penal, DOUE de 2 de febrero de 2016, n. L 26, pp. 9-12.

Reglamento (UE) 2017/1939 del Consejo, de 12 de octubre de 2017 por el que se establece una cooperación reforzada para la creación de la Fiscalía Europea («EPPO»), G.U., L 283 del 31 octubre del 2017, pp. 1-71.

Reglamento (UE) 2018/1727 del Parlamento Europeo y del Consejo, de 14 de noviembre de 2018, sobre la Agencia de la Unión Europea para la Cooperación Judicial Penal (Eurojust) y por la que se sustituye y deroga la Decisión 2002/187/JAI del Consejo, DOUE de 21 de noviembre de 2018, n. L 295/138, pp. 138-183.

Reglamento (UE) 2022/850 del Parlamento Europeo y del Consejo, de 30 de mayo de 2022, relativo a un sistema informatizado para el intercambio electrónico transfronterizo de datos en el ámbito de la cooperación judicial en materia civil y penal (sistema e-CODEX), DOUE de 1 de junio de 2022, n. 150, pp. 1 a 19, y por el que se modifica el Reglamento (UE) 2018/1726.

Directiva 2012/29/UE del Parlamento Europeo y del Consejo de 25 de octubre de 2012 por la que se establecen normas mínimas sobre los derechos, el apoyo y la protección de las víctimas de delitos, y por la que se sustituye la Decisión marco 2001/220/JAI del Consejo, DOUE de 14 de noviembre de 2012, n. 315, pp. 57-13.

Directiva 2016/680 del Parlamento Europeo y del Consejo de 27 de abril de 2016, a la protección de las personas físicas en lo que respecta al tratamiento de datos personales por parte de las autoridades competentes a efectos de prevención, investigación, detección y enjuiciamiento de delitos o ejecución de sanciones penales, así como a la libre circulación de dichos datos y por la que se deroga la Decisión Marco 2008/977/JAI del Consejo.

Decisión de 14 de diciembre de 2000, por la que se crea una Unidad provisional de cooperación judicial, publicada en el DOUE de 21 de diciembre de 2000, n. L 324.

Decisión 2002/187/JAI del Consejo, de 28 de febrero de 2002, por la que se crea Eurojust para reforzar la lucha contra las formas graves de delincuencia, DOUE de 6 de marzo de 2002, n. L 63, pp. 1-13.

Decisión Marco 2002/465/JAI del Consejo, de 13 de junio de 2002, DOCE de 20 de junio de 2002, relativa a equipos comunes de investigación, n. L. 162, pp. 1-3.

Decisión Marco 2002/548/JAI del Consejo, de 13 de junio de 2002, relativa a la orden de detención europea y a los procedimientos de entrega entre Estados miembros (2002/584/JAI). DOCE de 18 de julio de 2002, n. L. 190, pp. 1-18.

Decisiones Marco 2003/577/JAI, DOUE de 2 de agosto de 2003, n. L. 196, pp.45-55.

Decisione 2007/533/GAI del Consiglio, del 12 giugno 2007, sull'istituzione, l'esercizio e l'uso del sistema d'informazione Schengen di seconda generazione (SIS II), G.U. 7 agosto del 2007, n. 205, pp. 63-84.

Decisión del Consejo 2008/976/JAI de 16 de diciembre de 2008 sobre la Red Judicial Europea, DOUE de 24 de diciembre de 2008, n. 348, pp. 130 a 134.

Decisión 2009/426/JAI del Consejo, de 16 de diciembre de 2008, por la que se refuerza Eurojust y se modifica la Decisión 2002/187/JAI por la que se crea Eurojust para reforzar la lucha contra las formas graves de delincuencia, DOUE de 4 de junio de 2009 n. 138, pp. 14 a 32.

Decisione Quadro 2008/841/GAI del Consiglio, del 24 ottobre 2008, relativa alla lotta contro la criminalità organizzata, G.U. del 11 novembre 2008, n. 300, pp. 42-45.

COM (2003) 75 final, Libro Verde sobre las garantías procesales para sospechosos e inculpados en procesos penales en la Unión Europea.

COM (2004) 328 final — CNS 2004/0113, Propuesta de Decisión marco del consejo relativa a determinados derechos procesales en los procesos penales celebrados en la Unión Europea.

COM (2005) 195 final, del 19 de mayo de 2005, Comunicación de la Comisión al Consejo y al Parlamento Europeo sobre el reconocimiento mutuo de las resoluciones judiciales en materia penal y el fortalecimiento de la confianza mutual entre los Estados miembros.

COM (2009) 624 final, del 11 de noviembre de 2009, Libro Verde sobre la obtención de pruebas en materia penal en otro Estado miembro y sobre la garantía de admisibilidad, pp.1-5

COM (2021) 21 final, el 20 de enero de 2021, Propuesta de Directiva del Parlamento Europeo y del Consejo por la que se modifica la DOEI en lo que respecta a su alineamiento con las normas de la UE sobre protección de datos personales", pp. 1-8.

Ratifica ed esecuzione dei seguenti Accordi internazionali, firmati a Roma il 25 marzo 1957: a) Trattato che istituisce la Comunità europea dell'energia atomica ed Atti allegati; b) Trattato che istituisce la Comunità economica europea ed Atti allegati; c) Convenzione relativa ad alcune istituzioni comuni alle Comunità europee G.U. del 23 dicembre 1957, n. 317. LEGGE 14 ottobre 1957, n. 1203.

Convenio relativo a la asistencia judicial en materia penal entre los Estados miembros de la Unión Europea del 29 mayo de 2000, DOCE de 12 de julio de 2000, n. C197.

Convenzione di applicazione dell'Accordo di Schengen del 14 giugno 1985 tra i governi degli Stati dell'Unione economica Benelux, della Repubblica federale di Germania e della Repubblica francese relativo all'eliminazione graduale dei controlli alle frontiere comuni, G.U.U.E. del 22 settembre del 2000, n. L 239, pp. 19-62.

Programa de Estocolmo de 11 de diciembre de 2009, DOUE del 4 de mayo de 2010, n. C115, pp. 1-38.

Trattato di Maastricht, G.U del 29 luglio 1992, n. C 191, pp. 1-112.

Trattato sull'Unione europea (versione consolidata Nizza), G.U. C 325 del 24 dicembre del 2002, pp. 21-22.

96/277/GAI: Azione comune, del 22 aprile 1996, adottata dal Consiglio sulla base dell'articolo K.3 del Trattato sull'Unione europea, relativa ad un quadro di scambio di magistrati di collegamento diretto a migliorare la cooperazione giudiziaria fra gli Stati membri dell'Unione europea, G. U.U.E. n. L 105, del 27 aprile del 1996, pp. 0001-0002.

Trattato sul funzionamento dell'Unione Europea, G.U. del 26 ottobre 2012, n. C 326 pp. 1-390.

Trattato di Lisbona che modifica il trattato sull'Unione europea e il trattato che istituisce la Comunità europea, firmato a Lisbona il 13 dicembre 2007, G.U. del 17 dicembre del 2007, n. C 306, pp. 1- 271.

— ESPAÑA

Conclusiones del Consejo sobre reconocimiento mutuo, DOUE de 13 de diciembre de 2018.

Convenio de Bruselas de 1968, DOUE del 26 de enero de 1998, n. C 027, p. 1-27.

Decisión Marco 2009/299/JAI del Consejo, DOUE de 27 de marzo de 2009.

Directiva 2004/80/CE del Consejo, DOUE de 29 de abril de 2004.

Directiva 2014/41/CE, relativa a la OEI, DOUE de 1 de mayo de 2014.

Directiva 2014/41/CE, del Parlamento Europeo y del Consejo de 3 de abril de 2014 sobre la Orden Europea de Investigación, DOUE de 1 de mayo de 2014, n. 130, pp. 1-36.

Decisión Marco 2002/187/JAI del Consejo, de 28 de febrero de 2002 por la que se crea Eurojust para reforzar la lucha contra las formas graves de delincuencia, pp. 1-13, DOUE de 6 de marzo de 2020 n. L. 063, pp.1-13.

Decisiones Marco 2008/978/JAI, DOUE de 30 de diciembre de 2008, n. L 350, pp. 72-92.

Instrumento de ratificación de 14 de julio de 1982, del Convenio Europeo de Asistencia Judicial en Materia Penal del Consejo de Europa, de 20 de abril de 1959, BOE de 17 de septiembre de 1982, n. 223, pp. 25166 a 25174.

La Carta de los Derechos Fundamentales de la Unión Europea, DOUE de 18 de diciembre de 2000.

Ley 50/1981, de 30 de diciembre, por la que se regula el Estatuto Orgánico del Ministerio Fiscal. BOE de 13 de enero de 1982, n. 11, pp. 708 a 714.

Ley 18/2006, de 5 de junio sobre la eficacia en la UE de las resoluciones de embargo y de aseguramiento de pruebas en procesos penales, BOE de 6 de junio de 2006, n. 134, pp. 21218-21229).

Ley Orgánica 7/2014, de 12 de noviembre, sobre intercambio de información de antecedentes penales y consideración de resoluciones judiciales penales en la Unión Europea, BOE de 13 de noviembre de 2014, n. 275, pp. 93204-93214.

Ley 23/2014, de 20 de noviembre, de reconocimiento mutuo de resoluciones penales en la Unión Europea, BOE de 21 de noviembre de 2014, n. 282, pp. 95437 a 95593.

Ley 3/2018 de 11 junio 2018, por la que se modifica la Ley 23/2014 de 20 de noviembre sobre el principio de reconocimiento mutuo de resoluciones penales en la UE, BOE del 12 giugno 2018, n. 142, pp. 60161-60206.

Ratificación del Convenio relativo a la asistencia judicial en materia penal entre los Estados miembros de la Unión Europea del 29 mayo de 2000, BOE de 28 de octubre de 2005, n. 258, pp. 35347-35348.

Real Decreto de 14 de septiembre de 1882 por el que se aprueba la Ley de Enjuiciamiento Criminal, publicado en GAZ de 17de septiembre de 1882, n. 260, pp. 803-806.

Tratado de Lisboa de 13 de diciembre de 2007, DOUE de 9 de mayo de 2008.

— ITALIA

Ley del 24 de febrero de 1962, G.U., de 13 abril de 1961, n. 92, pp. 1-16.

Legge 22 aprile 2005, n. 69, G.U., 29 aprile 2005, n. 98 pp. 1-128.

Ley 21 de julio de 2016, n. 149, G.U., el 4 de agosto de 2016, n. 181 pp. 1-45.

Legge di delegazione europea 2018, G.U., 18 de ottobre de 2019, n. 245, pp. 1-104.

Circolare in tema di attuazione della direttiva 2014/41/UE relativa all'ordine europeo di indagine penale, 26 ottobre 2017, pp. 1-20.

Codice dei beni culturali e del paesaggio, ai sensi dell'articolo 10 della legge 6 luglio 2002, n. 137, G. U. del 24 febbraio 2004, n. 45 — Supplemento Ordinario n. 28.

G.U. C. E., 1° maggio 2014, n. 130, pp. 1-37.

D.lgs el 15 de febrero de 2016, n. 35, G.U. del 11 de marzo del 2016, n. 59, https://www.gazzettaufficiale.it/eli/gu/2016/03/11/59/sg/pdf

Decreto Legislativo n. 108, de 21 de junio de 2017, adoptado en aplicación de la *legge di delegazione europea* de 9 de junio de 2015 n. 114, G.U. el 9 de julio 2015, n. 114, pp. 1-36.

D.lgs. del 30 de junio de 2003, n. 196, G.U., el 29 de julio de 2003, n. 174, pp.1-208.

Circolare 26 ottobre 2017 — Attuazione della direttiva 2014/41/UE relativa all'ordine europeo di indagine penale — Manuale operativo

Ratifica della Convenzione relativa all'assistenza giudiziaria in materia penale tra gli Stati membri dell'Unione europea del 29 maggio del 2000, con il Decreto Legislativo del 5 aprile 2017, n. 52, G.U. del 27 aprile 2017, n. 97, pp. 1-72.

OTROS ÁMBITOS

Dictamen 1/2017 de 19 de mayo Fiscal de Sala de Cooperación Penal Internacional sobre el régimen legal aplicable debido a la no transposición en plazo de la Directiva 2014/41/CE.

Instrumento de ratificación de 21 de abril de 1982, del Convenio Europeo de Extradición, hecho en París el 13 de diciembre de 1957, BOE de 8 de junio de 1982, n. 136, pp. 15454 a 15462.

Informe anual actividad judicial, TJUE, febrero 2021, Unión Europea, pp. 1-399, https://curia.europa.eu/jcms/jcms/Jo2_7000/es/

Eurojust, Report on Eurojust's casework in the field of the European Investigation Order, del 24 de Noviembre 2020, pp. 1-58.

Piano d'azione contro la criminalità organizzata (adottato dal Consiglio il 28 aprile 1997), G.U. del 15 agosto del 1997, n. C 251, pp. 1-18.

Risoluzione sul piano d'azione contro la criminalità organizzata G.U. del 8 dicembre 1997, n. C 371.

Resolución 2008/C 299/01 del Consejo y de los Representantes de los Gobiernos de los Estados miembros reunidos en el seno del Consejo, relativa a la formación de jueces y fiscales y del personal al servicio de la administración de justicia en la Unión Europea, DOUE n. C 299 de 22 de noviembre de 2008, pp. 1-4.

Risoluzione del Parlamento europeo del 25 ottobre 2011 sulla criminalità organizzata nell'Unione europea.

Conclusions of the 57th Plenary Meeting of the European Judicial Network (EJN) (Slovenia, 18-19 October 2021), https://www.ejn-crimjust.europa.eu/ejn/NewsDetail/EN/760/H

Jurisprudencia

— CONSEJO DE EUROPA

STEDH de 6 de enero de 2010, asunto Vera Fernández-Huidobro c. España, demanda núm. 25242/06.

— UNIÓN EUROPEA

STJUE de 20 de febrero de 1979, C-120/78, ECLI:EU:C:1979:42

STJUE de 11 de mayo de 1989. *Esther Renée Wurmser,* C 25/88. ECLI:EU:C:1989:187.

STJUE (Gran Sala) de 16 de junio de 2005, *Pupino,* C-105/03, ECLI:EU:C:2005:386, (TOL4.625.688)

STJUE de 3 de septiembre de 2008, C-402/05 P y C-415/05 P, ECLI:EU:C:2008:461.

STJUE de 29 de enero de 2013, C-396/11, ECLI:EU:C:2013:39, (TOL3.061438)

STJE (Sala Segunda) de 8 de septiembre de 2016, C-160/15, ECLI:EU:C:2016:644, (TOL5.803.054).

STJUE (Sala Cuarta) de 10 de noviembre de 2016, C-452/16 PPU, ECLI:EU:C:2016:858

STJUE (Gran Sala) de 5 de abril de 2016, *Aranyosi* y *Căldăraru,* C-404/15 y C-659/15 PPU, ECLI:EU:C:2016:198, (TOL5.676.638)

STJUE (Gran Sala), de 29 de junio de 2016 C-486/14 EU:C:2016:483, (TOL5.764.224)

STJUE de 6 de marzo de 2018, *Achmea,* C-284/16 ECLI:EU:C:2018:158 (TOL6.526.031)

STJUE (Gran Sala) de 25 de julio de 2018, asunto *LM,* C-216/18 PPU, ECLI:EU-:C:2018:586, (TOL6.674.045).

STJUE (Gran Sala) de 15 de octubre de 2019, *Dorobantu,* C 128/18, ECLI:EU-:C:2019:857, (TOL7.544.496).

STJUE de 24 de octubre de 2019, *Ivan Gavanozov,* (C-324/17), ECLI:EU:C:2019:892, (TOL7.564.423).

STJUE (Gran Sala) de 27 de mayo de 2019, asuntos acumulados C-508/18 y C-82/19 PPU, ECLI:EU:C:2019:456 (TOL7.249.587)

STJUE de 24 de septiembre de 2020, C-195/20 PPU, ECLI:EU:C:2020:749, (TOL9.749.479).

STJUE de 8 de diciembre de 2020, *Staatsanwaltschaft Wien,* C-584/19, ECLI:EU-:C:2020:1002, (TOL9.907.774).

STJUE (Sala Cuarta) de 2 de septiembre de 2021, C-66/20, ECLI:EU:C:2021:670

STJUE (Sala Cuarta) de 16 de diciembre de 2021, *Spetsializiran nakazatelen sad* C-724/19, ECLI:EU:C:2021:1020.

— ITALIA

Cass., Sez. VI, sent. 31 gennaio 2019, n. 8320.

Cass., Sez. VI, sent. 7 febbraio 2019, n. 14413.

Cass., Sez. II, sent. 29 ottobre 2019, n. 49506.

Cass., Sez. IV, sent. 2 luglio 2020, n. 24800.

Cass., Sez. VI, sent. 15 settembre 2020, n. 30885.

Figuras

Figura n. 17. Estadísticas de 2023-2024 referidas a las órdenes europeas emitidas y recibidas en España. Información contenida en el Boletín de Información Estadística del Consejo Generale del Poder Judicial de 2024. file:///C:/Users/prova/Downloads/Boletin%20n%C2%BA%20108%20-%20Instrumentos%20penales%20de%20reconocimiento%20mutuo%20penales%20UE%20-%20%202023.pdf

Figura n. 18. Fuente: EVALUATION REPORT ON THE 10TH ROUND OF MUTUAL EVALUATIONS on the implementation of the European Investigation Order (EIO) REPORT on SPAIN, Brussels, 8 October, 2024, pp. 1-75, ST-13641-2024-REV-1_en.pdf

Figura n. 19. Objetivo 1.1.1 preestablecido para las actividades de Eurojust en el "Documento único de programación 2021-2023". Última actualización: noviembre 2023. Fuente: Documento único de programación 2024-2026, https://www.eurojust.europa.eu/sites/default/files/assets/qp-af-23-001-es-n.pdf

Figura n. 20. Informe anual Eurojust 2023, pp. 1-96, esp. 93, https://www.eurojust.europa.eu/sites/default/files/assets/files/ar2023-final-digital-es.pdf

Figura n. 21. Eurojust y las OEI. Fuente: Eurojust https://www.eurojust.europa.eu/first-depth-analysis-cases-european-investigation-orders

Figura n. 22. Estructura y características: EPPO. Fuente: página oficial de la Comisión Europea, https://ec.europa.eu/info/law/cross-border-cases/judicial-cooperation/networks-and-bodies-supporting-judicial-cooperation/european-public-prosecutors-office-eppo_it

Figura n. 23.-24. Estadísticas de actividad operativa de la EPPO en España e Italia. https://www.eppo.europa.eu/en/documents?f%5B0%5D=facet_media_document_category%3A19

La giustizia e la pace si abbracciano.
Jacopo Palma il Giovane (1544-1628), Modena, Galleria e Museo Estense